浙江大学公法与比较法研究所　编

公 法 研 究

第 22 卷

主编　章剑生

ZHEJIANG UNIVERSITY PRESS
浙江大学出版社

图书在版编目(CIP)数据

公法研究. 第 22 卷 / 章剑生主编. --杭州：浙江
大学出版社，2023.4
ISBN 978-7-308-23633-1

Ⅰ.①公… Ⅱ.①章… Ⅲ.①公法－文集 Ⅳ.
①D90-53

中国国家版本馆 CIP 数据核字(2023)第 061807 号

公法研究·第 22 卷
章剑生　主编

责任编辑	傅百荣	
责任校对	梁　兵	
封面设计	杭州隆盛图文制作有限公司	
出版发行	浙江大学出版社	
	（杭州市天目山路 148 号　邮政编码 310007）	
	（网址：http://www.zjupress.com）	
排　　版	杭州隆盛图文制作有限公司	
印　　刷	广东虎彩云印刷有限公司绍兴分公司	
开　　本	710mm×1000mm　1/16	
印　　张	24.25	
字　　数	385 千	
版 印 次	2023 年 4 月第 1 版　2023 年 4 月第 1 次印刷	
书　　号	ISBN 978-7-308-23633-1	
定　　价	88.00 元	

目　录

名作书评

行政赔偿因果关系的司法态度

陈舒筠[*]

内容提要：因果关系作为行政赔偿的构成要件之一，是联系侵权行为与损害结果之间重要的逻辑纽带，是行政赔偿的核心问题之一。缺少了因果关系这一构成要件则不构成行政赔偿。因果关系是一条可以无限延长的链条。为了寻求法律上的确定性，必须截断因果关系的链条，选取其中的特定环节。实践中，对于直接因果关系，法院通常从直接损失和直接作用两方面进行截取。法院对因果关系的截取受到了归责原则的影响。《国家赔偿法》修改后，对因果关系的归责原则的认识回归"行为违法"，法院不必细究行政机关是否存在过错，即可认定因果关系的存在与否。基于归责原则的指导，法院对因果关系的认定制度有三：一是因果关系的证明责任；二是推定因果关系；三是鉴定与评估。实践中，经常出现多个因素共同作用于一个损害后果的情况。法院需要从中区分哪些是损害的条件，哪些是损害的原因。由于次类规范、巧合及过程性行政行为的存在，条件和原因可能会被错认。对案件中的多个原因，有必要区分出"主要原因"和"次要原因"。区分"主要原因"和"次要原因"用时间远近标准并不合理，而应采取原因力大小标准。具体而言，有实质性标准和本源性标准两个判断标准。

关键词：行政赔偿；因果关系；原因；条件

＊ 陈舒筠，上海交通大学凯原法学院博士研究生。

一、引　言

　　"公法是国家法,统治者的法;因此人们就不能想出反对国家行使的一种公法的直接制裁的方式。""规定国家所担负义务的任何一种公法条款也不能直接执行强制制裁,因为国家是握有强制的主人,不能直接对自己行使强制。"〔1〕但是,现代法治要求国家在违法行使职权时必须承担法律责任。行政赔偿就是一种行政机关在违法行使职权时所应当承担的国家责任。从公民的角度来说,行政赔偿是其在合法权益受到违法行政侵犯时获得的一种实质性救济,与行政诉讼的程序性救济不同。行政赔偿有多项构成要件,因果关系就是其中之一。因果关系的理论极为复杂,且存在矛盾,也比较抽象。为此,我们有必要以实践为基础,观察和梳理第一线又是最终结果的司法态度,总结因果关系的司法经验。

　　因果关系的讨论在许多领域都有涉及。在实验科学领域,因果关系关注的焦点是"发现一般原理,并构建理论"。哲学领域认为,"作为实验科学主要任务所要揭示的通则或者规律,正是因果观念的真正本质"。相比较而言,法学领域"关注因果关系并不是要发现事件之间的联系,也不是要总结法则或者通则,而是要将已经被了解或者被认为真实的,甚至是一些老生常谈的通则,适用于特殊的具体案件"〔2〕。法学领域中,刑事和民事中的因果关系讨论比较集中,也比较充分。

　　在民事领域,学者的讨论集中于两个方面:一是对相当因果关系的选择;二是对相当因果关系的修正。有学者通过与必然因果关系对比认为,"司法实践中适用相当因果关系理论,能够克服我国侵权法中因果关系判断和认定的诸多缺陷,具有实践的可能性和现实性"〔3〕。有学者从因果关系的功能和目的出发,认为相当因果关系是我国因果关系认定的必然选

〔1〕　[法]狄骥:《宪法论》,钱克新译,商务印书馆 1962 年版,第 504 页。
〔2〕　[美]H. L. A. 哈特、托尼·奥诺尔:《法律中的因果关系》,张绍谦、孙战国译,中国政法大学出版社 2005 年版,第 9-10 页。
〔3〕　陈铁水、李清林:《我国侵权法因果关系理论评析》,《学术探索》2004 年第 10 期,第 47 页。

择。[4] 有学者认为,采相当因果关系说来认定责任成立上的因果关系虽然较为合理,但"最终的判定结果受到了证据的证明力、损害结果发生增加的概率、损害结果的可预见性程度、过错的程度及其主体、损害的类型、责任的类型、法律政策等"[5]多方面的影响。有学者进一步认为,"'相当因果关系说'不排斥原因和结果之间所有的可能性的联系,有扩大因果关系范围的可能性,可能会使因果关系的链条拉得过长,涉及的原因也过多,会扩大责任人的范围"[6]。因此,对于这一不足可以用主观过错来弥补,甚至用主观过错的判断替代因果关系的判断。有学者认为,过失判断应与因果关系判断相区分。在这样的框架下引入可预见性标准论述。他们认为,"因果关系的认定因在构成要件上保留传统较宽松的'相当说',而在责任效果上限以合理可预见标准"[7]。此外,有学者从法理学的角度出发,提出以因果关系范式解决因果关系的认定问题。从法律因果关系的本体,法律因果关系的性质,法律因果关系的功能和法律因果关系的认定标准四个方面对因果关系进行理论研究,指出经验范畴上的因果关系和客观规律意义上的因果关系是法律因果关系分析的基础,分析了法律中因果关系的归因功能,确立事实性的法律因果关系性质分析范式。[8] 民事领域对因果关系的研究多集中于理论层面,对于因果关系的认定已经形成以相当因果关系为通说,其他学说或方法作为修正补充的认定方法。

在刑事领域中,除了理论上的研究[9]外,还有实务研究的成果。有学者选取我国刑事审判中具有指导作用的案例,研究其中涉及因果关系认定的部分,分析其裁判理由中确立的因果关系认定的基本方法和裁判规则。总体上可以说,我国基本形成统一的因果关系认定的基本方法和裁判规则,个别地方所确立的因果关系认定方法和裁判规则存在矛盾。在存在的问题

---

〔4〕 参见晏景:《侵权责任中的因果关系认定》,人民法院出版社 2014 年版。

〔5〕 江毅:《侵权法上的因果关系》,《时代法学》2004 年第 5 期,第 45-51 页。

〔6〕 范利平:《侵权法上的因果关系研究》,《现代法学》2004 年第 3 期,第 129 页。

〔7〕 于雪峰:《侵权法可预见性规则研究——以法律因果关系为视角》,北京大学出版社 2017 年版,第 1 页。

〔8〕 参见孙晓东、曾勉:《法律因果关系研究》,知识产权出版社 2010 年版,第 5-6 页。

〔9〕 参见陈兴良:《刑法因果关系:从哲学回归刑法学——一个学说史的考察》,《法学》2009 年第 7 期;朱德才:《刑法因果关系理论源流考——写在刑法因果关系诞生 200 周年之际》,《政治与法律》2005 年第 5 期;周光权:《刑法中的因果关系和客观归责论》,《江海学刊》2005 年第 3 期;储槐植、汪永乐:《刑法因果关系研究》,《中国法学》2001 年第 2 期。

上,研究发现司法者还是过于依赖现有理论,只是对现有理论进行了选择,理论推动作用较小。[10] 有学者采用统计研究的方法,收集所有与刑法因果关系有关的刑事司法判例,以这些判例作为全样本展开实证分析,揭示刑法因果关系在司法实践中的难点。研究认为在客观层面上,法益的类别会影响刑法因果关系判断的难易程度。在主观层面上,罪过形式会影响刑法因果关系判断的难易程度。[11]

在行政领域中,关于行政赔偿的讨论多集中于赔偿范围、赔偿义务机关及赔偿程序的研究上。[12] 对于行政领域因果关系的认定问题,我国一些主流行政法教科书在国家赔偿部分,对因果关系多进行了专章或分节介绍。这些成果多为理论层面的分析,集中在学说分析、因果关系认定和因果关系证明三个方面。首先,是关于因果关系的学说。有学者分析了条件说、重要条件说、相当因果关系说和盖然因果关系说,认为以上学说都有一定的合理性和可借鉴之处。在国家赔偿实践中,可以从案件的特点和类型出发,从不同的角度来综合判断因果关系。法律上的因果关系的分析,不是孤立要件的认定,而是在联系中进行判断的。因此,相当因果关系学说是更为合理的学说。[13] 有学者还增加了对法规目的说的分析,认为相当因果关系说和法规目的说更加契合现代侵权责任法的目标。[14] 有学者认为,由于国家侵权的特殊性和复杂性,在学说的选择上应采用多元确认办法,既包括对不同领域和不同情况的适用不同学说和方法,也包括在适用某一学说或方法之后,再适用其他学说和方法加以适当矫正。[15] 其次,是关于因果关系的认定。学界对国家赔偿中具有争议类型的因果关系认定进行分析,主要集中在怠于履行职责(不作为)的因果关系认定。有学者认为"怠于履行职责行为的赔偿责任机理,是在于国家机关没有防止、阻止侵权行为的发生和没有消除或减轻损害后果的发生、延续,而不是国家机关的行为侵害了受害人的权

〔10〕 参见杨海强:《刑法因果关系的认定——以刑事审判指导案例为中心的考察》,《中国刑事法杂志》2014 年第 3 期,第 25-33 页。

〔11〕 参见邹兵建:《刑法因果关系的司法难点——基于刑事司法判例全样本的实证研究》,《政治与法律》2015 年第 12 期,第 23-37 页。

〔12〕 参见上官丕亮:《国家赔偿法研究述评》,法律出版社 2017 年版,第 130-217 页。

〔13〕 参见杨小军:《国家赔偿法律问题研究》,北京大学出版社 2005 年版,第 284 页。

〔14〕 参见沈岿:《国家赔偿法:原理与案例》,北京大学出版社 2017 年版,第 162 页。

〔15〕 参见姜明安主编:《行政法与行政诉讼法》(第七版),北京大学出版社、高等教育出版社 2019 年版,第 571-573 页。

益,更不是国家机关的行为造成了损害后果的发生。因此,怠于履行职责情形下,根本就没有因果关系。真正意义上的因果关系,是第三人的作为侵权行为与损害后果之间才可能存在的。"[16]有学者进一步探讨了怠于履行职责致害事件中,怠于履行职责与其他致害原因并存造成损害的因果关系。[17] 最后,是关于因果关系的证明。有学者认为可以通过普通侵权法领域的因果关系证明责任分配的两个规则,谁主张谁举证和举证责任倒置,来证明国家赔偿中因果关系。[18]

　　本文的研究对象为行政赔偿中法院对于因果关系的态度,体现在裁判文书之中。《最高人民法院关于加强和规范裁判文书释法说理的指导意见》指出,法院通过裁判文书释法说理,"阐明裁判结论的形成过程和正当性理由,提高裁判的可接受性,实现法律效果和社会效果的有机统一"。我国虽是大陆法系国家,"重视司法活动的价值是发展、完善我国法律规则体系的重要渠道……经由司法工作人员的智慧锤炼而成的实践理性是一块膏腴之地,其闪现的司法工作人员的理性之光既是萃取理论的富矿,也是提炼裁判要旨、形成司法规则的活水。"[19]"人文知识的产生有两种路径:一是唯理主义,认为知识通过逻辑推理而得;二是经验主义,认为知识源于经验而非天赋。"[20]具体到法学研究领域,前者注重理论思辨和逻辑推演,后者注重从现实问题出发,对司法活动的经验进行归纳总结。本文梳理了法院对于因果关系的认定思路,一方面,能够从判例中汲取营养,验证已有学说,提炼理论,通过解决实践中的问题矫正学说。另一方面,法院判决针对个案,判决之间彼此独立,甚至针对相似情况,可能会出现不一致的判决。通过整理碎片化的判决,可以找到具有持续性、普遍性的规律,为今后的裁判一致性以及相关立法提供支持。

　　从总体上来看,对法院态度的梳理分析可采类案分析或个案分析两种

　　[16] 杨小君:《怠于履行职责的国家赔偿责任》,《国家行政学院学报》2005 年第 1 期,第 43 页。持相似观点的还有:杜仪方:《行政不作为的国家赔偿》,中国法制出版社 2017 年版,第 185-186 页。

　　[17] 参见沈岿:《论怠于履行职责致害的国家赔偿》,《中外法学》2011 年第 1 期,第 90-92 页。

　　[18] 参见沈岿:《国家赔偿法:原理与案例》,北京大学出版社 2017 年版,第 162 页。

　　[19] 杨海强:《刑法因果关系的认定——以刑事审判指导案例为中心的考察》,《中国刑事法杂志》2014 年第 3 期,第 25 页。

　　[20] 杨海强:《刑法因果关系的认定——以刑事审判指导案例为中心的考察》,《中国刑事法杂志》2014 年第 3 期,第 25 页。

方法。前者侧重借助统计工具进行定量分析,后者侧重针对典型案例进行定性分析。采用个案分析时有两种方法:一种是判例研究方法;[21]另一种是运用学理对法院的裁判提出分析意见的研究方法。判例研究在尊重法院判决的基础之上展开,侧重于从个案中提炼出带有普遍性的法律规则(裁判要旨)。学理分析则侧重对案件裁判中的不足之处进行批判分析,或者对判决的成功之处进行经验总结。本文采取了比较综合的分析方法。一方面,针对需要分析的问题选取案件,而非选取大量案件进行类案分析,亦非通篇只取一个案例进行分析。另一方面,本文对于法院态度的梳理,均建立在尊重既有判决的基础之上,努力客观描述法院在行政赔偿中的因果关系态度,将个案中的碎片化经验结合学理加以整合,以呈现因果关系的基本面貌。除个别案例外,本文对法院态度不做批判性讨论。

本文在裁判文书的选取过程中,优先选取指导案例。根据《最高人民法院关于案例指导工作的规定》第 7 条的规定,各级人民法院审判时应当参照指导性案例。其次,选取发布在《最高人民法院公报》上的公报案例。"典型案例,是经最高人民法院审判委员会反复推敲、字斟句酌,从各级法院裁判的众多优秀案件中精选出来的。""不少案例蕴含了深刻的法律意义,不仅弥补了立法上和司法解释上的不足,而且通过某一具体案例创设出了新的法律原则和规则,引起了社会各界的关注和专家学者的好评,境内外一些报刊纷纷予以转载或者评述,被称为不是判例法的判例。"[22]再次,选择《中国行政审判案例》中的案例,以及《人民法院案例选》。"这些案例主要以刊物等形式登载,没有任何司法文件规定其具有指导或参考的效力,但这些案例对于案例资料梳理、审判经验总结、案例研究教学等方面具有重要的作用。"[23]最后,以最高人民法院终审案例和少量地方法院案例作为补充。

[21] 章剑生、朱芒、解亘、黄卉、孙维飞、陈越峰:《座谈:判例研究、法治发展与法学教育》,《交大法学》2018 年第 3 期,第 32-45 页;周伟、李友根、朱芒、章剑生、解亘、朱晓喆、陈越峰、湛中乐:《判例研究六人谈:判例研究及其对中国法学理论的影响》,《华东政法大学学报》2015 年第 5 期,第 142-153 页。

[22] 最高人民法院公报编辑部编:《最高人民法院公报典型案例全集》(1985.1—1999.2),警官教育出版社 1999 年版,"前言"。

[23] 石磊:《人民法院司法案例体系与类型》,《法律适用(司法案例)》2018 年第 6 期,第 37 页。

二、构成行政赔偿的因果关系

(一)行政赔偿的构成要件

我国《国家赔偿法》第 2 条规定:"国家机关和国家机关工作人员行使职权,有本法规定的侵犯公民、法人和其他组织合法权益的情形,造成损害的,受害人有依照本法取得国家赔偿的权利。"根据这一规定,有的学者分析出国家赔偿的三要件:损害的存在、违法行使职权的行为和因果关系;[24]有的学者分析出四要件:侵权主体、侵权行为、损害事实和因果关系。[25] 在司法实践中,有采用三要件说的判例。祁县华誉案[最典行 2011-4][26]裁判摘要指出:"该条规定了国家赔偿责任的构成要件:一是国家机关和国家机关工作人员违法行使职权;二是公民、法人和其他组织的合法权益受到侵害;三是国家机关和国家机关工作人员违法行使职权与公民、法人和其他组织的合法权益受到损害存在因果关系。"[27]在司法实践中,也有采用四要件说的判例,如王丽萍案[最典行 2003-3]。其实,三要件和四要件的区别不大,四要件不过是把三要件中的侵权行为要件区分为行为和行为主体两个要件,便于说明和解释。[28] "作为国家赔偿的一部分,行政赔偿责任的构成要件与国家赔偿责任的构成要件是一致的。"[29]王丽萍案[最典行 2003-3]中,法院判决认为"行政赔偿是一种国家赔偿,只有在符合行政赔偿责任构成要件的前提下,国家才会对行政侵权行为造成的损害承担赔偿责任"[30]。

〔24〕 参见杜仪方:《行政不作为的国家赔偿》,中国法制出版社 2017 年版,第 141 页。

〔25〕 参见姜明安主编:《行政法与行政诉讼法》,北京大学出版社、高等教育出版社 2019 年版,第 569-571 页;叶必丰:《行政法与行政诉讼法》,高等教育出版社 2015 年版,第 261-268 页。

〔26〕 本文案名由原告名加检索项构成。原告为自然人但有多个的,用"等"说明;原告为法人或其他组织的,提炼容易记忆的关键词。检索项即方括号部分:"最指"指最高人民法院公布的指导案例;"最典行"指《最高人民法院公报》公布的典型行政案件,数字系公报公布时间案号;"最参行"指《中国行政审判案例》中的案例;其余案例中,案号即为检索项。

〔27〕 祁县华誉纤维厂诉祁县人民政府行政赔偿案,《最高人民法院公报》2011 年第 4 期。

〔28〕 参见叶必丰:《行政法与行政诉讼法》,高等教育出版社 2015 年版,第 261-262 页。

〔29〕 房绍坤、毕可志:《国家赔偿法学》,北京大学出版社 2004 年版,第 121 页。

〔30〕 王丽萍诉中牟县交通局行政赔偿纠纷案,《最高人民法院公报》2003 年第 3 期。

本文讨论的行政赔偿责任采用四要件说。

1.行政侵权行为主体

侵权行为主体是指实施侵权行为并应承担责任的主体。法律上的主体,不仅仅是行为的实施者,而且是该行为或意思的归属者。王丽萍案[最典行 2003-3]法院认为:"侵权行为主体,是指谁实施的行为有可能引起行政赔偿责任。"[31]从这一意义上说,与行政行为的主体是行政主体一样,行政侵权行为的主体也是行政主体。

《国家赔偿法》第 3 条关于"行政机关及其工作人员"的规定,以及第 7 条赔偿义务机关条款关于"行政机关及其工作人员"、"法律、法规授权的组织"和"受行政机关委托的组织或者个人"的规定,容易造成公务员或行政机关工作人员、受委托组织、受委托个人也是行政侵权主体的错觉。这一现象也存在于有关判例中。王丽萍案[最典行 2003-3]法院认为:"能够成为行政侵权行为主体的主要有:1.行政机关及其公务员;2.法律法规授权的组织及其工作人员;3.受行政机关委托的组织及其工作人员;4.受行政机关委托的个人。"[32]

其实,公务员、工作人员、行政机构、受委托组织或个人只是职权行为的具体实施者。公务员或工作人员的行为应归属于所在组织,行政机构的行为归属于所在行政机关,受委托者的行为应归属于委托的行政机关。司法实践中也是这么处理的。上海彭浦案[最参行第 79 号]判决指出,行政人员本身并非法律上的侵权行为主体,法律上仍以行政主体为侵权行为主体。[33] 陈莉案[最典行 2003-1]判决认为,综合整治指挥部是城市管理局的内设协调机构,所作被诉行为是以城市管理局的名义实施的,故既不能作为适格的被告也不能以其系区政府临时机构为由以区政府为被告;城市管理局是依法成立具有行政主体资格的行政组织,系适格的被告,有关法律后果应由其承担。[34] 如果侵权主体并非行政主体,则不构成行政赔偿责任。湛江绿韵园艺案[〔2018〕最高法行申 1098 号]判决认为,在行政机关撤离现

---

〔31〕 王丽萍诉中牟县交通局行政赔偿纠纷案,《最高人民法院公报》2003 年第 3 期。

〔32〕 王丽萍诉中牟县交通局行政赔偿纠纷案,《最高人民法院公报》2003 年第 3 期。

〔33〕 参见上海彭浦电器开关厂诉上海市闸北区人民政府要求确认侵占行为违法一并要求行政赔偿案,《中国行政审判案例》第 79 号。

〔34〕 参见陈莉诉徐州市泉山区城市管理局行政处罚案,《最高人民法院公报》2003 年第 6 期。

场后,原告未及时采取措施防止损失扩大,属于因自身行为造成的损失。对此,行政机关亦不承担行政赔偿责任。[35]

2.行政侵权行为

《国家赔偿法》(1994)以违法为行政赔偿的归责原则。基于此,作为行政赔偿构成要件的行为也可以称为行政违法行为。王丽萍案[最典行2003-3]判决认为:"行政违法行为,是指什么性质的行为有可能导致国家承担行政赔偿责任。"[36]现《国家赔偿法》(2012年)第2条、第3条第1款、第4条第1款和第7条等都删去了"违法"两字,行政赔偿的归责原则发生了变化或者需要新的解释,与民事侵权归责原则具有更多共性,作为行政赔偿构成要件的行为也宜称为行政侵权行为。它是一种行使职权侵犯公民、法人或其他组织合法权益的行为。现在在行政赔偿诉讼中,也逐渐开始使用"侵权行为"。[37]

作为行政赔偿构成要件的行政侵权行为,应当是一种行使职权的行为。对此,《国家赔偿法》第3、4、5条已有明文规定。法院也持恪守这一态度。王丽萍案[最典行2003-3]判决认为:"行政机关及其工作人员只有'在行使行政职权时'侵犯行政相对人合法权益的,国家才负责赔偿;行政机关工作人员'与行使职权无关的个人行为',国家不承担赔偿责任。"[38]湛江绿韵园艺案[〔2018年〕最高法行申1098号]中,最高人民法院也持相同态度。

然而,对是否是行使职权的行为,在实践中常常发生认定困难。对判断是否属于行使职权在学说上也形成了两种不同的判断标准。一种是主观标准说,又称实质内容标准。它采用行为人的主观意思表示判断行为的性质。[39]另一种是客观标准说,又称外表形式理论。它主张凡在客观上、外形上能被当做社会观念所称"职务范围",或者受损者有依据相信国家工作人员是在执行公职,或者说客观上有充分理由认定某行为与执行职务有关,

〔35〕　参见最高人民法院〔2018〕最高法行申1098号行政裁定书。

〔36〕　王丽萍诉中牟县交通局行政赔偿纠纷案,《最高人民法院公报》2003年第3期。

〔37〕　参见许水云诉金华市婺城区人民政府房屋行政强制及行政赔偿案,《最高人民法院公报》2018年第6期,最高人民法院〔2017〕最高法行申370号行政裁定书。

〔38〕　王丽萍诉中牟县交通局行政赔偿纠纷案,《最高人民法院公报》2003年第3期。

〔39〕　参见江必新:《国家赔偿法原理》,中国人民公安大学出版社1994年版,第66-67页。

此时都可以认定该行为是执行职务。[40] 作为行政赔偿构成要件的行政侵权行为,根据《国家赔偿法》第 3、4 条的规定,应该是公法上的侵权行为。对此,《国家赔偿法》(2012 年)进行了列举加概括式的规定。它既可以是行政处罚和行政强制等模式化行政行为,也可以是非模式化行政行为;既可以是行政法律行为也可以是行政事实行为。如果并非公法上的侵权行为,则不能构成行政赔偿。

作为行政赔偿构成要件的行政侵权行为,是侵犯人身权和财产权的行为。对侵犯其他权利的行为,如侵犯政治权利,不构成行政赔偿责任。行政侵权行为基本上是一种违法行为,即使系过错行为也可以被认定为违法行为。如果行政行为合法,则不构成行政赔偿责任。陈宁案[最典行 2003-3]判决认为:"交通警察在施救过程中虽然造成轿车损毁,但该行为不具有违法性。陈宁要求庄河市公安局对施救过程中致使其轿车损毁给予行政赔偿,不符合国家赔偿法的有关规定。"[41]

3. 损害事实

损害事实也称为实际损害,是行政赔偿的构成要件之一。它是指法益受侵害所生的不利益,是职务行为的后果。我国《国家赔偿法》(2012)第 3、4 条明确规定,行政赔偿的范围包括人身损害与财产损害。王丽萍案[最典行 2003-3]法院认为:"实际损害,是指违法职务行为只有造成一定的损害后果,才会引发国家的行政赔偿责任。这里所说的'损害',是指人身自由的损害、生命健康的损害以及财产的损害,而且这些损害应该是实际发生的损害。"[42]

从我国《国家赔偿法》(2012 年)第 2 条来看,行政赔偿针对的是合法权益,如果是非法利益则不产生国家赔偿责任。黄德坤案[〔2017〕最高法行申 8164 号]判决认为,行政赔偿必须以合法权益受到损害为前提,原告请求赔偿的涉案建筑物系违法建筑,与国家赔偿法规定的立法精神不符。[43] 同时,实际损害是已发生的、可确定的损害。付爱国案[〔2017〕最高法行申

〔40〕 参见肖峋:《中华人民共和国国家赔偿法的理论与实用指南》,中国民主法制出版社1994 年版,第 113 页。
〔41〕 陈宁诉庄河市公安局行政赔偿纠纷案,《最高人民法院公报》2003 年第 3 期。
〔42〕 王丽萍诉中牟县交通局行政赔偿纠纷案,《最高人民法院公报》2003 年第 3 期。
〔43〕 参见最高人民法院〔2017〕最高法行申 8164 号行政裁定书。

6355号]判决认为,征收行为导致的公共设施和周边环境的损失无法确定,也并不构成原告房屋本身的直接损失,不属于《国家赔偿法》第36条规定的赔偿范围。[44] 有时,双方当事人对实际损害的范围存在争议。周小平案[〔2018〕最高法行再163号]法院认为,实际损害不仅包括被拆建筑物重置成本损失,还应当包括行政机关对动产造成的直接损失,以及原告应享有的农房拆迁安置补偿权益等。[45]

4.因果关系

王丽萍案[最典行2003-3]指出:"因果关系,是指违法职务行为和损害后果之间存在可以让国家承担行政赔偿责任的联系。"[46]因果关系作为联系侵权行为与损害之间重要的逻辑纽带,是行政赔偿的核心问题之一。缺少了因果关系这一构成要件则不构成行政赔偿。上海汇兴案[最典行2004-1]一审判决认为:"汇兴公司虽然有权以浦江海关原征税行为造成其损失为由,要求国家赔偿,但由于汇兴公司提供的工程施工合同约定的单价,包括人工、草坪、铺设所需辅料及人工费用等证据,与赔偿请求之间无法律上的因果关系,亦不能证明实际存在着损害的后果,故不予支持。"[47]

因果关系在日常生活中有各种不同的表述,如"'后果(consequence)'、'结果(result)'、'造成(caused by)'、'由于(due to)'、'引起(lead to)'、'致使(make)'。"[48]很多表述也会反映在我们的法律实践中。如许水云案[最典行2018-6]判决要旨称:"市、县级人民政府及房屋征收部门等对强制拆除后果承担法律责任。"[49]曹护昌等案[〔2017〕最高法行赔申164号]的法院判决中表述:"再审被申请人的行政强制执行行为致使涉案树木已被清除。"[50]李正祥案[〔2018〕最高法行申1164号]中判决表述:"由于太和县城管执法局作出的《限期拆除通知书》已被人民法院生效判决撤销,房屋拆除

---

〔44〕 参见最高人民法院〔2017〕最高法行申6355号行政裁定书。

〔45〕 参见最高人民法院〔2018〕最高法行再163号行政判决书。

〔46〕 王丽萍诉中牟县交通局行政赔偿纠纷案,《最高人民法院公报》2003年第3期。

〔47〕 上海汇兴实业公司诉上海浦江海关行政赔偿案,《最高人民法院公报》2004年第1期。

〔48〕 〔美〕H.L.A.哈特、托尼·奥诺尔:《法律中的因果关系》,张绍谦、孙战国译,中国政法大学出版社2005年版,第24页。

〔49〕 许水云诉金华市婺城区人民政府房屋行政强制及行政赔偿案,《最高人民法院公报》2018年第6期。

〔50〕 最高人民法院〔2017〕最高法行赔申164号行政裁定书。

的行为缺乏事实和法律依据,应确认违法。再审申请人李正祥就造成的损害有权取得国家赔偿。"[51]在我国《国家赔偿法》中体现因果关系的是"造成"一词。"按照《国家赔偿法》第 2 条的原则规定,只有行使职权侵犯合法权益'造成'损害的,才承担国家赔偿责任。此'造成'合法权益损害的规定,是因果关系的法律依据。"[52]

(二)直接因果关系

1. 因果关系理论

在哲学上,因果关系是唯物辩证法的一对基本范畴,是人类为认识社会而很早就掌握的事物间发生联系的一种规律。任何事物都有它的原因,并必将产生相应的结果。由此,因果关系将是一条可以无限延长的链条。因果关系也是法学上的重要研究对象,在刑法、民法和行政法中都具有重要意义。法学所追求的是确定性而非不确定性,因而就必须截断因果关系的链条,选取其中的特定环节。"为了了解单个的现象,我们就必须把它们从普遍联系中抽取出来,孤立地考察它们,而且在这里不断更替的运动就显现出来,一个为原因,另一个为结果。"[53]为此,法学上的因果关系形成了多种学说,主要有:

(1)条件说

"条件说,又称全条件同价值说,此说立足于逻辑的因果关系立场,认为一切行为,在逻辑上是发生结果的条件,就是结果发生的原因。"[54]该说认为,只要在行为和结果之间存在没有前者就没有后者这种必然性条件关系[55],就可以认定具有因果关系。哈特对"条件说"提出批判,认为"当 X 和 Y 之间的联系即使从最广义'原因'概念来说也与任何形式的因果联系没有关系时,'假若 X 没有出现,Y 就不会发生'这种陈述方式也可能是正

---

[51] 最高人民法院〔2018〕最高法行申 1164 号行政裁定书。

[52] 杨小君:《国家赔偿法律问题研究》,北京大学出版社 2005 年版,第 283 页。

[53] 中共中央著作编译局编译:《马克思恩格斯选集》第 3 卷,人民出版社 2012 年版,第 552 页。

[54] 陈兴良:《刑法因果关系研究》,《现代法学》1999 年第 5 期,第 9 页。

[55] 参见[日]大塚仁:《犯罪论的基本问题》,冯军译,中国政法大学出版社 1993 年版,第 99 页。

确的。"[56]哈特的意思是，应在必要条件中将"分析性联系"和"偶发性联系"这两类不属于"原因"的必要条件联系剔除出去。"分析性联系"中"只要对行为或者事件的描述存在逻辑联系，就有可能从它们中提炼'假若 X 没有出现，Y 就不会发生'这种类型的句子。本身并没有传达关于不同事件之间联系的事实信息"。[57]"偶发性联系"只是从习惯上描述事件所用的表达意义上来说是存在的。"存在可能只是因为，这个相同独特的行为或者事件作为一个例子说明的却是两个性质不同的行为或事件。"[58]这两类概念即使符合没有前者就没有后者的这种必然性条件关系，也不属于因果关系的范畴。

事实上，由于"条件说"主张只要行为和结果之间存在物理学上的因果关系即必然条件关系，就具有因果关系，因而因果关系的范围有被无限扩大之嫌。有学者提出了"因果关系中断论"对"条件说"加以限制，认为"在因果关系的进程中，介入了自然性事实或第三者具有故意的行为时，就此中断了正在进行的因果关系。"[59]哈特将"因果关系中断论"描述成一个因果关系问题的一般形式——"假若存在第三因素，某一损害还是某一不当行为的后果吗?"哈特认为:"正常的自然事件，即使是附随不当行为而发生，也不能免除不当行为者的责任。但是事件间的异常结合则能否定因果关系，只要这种结合不是由人为有意设计的。不过，第三种因素必须是在时间上迟于这种先前事件而出现的事件。在先前偶然事件出现时就已经存在，受到影响的某一事物或者人的各种异常性，不能否定因果关系的存在。这个第三种因素还必须是与这种先前事件没有因果关系。"[60]

（2）原因说

"原因说，又称原因与条件区别说，此说区分原因与条件，将结果的发生与许多条件相对应，提出了特别有力而重要的条件，作为发生结果的原因，

---

[56]　[美]H. L. A. 哈特、托尼·奥诺尔:《法律中的因果关系》,张绍谦、孙战国译,中国政法大学出版社 2005 年版,第 99 页。

[57]　[美]H. L. A. 哈特、托尼·奥诺尔:《法律中的因果关系》,张绍谦、孙战国译,中国政法大学出版社 2005 年版,第 100 页。

[58]　[美]H. L. A. 哈特、托尼·奥诺尔:《法律中的因果关系》,张绍谦、孙战国译,中国政法大学出版社 2005 年版,第 99-100 页。

[59]　储槐植、汪永乐:《刑法因果关系研究》,《中国法学》2001 年第 2 期,第 146 页。

[60]　[美]H. L. A. 哈特、托尼·奥诺尔:《法律中的因果关系》,张绍谦、孙战国译,中国政法大学出版社 2005 年版,第 148 页。

其他条件则不认为其对结果的发生具有原因力,而称为条件(单纯条件)。"[61]基于如何区分"条件"和"原因",又产生了不同的学说。第一,必生原因说(必要条件说),认为在引起结果发生的各种条件行为中,只有为结果发生所必要的、不可缺少的条件行为才是原因,其余的是条件。第二,直接原因说。此说认为,在引起结果发生的数个条件行为中,直接引起结果发生的条件行为是原因,其余的则为单纯条件。第三,最重原因说(最有力条件说),认为在引起结果发生的数个条件行为中,对于结果发生最有效力的条件行为是原因,其余的为单纯条件。第四,决定原因说(优势条件说),认为在结果未出现之前,积极惹起结果发生的条件(起果条件)与消极防止结果发生的条件(防果条件)处于均势。后来,由于起果条件占有优势,压抑了防果条件,惹起结果之发生。因此,凡是占有优势并使结果发生的条件行为即是原因,其余的则为单纯条件。[62]

哈特在对"原因"和"条件"进行区分时,认为"在辨别原因和条件时,进行两种对比是十分重要的,它们就是:比较它们与任何既定的事物或者主题事项的联系哪些是正常的,哪些是不正常的;比较哪些是人出于自由故意实施的行为,哪些是所有其他的条件"[63]。基于这两种比对,哈特认为常识因果关系理论可以帮助我们将"原因"和"条件"区别开来。基于第一种比对,哈特提出了"正常条件与异常条件"的概念。"正常条件"是作为被调查事件的一种正常状态的组成部分,或者是这个事件发生作用的方式而存在的。有时"正常条件"也被称做"纯粹条件",这样的一种"纯粹条件"也是自然事件,如潮起潮落、斗转星移、人体衰老等。这些因素被归类为纯粹条件,是因为在自然科学中寻找原因不是要说明某些特定事件的发生,而总是为了说明经常出现的,或者正常出现的某一类型事件的发生情况。相比较而言,当人们希望对某一特别的偶发事件作出解释,而这些事件又偏离了正常的、普通的,或者能被合理预期的事件发生过程的时候,这些事件就被列为"异常条件"。[64] 这些"异常条件"就从"条件"转变为"原因"。

---

〔61〕 陈兴良:《刑法因果关系研究》,《现代法学》1999 年第 5 期,第 10 页。

〔62〕 参见李光灿、张文、龚双礼:《刑法因果关系论》,北京大学出版社 1986 年版,第 40 页。

〔63〕 〔美〕H. L. A. 哈特、托尼·奥诺尔:《法律中的因果关系》,张绍谦、孙战国译,中国政法大学出版社 2005 年版,第 30 页。

〔64〕 参见〔美〕H. L. A. 哈特、托尼·奥诺尔:《法律中的因果关系》,张绍谦、孙战国译,中国政法大学出版社 2005 年版,第 30-35 页。

（3）相当因果关系说

相当因果关系是由"条件关联"和"相当性"所构成的，在适用时应区别两个阶段：第一个阶段是审究其条件上的因果关系，如为肯定，再于第二阶段认定该条件的相当性。英美法上也采此种两阶段的思考方法，分别称之为事实上的因果关系及法律上的原因。前者以"but-for"（若无，则不）作为判断标准；后者以 direct（直接）、proximate（接近，密切，近因）或 foreseeable（可得预见）作为判断标准。[65] 相当因果关系的认定公式为："无此行为，虽不必生此损害，有此行为，通常即足生此损害者，是为有因果关系。无此行为，虽不必生此损害，有此行为，通常亦不生此损害者，即无因果关系。"[66]

从"条件说"与"原因说"是为法律上的因果关系提供事实根据这一立场出发，相当因果关系就是建立在条件说所确定的因果关系之上的。在这个意义上，相当因果关系说中的"条件性"可以看作对"条件说"的承继。至于"相当性"的判断，哈特从以下几个方面提出质疑：第一是结果的泛化。哈特认为，"相当性理论牵涉到条件和最终结果之间的概然性关系，而不是条件和对产生最终损害起了作用的任何第三因素之间的概然性关系。但是通过将第三个因素纳入最终结果的描述中，就能够使它产生的概然性间接地与这种条件的相当性相关联。这暴露出相当性理论和因果关系常识性判断间的分歧"。[67] 第二是条件的泛化。哈特认为，"不当行为是否增加了损害发生的风险取决于对它的描述。而描述程度应该是根据行为人还是'最佳观察者'抑或是'唯一人'，这些使因果关系问题变得愈加困难"。[68] 第三是关于概然性的要求。哈特提出质疑，认为"如果概然性的轻微增加使一个条件变为相当原因，那么几乎就没有什么条件会是不相当的"[69]。

有关因果关系的多种学说，令人眼花缭乱。基于实证和可验证的角度出发，我们有必要考察和梳理法院基于个案对因果关系的态度。

---

〔65〕　王泽鉴：《侵权行为》（第三版），北京大学出版社 2016 年版，第 236 页。

〔66〕　王泽鉴：《侵权行为》（第三版），北京大学出版社 2016 年版，第 246 页。

〔67〕　［美］H. L. A. 哈特、托尼·奥诺尔：《法律中的因果关系》，张绍谦、孙战国译，中国政法大学出版社 2005 年版，第 434-435 页。

〔68〕　［美］H. L. A. 哈特、托尼·奥诺尔：《法律中的因果关系》，张绍谦、孙战国译，中国政法大学出版社 2005 年版，第 435-439 页。

〔69〕　［美］H. L. A. 哈特、托尼·奥诺尔：《法律中的因果关系》，张绍谦、孙战国译，中国政法大学出版社 2005 年版，第 439-443 页。

2.因果关系的截取

"在国家赔偿法领域,没有广泛采用'相当因果关系'这一概念,审判实务中常用的'直接因果关系''必然因果关系'等术语,虽然不是十分准确,却也在很大程度上体现了相当因果关系的理念。"[70]那么,法院是从什么角度截取因果关系的呢?

(1)直接损失

四平石材公司案[〔2016〕最高法行赔申14号]中,法院认为,《国家赔偿法》(2012年)第36条第6、8项规定,"侵犯公民、法人和其他组织的财产权造成损害的,吊销许可证和执照、责令停产停业的,赔偿停产停业期间必要的经常性费用开支;造成其他损害的,按照直接损失给予赔偿。本案二审判决结合案件实际情况,对一审判决确定的赔偿数额予以调整,确定的赔偿范围和赔偿数额符合法律规定,公平合理。停产停业期间必要的经营性费用开支,是维系企业被停产停业期间生存所需的基本开支,包括职工基本工资、税金、水电费等费用。由于停产停业,企业失去收入来源,相关损失应当由作出违法行政行为的行政机关予以赔偿。"[71]本案法院态度体现了截取因果关系的下列思路:

第一,损失的类型。学说上对直接损失与间接损失有着不同的界定。有学者依侵权行为与损害结果之间因果关系区分,认为损失事实的发生是由侵权或者违约行为直接所引发的为直接损失;非直接引发而系因其他媒介因素介入所引发的损失为间接损失。[72]有学者进一步认为直接损失,系侵害权益损害,在赔偿上以恢复原状为原则,又称为"具体损害"或"客体损害"。间接损失系财产结果损害,属于计算上损害应以金钱赔偿之。[73]还有学者以受损标的为区分,认为侵权或者违约所直接作用的标的之损失为直接损失;其他损失即为间接损失。[74]按照此种划分标准,直接经济损失是因侵权行为直接作用于受害人的财产权客体所造成的财产损失,或者受害人为了补救受到侵害的民事权益所做的必要支出;间接经济损失是指由

〔70〕　沈岿:《国家赔偿法:原理与案例》,北京大学出版社2017年版,第162页。
〔71〕　最高人民法院〔2016〕最高法行赔申14号行政裁定书。
〔72〕　参见曾世雄:《损害赔偿法原理》,中国政法大学出版社2001年版,第137页。
〔73〕　参见王泽鉴:《损害赔偿》,北京大学出版社2017年版,第76页。
〔74〕　参见曾世雄:《损害赔偿法原理》,中国政法大学出版社2001年版,第137页。

于受害人受到损害而发生的可得利益的损失。[75] 本案法院采用了受损标的标准,划分直接损失和间接损失。

第二,国家赔偿的范围。法院认为,《国家赔偿法》(2012 年)所规定的赔偿范围仅限于直接损失,依据是第 36 条第 8 项的规定。《国家赔偿法》(2012 年)第 36 条只是在第 8 项"对财产权造成其他损害"的赔偿限定为"直接损失",是因为"其他损害"属于概括性规定,有必要设定赔偿的边界。有的损失与行政侵权行为之间的结果简单明了,如行政处罚行为与被收缴的罚款,以及行政扣押行为与被扣押的财物,被收缴的罚款和被扣押的财物显而易见属于直接损失,无需法律再用"直接损失"加以限定。有的损失属于直接损失已有法律的明文规定,诸如《国家赔偿法》(2012 年)第 36 条第 6 项所规定的损失,即"停产停业期间必要的经常性费用开支"。也就是说,在法院看来,直接损失不仅是《国家赔偿法》(2012 年)第 36 条第 8 项的意思,也是第 36 条前七项都具有的意思。

第三,截取的角度。诸如行政处罚行为与被收缴的罚款,以及行政扣押行为与被扣押的财物之间的关系,显然存在因果关系,且不存在因果关系的多环节链条,无需截取,无需讨论是否属于直接因果关系。在法院看来,停产停业与"期间必要的经常性费用开支"间的关系,法律已经明文规定存在因果关系,无需截取,无需讨论是否属于直接因果关系。所需要认定的是何种损失属于"停产停业期间必要的经常性费用开支",从而通过对结果的认定判断直接因果关系的存在。对概括性规定中的损失,法院认为也可以通过对直接损失的认定,判断因果关系的存在。

第四,法律条款间的关系。《国家赔偿法》(2012 年)体现因果关系要件的"造成"首先是在总则第 2 条[76]规定的,然后在分则的有关条款中作了规定,包括在"赔偿方式和计算标准"一章的第 36 条[77]"损失"条款作了规定。第 2 条属于总则中的条款,与第 36 条是一般规则与特殊规则之间的关系。"德国民法典中的总则,系'非专属于某一特定法律制度所有的规则',具有'普遍的适用性'。我国也有学者认为,'总则在法的整体中居于统领地位,

---

〔75〕　参见张新宝:《中国侵权行为法》,中国社会科学出版社 1998 年版,第 98 页。

〔76〕　参见《国家赔偿法》(2012)第 2 条中"造成损害的"。

〔77〕　参见《国家赔偿法》(2012)第 36 条中"造成损害的"。

从整体上说它是整个法的纲领和事关法的全局的内容的整合。'"[78]其实，"造成"只是行政侵权行为作用方式的一般表述。在有特定表述方式时，就不需要再用"造成"加以表述。如收缴的罚款、扣押的财物等，都体现了"造成"的意思，同样是因果关系的表达。因此，本案法院通过对损失的截取，把"直接损失"与"造成"相连接，认定了直接因果关系的存在。

从"直接损失"角度截取因果关系，已经是司法实践中的普遍做法。

(2)直接作用

第一，可观察的直接作用。陈选金案[〔2018〕最高法行申 952 号]中，法院从两个方面认定因果关系的直接作用。首先，法院认为，"强制拆除的对象是违法建筑本身"，即合法的行政行为应直接作用于违法建筑本身。法院认为，"陈选金逾期没有自行拆除临武县城管局作出强制拆除决定，之后由临武县政府组临武县城管局等部门对违法建筑强制拆除"[79]。强制拆除的直接作用对象是违法建筑，违法建筑不受法律保护，因而存在因果关系。其次，法院认为，直接作用对象"违法建筑"是由"建筑材料"组成的，因而"建筑材料"也是强制拆除的直接作用对象，存在因果关系。如果"建筑材料"系合法财产，被损害的，则构成行政赔偿。

第二，需解释的直接作用。陈选金案[〔2018〕最高法行申 952 号]中，法院认为，如果行政行为直接作用于结果本身，又无其他法律规定，则直接作用将截断因果关系，即强制拆除这一原因不能延伸到建筑物倒塌而损坏建筑物内部物品的结果。与此同时，法院认为，程序法治要求被告认真履行"慎重、妥善之注意义务，对陈选金所建违法建筑物中的合法财产已予清空并妥善处理"。如果"行政机关未依法履行上述程序，造成当事人合法财产损失的，则该强制拆除行为应予确认违法"[80]，也就是说，即使强制拆除行为直接作用于建筑物本身，因果关系也会因法律保管责任的存在，延伸至建筑物内物品。行政机关未尽妥善保管义务的，直接作用这一原因可延伸到建筑物内物品的损失。如果行政机关尽到了妥善保管义务，则屋内物品不属于直接作用的结果，因果关系截断。又如蓝新华案[〔2017〕最高法行申

---

〔78〕 叶必丰:《规则抄袭或细化的法解释学分析——部门规则规定应急征用补偿研讨》,《法学研究》2011 年第 6 期,第 91 页。

〔79〕 最高人民法院〔2018〕最高法行申 952 号行政裁定书。

〔80〕 最高人民法院〔2018〕最高法行申 952 号行政裁定书。

5086 号〕中，法院认为，"关于屋内木材损失的赔偿问题，贺州市执法局提供照片、公证处视频、《物品搬离清单》，已经承担了法定的举证责任，可以证实在强制拆除涉案房屋前组织有关人员将屋内木材搬出屋外堆放并进行清点，强拆行为没有造成屋内木材损失。蓝新华主张贺州市执法局、八步区政府强拆前未对屋内木材全部搬离造成其损失，应该进一步提供证据证实，但蓝新华未能提供相反证据，故蓝新华的该项赔偿请求，亦不能成立。"[81]

　　在上述两案中，法院通过导入保管责任解释了直接作用。在李水清案〔〔2015〕行监字第 2116 号〕中，法院则通过条文间的体系解释，认定了直接作用的存在与否。法院首先从可观察的直接作用角度，否定了"复议机关作出的不予受理决定"与所称损害之间的因果联系。然后，法院进一步指出："复议机关作出的不予受理决定……与《国家赔偿法》第四条规定所列举的其他造成财产权损害的具体行政执法行为具有不同的属性。因此，不属于国家赔偿法第四条规定的'造成财产损害的其他违法行为'。"[82]在法院看来，《国家赔偿法》(2012 年)第 4 条规定所列举的具体行政执法行为，都具有对"财产权进行直接处分"的属性。其中，有的是直接作用于财产之上，强制限制或者剥夺行政相对人的财产权益，如罚款、没收财物、查封、扣押、冻结、征收、征用财产。有的是直接作用于行为之上，限制或剥夺行政相对人某种行为能力或资格，禁止其继续从事某种活动，如吊销许可证和执照、责令停产停业。《国家赔偿法》(2012 年)第 4 条第 4 项作为一个开放的兜底性条款，涉及的行为是指除上述三种情形以外的，具有相同属性的行为，即须具有直接作用于财产或行为之上的属性。法院认为，"行政复议是为了防止和纠正违法的或者不当的行政行为，行政复议机关根据行政相对人的申请对行政行为进行复查的制度"[83]。国土资源部作出 475 号行政复议告知书，决定对李水清提出的行政复议不予受理，并未直接作用于财产或行为之上，不属于"造成财产损害的其他违法行为"，从而截断了因果关系的链条。

　　第三，作用的大小不能截断因果关系。中行江西分行案〔〔1996〕赣行初字第 02 号〕原审法院认为，"被告南昌市房产管理局的违法抵押登记虽然给颜桂龙诈骗贷款创造了一定的条件，但造成原告贷款经济损失的直接原因，

〔81〕　最高人民法院〔2017〕最高法行申 5086 号行政裁定书。
〔82〕　最高人民法院〔2015〕行监字第 2116 号行政裁定书。
〔83〕　最高人民法院〔2015〕行监字第 2116 号行政裁定书。

是房屋贷款抵押登记行政行为中的行政管理相对人,故意欺骗原告及被告双方当事人的违法犯罪行为所导致"。[84] 也就是说,被告的违法登记行为系由颜桂龙诈骗所致,是颜桂龙诈骗与损害结果间的媒介,仅仅起到非决定性的传导作用。原审法院认定,"被告所遭受的贷款经济损失后果与被告的违法抵押登记行为没有法律上的直接因果关系"。法院在此似乎采纳了最重原因说,认为非决定性的媒介传导作用不是原因。但最高人民法院认为,"虽然本案贷款人天龙公司是造成信托公司财产损失的直接责任人,但是南昌市房管局的违法行为客观上为天龙公司骗取贷款提供了条件,其违法出具他项权利证明的行为与信托公司财产损失之间存在法律上的利害关系和因果关系。"[85]也就是说,诈骗行为是根本原因,但媒介传导作用也是直接作用,诈骗行为作为根本原因并不能截断媒介传导这一次要作用,它们都是原因。

三、因果关系的认定原则和制度

(一)基于归责原则的因果关系

"归责原则的确立,为从法律上判断国家应承担法律责任提供了最根本的依据和标准,它对于确定国家赔偿责任的构成及免责条件、举证责任的负担以及承担责任的程度,都具有重大意义。"[86]"诚如美国著名法学家霍姆斯(Holmes)所云:'良好的政策应让损失停留于其所发生之处,除非有特别干预的理由存在。'所谓特殊理由,指应将损害归由加害人承担,使其负赔偿责任的事由,学说上称之为损害归责事由或归责原则。"[87]法院对因果关系的截取需在归责原则的框架下进行。

---

〔84〕 江西省高级人民法院〔1996〕赣行初字第 02 号行政判决书。

〔85〕 《中国银行江西分行诉南昌市房管局违法办理抵押登记案》,《最高人民法院公报》2004年第 2 期。

〔86〕 姜明安主编:《行政法与行政诉讼法(第七版)》,北京大学出版社 2019 年版,第 566 页。

〔87〕 王泽鉴:《侵权行为(第三版)》,北京大学出版社 2016 年版,第 11 页。

1. 违法归责原则

《国家赔偿法》(1994年)第2条规定："国家机关和国家机关工作人员违法行使职权侵犯公民、法人和其他组织的合法权益造成损害的，受害人有依照本法取得国家赔偿的权利。"理论界主流观点认为，这一规定以"违法"为限制词，确定了1994年国家赔偿采用违法归责原则。[88] 违法归责原则决定着行政行为能否成为原因。如果行政行为违法，则可以成为原因；否则，就不能成为原因。适用这一原则认定因果关系，大多并无障碍，对此无需一一讨论有关案例，但有时也存在矛盾和冲突。

(1)"违法"涵摄范围的冲突

中行江西分行案[最典行2004-2]终审裁判认为："对于抵押房产及其权属证书的真伪有条件加以核对与识别"。[89] 从理论上说，对行政机关识别有两种不同认识。有的持实质审查的主张，认为对行政机关基于欺诈而实施的行政行为，"仍属意思表示真实的范围，因为它有能力识别"。[90] 有的则持反对意见，主张谁占有证据、结果对谁有利，谁就应负举证责任的制度；主张按法律的规定分别适用实质审查和形式审查。"行政机关的识别能力即审查、证明能力，我们不仅仅要看行政机关事实上的可能性，还要看法律上的可能性……当法律对行政机关的审查进行限制时，行政机关就不能突破制度框架，因而其'识别能力'在法律上是有限度的。行政机关基于法律的限制而无法发现和查明的欺诈行为，不应当被视为过错。"[91] 显然，法院的上述态度采纳了实质审查主张。

基于实质审查主义，中行江西分行案[最典行2004-2]终审裁判认为，原、被告受第三人欺诈，被告作出抵押登记行为，属于"违反职业规范，未尽必要的注意义务"。[92] 本案被告未尽注意义务是一种过失。

〔88〕 参见江必新：《国家赔偿法原理》，中国人民公安大学出版社1994年版，第115-116页；薛刚凌主编：《国家赔偿法教程》，中国政法大学出版社1997年版，第48页。
〔89〕 中国银行江西分行诉南昌市房管局违法办理抵押登记案，《最高人民法院公报》2004年第2期。
〔90〕 参见应松年、杨解君：《论行政违法的主客观构成》，《江苏社会科学》2000年第2期，第4页。
〔91〕 叶必丰：《受欺诈行政行为的违法性和法律责任——以行政机关为视角》，《中国法学》2006年第5期，第64页。
〔92〕 中国银行江西分行诉南昌市房管局违法办理抵押登记案，《最高人民法院公报》2004年第2期。

中行江西分行案［最典行 2004-2］终审裁判认为："信托公司基于对房产登记机关所办抵押登记行为的信赖，为天龙公司发放贷款，致使信托公司遭受了财产损失。"[93] 在此，终审裁判想要表达的是，原告的损害是受诈骗的结果，原告受诈骗系基于对被告抵押登记行为的信赖，原告基于信赖而给第三人放贷，"客观上为天龙公司骗取贷款提供了条件"。[94] 终审裁判是一种基于第三人的诈骗罪已经有了刑事裁判，从结果到原因的追溯。其实，从理论和比较法上看，受欺诈行政行为不适用信赖保护原则，当事人不得对受欺诈行政行为主张信赖，[95]信赖和损害之间的逻辑联系是应当被截断的。

中行江西分行案［最典行 2004-2］终审裁判基于被告"未尽必要的注意义务"过错和原告损害事实的存在，认定被告的抵押登记行为属于"违法行为"。违法归责原则中，"违法"的判断标准是什么，在学理上有行为违法说和结果违法说的区别。"行为违法说认为，只要公权力行为本身违法，就具有违法性；若公权力行为本身合法，即便发生的结果是法律所不容许的，也不具备违法性。结果违法说则主张，以公权力行为所产生的结果是否为法律所容许为判断基准。只要公权力行为侵害了法律所不容许侵害的权益，不问该行为本身是否有法律依据，都是违法的。"[96]有学者认为："基于依法行政原理的观察，以结果是否为法律所容许来判断行为是否合法的结果违法说有'倒果为因'之嫌。而行政救济制度是以纠正违法行政行为为宗旨的。从这两点出发，行为违法说更可取。"[97]然而，基于法定的违法归责原则，实务中对那些有过错但本身并不违法的行政行为，不得不以结果为导向加以认定，偏向结果违法说。中行江西分行案［最典行 2004-2］终审裁判是如此，有关案例也是如此。[98]

中行江西分行案［最典行 2004-2］终审裁判基于违法归责原则，认定被告的违法抵押登记是原告损失的原因。有学者认为，即使采用结果违法说，

---

〔93〕 中国银行江西分行诉南昌市房管局违法办理抵押登记案，《最高人民法院公报》2004 年第 2 期。

〔94〕 中国银行江西分行诉南昌市房管局违法办理抵押登记案，《最高人民法院公报》2004 年第 2 期。

〔95〕 参见王贵松：《行政信赖保护论》，山东人民出版社 2007 年版，第 175 页。

〔96〕 沈岿：《国家赔偿法：原理与案例》，北京大学出版社 2017 年版，第 85 页。

〔97〕 叶百修：《国家赔偿法》，载翁岳生编：《行政法》（下册），中国法制出版社 2002 年版，第 1598-1599 页。

〔98〕 江西省赣州市章贡区人民法院〔2004〕章行初字第 16 号行政判决书。

也需以过错原则为前提。〔99〕有学者通过对此类案件的考察甚至认为,我国应改为过错归责原则。〔100〕也就是说,无论对"违法"作何种解释,违法归责原则很难涵摄过错,以违法涵摄过错很难让当事人信服。中行江西分行案从一审、二审、再审到重审、二审,争议不断,就说明了违法涵摄过错缺乏足够的说服力。

（2）目的导向的冲突

归责原则所体现的其实是一种价值导向或立法政策。价值导向或立法政策关系到制度目的。根据《行政诉讼法》(1990 年)第 1 条规定,行政诉讼制度的目的是"保证人民法院公正、及时审理行政案件","保护公民、法人和其他组织的合法权益","维护和监督行政机关依法行使行政职权"。"尽管从表面上看以上目的同等重要,但实际上《行政诉讼法》许多条款更多地体现了保障行政机关依法行使职权、监督和维护行政机关依法行使职权的目的。"〔101〕也就是说,该条规定更多地强调了"维护和监督行政机关依法行使行政职权",弱化了保障公民、法人、其他组织合法权益的目的。"结果违法说强调对人民权利的保护,行为违法说强调国家行政。"〔102〕"维护和监督行政机关依法行使行政职权"的目的导向下,所建立的标准只能是违法,或者说合法性标准。行政赔偿责任起初被规定在《行政诉讼法》(1990 年)中。该法第 67 条尽管只是规定"具体行政行为侵犯造成损害的",而没有"违法"二字,但判决推翻具体行政行为的前提却是"违法"。后来在单独制定《国家赔偿法》(1994 年)时,也就必然受到影响,并明确确立起违法归责原则。这样,国家机关合法作出的、但最终被证明有误的决定,即存在过错且导致损害的职务行为,基于违法归责原则,要么无法得到国家赔偿要么需要做扩大解释。也就是说,违法归责原则承载了两种相冲突的价值,在实践中可能会导致两种不同的结果。

---

〔99〕　参见沈岿:《国家赔偿法:原理与案例》,北京大学出版社 2017 年版,第 92 页。

〔100〕　参见叶必丰:《受欺诈行政行为的违法性和法律责任》,《中国法学》2006 年第 5 期,第 60-69 页。

〔101〕　马怀德:《〈行政诉讼法〉存在的问题及修改建议》,《法学论坛》2010 年第 5 期,第 29-36 页。

〔102〕　沈岿:《国家赔偿法:原理与案例》,北京大学出版社 2017 年版,第 85 页。

2."违法"与"过错"等同

(1)理论上的认识

《国家赔偿法》(2010 年)第 2 条删去了"违法",规定:"国家机关和国家机关工作人员行使职权,有本法规定的侵犯公民、法人和其他组织合法权益的情形,造成损害的,受害人有依照本法取得国家赔偿的权利。"同时,《国家赔偿法》(2010 年)第 3、4 条中保留了"违法"一词。对此,学界有两种理解:

第一种理解认为,《国家赔偿法》(2010 年)在总则中删去"违法"具有推翻单一的违法归责原则的意义。以"有本法规定的情形"取代"违法",意味着国家赔偿归责原则需视具体情形、具体法律规范而定。同时,国家赔偿法责任,是民事赔偿责任发展演变而来的赔偿责任。国家赔偿责任中的侵权,与在民事赔偿中的侵权含义基本相同。《国家赔偿法》(2010 年)中的"违法"与民法中规定的"侵权"基本含义相同。[103] 现行法律规范反映了以违法原则为主、无过错原则为辅的归责原则体系[104],在国家赔偿法未明确规定归责原则时,可参照适用民事领域归责原则。

第二种理解则认为,总则中删去"违法"的本意,更多的是因为刑事赔偿领域并非以"违法"为统领,主要不是针对行政赔偿。[105] 实际上,行政赔偿中仍是违法归责原则。所不同的是,修法前后"违法"的涵摄范围有所区别。修法前,"违法"仅仅被机械地理解为违反各级立法机关制定的法律、法规和规章。这种认识极大地缩小了国家赔偿的范围,它将大量无法以"违法"标准加以判断的行为排除在赔偿范围之外。[106]《国家赔偿法》(2010 年)修法后,对"违法"的理解回归了它的应有之义。也就是说,从"行为违法"上理解,"违法归责原则"中的"违法"可包括违反必要的注意义务,即主观上存在过失。

[103]　参见杨小君:《国家赔偿法律问题研究》,北京大学出版社 2005 年版,第 128 页。

[104]　参见姜明安主编:《行政法与行政诉讼法》(第七版),北京大学出版社、高等教育出版社 2019 年版,第 568 页;沈岿:《国家赔偿法:原理与案例》,北京大学出版社 2017 年版,第 97-98 页等。

[105]　参见全国人大法律委员会副主任委员洪虎:《全国人民代表大会法律委员会关于〈中华人民共和国国家赔偿法修正案(草案)〉修改情况的汇报——2009 年 6 月 22 日在第十一届全国人民代表大会常务委员会第九次会议上》

[106]　参见朱新力、余军:《国家赔偿归责原则的实证分析》,《浙江大学学报(人文社会科学版)》2005 年第 2 期,第 120-121 页。

（2）实践中的选择

理论上的两种理解虽然都坚持国家赔偿中归责原则的多元化，但根据不同的理解，在实践中会得出不同的结论。如采取第一种理解，则为直接适用侵权法的过错归责原则；如采取第二种理解，则理解为"行为违法"，违法包含过错的违法归责原则。笔者以登记机关未尽审慎审查义务的损害责任，法院所适用的归责原则为出发点，对判例进行了梳理，以观察法院对修法后归责原则的态度。

经检索发现，修法后仍有多数法院采第二种理解认定因果关系。如田兴昌案［〔2017〕最高法行申 5482 号］中，法院认为原固原县人民政府为原经贸总公司颁证的行为不符合法律规定，确认被诉颁证行为违法。[107] 林方明等案［〔2016〕最高法行申 262 号］中，法院认为："文昌工商局对权利人股权比例减少、股东会决议以及委托书等事项没有履行基本的审查义务，且明知案涉股东权益民事诉讼尚未结案，却直接办理工商变更登记的行为违法"[108]，与损害结果有因果关系。基于最高人民法院适用违法归责原则对未经审慎审查义务的登记责任予以认定，很多地方法院也将修法后的归责原则理解为违法原则。[109] 法院认为《国家赔偿法》修改后，"违法"中包含"过错"，因此在认定因果关系中采取违法归责原则。

修法前，在违法归责原则的限制下，法院只能从"结果违法"的角度出发，将未尽注意义务的过失解释为违法。相当于在判决中对"违法"进行了扩大解释，认为"过失"也是"违法"，从而认定因果关系。在这种情况下，条文依据和理论依据都较为牵强，容易引发冲突和矛盾。修法后，法院不必再细究是否存在过错，即可根据"行为违法"，认定"违反必要注意义务的过失"也是违法。这样，法院在说理时不必再将过错行为阐述为"违法"，在很大程度上避免了为使当事人信服，而扩大解释"违法"概念的情况。如果赣县贡江农村信用合作社案［〔2005〕赣中行终字第 6 号］发生在修法后，法院的判决思路则不会与单一违法归责原则发生冲突。法院对房产管理局因果关系

---

〔107〕　参见最高人民法院〔2017〕最高法行申 5482 号行政裁定书。

〔108〕　最高人民法院〔2016〕最高法行申 262 号行政裁定书。

〔109〕　不仅最高人民法院使用违法归责原则对未经审慎审查义务的登记责任予以认定，很多地方法院也采取这一认定思路。如上海市黄浦区法院〔2008〕黄行赔初字第 107 号行政判决，湖南省衡阳市中院〔2018〕湘 04 行赔初字第 3 号行政判决书，广西壮族自治区防城港市中院〔2015〕防市行终字第 26 号行政判决书，以及湖南省湘潭市中院〔2017〕湘 03 行终 6 号行政裁定书等。

的认定,首先应认定被告的行为是否违法。站在结果违法的角度,确认登记错误的违法性。基于"行为违法","违法"包含了"违反必要注意义务的过失",法院就不必再细纠行政机关行为是否存在过错,即可认定因果关系是否存在。[110]

(二)认定因果关系的制度

对原因的认定是判断因果关系成立与否的关键。"对法院来说,在解决纠纷过程中想要认定因果关系的成立与否,需要把握当事人对因果关系的证明在何种程度上已经达到了确信的状态,或者以何种方式完成了因果关系的证明,以及如何分配因果关系的证明责任才能够体现法律公平和正义的精神。"[111]

1.因果关系的证明责任

(1)"谁主张,谁举证"

"在诉讼程序中,证明责任是指当有争议的实体法上的法律事实真伪不明,以它作为自己诉讼请求根据或者反驳诉讼请求根据,并附有证明责任的一方当事人会承担相应的不利法律后果,即败诉;另一方面,证明责任是指为了避免败诉的风险,通过自己的行为对有争议的事实加以证明的责任。"[112]

《行政诉讼法》(2014 年)第 38 条第 2 款规定:"在行政赔偿、补偿的案件中,原告应当对行政行为造成的损害提供证据。"对这一条文的理解,学者持有不同的观点。有学者认为原告应当就损害事实的发生与存在、损害程度、损害赔偿的依据、损害同行政行为的因果关系等方面提供证据。[113] 有学者认为,在司法实践中,要求原告证明因果关系难度很大,一概让原告承

---

[110]　在对行政赔偿究竟采用什么样的归责原则这一问题的认识上,学界有最新的研究认为"我国国家赔偿的违法要件在事实上已经吸收了过错要件"。因此,"如今的主要矛盾不再是违法归责与过错归责之间的矛盾,而是广义违法要件与一元违法概念的矛盾"。该项研究认为,要承认广义违法要件吸收过错要件的既定事实,通过改造责任限制条款来解决上述矛盾。参见蒋成旭:《国家赔偿违法要件的基本构造》,《法学家》2021 年第 5 期,第 70-83 页。

[111]　晏景:《侵权责任中的因果关系认定》,人民法院出版社 2014 年版,第 147 页。

[112]　〔德〕莱奥·罗森贝克:《证明责任论(第四版)》,庄敬华译,中国法制出版社 2002 年版,第 16-17 页。

[113]　参见毕志可:《论完善行政诉讼的举证责任制度》,《法制与社会发展》2000 年第 2 期;公衍义:《论国家赔偿中的举证责任》,《法律适用》1995 年第 8 期。

担举证责任有失公平，[114]即原告不承担因果关系的证明责任，仅承担对损害的证明责任。还有学者持折中的观点，认为"关于具体行政行为与损害结果之间因果关系之争，如果因果关系简单，可以由原告负举证责任，如果因果关系复杂或被诉的具体行政行为是限制公民人身权或财产权的，就具体行政行为与损害结果之间不存在因果关系，多因一果，被告具有免责事由，受害人对损害有过错，由行政机关负举证责任"[115]。也就是说，学说上原告对损害的证明责任没有异议，但对因果关系是否具有证明责任存在争议。对此，我们需要明确和梳理法院的态度。

法院的态度与学说相同，认为原告对损害负有举证责任。沙明保等案［最指第 91 号］判决认为："关于被拆房屋内物品损失问题"，根据《行政诉讼法》〔2014〕第 38 条第 2 款的规定，"在行政赔偿、补偿的案件中，原告应当对行政行为造成的损害提供证据"[116]。在实践中，法院对这一举证责任的分配思路是一贯的。[117]

法院还认为，原告对因果关系也负有举证责任。河北天川农林开发有限公司案［〔2017〕最高法行申 6895 号］中，法院认为："天川公司并未提供相应的证据证明其重复颁证行为与涉案林地转让障碍之间是否存在因果关系，故对其该项主张，本院不予支持。"[118]法院这一态度的依据首先是《行政诉讼法》(2014 年)第 38 条第 2 款，其次是相关的司法解释。1999 年，《最高人民法院关于执行〈中华人民共和国行政诉讼法〉若干问题的解释》(法释〔2000〕8 号)第 27 条第 3 项认为原告在赔偿诉讼中的举证责任为"证明因受被诉行为侵害而造成损失的事实"。2002 年，《最高人民法院关于行政诉讼证据若干问题的规定》(法释〔2002〕21 号)第 5 条再次确认："在行政赔偿诉讼中，原告应当对被诉具体行政行为造成损害的事实提供证据。"在上述法律和司法解释中，"行政行为造成的损害"不仅包含了"损害"，还包含了

〔114〕　参见孔祥俊：《行政诉讼证据规定的理解与适用》，载李国光主编《行政执法与行政审判参考》(总第 4 辑)，法律出版社 2002 年版，第 117 页。

〔115〕　刘善春：《行政诉讼举证责任分配规则论纲》，《中国法学》2003 年 3 期，第 73 页。

〔116〕　指导案例 91 号：沙明保等诉马鞍山市花山区人民政府房屋强制拆除行政赔偿案，最高人民法院 2017 年 11 月 15 日发布。

〔117〕　如湖北葛店正光养殖合作案［〔2017〕最高法行赔申 241 号］判决认为："正光养殖社主张的发电机等十二项财产损失的具体数额，应由申请人承担举证责任。"

〔118〕　最高人民法院〔2017〕最高法行申 6895 号行政裁定书。

"造成"。在法院看来,"造成"和"损害"同时使用涵摄了因果关系。

法院关于原告对损害以及因果关系负举证责任的上述态度,实际上可以归结为"谁主张,谁举证"的规则。通常情况下,受害人对其遭受的损害最清楚,有能力也有动力提供证据,由赔偿请求人为损害事实、因果关系负责举证,在一定程度上防止了请求人滥用请求赔偿权,将举证成本一味推给赔偿义务机关。同时,受害人存在什么样的损害,哪些损害是公权力组织的侵权行为所致,哪些损害是别的原因所致,赔偿请求权人较之赔偿义务机关更清楚,或者更易收集证据。[119] 因此,在《国家赔偿法》(2012 年)等[120]相关规定中,也都要求原告对损害事实进行举证,此处对于行政赔偿诉讼中的损害事实的举证责任和民事诉讼中"谁主张,谁举证"的涵义基本相同。对原告在行政赔偿诉讼中的上述举证责任,被学者称为"谁主张,谁举证"。[121]

(2)举证责任转移

对因果关系的认定实行谁主张谁举证的规则,那么是否原告的所有主张都应该由原告负举证责任呢?《行政诉讼法》(2014 年)第 38 条第 2 款后半句,确定了因被告的原因导致原告无法举证的情况下,由被告承担举证责任。沙明保等案[最指第 91 号]中,针对因被告拆除行为造成的物品损失事实不明情况下,二审法院依据上述规定认定由被告承担造成屋内物品损失的举证责任,推翻了一审法院根据《国家赔偿法》(2012 年)第 15 条第 1 款"谁主张谁举证"规则所作的"原告仅提供赔偿物品清单一份,未提供其他证据佐证,对其请求不予支持"[122]的结论。

有学者认为,《行政诉讼法》(2014 年)第 38 条第 2 款后半句的规定属于对行政赔偿中因果关系的举证责任倒置。[123] 但是,"举证责任倒置是指

---

[119] 参见沈岿:《国家赔偿法:原理与案例》,北京大学出版社 2017 年版,第 164 页。

[120] 《国家赔偿法》(2012)第 15 条第 1 款:"人民法院审理行政赔偿案件,赔偿请求人和赔偿义务机关对自己提出的主张,应当提供证据。"

[121] 姜明安:《行政诉讼法学》,北京大学出版社 1993 年版,第 170 页;刘善春:《行政诉讼举证责任新论》,《行政法学研究》2000 年第 2 期;关保英:《行政诉讼中原告提供证据行为研究》,《法律适用》2011 年第 7 期;杨寅:《行政诉讼证据规则梳探》,《华东政法学院学报》2002 年第 3 期等。

[122] 马鞍山市中级人民法院[2015]马行赔初字第 00004 号行政赔偿判决书。

[123] 参见沈岿:《国家赔偿法:原理与案例》,北京大学出版社 2017 年版,第 164-165 页。值得注意的是,有学者从证明妨碍理论出发,论证《行政诉讼法》第 38 条第 2 款后半句规定的被告承担举证责任是举证责任的倒置,属于客观举证责任倒置。参见罗智敏:《行政赔偿案件中原被告举证责任辨析》,《中国法学》2019 年第 6 期,第 261-281 页。

基于法律规定,将通常情形下本应由提出主张的一方当事人(一般是原告)就某种事由不负担举证责任,而由他方当事人(一般是被告)就某种事实存在或不存在承担举证责任,如果该方当事人不能就此举证证明,则推定原告的事实主张成立的一种举证责任分配制度。"[124] 沙明保等案[最指第 91 号]中,法院认为,行政机关在组织拆除时,"未依法对屋内物品登记保全,未制作物品清单并交上诉人签字确认",且对于原告所列的损失清单,被告"亦未提供证据证明这些物品不存在"。[125] 法院这一态度所体现的并非举证责任倒置,而应属举证责任转移。举证责任转移在实质上并没有违反"谁主张,谁举证"的一般举证责任分配原则,承担举证责任者仍是提出事实主张的一方。只不过在一定条件下,举证责任转向了对方。也就是说,《行政诉讼法》(2014 年)第 38 条第 2 款后半句的规定,旨在说明"只要原告能够提供其主张的受损财产存在的初步证据,被告就应当承担原告受损事实不存在的举证责任,如果其不能提供充分证据反驳原告的主张,应当承担败诉责任。对于此种举证责任的转移规定类似于举证责任倒置,但又不同于倒置"[126]。也就是说,该条中的举证责任转移并不意味原告完全不举证。相反,原告需要提供"初步证据"。有学者将"初步证据"与"初步举证责任"相对应,认为行政赔偿诉讼中原告对造成的损害事实承担初步证明责任。[127]

沙明保等案[最指第 91 号]二审法院的态度不是个例,相同的判决思路还有磨金荣案[〔2017〕最高法行再 43 号]。法院认为:"由于高新区管委会的违法强制拆除,磨金荣……已穷尽举证手段以证明动产损失的存在",继而判决"由高新区管委会承担举证不能的不利后果并负相应的赔偿责任"。[128] 在因该建筑已被行政机关强制拆除,行政相对人无法对行政行为造成的损害提供证据,损害事实不明的情况下,由行政机关提供执法时行政相对人签字确认的财产物品清单、公证明细等证据进行举证。在该案中,被

---

[124] 王利民:《论举证责任倒置的若干问题》,《广东社会科学》2003 年第 1 期,第 150 页。

[125] 指导案例 91 号:沙明保等诉马鞍山市花山区人民政府房屋强制拆除行政偿案,最高人民法院 2017 年 11 月 15 日发布。

[126] 江必新主编:《〈中华人民共和国行政诉讼法〉理解适用与实务指南》,中国法制出版社 2015 年版,第 177 页。

[127] 参见马怀德、刘东亮:《行政诉讼证据问题研究》,《证据学论坛》2002 年第 1 期;章剑生:《现代行政法基本理论》,法律出版社 2008 年版,第 564 页。

[128] 最高人民法院〔2017〕最高法行再 43 号行政判决书。

告无法对房屋内物品损失举证，则应承担举证不能的不利后果。

（3）举证责任转移的条件

因果关系的举证责任在什么条件下会发生转移？

根据《行政诉讼法》(2014 年)第 38 条第 2 款后半句的规定，因果关系举证责任发生转移的条件是"因被告的原因导致原告无法举证"。沙明保等案[最指第 91 号]二审法院即持这一态度，认为被告"未依法对屋内物品登记保全，未制作物品清单并交上诉人签字确认"[129]，导致原告无法举证。这是法院的普遍态度。许水云案[最典行 2018-6]法院认为："因行政机关违反正当程序，不依法公证或者依法制作证据清单，给原告履行举证责任造成困难的，且被告也无法举证证明实际损失金额的，人民法院可在原告就损失金额所提供证据能够初步证明其主张的情况下，依法作出不利于行政机关的损失金额认定。"[130]栾永茂案[〔2016〕最高法行赔申 331 号]终审法院认为："东洲区政府实施强制拆除行为时，未对栾永茂被拆除房屋内的物品进行清点、登记、保全，造成目前无法准确认定栾永茂屋内物品损失的具体数额，东洲政府应负有相应的责任。"[131]

但是，"因被告的原因导致原告无法举证"是不是因果关系的举证责任发生转移的唯一条件？对此，沙明保等案[最指第 91 号]二审法院未作详细阐述。吴书喜等案[〔2017〕最高法行申 2152 号]法院认为："虽然吴书喜向法庭提交了初步证明被拆除房屋内物品受损状况的财产损失清单，但该份清单的证明力远未达到确凿充分的程度。"[132]法院的这一态度表明，原告所列的财产损失清单，无法单独成为证明损害事实的证据，只能起"初步证

〔129〕 指导案例 91 号：沙明保等诉马鞍山市花山区人民政府房屋强制拆除行政赔偿案，最高人民法院 2017 年 11 月 15 日发布。

〔130〕 许水云诉金华市婺城区人民政府房屋行政强制及行政赔偿案，《最高人民法院公报》2018 年第 6 期。

〔131〕 最高人民法院〔2016〕最高法行赔申 331 号行政裁定书。

〔132〕 最高人民法院〔2017〕最高法行申 2152 号行政裁定书。

明"[133]作用,视作初步证据。[134]　实践中,法院一般不会仅仅根据原告所列的损失清单认定损害事实。财产损失清单虽为初步证据,但在出现"因被告的原因导致原告无法举证"的情况时,法院在被告"未提供证据证明这些物品不存在"的前提下,对原告"主张的屋内物品种类、数量应予认定"。

蒋书太案[〔2017〕最高法行申 2164 号]中,法院也持初步证明责任的态度,并有进一步发展。法院认为:"针对当事人主张受损物品的种类不同,其承担的初步证明责任的证明程度也应当有所区别。对当事人提出的属于家庭生活正常消费范围内物品损失的合理主张,如果能够提供物品清单和价格说明,可以认定完成了初步证明责任;对当事人提出的超出正常生活消费水平的贵重稀有物品损失的主张,其应当提供能够证明强制拆除发生时该物品仍在被拆除房屋内的证据。"[135]法院的这一态度表明,初步证明责任需要区分损失及因果关系的不同情况而定。

上述法院态度表明,导致因果关系的举证责任转移的前提条件是,"因被告的原因导致原告无法举证",且原告已经承担了初步证明责任。之所以如此,在法院看来是因为《行政诉讼法》(2014 年)第 38 条第 2 款所规定的"谁主张谁举证"与举证责任转移存在逻辑关系,"谁主张谁举证"是基础,举证责任转移是补充;还因为举证责任转移不同于举证责任倒置,并没有免除原告的全部举证责任。

2.推定因果关系

在许多情况下,因果关系显而易见,凡正常人都能判断。[136]　在有些情

---

[133]　在行政诉讼中,证明标准有三类:(1)优势证明标准;(2)排除合理怀疑的证明标准;(3)清楚而有说服力的证明标准。在行政赔偿诉讼中,原告证明被诉具体行政行为造成损害,应采用优势证明标准。参见甘文:《行政诉讼证据司法解释之评论》,中国法制出版社 2003 年版,第 171-181 页。

[134]　原告对因果关系的存在可能性提出初步证据后,被告对因果关系不存在承担举证责任,即如果双方举证后,因果关系是否存在真伪不明,则须承担举证责任的被告承担败诉的不利后果。可见,对因果关系是否存在,被告虽为反向证明,但由于举证责任在被告一方,被告的"反向证明"实际上是本证而非反证,是对被告所主张的权利阻却性要件的证明。本证意味着如果原告完成了因果关系的初步举证责任,则被告对因果关系成立这个推定事实应当充分举证以证明其不存在。"充分举证"意味着被告对因果关系不存在的举证应当达到高度盖然性标准,因为如果被告举证后因果关系是否存在真伪不明,则须由被告承担败诉结果,被告若是要摆脱败诉后果,就必须充分举证,以彻底排除因果关系存在的任何可能性。参见薄晓波:《论环境侵权诉讼因果关系证明中的"初步证据"》,《吉首大学学报(社会科学版)》2015 年第 5 期,第 119 页。

[135]　最高人民法院〔2017〕最高法行申 2164 号行政裁定书。

[136]　参见叶必丰:《行政法与行政诉讼法》(第三版),高等教育出版社 2015 年版,第 42 页。

况下,通过原被告的举证和质证,法院也可以比较容易地认定因果关系。但有时,因果关系的认定却仍存在困难,需要加以推定。许水云案[最典行2018-6]体现了法院对因果关系的推定,思路如下:

(1)原因推定

本案中,被告婺城区政府认为其未实施房屋强拆行为,造成案涉房屋被损毁的是案外第三人,属于民事侵权赔偿纠纷,不属于行政争议。同时,婺城建筑公司主动承认案涉房屋为误拆。在这种情况下,法院对行政侵权行为即损害原因进行了推定。

第一,有权实施强制拆除的主体。法院根据《征收与补偿条例》第4、5和28条的规定,认为"只有市、县级人民政府确定的房屋征收部门才具有依法强制拆除合法建筑的职权"。[137] 在本案中,法院认为只有婺城区政府才有权实施强制拆除。

第二,可能的行政行为。首先,法院认为,"婺城区政府发布旧城改造房屋征收公告,将案涉房屋纳入征收范围"在前,案涉房屋被强制拆除在后。"案涉房屋被强制拆除系在婺城区政府作为征收主体进行征收过程中发生的",[138]符合因果关系的原因在前结果在后的逻辑。其次,法院根据"改造工程指挥部工作人员给许水云发送的短信记载有'我是金华市婺城区二七新村区块改造工程指挥部工作人员、将对房子进行公证检查、如不配合将破门进行安全检查及公证'等内容",及"许水云提供的有行政执法人员在拆除现场的现场照片及当地有关新闻报道等",认定"2014年9月26日强制拆除系政府主导下进行"。[139] 再次,与职权法定原则相结合,"对于房屋征收过程中发生的合法房屋被强制拆除行为",法院认为"应推定系婺城区政府及其确定的房屋征收部门实施的行政强制行为,并由其承担相应责任"。[140]

在李波等案[〔2018〕最高法行再113号]中,法院也采用了上述原因推

〔137〕 许水云诉金华市婺城区人民政府房屋行政强制及行政赔偿案,《最高人民法院公报》2018年第6期。

〔138〕 许水云诉金华市婺城区人民政府房屋行政强制及行政赔偿案,《最高人民法院公报》2018年第6期。

〔139〕 许水云诉金华市婺城区人民政府房屋行政强制及行政赔偿案,《最高人民法院公报》2018年第6期。

〔140〕 许水云诉金华市婺城区人民政府房屋行政强制及行政赔偿案,《最高人民法院公报》2018年第6期。

定思路。根据《国有土地上房屋征收与补偿条例》,法院认为:"在无主体对强拆行为负责的情况下,人民法院应当根据职权法定原则及举证责任作出认定或推定。如果用地单位、拆迁公司等非行政主体实施强制拆除的,应当查明是否受行政机关委托实施。"[141] 法院认定责任主体区分了两个步骤,先推定,后判断是否为委托。随后法院根据"西关片区指挥部发布的《公示》、历史文化名城指挥部发布的《公告》、西关片区指挥部制作的《孙武镇西关片区房屋征收补偿估价汇总表》、《惠民县孙武镇房屋征收补偿分户估价明细表》、拆除房屋的照片",认定"再审申请人的涉案房屋位于上述《公示》与《公告》的征收范围内"。[142] 法院又根据《西关片区旧城改造住宅房屋征收补偿安置协议书》中,"惠民县政府作为征收部门在备案栏加盖了政府公章"认定"涉案房屋的强制拆除行为与旧城改造项目涉及的征收行为具有高度关联性"。[143]

(2)排除因素

推定行政侵权行为有两个前提:一是"可以初步证明行政机关负有涉案房屋所在区域征收与补偿的法定职责";二是"没有相反证据证明涉案房屋系因其他原因灭失"。若无法证明行政机关的法定职责,或是有证据证明涉案房屋因其他原因灭失,则无法认定因果关系存在。

"初步证明"的重要特点是不能对待证事项提供充分的证明力。提供初步证明的证据即初步证据,是指在没有相反证据出现的情况下,才能产生证明力的证据。从证明标准的角度来看,用初步证据证明待证事项意味着降低了待证事项的证明标准。许水云案[最典行2018-6]中"可以初步证明行政机关负有涉案房屋所在区域征收与补偿的法定职责",即要求原告提供证明"涉案房屋的强制拆除行为"与"行政机关征收行为具有高度关联性"的证明材料。[144] 这里的关联性证明无须达到高度盖然性的标准。原告的证明目标是举证涉案房屋系行政机关强制拆除的"可能性",而非确定性。在许水云案[最典行2018-6]和李波等案[〔2018〕最高法行再113号]类案中,具有初步证明力的证明材料主要包括,"房屋征收公告"、相关《公示》、带有行

---

[141] 最高人民法院〔2018〕最高法行再113号行政裁定书。

[142] 最高人民法院〔2018〕最高法行再113号行政裁定书。

[143] 最高人民法院〔2018〕最高法行再113号行政裁定书。

[144] 许水云诉金华市婺城区人民政府房屋行政强制及行政赔偿案,《最高人民法院公报》2018年第6期。

政机关公章的《补偿安置协议书》、相关短信、现场照片及新闻报道等。

"其他原因"在许水云案［最典行 2018-6］中体现为法院的反向推理。法院认为若"民事主体自行违法强制拆除他人合法房屋……应当依据《行政诉讼法》第六十六条第一款的规定，将有关材料移送公安、检察机关"[145]。李波等案［〔2018〕最高法行再 113 号］中也有相似的思路。法院认为："虽然再审申请人曾向公安机关报案称涉案房屋系被山东鼎烁房地产开发有限公司的人员故意毁坏，但公安机关作出的《不予立案通知书》说明不存在刑事犯罪。"[146]这就意味着，从事实层面上来看，涉案房屋系民事主体拆除，但由于公安机关不予立案，说明不存在"民事主体自行违法强制拆除他人合法房屋，涉嫌构成故意毁坏财物罪"。[147] 没有相反证据证明涉案房屋系因其他原因灭失，举证责任应由行政机关承担。在行政机关无法举证证明非其所为的情况下，可以推定其实施或委托实施了被诉强拆行为并构成损害的原因。

法院上述关于因果关系的推定思路，检验了因果关系推定学说。"所谓因果关系推定，就是指在损害发生以后，数个行为人都有可能造成损害，但是不能确认谁是真正的行为人，或者因果关系难以确定时，法律从公平正义和保护受害人的角度出发，推定行为人的行为与损害之间具有因果关系。"[148]

（3）委托关系的处理

裘伟国案[149]中，安捷公司接受城投公司委托承担旧房拆除业务，在拆除涉案房屋周边旧房时，将涉案房屋一并拆除。该案中，安捷公司这一民事主体承认自己独自拆除涉案房屋。

本案法院从两个层次论证了委托关系。首先以推定的方式认为本案为委托行为。推定的受委托组织，是指根据行政机关的要求完成行政事务，在事后依法推定该项要求为委托的社会组织。也就是说，行政机关和社会组

〔145〕 许水云诉金华市婺城区人民政府房屋行政强制及行政赔偿案，《最高人民法院公报》2018 年第 6 期。

〔146〕 最高人民法院〔2018〕最高法行再 113 号行政裁定书。

〔147〕 最高人民法院〔2018〕最高法行再 113 号行政裁定书。

〔148〕 王利明：《侵权行为法研究（上卷）》，中国人民大学出版社 2004 年版，第 439 页。

〔149〕 谭星光：《裘伟国与浙江省奉化市人民政府房屋征收办公室等房屋征收补偿行政纠纷上诉案——违法拆除的责任承担》，《人民司法·案例》2018 年第 20 期。

织事先都没有明确地意识到或明知双方之间有委托关系,但委托关系依法实际上已经成立,从而在事后得到法律上的认可。本案法院认为,"该实施方案是奉化征收办作出并报市政府办公会议批准的,因批准机关不是行政行为主体,故征收办在实施方案中把城投公司和岳林街道列为征收责任单位,虽未表述为委托,但实际上是委托"。[150]

其次,法院认为"城投公司作为受托人,在征收过程中其行为的法律后果应由征收办承担"。[151] 从法律规定来看,《行政诉讼法》(2014 年)第 7 条规定了不同情况下,承担赔偿责任的赔偿义务机关。[152] 实践中,行政机关逃避责任,将赔偿责任推给委托组织的情况颇为普遍。法院认为即使存在"双方管理监督及沟通失误造成的所谓误拆",[153] 后果也应由行政机关承担。

3.鉴定与评估

对因果关系进行认定遇到困难时,除推定外,有时还需运用鉴定和评估。如不能确定什么因素是致损的原因,就需进行鉴定;如不能确定直接损失的价值,就需对其进行评估。

(1)对原因的鉴定

第一,鉴定的必要性。在自然因素介入引发损害的情况下,对损害后果的作用力往往难以凭常识认定原因。高大庆案[〔2006〕奉行初字第 3 号]原告主张,被被告扣押的船只在台风期间倾覆,应由被告赔偿。行政机关对被扣押财物依法具有妥善保管责任。面对突发的自然因素介入,船只倾覆到底单纯是台风的原因,还是被告对扣押船只的保管不善所致,或者是被告在有关部门的台风预报后未采取任何预防措施所致? 法院认为原告采砂船"倾覆原因不明",随即判断行政机关不承担赔偿责任。[154] 从裁判文书部

[150] 谭星光:《裘伟国与浙江省奉化市人民政府房屋征收办公室等房屋征收补偿行政纠纷上诉案——违法拆除的责任承担》,《人民司法·案例》2018 年第 20 期。

[151] 谭星光:《裘伟国与浙江省奉化市人民政府房屋征收办公室等房屋征收补偿行政纠纷上诉案——违法拆除的责任承担》,《人民司法·案例》2018 年第 20 期。

[152] 该条第 4 款规定:"受行政机关委托的组织或者个人在行使受委托的行政权力时侵犯公民、法人和其他组织的合法权益造成损害的,委托的行政机关为赔偿义务机关。"

[153] 谭星光:《裘伟国与浙江省奉化市人民政府房屋征收办公室等房屋征收补偿行政纠纷上诉案——违法拆除的责任承担》,《人民司法·案例》2018 年第 20 期。

[154] 参见浙江省奉化市人民法院〔2006〕奉行初字第 3 号行政裁定书。

分,未发现法院对船只倾覆的原因进行鉴定。根据《最高人民法院关于行政诉讼证据若干问题的规定》[155]第 31 条的规定,对需要鉴定的事项负有举证责任的当事人,有权申请鉴定。该案中,未对船只倾覆原因作出鉴定可能是由于当事人未向法院申请。然而,船只倾覆的原因事关当事人采砂船损失能否得到赔偿。在举证不力,现场被破坏,即使通过举证和质辨也难以得出让当事人信服的认定时,不论当事人是否明知鉴定申请权而未提出申请,法院应依职权委托具备资格的鉴定机构进行鉴定,或向当事人释明其具有申请鉴定权利。

第二,鉴定结论的认定。在原因不明的情况下,需要通过技术手段鉴定,查明原因。那么,在有鉴定结论的情况下,法院认定因果关系是不是完全依据鉴定结果呢? 王丽萍案[最典行 2003-3]中,检疫机构经鉴定认定"生猪是热死的"。若法院直接依据鉴定结论认定因果关系,那么该案中,生猪的死亡就会被归因于天气炎热。实际上,法院没有完全按照鉴定结论认定因果关系,而是将损害归因于被告。法院认为被告行为致使生猪长时间处于高温环境下,据此重新建立逻辑关系。也就是说,即使有鉴定结论,也不能直接将鉴定结论作为因果关系认定的唯一标准。当然,法院如果不以鉴定结论作为因果关系的逻辑,则需要有其他证据作为支持。在王丽萍案[最典行 2003-3]中体现为《郑州晚报》上刊登的当日最高气温。在法院看来,权威媒体刊登的天气预报是众所周知的,将生猪置于如此高温下而不采取相应防范措施会造成什么样的结果,凡正常人都应该有预见,被告也应该预见。

(2)对结果的评估

在行政赔偿案件中,尤其是在房屋征收补偿类的案件中,原被告双方对于损失往往争议较大。对此,新制定的《最高人民法院关于适用〈中华人民共和国行政诉讼法〉的解释》(以下简称"行政诉讼法解释 2018")第 47 条第 2、3 款专门对损失的鉴定制度作出了规定。这里的"鉴定",在此前根据《国有土地上房屋征收与补偿条例》第 19、20、34 条的规定称为"评估",其实两者是一回事。实践中,有关评估的争议在宋莉莉案[最典行 2004-8]和四平山佳案[〔2016〕最高法行赔申 14 号]等中有比较集中的体现。

---

[155] 2002 年 6 月 4 日,最高人民法院法释〔2002〕21 号。

第一，对评估机构的选择。评估报告是赔偿或补偿决定的依据，因此应当在决定之前评估，否则不予采信。[156] 对评估机构，宋莉莉案[最典行2004-8]法院认为，应依照当地有效的地方性法规的相关规定，在符合条件的评估机构中抽签确定。[157] 对于评估机构的选择方式，除抽签方式外，四平山佳案[〔2016〕最高法行赔申14号]法院也给出了自己的解决思路。在法院看来，评估鉴定机构的选择可以有两种方式：一种是双方当事人达成合意，自行委托；另一种，则是法院作为居中裁判者，由法院选择和委托鉴定机构。[158] 可以看出，无论是抽签，合意选择抑或是法院选择，都遵循着公平公正的原则。在行政赔偿中，鉴定评估机构出具的报告往往对当事人获得赔偿的数额具有很大的影响。"行政法所保护的、所应保护的是一种以公正为核心的公共利益与私人利益的一致关系。行政法的目标是公正。"[159]因此，保障鉴定机构选择的公平，也就是保障鉴定内容的公平。

第二，评估报告的内容。四平山佳案[〔2016〕最高法行赔申14号]中，法院通过对评估报告的认可，间接表明了评估基准日应为违法行政行为发生之日的态度。针对评估报告有效期为一年的争议，法院认为，由于基准日固定，只要双方当事人不要求重新鉴定，则即使评估报告有效期为一年，超期后的报告仍应予以采纳。[160] 四平山佳案[〔2016〕最高法行赔申14号]和宋莉莉案[最典行2004-8]还涉及评估报告真实性的争议。法院认为，在行政程序阶段，行政机关应允许当事人陈述和申辩，否则有失公正；[161]在诉讼阶段，只要经庭审质证，原被告双方均不要求重新鉴定，则评估报告可以作为定案依据，予以采信。[162]

第三，评估报告的效力。宋莉莉案[最典行2004-8]法院认为，若拆迁方单方委托评估机构出具评估报告，被拆人有异议的，行政机关不得将该报

[156] 参见魏淑英、齐帅与辽宁省新民市人民政府强制清除地上物并行政赔偿案，《最高人民法院公报》2019年第6期。
[157] 参见宋莉莉诉宿迁市建设局房屋拆迁补偿安置裁决案，《最高人民法院公报》2004年第8期。
[158] 参见最高人民法院〔2016〕最高法行赔申14号行政裁定书。
[159] 叶必丰：《行政法与行政诉讼法》（第三版），高等教育出版社2015年版，第12页。
[160] 参见最高人民法院〔2016〕最高法行赔申14号行政裁定书。
[161] 宋莉莉诉宿迁市建设局房屋拆迁补偿安置裁决案，《最高人民法院公报》2004年第8期。
[162] 参见最高人民法院〔2016〕最高法行赔申14号行政裁定书。

告作为决定依据;否则,所作行政决定属于"主要证据不足,程序违法"[163]。若经拆迁方和被拆迁人协商一致委托的评估机构出具评估报告,或者拆迁方单方面委托评估机构出具的评估报告,被拆迁人没有异议的,则行政机关可以作为行政决定的依据。姜凤娟案〔〔2018〕最高法行申 1001 号〕法院认为,房地产估价师以印章代替签字的行为并未对姜凤娟的实体权益造成影响。如果姜凤娟要推翻该评估报告的效力,则应在收到估价报告后,向房地产价格评估机构申请复核,或向房地产价格评估专家委员会申请鉴定。姜凤娟没有申请复核或鉴定,则印章代替签字的瑕疵,不影响评估报告的效力,被告据此作出决定也并无不当。[164] 但评估报告内容未及时送达,则将严重影响评估报告的效力,因为这将导致当事人对其房产评估价格申请复核评估,以及申请房地产价格评估专家委员会鉴定的权利丧失。[165]

四、行政赔偿中的条件与原因

(一)行政赔偿中的条件

实践中,经常出现多个因素共同作用于一个损害后果的情况。这些因素是不是都应该被认定为损害的原因?在理论上,那些对损害结果的发生特别有力而重要的因素,才能作为"原因"。其他因素则不认为其对结果的发生具有原因力,而被称为"条件"。"条件对因果运动所起的是辅助作用,成就因果变化的作用。原因则具有适宜条件的协助下,决定因果运动的最终结果的能力。"[166]然而,理论中只是抽象地对"条件"和"原因"作出判断。在具体面对一个案件中的诸多因素时,究竟如何区分,需要梳理法院判决中具有典型性的思路。

---

[163] 宋莉莉诉宿迁市建设局房屋拆迁补偿安置裁决案,《最高人民法院公报》2004 年第 8 期。

[164] 参见最高人民法院〔2018〕最高法行申 1001 号行政裁定书。

[165] 张鹏鹏:《房屋评估报告须按规定送达被征收人》,《人民司法·案例》2014 年第 22 期。

[166] 席能:《行政赔偿因果关系研究》,《安徽警官职业学院学报》2010 年第 4 期,第 30 页。

1.条件的判断

如何判断"条件",在学说上有不同观点,如非最有力、非最必要、非决定等标准,都比较抽象。哈特关于使用常识区分"条件"与"原因"的理论,虽然具有一定的操作性,但也需要通过实践进行检验。从实践观察来看,王丽萍案[最典行 2003-3]在判断"原因"和"条件"上比较有代表性。该案中,对原告损失起作用的因素有:原告选用狭窄的小四轮拖斗运送生猪,运输人未缴小四轮拖拉机养路费,被告扣押了运送生猪的小四轮拖拉机,炎热的天气。对上述因素是不是导致原告生猪死亡的原因,大多并无争议,争议集中在生猪的死亡原因到底是天气炎热还是被告的行为? 法院对没有争议的所列因素无需审查,而围绕争议焦点进行了审查和认定。

(1)自然因素作为正常条件

本案中,经开封市郊区动物检疫站询问和检疫,认定原告的生猪系炎热致死。在已有鉴定的情况下,法院为什么还要将损失归因于被告的行为呢? 法院看来,气温因素是无论什么时候每天都存在的因素。人们的日常生活或工作都必须考虑气温因素。这是一种常识,是正常条件。法院认可了双方提供的证据,即案发当日《郑州晚报》上刊登白天最高温度是 24 度。在法院看来,24 度的气温因素是众所周知的。这样的气温下,鲜活物品可以耐受多久,不采取防范措施会不会导致原告生猪的死亡,是正常人都应该预见的。正因为如此,有关立法才会对扣押鲜活物品、装有鲜活物品的容器作特别规定。[167] 然而,被告将装有生猪的拖斗摘下,驾驶小四轮主车离去,使拖斗失去支撑后倾斜。拖斗内的生猪因站立不住受热受压。[168] 法院认为:"工作人员不合理、不适当的行政行为才是导致生猪长时间受热受压的原因。"[169]在本案中,最高气温 24 度不但是案发地区气候表现出的一个正常特征,也是人类生活环境所具有的一个普遍而常见的特征。正是出于这一考虑,法院才未将天气炎热认定为损失的原因,而将导致生猪挤压暴晒的滥用职权行为认定为原因。法院的上述思路,是长期的司法实践累积起

---

[167]　参见《海关法》第 92 条。
[168]　参见王丽萍诉中牟县交通局行政赔偿纠纷案,《最高人民法院公报》2003 年第 3 期。
[169]　王丽萍诉中牟县交通局行政赔偿纠纷案,《最高人民法院公报》2003 年第 3 期。

来的。[170]

(2)自然因素并非当然条件

值得注意的是,王丽萍案[最典行 2003-3]法院将气温这一自然因素认定为条件,原因之一是该案中损失发生时的最高温度仅为 24 度。若该案损失发生时,当地出现了极为罕见的极高气温,则可能会有不同的认定结果。理论上认为,相较于一般的、正常的条件而言,当人们希望对于某一特别的偶发事件作出解释,而这些事件又偏离了正常的、普通的或者能被合理预期的事件发生过程的时候,这些事件就会被列为"异常条件"。[171]"正常条件"即使是附随不当行为而发生,也不能免除不当者的责任。当条件是"异常条件"时,条件本身就可能转变为原因。

(3)最后机遇规则下的条件

王丽萍案[最典行 2003-3]中,被告主张应由小四轮车车主为原告损失负责。法院认为,被告这一主张不能成立。"准备暂扣的小四轮拖拉机,正处在为原告王丽萍运送生猪的途中。无论暂扣车辆的决定是否合法,被告县交通局的工作人员准备执行这个决定时,都应该知道:在炎热的天气下,运输途中的生猪不宜受到挤压,更不宜在路上久留。不管这生猪归谁所有,只有及时妥善处置后再行扣车,才能保证不因扣车而使该财产遭受损失。县交通局工作人员在执行暂扣车辆决定时的这种行政行为,不符合合理、适当的要求,是滥用职权。"[172]

法院的这一判决体现了哈特关于最后机遇规则的理论。最后机遇规则理论认为,"如果双方当事人都有过失,但是其中一个有最后的明显机会(the last clear chance)或者最后机遇(the last opportunity)避免损害的发生,但却没有加以利用,他就被看成是这种损害责任的唯一承担者。"[173]本案中,法院思路印证了这一理论。也就是说,即使原告雇佣未交养路费的车辆运送生猪存在过失,被告明知原告的处境,并有理由了解其中所包含的危险。被告对原告将生猪运抵目的地后再予扣车的请求置之不理,使得原告不能再采取相应措施来避免损害。被告明知原告的生猪处于危境,却予以放任,具有严重过错。那么,即使原告过失雇佣未交养路费的车辆与最后损失之间具有逻辑关系,也因被告在有最后机遇避免损害的发生,但却没有加以利用的过错行为而中断。也就是说,被中断的雇佣行为并非"原因",只是"条件"。不合理、不适当的行政行为,才是本案损失的"原因"。

2.条件的误认

在面对诸多因素,需要区分"原因"和"条件"的情况下,难免会存在误认。误把"条件"认定为"原因",或是误把"原因"认定为"条件"。实践中,经常因为以下三类情况发生误认:

(1)次类规范导致的误认

哈特指出:"对于自然界来说,不但有时候如果我们介入时它会造成损害,而且有的时候则是除非我们介入,否则它也会发生危害,因而发明了例行性的手段、程序和日常规则去对付这类危害。这些就成为一种次类'自然',因而出现一种次类'规范'。"[174]

次类规范的存在使得实践中很容易将那些其实是次类规范,应该被认定为"原因"的行为,误认为是"条件"。在高大庆案[〔2006〕奉行初字第3号]中,就出现了典型的因次类规范导致的误认。该案原告主张:"被告未经原告同意擅自拖移原告被扣的采砂船,且没有采取必要的措施造成了船只倾覆,给原告带来损失。"被告辩称,其拖离原告被扣的采砂船,是实施的解救和帮助行为,"至于船只拖到码头后造成倾覆是意外事故,给原告造成损失要不要赔偿是民事法律关系所调整的范围"。法院对于该案中采砂船倾覆的原因,认定为"倾覆原因不明"[175]。该案中,如原告主张属实,被告未采取必要的措施造成了船只在意外事件中倾覆。那么,被告未采取必要措施的行为是导致船只损失的原因,还是意外事件才是原因呢?法院对此未作阐述,仅是维持被告作出的复议不予受理决定书,简单地表明态度。但可以肯定的是,法院认为原告采砂船损失不能归因于被告的扣押行为;最后结果是未支持原告的赔偿请求,扣押行为客观上成了条件。笔者认为,本案出现

[174]　参见[美]H.L.A.哈特、托尼·奥诺尔:《法律中的因果关系》,张绍谦、孙战国译,中国政法大学出版社2005年版,第33页。
[175]　参见浙江省奉化市人民法院〔2006〕奉行初字第3号行政裁定书。

了条件和原因的误认。从《行政强制法》实施以后的立场来看,[176]被告扣押了原告的采砂船应尽到妥善保管义务。当发生意外事件时,应采取必要措施避免或减少损失。被告未尽妥善保管义务,背离了法律规定的要求。本案中,扣押船只后的妥善保管义务属于"次类规范"。这类"次类规范"一经确定,背离这些规范就会被看作是异常的,从而被列入造成损害的原因。

(2)巧合导致的误认

有时,巧合的存在也会导致"原因"和"条件"的误认。哈特认为,不当行为和"第三种因素"的异常结合中,如果"第三种因素"否定了先前不当行为与损害的因果关系,那么先前不当行为就变为了"条件"。这种事件自身并不一定反常,但与不当行为或者它的某些已知的结果发生异常结合,构成了一种巧合。[177] 巧合的存在,给"条件"和"原因"的认定带来了困难。

曾伟勇案[最参行第 75 号]中原告认为,自身损失系因被告未积极实施泄洪行为导致,因此要求赔偿。被告辩称,"原告所在的茶都区域部分被淹没,主要是短时间降雨量特大引起内涝造成的,与不可抗力的自然灾害有直接的因果关系。"[178]被告是否需要对原告的损失负责,除需判断被告是否积极实施了防洪抗洪的"次类规范"外,还需判断"内涝"是不是构成独立的"第三种因素"而成为原因。法院认为,被告所实施的抗洪行为符合《中华人民共和国防洪法》规定的技术操作规范的要求。[179] 也就是说,法院是按照技术操作规范的要求来判断被告是否积极履职的。在法院看来,被告接到台风预警后,召开紧急会议,建立 24 小时值班制度,安排人员到现场巡查,并将蓄水位始终控制在规定的 39 米以下,已经表明被告积极地实施了防汛抗洪行为。原告的店面被淹,系因 24 小时 318.4 毫米的降雨量带来的内涝。被告已采取相应抗洪措施,且符合技术操作规范的情况下,仍不可避免地造成了原告的店面被淹,"内涝"就成为独立的"原因"。从原告的角度来看,行

---

[176] 该法第 26 条规定:"对查封、扣押的场所、设施或者财物,行政机关应当妥善保管,不得使用或者损毁;造成损失的,应当承担赔偿责任。"

[177] 参见[美]H. L. A. 哈特、托尼·奥诺尔:《法律中的因果关系》,张绍谦、孙战国译,中国政法大学出版社 2005 年版,第 148-153 页。

[178] 曾伟勇与安溪县人民政府等不履行职责及行政赔偿纠纷上诉案,《中国行政审判案例》第 75 号。

[179] 参见曾伟勇与安溪县人民政府等不履行职责及行政赔偿纠纷上诉案,《中国行政审判案例》第 75 号。

政机关"未积极履职"属于不当行为,原告认为,该不当行为是最终损害的原因。同时,原告并未注意到"内涝"作为"第三种因素",实际上已不仅仅是"条件",而是成为独立的"原因",切断了最终损害与行政机关履职之间的因果关系。

(3)过程性行为的误认

无论是次类规范导致的误认,还是巧合导致的误认,都是在出现了"第三种因素"的情况下发生的。其实,还有因对行为本身的性质认识不清而导致对"原因"和"条件"的误认。重庆市超龙矿产品有限责任公司案[180]中就有比较典型的此类误认。该案中,可能与结果有关的因素有三:一是原告与方信成厂签订的民事协议,二是被告通知原告程序合法的过程性行为,三是被告的违法颁证行为。

一、二审法院均认为,"被确认的违法行为与损害后果之间存在因果关系",被告的违法颁证行为是导致损害的原因。二审法院进一步认为,被告的过程性行为"使被上诉人有理由相信其申请事项能够获得批准。在被上诉人等待正式审批过程中采矿许可证失效和矿种未变更,责任在上诉人"。也就是说,过程性行为是损害的原因。最高人民法院在再审中认为原一、二审法院对"原因"存在误认。最高人民法院认为,转让协议与采矿权转让"应当具备投入采矿生产满 1 年"和"需经省、自治区、直辖市人民政府地质矿产主管部门批准",原告不满足这些条件,因此"该协议无效"。原告主张损失中的采矿权转让价款,"为矿井转让的合同对价,可以通过民事途径追偿"。最高人民法院认为,原告主张损失的原因是民事协议。违法颁证的行政行为既非条件,也非原因。原告主张的前期投入的损失,"与县国土局的颁证行为之间缺乏直接的因果关系"。也就是说,最高人民法院认可了过程性行政行为是造成损害的条件的判断,认为"通知只涉及程序事项,没有就实体问题做出回复"。超龙公司前期投资的损失与县国土局向双银公司的颁证行为之间不存在因果关系,本案的行政赔偿请求不成立,重庆市高级人民法院依法驳回,并无不当。

---

〔180〕 蔡小雪、金城轩:《重庆市超龙矿产品有限责任公司与重庆市酉阳土家族苗族自治县国土资源和房屋管理局行政赔偿纠纷再审案——过程性行为影响行政赔偿因果关系的成立》,《人民司法·案例》2014 年第 4 期。

(二)主要原因与次要原因

多因素作用的案件中,在对"条件"和"原因"作出判断后,还应对案件中的多个原因,区分出"主要原因"和"次要原因"。理论上一般认为,"主要原因是引起损害结果发生的决定性因素,也就是对于损害结果之发生或扩大起主要作用的原因;次要原因对损害结果的发生只是一个次要因素,不起决定作用,即次要原因为对损害结果之发生或扩大起次要作用的原因。"[181]对于如何确定主要原因和次要原因,理论上没有具体的判断标准,立法上也没有具体的条文规定。对此,有必要梳理法院在实践中的态度,并努力提炼出一般规律。

1. 时间远近标准

传统理论认为,"'法律审究近因,不问远因'。也就是说,将具有重要法律意义的因果关系与不具有这种意义的联系相区别的标准或者说主要标准就是空间或者时间上的接近性。"[182]按照该理论,在时间链条中,距离损害结果近的原因,可以被称为近因。与之相反,距离损害结果远的原因,被称为远因。在时间远近的标准下,根据损失是不是由这个被告行为"最接近地造成",被认为有利于公正的实现。[183] 那么,在因果关系链条中,距离损害结果时间的远近,能不能作为判断主要原因的标准呢? 近因一定是主要原因吗?

黄玉河案[最参行第 159 号]中,法院"确定被告承担原告直接财产损失的 80%的国家赔偿责任"。[184] 法院认为,被告市林业局留守人员未严格履行法定职责是本案的主要原因。判决中,法院未阐明系因何标准确定主要原因。从时间发生链条上看,第三人违法用火为本案的"远因"。被告市林业局留守人员未严格履行法定职责是本案的"近因"。法院认定由被告承担主要责任,即被告行为为本案主要原因。第三人首次失火行为即使是两次

---

[181] 张新宝、明俊:《侵权法上的原因力理论研究》,《中国法学》2005 年第 2 期。

[182] [美]H.L.A.哈特、托尼·奥诺尔:《法律中的因果关系》,张绍谦、孙战国译,中国政法大学出版社 2005 年版,第 75 页。

[183] 参见[美]H.L.A.哈特、托尼·奥诺尔:《法律中的因果关系》,张绍谦、孙战国译,中国政法大学出版社 2005 年版,第 79 页。

[184] 黄玉河诉图们市林业局行政赔偿案,最高人民法院行政审判庭:《中国行政审判案例》第 159 号。

火灾的事实原因，法院也未将其认定为主要原因。看起来，法院的判决符合时间远近标准，离损害结果近的即为主要原因。然而，在实践中近因标准并非一直适用。黄玉河案［最参行第 159 号］中时间远近标准的成立也很可能只是巧合。在其他案件中，即便在时间上相隔甚久，或在空间上相隔甚远，仍有成为主要原因的。中行江西分行案［最典行 2004-2］终审裁判中，从时间先后来看，先有欺诈行为，后有行政机关登记行为。如按照时间远近标准，则行政机关的登记行为距离损害最近，应为主要原因。然而，法院在判决中虽判决其承担 60％的赔偿责任，但法院同时指出南昌市房管局承担行政赔偿责任后，有权就其承担的数额向天龙公司行使追偿权。也就是说，实际上法院认为欺诈行为才是主要原因。

2.原因力标准

（1）原因力标准的实践和渊源

中行江西分行案［最典行 2004-2］终审裁判中，时间远近标准并非判断主要原因和次要原因的标准，那么法院是如何判断导致本案信托公司财产损失的主要原因的？原审一审法院认为："造成信托公司财产损失的直接原因，是房屋贷款抵押登记行政行为中的行政管理相对人，故意欺骗原告及被告双方当事人的违法犯罪行为所导致。"[185]最高人民法院〔2000〕行终字第 5 号撤销原审判决，将本案发回重审后，江西省高级人民法院认为，发生在后的登记行为，即"南昌市房管局违法办理抵押贷款登记的行为是信托公司认为无风险放贷的主要原因"[186]。最高人民法院对本案再审中，认为在后的抵押登记行为"客观上为天龙公司骗取贷款提供了条件"。此处虽用的是"条件"一词，但并非原因说中与结果之间无因果关系的，作为"条件"的因素。此处的"条件"，是指在两个原因重要性存在差别的情况下，为一个原因提供条件的原因。判决认为，"如果没有南昌市房管局为持有假房产证实施诈骗的天龙公司办理抵押登记手续，并明示信托公司可以办理贷款，信托公司就不会基于对房产登记机关所办抵押登记行为的信赖，为天龙公司发放贷款，财产损失就不会发生。"[187]欺诈行为是造成损失的更为重要的原因。

---

〔185〕 江西省高级人民法院〔1996〕赣行初字第 02 号行政判决书。

〔186〕 江西省高级人民法院〔2001〕赣行初字第 01 号行政判决书。

〔187〕 中国银行江西分行诉南昌市房管局违法办理抵押登记案，《最高人民法院公报》2004 年第 2 期。

通过梳理原审法院、重审后一审法院和二审法院不同的判决思路,笔者认为,法院是通过作用力大小来判断主要原因和次要原因的。

关于原因力标准,侵权法上已经形成了比较完整的理论,也有关于原因力的具体规定。《侵权责任法》第 12 条规定:"二人以上分别实施侵权行为造成同一损害,能够确定责任大小的,各自承担相应的责任;难以确定责任大小的,平均承担赔偿责任。"《最高人民法院关于审理触电人身损害赔偿案件若干问题》第 2 条第 2 款规定了对因高压电引起人身损害的多个原因,主要原因和主要责任,非主要原因及其责任。[188]《最高人民法院关于审理人身损害赔偿案件适用法律若干问题的解释》第 3 条第 2 款作了应当根据过失大小或者原因力比例各自承担相应赔偿责任的规定。[189]

学说上的理论体系和民法领域的法律规定,为行政赔偿中使用原因力标准界定主要原因和次要原因提供了原则和框架。

(2)原因力标准的细化标准

在原因力标准的框架中,法院的判决形成了两个具体的判断标准:一是对实质性行为的判断;二是对本源性行为的判断。

第一,实质标准。中行江西分行案[最典行 2004-2]终审裁判中被告的登记行为是否是主要原因,在法院看来,取决于登记行为是一个什么性质的行为。在判决中虽未对"登记行为"作出界定,但在相似的华建军案[〔2017〕最高法行申 3112 号]中,法院认为登记行为实质上是行政机关对相关权利的确认或者记载,其本身并不创设新的权利或义务。[190] 也就是说,在法院看来公民、法人或者其他组织是否享有权利根本上取决于相关的基础民事法律关系。这在民事判决中也有相应的体现,被称为"形式性行政行为"。深圳市蒲公堂公司等案[〔2007〕民二终字第 32 号]法院认为,股权的工商变更登记并非设权性登记,而是宣示性登记,是否进行工商变更登记对股权转让合同的效力问题不应产生影响,工商登记并非股权转让合同效力的评价标准。因此,在相关判决中法院认为,仅仅是"宣示作用"的行政行为,根本

〔188〕 该款规定:"对因高压电引起的人身损害是由多个原因造成的,按照致害人的行为与损害结果之间的原因力确定各自的责任。致害人的行为是损害后果发生的主要原因,应当承担主要责任;致害人的行为是损害后果发生的非主要原因,则承担相应的责任。"

〔189〕 该款规定:"二人以上没有共同故意或者共同过失,但其分别实施的数个行为间接结合发生同一损害后果的,应当根据过失大小或者原因力比例各自承担相应的赔偿责任。"

〔190〕 参见最高人民法院〔2017〕最高法行申 3112 号行政裁定书。

上并不影响公民的权利。

德国行政法按照实体和程序特征,将行政行为分为形式行政行为和实体行政行为。其中,"形式行政行为,是指行政法上的处理行为只要以特定的形式将行政机关的意思表达出来即构成行政行为,而不问内容是否适合形式或者是否可以采取其他形式"[191]。那么,中行江西分行案[最典行2004-2]中的登记行为,是否是德国行政法意义上的形式行政行为呢?从法院将登记行为表述为"客观上为天龙公司骗取贷款提供了条件"来看,可以推断法院认为天龙公司骗取贷款才是影响公民权利义务的"实质性行为",登记行为只是在客观上、程序上或者可以说在形式上为实质性的骗取贷款的行为提供了条件。这种登记行为与德国行政法概念中的"形式行政行为"并不完全相同,法院判决思路中的形式性更多地强调的是对公民权利义务不产生实际影响。因此,在出现因为登记错误而产生的损失时,登记行为即使是损失的原因,也因对实体权利义务不产生实质影响而成为次要原因。

第二,本源标准。《城市房地产管理法》第48条规定:"房地产抵押,应当凭土地使用权证书、房屋所有权证书办理。"《城市房地产抵押管理办法》第32条规定了办理房地产抵押登记时,应当向登记机关交验的文件清单,其中包括了《房屋所有权证》。登记行为合法的前提是《城市房地产抵押管理办法》第32条中提供的材料真实有效。中行江西分行案[最典行2004-2]中颜桂龙提供了虚假的房屋产权证书,用以办理抵押登记。也就是说,抵押登记行为的成立建立在虚假材料之上,导致登记错误的本源性原因是申请人故意提供虚假材料,实施诈骗。登记行为之所以违法,是因为其实施登记行为的合法性要件中含有第三人提供的虚假材料,而被告未能发现和查明。"这正像相对人的意志为行政机关的意志所吸收而转化为行政意志一样,相对人行为或意思的瑕疵也已转化为行政行为的瑕疵。"[192]"私人的行为具有无效瑕疵的情况下,以该行为为前提而作出的行政行为当然也具有瑕疵。""关于附带在私人行为上的瑕疵,不是无效原因而属于撤销原因的情况,当存在该撤销的意思表示时,以此为前提作出的行政行为便带有瑕疵。"[193]因

[191]　[德]沃尔夫、奥托·巴霍夫、罗尔夫·施托贝尔:《行政法(第2卷)》,高家伟译,商务印书馆2002年版,第48页。
[192]　叶必丰:《受欺诈行政行为的违法性和法律责任》,《中国法学》2006年第5期,第64页。
[193]　[日]盐野宏:《行政法》,杨建顺译,法律出版社1999年版,第248页。

此,本源性行为应为主要原因。

五、结语

学理上,因果关系的认定存在着多种学说,有着不同的判断方法。实践中,法院对于因果关系的判决也呈现出碎片化的特点。本文梳理了法院对于行政赔偿中因果关系的认定思路。

基于对案例的观察,法院通常从直接损失和直接作用两方面,对直接因果关系进行截取。因果关系的截取需在归责原则的框架下进行,法院在判决中采"行为违法"的违法归责原则。对如何分配因果关系的证明责任,法院认为一般情况下,由原告承担对因果关系的举证责任。"因被告的原因导致原告无法举证",且原告已经承担了初步证明责任的情况下,由被告承担对因果关系的证明责任。对因果关系进行认定遇到困难时,如果满足有权主体、可能行政行为以及没有相反证据证明损失系因其他原因引起三个条件,法院会对因果关系作出推定。法院如不能确定什么因素是致损的原因,就会进行原因鉴定。法院如不能确定直接损失的价值,就会对损失评估。

究竟如何区分一个案件中的诸多因素,法院判决所呈现的重点在于区分自然因素在什么情况下是"条件",什么情况下是"原因"。在非自然因素的区分上,法院的判断思路体现出学说上的最后机遇规则。实际上,如何准确区分"条件"和"原因"法院也没有形成一套很完整的思路,这一问题还存在很多难点留待今后研究。多因素作用的案件中,在对"条件"和"原因"作出判断后,还应对案件中的多个原因作出区分。法院通常采取原因力大小标准确定"主要原因"和"次要原因"。具体而言,对实体权利义务产生实质影响的为主要原因,不产生实质影响的为次要原因;本源性行为为主要原因,基于本源性行为的衍生行为为次要原因。

总而言之,通过梳理发现,法院对于因果关系的认定思路一方面验证了已有学说,另一方面通过解决实践中的问题矫正已有学说。本文的研究通过整理法院判决,找到了因果关系认定中具有持续性、普遍性规律,为今后的裁判一致性以及相关立法提供一定的支持。

[推荐人及推荐理由]

因果关系是法学理论和法律实务中的一个难题。主要的难点在于因果关系的链条从哪里开始到哪里为止,哪些是原因哪些是条件,以及用什么标准来判断因果关系的起止和原因条件。为此,国内外刑、民法学者做过很多研究,不乏专著甚至名著。在行政赔偿中,因果关系是重要的构成要件,司法实践中的难点。但是,刑、民法学上因果关系的学说,是否都适用于行政赔偿责任的认定,我国法院在实践中的态度是什么? 这在我国行政法学上的研究还比较缺乏。

陈舒筠同学以上述问题为硕士学位论文的主题,开展了研究。她采用判解方法,以最高人民法院终审的典型案例为主要对象,将个案中行政赔偿因果关系的碎片化观点,以因果关系学说和《国家赔偿法》第 2 条规定为分析框架,加以梳理和缝合,描述和分析了最高人民法院对行政赔偿中因果关系的完整态度。论文认为,我国法院对行政赔偿中因果关系的链条是运用直接损失和直接作用截取的,截取的主要标准是归责原则,并从而区分原因和条件。论文还认为,法院对主要原因和次要原因的区分则采用了原因力大小标准。

作为该论文的指导老师,我认为该论文较好地实现了研究目标和学术训练目标。基于行政赔偿因果关系的重要性及研究的相对不足,特向《公法研究》推荐。

——叶必丰,上海交通大学凯原法学学院教授、博士生导师

Abstract:As one of the most essential factors of administrative compensation,the legal causation connects illegal acts with its caused results;a request of administrative compensation will not be able to stand without a proper legal causation. In validation of legal causation,certain factors have to be intercepted and analyzed. In practice,the court usually conducts such interceptions by taking direct effects and damages in cases into consideration. The way a court defines a legal causation varies through the development of "the principle of imputation". Interceptions mentioned above have also been profoundly influenced by such principle. With the amendment of the State Compensation Law,the definition of principle of imputation has changed. As long as the act is defined illegal, the legal causation stands. Based on the principle of imputation, 3 ways have been developed to properly define a legal causation: 1) the onus of proof; 2) the presumption of causation; 3) the identification and evaluation. In practice, a legal causation can be complex : it usually consists of various factors, pointing one single result. Therefore, the court will have to distinguish "conditions" between "reasons". It can become trick due to the complexity of the case. Among reasons, the court has to further distinguish "main reasons" and "minor reasons", according to the coherence instead of chronological orders, which can be misguiding.

Keywords: Administrative compensation; legal causation; reasons; conditions

（特约编辑:肖子容）

规范性文件附带审查中对"依据"的审查

——基于"朱某诉上海市公安局交通警察总队要求履行法定职责及请求规范性文件一并审查案"的分析

沈添一 *

内容提要：在行政诉讼附带审查规范性文件制度中，对规范性文件是否作为被诉行政行为"依据"的审查成为规范性文件内容审查的前置环节。上海市高级人民法院发布的参考性案例"朱某诉上海市公安局交通警察总队要求履行法定职责及请求规范性文件一并审查案"给出了关于"依据"的一种法解释。裁判理由表明，规范性文件如果属于重复确认被诉行政行为所适用的法规范（法规范建立的法秩序），那么不作为"依据"。本案基于体系解释的方法，通过将规范性文件的效力纳入对"依据"的解释中，发展了既有案例确立的审查要件，也为后续案例所适用和印证。

关键词：依据；附带审查；规范性文件

一、问题的提出

现行《行政诉讼法》第53条第一款明文确立了行政诉讼附带审查规范性文件制度（下文简称附带审查）："公民、法人或者其他组织认为行政行为所依据的国务院部门和地方人民政府及其部门制定的规范性文件不合法，在对行政行为提起诉讼时，可以一并请求对该规范性文件进行审查。"其中

---

* 沈添一，上海交通大学凯原法学院宪法与行政法学硕士研究生。

附带审查的请求对象是规范性文件,而且规范性文件的要件之一是"行政行为所依据的"(下文简称"依据",指第 53 条中的实定法概念)。

就"依据"而言,全国人大常委会法工委未直接明确关于"依据"的释义,但同时指出,相对人只有受到根据规范性文件作出的行政行为影响,才能请求附带审查,这样可以使行政机关免于不断的附带审查请求及诉讼之中。[1] 这意味着,"依据"作为请求主体适格的要件,因此具有限制相对人请求的功能。进一步推论而言,实现这项功能需要依赖于法院审查,而不能仅依靠原告自我约束。那么,在"依据"应当被审查(下文简称"依据"审查)的前提下,全国人大常委会未涉及的是,如何对"依据"进行审查?

既有研究注重规范性文件内容审查,当前仍处于这一延长线上,[2] 而涉及附带审查请求审查以及"依据"审查的研究相对较少。这些研究基于群案分析,提出了"依据"审查研究中诸多可能的问题方向,[3] 但更多的研究集中于建构"依据"审查的标准体系。[4] 就后者而言,个案的审查方式建基于不同的裁判背景,如果将独立的个案组合成审查标准体系,此时,标准体系所具有的审查强度及其产生的"依据"范围已不同于个案原本所具有的规范性,那么,个案和体系之间可能会产生张力。

因此,本文仍基于个案分析的方式,围绕实定法概念"依据"进行法解释作业,揭示当前"依据"审查(附带审查)的一个面向。本文选择的案例是 2016 年 10 月上海市高级人民法院审判委员会讨论通过的参考性案例"朱某诉上海市公安局交通警察总队要求履行法定职责及请求规范性文件一并

---

〔1〕 参见全国人大常委会法制工作委员会编:《中华人民共和国行政诉讼法释义》,法律出版社 2014 年版,第 140 页。

〔2〕 从归纳裁判规范性的角度,参见朱芒:《规范性文件的合法性要件——首例附带性司法审查判决书评析》,《法学》2016 年第 11 期,第 151-160 页;从修正既有审查标准的角度,参见王留一:《论行政规范性文件司法审查标准体系的建构》,《政治与法律》2017 年第 9 期,第 138-152 页。

〔3〕 参见王春业:《论行政规范性文件附带审查中"依据"的司法认定》,《行政法学研究》2019 年第 3 期,第 52-63 页。

〔4〕 参见李成:《行政规范性文件附带审查进路的司法建构》,《法学家》2018 年第 2 期,第 64-67 页;周乐军、周佑勇:《规范性文件作为行政行为"依据"的识别基准——以〈行政诉讼法〉第 53 条为中心》,《江苏社会科学》2019 年第 4 期,第 147-158 页;陈运生:《规范性文件附带审查的启动要件——基于 1738 份裁判文书样本的实证考查》,《法学》2019 年第 11 期,第 165-180 页。

审查案"(下文简称"朱浩案")。[5]选择本案的理由主要有三点:(1)本案的结构类似于最高人民法院发布的"指导性案例",在法解释方面具有规范性特征,对辖区内法院的法律适用具有指导效力;(2)本案已经为既有研究所关注,但这些研究仅将其直接引用,[6]而未进行法解释作业,有待进行法解释作业;(3)在本案之外,例如在最高人民法院发布的"第一批行政诉讼附带审查规范性文件典型案例"中,[7]其中的案例九"毛爱梅、祝洪兴诉浙江省江山市贺村镇人民政府行政强制及行政赔偿案"同样涉及"依据"审查,但分析表明,由于案情较为简单,该案的规范性更应当被视为对"附带性"原则的强调,因而无法作进一步分析,实际上这也意味着,"依据"审查研究需要地方法院的案例"供给"。

此外,通过对比上海高院的版本和本案的母本判决,[8]本文未发现上海高院版本对母本进行了规范性意义上剪辑,[9]因此下文分析将不涉及母本判决。

二、案例中的表述

在"朱浩案"中,原告于2015年向被告申请燃气助动车登记上牌。被告答复称:根据2002年发布的《关于本市摩托车报废管理的规定》,截至2013年底,本市燃气助动车都已经进入报废期。同时,根据2014年发布的《通

---

〔5〕　参见《朱某诉上海市公安局交通警察总队要求履行法定职责及请求规范性文件一并审查案》,上海法院网,http://shfy.chinacourt.gov.cn/article/detail/2017/08/id/2948806.shtml。下文引用本案时,皆以此为来源,为引注简洁考虑,不再作注。

〔6〕　参见葛翔:《〈行政诉讼法〉第五十三条及其司法解释的教义学分析》,载中华人民共和国最高人民法院行政审判庭编:《行政执法与行政审判》总第70集,中国法制出版社2018年版,第20-23页;周乐军、周佑勇:《规范性文件作为行政行为"依据"的识别基准——以〈行政诉讼法〉第53条为中心》,《江苏社会科学》2019年第4期,第149页;梁哲:《规范性文件作为行政行为"依据"的判断标准》,《研究生法学》2020年第2期,第65-66页。

〔7〕　《最高人民法院发布第一批行政诉讼附带审查规范性文件典型案例》,载最高人民法院网2018年10月30日,http://www.court.gov.cn/zixun-xiangqing-125881.html。下文引用本案时,皆以此为来源,为引注简洁考虑,不再作注。

〔8〕　二审母本参见上海市第三中级人民法院〔2016〕沪03行终字第147号行政判决书。

〔9〕　"剪辑"引用了既有研究归纳判例制作技术所得的概念。参见汤文平:《论指导性案例之文本剪辑——尤以指导案例1号为例》,《法制与社会发展》2013年第2期,第47-56页。

告》,因《通告》明确公安交管部门至 2013 年底已停止办理登记业务,故不再办理登记业务。原告在起诉时请求附带审查《通告》。

被告在诉讼中辩称:一方面,根据《上海市非机动车管理办法》,燃气助动车已不属于登记上牌范围;另一方面,答复虽援引《通告》,但仅是提醒和告知广大市民有关事项的方式,并非答复的法律依据。

本案的争点之一可以被归纳为:用于"提醒和告知"的规范性文件是否作为"依据"。对此,两审都根据《上海市非机动车管理办法》,认定燃气助动车不属于登记上牌范围,因此答复合法。然而,两审对《通告》持不同的处理方式。一审认为,《通告》依法已于答复前自动失效,因此被告在答复中引用已失效的《通告》,这样的做法有所不妥。二审认定《通告》不是"依据",裁判理由如下:

> 从《通告》的实际内容来看,《通告》中记载:"到 2013 年 12 月 31 日,本市登记的燃气助动车均已达到报废年限,公安交通管理部门已停止办理相关登记管理业务。"而《通告》发布的时间系 2014 年 5 月 27 日,故《通告》并非被上诉人作出答复的法律适用依据。因此《通告》的合法性、有效性均不应属于本案的审查范围,市交警总队的辩称理由成立,应予采纳。朱浩在原审中提出对《通告》进行规范性文件的审查,该项请求不符合《中华人民共和国行政诉讼法》第五十三条第一款规定的一并审查规范性文件的条件,应不予准许。有鉴于此,原审将《通告》纳入规范性文件审查并进而作出实质性判断,缺乏法律上的必要性。故原审判决本院认为部分中,原审认为《通告》依法已于 2015 年 6 月 1 日自动失效等表述的认定明显不当,对此,依法予以纠正。

在此基础上,二审在案例中强调,附带审查时应当首先审查规范性文件是否作为"依据",同时对其审查方式作了进一步归纳(不属于裁判母本的内容)。案例的裁判要点也基本重述了这一归纳:

> 申请人申请一并审查规范性文件合法性,若该规范性文件未在被诉行政行为的载体中明确载明,或行政机关在答辩或庭审应诉中明确表示该文件并非被诉行政行为的法律适用依据,理由成立的,人民法院应当告知申请人,其请求不符合《中华人民共和国行政诉讼法》第五十三条的规定,并在裁判文书释明不予准许的理由。

三、审查方式及其规范性

（一）本案的审查方式

需要提前说明，在本案中基于一审内容无法明确"依据"审查是否存在；同时，基于二审对一审的评价，仅可以明确《通告》在一审中通过了"依据"审查，从而其内容（特指时效性）得以审查。然而"依据"审查方式也未能明确。因此，下文以"朱浩案"二审作为分析对象。

本案的裁判要点有两个关键点："法律适用依据"和"行政机关在答辩或庭审应诉中明确表示"（"被告答辩理由"）。在此基础上，"依据"审查的关键在于，如何判断规范性文件是否作为"法律适用依据"，从而完成对"被告答辩理由"的审查。循此路径，本案的"依据"审查可以被归纳为以下两项要件。

第一项子要件是存在作为被诉行政行为依据的法规范。先前发布的《关于本市摩托车报废管理的规定》以规定报废年限的方式，明确了燃气助动车不再属于登记范围的时间节点。因此，至原告申请时，不受理登记已成既定事实。之后《上海市非机动车管理办法》以政府规章的形式规定助动车不属于登记范围，确立了有关机动车登记管理的法秩序，因此二审将其作为答复的依据。

第二项子要件是规范性文件确认前述既定法规范（法秩序）。二审区分了《通告》的具体内容和发布时间。这样区分的意义在于，仅就内容而言，《通告》不当然不具有规范效力；[10] 然而，由于《通告》发布时间晚于其内容所承载的事实生效的时间，因此《通告》内容属于对既定事实的确认。实际上，由于《通告》和《上海市非机动车管理办法》中关于燃气助动车的内容实

---

〔10〕"朱浩案"另可见于由上海高级人民法院组织编写、二审审判员和书记员具体撰写的版本。该版本除合并了两审内容外，又增加了评析。和案例的不同之处在于，评析中二审将规范性文件性质审查前置于"依据"审查：《通告》符合"涉及相对人权利义务"及"具有普遍约束力"等规范性文件性质要件，但经"依据"审查后不作为依据。参见茆荣华主编：《上海法院行政诉讼案例精选》，上海人民出版社 2017 年版，第 57-58 页。从该评析的角度，在规范性文件性质审查阶段，《通告》被明确不当然不具有规范效力。

质相同,因此《通告》也属于对《上海市非机动车管理办法》所建立的法秩序的确认,进而引用《通告》产生的法效果将归属于《上海市非机动车管理办法》。此时《通告》"相对于"《上海市非机动车管理办法》不具有规范效力,仅被用于"提醒和告知",从而不作为"依据"。

如前所述,二审明确将本案审查方式定位于"依据"审查,因此前述两项相继的审查要件共同构成了"依据"审查要件。

(二)本案的规范性及其射程

在归纳本案规范性及其射程时,可以引入类似的案例予以参照。

在"朱浩案"之后,2018 年《人民法院案例选》刊载案例"蔡迅诉珠海市司法局、珠海市人民政府司法考试成绩查询案"(下文简称"蔡迅案")出现了类似的审查方式。[11] 在本案中,原告申请核查司法考试各卷成绩。被告答复称,根据《国家司法考试工作规则》规定"对于计算机评阅的客观性试卷,不进行分数核查",以及当年成绩公布前发布的《公告》规定"分数核查范围包括试卷四和参加试卷一、试卷二、试卷三考试但无考试成绩的试卷",不予受理前三卷成绩核查申请。原告在起诉时请求附带审查《国家司法考试工作规则》和《公告》。

"蔡迅案"的争点和"朱浩案"类似,可以被归纳为:重述上位(法)规范内容的规范性文件是否作为"依据"。对此,一审对两则规范性文件都进行了审查。二审对《国家司法考试工作规则》进行审查后,又认为关于分数核查范围的《公告》内容属于重述《国家司法考试工作规则》规定,并未减损考生权利、增设考生义务,因此不可诉。"蔡迅案"的裁判要旨指出,规范性文件应当从是否减损权利或增设义务的方面进行识别。

"蔡迅案"的案例注解结构表明,本案中存在两项相继环节:"规范性文件识别"前置于"规范性文件可诉性判断"("依据"审查),因此,原告的请求对象如果不是规范性文件,那么该文件即使为被告所适用,也不作为"依据"。进一步而言,通过对《行政诉讼法》第 53 条中关联概念的体系解释,本案中关于"规范性文件"的规范性可以作为"依据"审查的前置要件,同样构

---

〔11〕　参见最高人民法院应用法学研究所编:《人民法院案例选》2018 年第 2 辑,人民法院出版社 2018 年版,第 188-195 页。下文引用本案时,皆以此为来源,为引注简洁考虑,不再注。

成对"依据"的一种解释。[12] 在此前提下,本案的裁判理由已经明示,《公告》属于对《国家司法考试工作规则》中法规范性质内容的重述,因此相对于后者不具有影响相对人权利义务的规范效力,进而不作为被诉答复的"依据"。

在对照两则案例的基础上,"朱浩案"的规范性可以被归纳为,规范性文件如果属于重复确认被诉行政行为所适用的法规范,那么不作为"依据",从而也不启动规范性文件内容审查。

进一步而言,在两则案例中,作为"依据"的《上海市非机动车管理办法》属于政府规章,尽管无法明确法院在"朱浩案"中对该规章的审查思路,但从实定法规范的角度看,规章在行政诉讼中处于"参照适用"定位,应当在审查后适用;同样作为"依据"的《国家司法考试工作规则》属于部门规范性文件,法院应原告请求对此进行了内容审查。那么,对重复确认前述法规范的规范性文件启动内容审查,实际上是对相同或类似的内容进行了"重复审查",前后两次审查的功能趋同;换言之,对这类规范性文件审查的必要性可能存在疑问。

因此,"朱浩案"规范性的射程可以被推论:前述第一项要件"存在作为被诉行政行为依据的法规范"以其内容可被审查为前提,同时经审查应当作出合法性认定。具体而言,以《行政诉讼法》中的规章和"规范性文件"为限。换言之,本案规范性未涉及规范性文件重述法律法规的情形。在此情形中,是否应当延续适用本案规范性存在进一步讨论的空间。原因在于,一方面,不适用可能使法律法规"事实上"被审查,另一方面,适用该要件可能导致法院真正"逃逸"对规范性文件内容的审查。

(三)本案规范性的相对定位

既有的群案研究表明,"依据"审查已经广泛存在于涉及附带审查的裁判中。通过引入其他案例,可以进一步明确"朱浩案"规范性在既有"依据"

---

〔12〕 由于二审裁判理由和裁判要旨之间的细微差异,使两者的内容分别对应于前述不同环节,从而导致本案规范性可能存在不同的定位。一方面,裁判理由中的规范性文件"不可诉"对应于"规范性文件可诉性判断"环节,因此,本案规范性仍落实于"依据"审查。另一方面,裁判要旨对应于"规范性文件识别"环节,那么,本案规范性的关键将转变为"规范性文件"而非"依据"。就案例的一般结构而言,裁判要旨的功能相当于法规范,同时"规范性文件识别"环节也明确涉及案涉规范性文件《公告》,因此,本案规范性更可能基于"规范性文件"。

审查方式谱系中的定位。

前引"毛爱梅、祝洪兴诉浙江省江山市贺村镇人民政府行政强制及行政赔偿案"(下文简称"毛爱梅案")作为最高人民法院在附带审查确立后发布的典型案例,也是仅有的争点以及典型意义都明确指向"依据"审查的案例,因此,本案的审查方式代表着最高人民法院确立的关于"依据"审查的规范性。[13]

在"毛爱梅案"中,被告发现,原告在与其签订关停退养协议后,又存在恢复养殖行为,于是责令其关停并拆除栏舍;后因原告不履行义务,被告对养殖场进行强制拆除;原告在起诉时请求审查《通知》。本案的争点之一是规范性文件是否作为被诉行政行为的依据,进而启动规范性文件内容审查。对此,法院认为,《通知》经被告当庭明确系第三条第三款不合法,然而该条款内容是对退养补助的政策规定,不是被告实施强制拆除的法律依据,因此不予审查。在此基础上,本案的典型意义指出:"本案再次明确了规范性文件附带审查制度中审查对象的附带性,即作为被诉行政行为依据的规范性文件才可能成为人民法院的审查对象。如果规范性文件不是行政机关实施行政行为的法律依据,那么人民法院将不予审查……本案中规范性文件并非行政行为作出依据,人民法院根据行政诉讼法的规定不予审查,明确了可以附带审查的规范性文件的法律界限。"[14]

"毛爱梅案"中"依据"审查的关键在于,规范性文件条款的内容系退养补助,那么显而易见,被告无法将该条款适用于原告不履行拆除义务的事实,从而得出强制拆除的法律效果,进而《通知》不作为"依据"。因此"毛爱梅案"的规范性可以被归纳为:规范性文件如果未由行政机关适用,但是得

---

[13] 发布者指出,这批案例"对各级人民法院审理行政诉讼附带审查规范性文件案件提供参考,为各级人民法院提供可推广的审判经验"。参见《最高人民法院发布第一批行政诉讼附带审查规范性文件典型案例》,载最高人民法院网 2018 年 10 月 30 日,http://www.court.gov.cn/zixun-xiangqing-125881.html.

[14] 典型意义中省略部分主要是和被诉行政行为有关的法政策内容,和"依据"审查无直接关联,因此本文不再引用。

出和被诉行政行为一致的法效果,那么不作为"依据"。[15]

　　一般而言,作为"依据"的规范性文件当然具有规范效力,因此,如"毛爱梅案"未涉及规范性文件本身及其效力,至多将其作为默认前提。然而,"朱浩案"将规范性文件的效力明示为"依据"内部的前置独立要件,并将其适用于"依据"审查。其适用关键在于,在规范体系内部,通过判断规范性文件和法规范之间的内容关系,判断该规范性文件是否"相对"(不)具有规范效力。此外,前引"朱浩案"的裁判要点中另有一项独立要件:规范性文件被载明为法律适用依据。该要件尽管包含既有研究中的"显性依据"的意义,[16]但从最狭义(个案解释)的角度,和前述归纳所得的"规范效力"相同,该要件的重点也落实于"法律适用依据";换言之,文件即使被载明,如果无规范效力,那么也不作为"依据"。

四、本案规范性对被诉行政行为审查的影响

　　《行政诉讼法》第 53 条表明,规范性文件审查附带于被诉行政行为审查,这也是"附带审查"的应有之义。这意味着,规范性文件审查和被诉行政行为审查存在紧密关联,[17]那么,作为附带审查环节之一的"依据"审查,其规范性同样可能会影响被诉行政行为审查。

　　如前引所述,本案二审认为,合法性和有效性不属于审查范围,一审将《通告》纳入审查范围并进行实质性判断,缺乏法律上的必要性。这意味着,在"依据"审查和规范性文件内容审查区分的前提下,二审将有效性和合法性并列纳入规范性文件内容审查,而一审中《通告》失效的结论属于规范性文件内容审查环节。这引发了两个问题:其一,根据二审逻辑,"规范效力要

---

　　[15]　有观点将本案的规范性归纳为:如果被诉行政行为和规范性文件内容分别属于不同的法律关系,那么规范性文件不作为"依据",参见周乐军、周佑勇:《规范性文件作为行政行为"依据"的识别基准——以〈行政诉讼法〉第 53 条为中心》,《江苏社会科学》2019 年第 4 期,第 153-154 页;从最狭义(个案解释)的角度,在单一行政行为适用规范性文件时,规范性文件和行政行为体现的法律关系必然同一,因此法律关系和本文归纳无本质差异,这样的规范性同样可以成立。

　　[16]　参见章剑生:《现代行政法总论》(第 2 版),法律出版社 2019 年版,第 483 页。

　　[17]　关于附带审查功能的集中讨论,参见王春业:《论行政规范性文件附带审查中"依据"的司法认定》,《行政法学研究》2019 年第 3 期,第 60-61 页。

件"前置，同时有效性却被纳入规范性文件内容审查，而根据一般逻辑，规范性文件只有处于有效期，才具有规范效力的可能性，因此规范效力应当列后于有效性；其二，一审中《通告》失效的结论只是通过比较发布时间和有效期限得出，[18]换言之，规范性文件的有效性审查不当然涉及规范性文件的内容，可能无法被置于和内容合法性相并列的地位。

本案的裁判要点没有涉及这些问题。尽管从应然的角度可以质疑二审将有效性纳入内容审查的观点，[19]但通过比较两审结论之间的微妙差异，可以推论二审观点的意图。由于《通告》失效应当是事实，因此，尽管被告在一审中没有败诉，但一审中"引用失效的《通告》"的结论也意味着对于被告的消极评价。二审以《通告》不作为"依据"不再启动规范性文件内容审查，从而回避了《通告》失效的结论。此时，有效性作为在二审"依据"审查中"被忽略"的要件，只能被置于内容审查环节。

进一步而言，这种"技术处理"可能意味着本案规范性的潜在影响。在本案中，"不作为'依据'"是回避《通告》失效的唯一理由，也只能通过适用前述要件得出。尽管从规范性文件审查的角度，无论基于规范性文件"相对无规范效力"还是"失效"，本案中的《通告》都无法被纳入内容审查环节，但这种影响最终作用于被诉行政行为审查环节。这样的过程可以进一步被归纳为：首先规范性文件的有效性和规范效力发生倒置，其次通过适用本案规范性不予启动规范性文件内容审查（利用"相对无规范效力"掩盖"失效"），最后实现对被诉行政行为判断的回避。同时，前述规范性的射程未涉及规范性文件有效性问题，也无法消除对行政行为审查的潜在影响。因此，至少如"朱浩案"中回避评价行政机关引用已经失效的规范性文件，这样的情形仍存在发生的可能性。

---

〔18〕　一审认为："市交警总队在书面答复中涉及的《通告》，系市政府于 2014 年 5 月 27 日针对本市燃气助动车限期报废事项作出的行政规范性文件。该文件自 2014 年 6 月 1 日起实施，未明确有效期，故根据《上海市行政规范性文件制定和备案规定》第 26 条的规定，《通告》依法已于 2015 年 6 月 1 日自动失效。"

〔19〕　有观点认为，如果规范性文件已经失效，那么被诉行政行为可以被认定为规范适用错误，该规范性文件的合法性已不影响案件审理，法院应当驳回原告请求；参见程琥等《新行政诉讼法疑难问题解析与实务指引》，中国法制出版社 2019 年版，第 318-319 页（陈良刚撰写）。

五、结语

尽管实定法及其立法原意都未能明确"依据"的规范性,然而,如"朱浩案"所展现的,通过对"依据"的解释,进而充实实定法概念本身,构成了一般适用的规范,最终这种规范也在其他案件("蔡迅案")中得以印证而被视为具有判例的拘束力。[20]

同时,对"依据"的法解释作业应当基于体系解释立场,即关联《行政诉讼法》第 53 条其他实定法的概念,以至于附带审查制度及行政诉讼整体。"朱浩案"通过两层审查要件,将"规范性文件"纳入"依据"审查,对既有的基础要件("毛爱梅案")进行充实更新,进而在附带审查效率和监督规范性文件之间获得平衡点。

（特约编辑:张怡静）

---

〔20〕　参见朱芒:《行政诉讼中判例的客观作用——以两个案件的判决为例的分析》,《华东政法大学学报》2009 年第 1 期,第 108 页。

行政批复可诉性判断模式的演进及其优化

——基于行政批复类型化的视角

俞家成[*]

内容提要：作为共识，行政批复并非一概不可诉。但司法审查过程中笼统使用"外化"概念而说理不清的问题较为严重，这不仅无益于法院对行政批复可诉性判断模式的探索，且也妨碍了对特殊批复可诉性的进一步判断。因而有必要对现有行政批复可诉性判断模式及其演化路径进行深究，在对行政批复进行类型化讨论的基础上检视现有判断模式。进而，以是否影响特定权益效果，是否具有完整行政意图以及是否满足必要形式要件等三个要素作为判断行政批复可诉与否的新模式。

关键词：行政批复；可诉性；判断模式；权利义务；类型化

一、引　言

行政批复是我国行政机关使用的一种常见公文文件，其不能抵触或改变现行法律法规之规定。根据《党政机关公文处理工作条例》第8条第12款之规定，行政批复系"适用于答复下级机关请示事项"的党政机关公文体例，具有被动性、针对性的特点，应当应下级机关之请示针对其请示事项作出，内容不应随意扩张。根据批复内容的不同，可分为对法律法规中尚未澄清之问题进行解释说明的一般指示性批复，以及对下级机关就特定事务的请示作出的事务审批性批复。传统观点认为行政批复是典型的内部行政行为，并具有过程性的特征，其内容产生法律效果有赖于接受该批复之下级机关的实体行为。

---

* 俞家成，苏州王键法学院宪法学与行政法学博士研究生。

诚然,标准的行政批复应当仅在行政机关系统内部发生效力,然而囿于各级行政机关的行政事务处理水平,行政批复的使用多出现不规范的情形,对外界产生实际影响的行政批复是否可诉的问题给实务部门带来了较大的困扰。自 2013 年第 22 号指导案例开始,行政批复开始突破旧有的内部行政行为烙印,其可诉性不再被一概否认,相应的判断标准,即"内部行政行为效力外部化"(以下简称"外化")也在司法实务中逐渐成型并得到固定。"外化"问题始终不曾离开学界视野,但以往研究成果或停留在"外化"概念本身,或尝试对"外化"进行要件解构但并未提出精准的判断要素。那么,抽象的"外化"判断标准在实务中演化出了哪些具体判断模式? 现有的判断模式在面对不断涌现的新类型批复时是否准确而可堪依靠? 可以从哪些角度进行补强? 文章通过分析关键案例和制度文件,以上述问题为出发点,对行政批复的可诉性做进一步的探讨。

二、行政批复外化的现有判断模式

行政批复是具有可诉性的,2013 年第 22 号指导案例首次对其可诉的理由进行说明,同时提出了判断是否可诉的"外化"标准。随后,最高人民法院通过对不同行政行为作出可诉性判断,不断丰富着从"外化"标准中演化出的判断模式种类。判断行政批复有无可诉性,难点在于确定它是否作为内部行为或过程性行为,因此,下文对行政批复的研究将结合会议纪要、内部通知等典型内部行政行为及部分过程性行政行为的相关实践进行展开。

(一)"直接实施"模式

该模式的基本外观为"直接实施＋影响权利义务",最早见诸最高人民法院于 2013 年发布的第 22 号指导案例。在该案中,作为被告的来安县国土资源和房产管理局得到了作为其上级机关的来安县人民政府作出的批复,批复同意收回某国有土地使用权。收回国有土地使用权的决定并未依法作出并送达原土地使用权人,而是由来安县国土局直接将该批复交由有关机关付诸实施。原土地使用权人提起行政诉讼,要求撤销上述行政批复。

该案终审法院认为,若来安县国土资源管理部门的做法符合相关规范,则原土地使用权人应当收到了收回国有土地使用权的通知。但在本案中,国土资源行政主管部门直接向土地储备中心转交了上级批复,并实施了拆迁安置及补偿行为,致使原土地使用权人的权利和义务受到批复的实际影响,该批复已外化为对外发生法律效力的具体行政行为,属于行政诉讼受案范围。

通过此指导案例,最高人民法院就行政批复是否可诉的问题形成了较为明确的态度:在正常情况下,人民政府根据其下属部门请示而作批复是内部行政行为,不存在对其提起行政诉讼的空间。然而,本案中的行政批复已被付诸实施,对外产生效力的同时"外化"为具体行政行为,具有可诉性。由此确立了行政批复可诉的例外。第22号指导案例在内部行政行为可诉性判断的问题上具有里程碑式的意义。

该指导案例旨在确立"内部行政行为效力外部化"的标准来应对内部行政行为一概不可诉而导致公民权利受损无从救济的问题。同时明确了"外化"的基础在于否定行政批复作为内部行政行为的稳定性质,依照指导案例的精神,行政批复在效力外化之后即被赋予了具体行政行为的属性,具体行政行为自然地具有可诉性。从本质上讲,其并未改变内部行政行为不可接受司法审查的一般结论。故此,可诉性有无的判断关键就在于是否"外化",而不在于内部行政行为有无可诉性。实然状态的内部行政行为保持着不具有可诉性的既有状态。完成"外化"的关键在于实施的直接性,并非单纯由原内部行政行为对相对人产生影响的具体内容决定。

作为阐明行政批复可诉性的初次尝试,"直接实施"模式包含了直接实施和影响相对人权益两个要素,初步体现出"形式外化"与"实质外化"应当兼具的要求。对形式外化要素的额外要求表明,行政批复内部性行政行为的性质仍然要求其在受司法审查时保有一定的特殊地位,后续的几个判断模式依然沿用这样的二分模式结构。以直接实施作为判断模式只能涵盖一类较为特殊的情形,给下级法院提供的指导作用较为有限,体现了在涉诉批复类型较为单一时法院对行政批复可诉性的一般认识。

(二)送达模式

最高人民法院于2014年在《行政审判办案指南(一)》中"受案范围"的相关规定里以会议纪要为例,对内部行政行为的可诉性问题进行了规定。

其第 1 条内容为：行政机关内部会议纪要是不具有可诉性的。但是，如果它直接影响公民、法人或者其他组织的权利和义务，并通过送达当事人等方式完成外部化，则转化为可诉的具体行政行为。行政批复与会议纪要同属法定的公文形式，二者在被规范的使用时都应当是标准的内部公文，二者在特殊情况下对外产生效力的模式也是有共同之处的，《办案指南（一）》同样明确了会议纪要作为内部行政行为的常规状态，并对"外化"的模式进行了更为明确的规定，提出了以送达作为外化的形式要素。该模式的基本外观为"影响权利义务＋送达"。

就判断会议纪要是否可诉的问题，《办案指南（一）》基本上继承了前述指导案例的精神，继续采用"影响相对人权利义务"的实质外化要素，同时丰富了外化的形式。从规范文义上看，更为直接地强调了"实质外化"与"形式外化"可诉性应当兼具的先决条件。从结果上来看，也是突破了"会议纪要一概为内部行政行为"的传统观点，以性质改变作为其可诉性的来源，与第 22 号指导案例相同。

送达模式较"直接实施"模式较大的不同在于明确提出了以送达作为"形式外化"的典型。需要注意的是，重视送达并非《办案指南（一）》首创，在第 22 号指导案例中就有"来安县人民政府的批复属于内部行政行为，不向相对人送达，对相对人的权利义务尚未产生实际影响，一般不属于行政诉讼的受案范围"的表述，试图以未经送达为依据说明批复行为的内部性。从外观上看，送达似乎是一种凸显该行为与相对人直接产生联系的形式要素，但实际上送达还包含着确保该行为对相对人权利义务确已产生影响的实质要素色彩。但使用送达作为形式要素的缺陷也是明显的。就送达本身而言，其系具有法定意义的概念，种类繁多，且送达制度在一定程度上是为了保证效率而存在的，部分特殊送达类型，如留置送达、公告送达可能导致起诉期限方面的一系列问题。另外，在与《办案指南（一）》几乎同时期的司法实践中，甘肃省高级人民法院曾认定某未经送达的会议纪要具有可诉性，其论述理由的重点在于：该会议纪要的内容实际上属外化的一种行为，它对上诉人的权利义务已产生了实质性的影响。[1] 这样来看，将送达当作典型的形式外化要素的尝试似乎是尴尬的，反而提升了将内部行政行为纳入司法审查

〔1〕 深圳市万隆达经贸发展有限公司诉天水市秦州区人民政府会议纪要案，甘肃省高级人民法院〔2014〕甘行终字第 33 号行政判决书。

的门槛,不利于相对人权利的保护,亦有给实务部门增加困惑之风险,需要配合进一步的解释方可有效适用。

事实上,送达模式真正意在强调的另一点是:是职权行为导致内部行政行为对外发生效力,而非"因送达为当事人知悉"。因为如果当事人不知该内部行政行为,相关诉讼也就无从发生。故而,《办案指南(一)》实际上修正了指导案例的一个漏洞,补充强调了内部行政行为对外发生效力的职权性,有学者将这种职权性概括为"行政意向"的表达。[2] 送达模式将原内部行政行为保持原形态直接接触相对人的情况进行了特别厘清。"职权性"的隐藏色彩在这一阶段虽未被直接提出,却为解决后续的疑难情况留出了"柳暗花明"之径。

(三)无其他可诉行为模式

该模式的外观为"影响权利义务 + 无相关可诉实体性行为",脱胎于最高人民法院于 2016 年发布的第 69 号指导案例。案例以《中止通知》为例说明了过程性行政行为的可诉性情况。如前文所述,行政批复同样具有过程性行政行为的属性,对《中止通知》效力外化的模式进行归纳有利于从另一个侧面把握行政批复可诉性的判断模式。

在第 69 号指导案例中,原告之子四川嘉宝资产管理集团有限公司峨眉山分公司职工王某某因交通事故死亡,由于事故原因无法查实,四川省峨眉山市交警大队作出载明事故情况的《道路交通事故证明》。王某某所在公司向被告乐山市人力资源和社会保障局申请工伤认定,并提交了峨眉山市公安局交警大队所作的《道路交通事故证明》等证据。被告以交通管理部门尚未对本案事故作出交通事故认定书为由,作出《工伤认定时限中止通知书》,并向原告和第三人送达。原告向被告提交了《恢复工伤认定申请书》,要求被告恢复工伤认定。因被告未恢复工伤认定程序,原告遂提起行政诉讼,请求判决撤销被告作出的《中止通知》。针对作为本案争议焦点的"《中止通知》是否属于可诉行政行为",审理法院首先保持了对《中止通知》程序性行政行为性质的认可,并借用了美国行政法中的"成熟原则"[3],认为"如果该

---

〔2〕 参见田瑶:《论行政行为的送达》,《政法论坛》2011 年第 5 期,第 183-184 页。

〔3〕 Journal article, *Direct Judicial Review and the Doctrine of Ripeness in Administrative Law*, Michigan Law Review, Vol. 69:1443, p. 1443-1546(1971).

行为不涉及终局性问题,对相对人的权利义务没有实质影响的,属于不成熟的行政行为,不具有可诉性"。随后,为了完成《中止通知》具有可诉性的说理,认定该程序性行政行为呈现了具有终局性的特殊形态,法院认为此类行为对相对人权利义务产生实质影响,并且相对人无法通过提起针对相关的实体性行政行为的诉讼获得救济,故属于可诉行政行为。

无其他可诉行为模式采取实质和形式二分结构的立场较之以往尤为明显,在实质要素方面继续沿用"影响相对人权利义务"的表述以与《行政诉讼法》相关规定保持一致。在形式要素方面则作出了较大程度的改变,放弃了以往对该行为对外发生效力方式直接性的正面描述,转而使用无可诉实体性行为的排除法确定方式。同时,指导案例审理法院在两项条件间使用"并且"一词首次明确将形式要素放到了与实质要素对等的位置上。有学者主张,一项行政行为只需要满足影响相对人权利义务的条件即满足《行政诉讼法》第 12 条之规定具有可诉性,审理法院"并且"的表述意在强调。[4] 本文认为,无其他可诉行为模式看似为可诉性判断设定了并列的两个要素,但实际上此二者是不可分离的。试想,如若某过程性行政行为以最为标准的形式运作,那么其必然不是某行政意图实现的终点,换言之,会有一个或数个行政行为承继其内容直至对相对人权益产生影响。此时对相对人权利义务造成影响的也不是该过程性行政行为,同时,相对人可以对位于行为序列末位的行政行为提起诉讼以达到权利救济之目的。审理法院的措辞确乎应当被认为是一种强调,但对两个要素进行刻意的割裂抑或是将"并且"解释为"或"[5]是缺乏必要性并可能给实务带来困扰的。

(四)署名模式

最高人民法院于 2018 年发布《最高人民法院关于适用〈中华人民共和国行政诉讼法〉的解释》,其第 1 条第 2 款第 5 项与第 10 项对不属于人民法院行政诉讼的受案范围的限定,采取了多重标准:"(五)行政机关作出的不产生外部法律效力的行为……(十)对公民、法人或者其他组织权利义务不

---

〔4〕 参见刘行:《行政程序中间行为可诉性标准探讨——结合最高法院第 69 号指导案例的分析》,《行政法学研究》2018 年第 2 期,第 85 页。

〔5〕 参见李超:《论程序性行政行为的可诉性》,《东南大学学报(哲学社会科学版)》2019 年 12 月第 21 卷增刊,第 60 页。

产生实际影响的行为。"其第 19 条对与行政批复有关的具体行政行为的诉讼操作进行了规范:"当事人不服经上级行政机关批准的行政行为,向人民法院提起诉讼的,以在对外发生法律效力的文书上署名的机关为被告。"与以往几次阐明尝试不同,此项规定聚焦于确定文书对外发生效力之后的被告确定问题,规定中"上级行政机关批准的行政行为"是行政批复对外发生效力的典型模式,如第 22 号指导案例中的直接执行。在此种情况下,下级行政机关并未作出其应当作出的相应行政行为,那么对外发生效力的文书即为行政批复,署名单位即为作出批复的上级行政机关,就应由其作为被告接受法院对行政批复的司法审查。经由此条规定,众多类似第 22 号指导案例的案件中何者应当为司法审查对象的问题在法规范层面得以明确,被诉对象应当为行政批复等内部行政行为,而非下级部门的非法行政行为,这对明确相关具体诉讼操作颇有裨益。将该条规范确定的形式要素"署名"与"影响相对人权利义务"的实质要素相结合,即可获得达成外化的署名模式。需要明确的是,署名模式与"直接实施"模式确实存有交叉的部分,但前者将关注点置于文书形式,后者则置于行为形式,考虑到行政批复对外发生效力的形式日渐多样化,署名模式的重点适用范围当在批复与执行行为共存的领域,此二者保持彼此独立的状态是有其必要性的。

行政批复可诉性的问题归根结底是行政诉讼受案范围的问题,当前行政诉讼的受案范围由《行政诉讼法》第 12 条的正面列举和第 13 条的负面列举划定。《司法解释》对受案范围的新规定主要为了改进和细化《行政诉讼法》第 13 条负面列举表述,事实上也扩大了负面清单。其第 1 条将行政指导、重复处理、过程性行为、基于机关层次结构的监督行为、执行协助行为以及信访事项处理行为明确列入不可诉的负面清单中,同时第 5 项和第 10 项又以特征概括的方式的将"不产生外部法律效力的行为"以及"对公民、法人或其他组织权利和义务没有实际影响的行为"排除在受案范围之外。从立法技术的角度出发,应当仅有负面事项适用列举式规定,然而《行政诉讼法》的规定却采取了更加混乱的方式,导致了正面及负面列举与泛化概括的共存。有学者认为:"概括式规定因为其模糊性,加之司法机关囿于行政权的制约,司法实践中通常则是能推就推,避重就轻,很多符合概括式规定的行政行为无法进入诉讼程序,导致了概括式规定被架空。"[6]在《司法解释》施行之前,内部行政行为(包括本文主要讨论的行政批复)显然未列入《行政诉讼法》第12条的正面清单,也不在第13条的负面列举之列,仅与原则性规定有关,给实务工作以及公民权利的维护造成了困难。《司法解释》的列举方式虽然仍然存在一定的混乱感,但其着重提出的两项概括规定具有积极意义,它们是对以往探索结果的良好继承,亦有助于构建"外部法律效力"与"权利义务实质影响"的关系。然而其扩大负面清单的做法却与概括规定的精神相悖。以行政批复为例,在司法机关最终断定某行政批复确已外化之前,依照指导案例的精神该行政批复仍然表现为过程性行政行为,符合负面清单的规定,相关诉讼应当不予受理。故而这样的规定体系仍有不合理之处,进一步放弃使用固定的抽象概念进行参照判断的方式是较好的发展方向。

观察前述的外化模式不难发现,在其适用场合中相对人通常只面对一个不伴有其他行政行为的行政批复,而近年来越来越多非传统型的行政批复进入视野,例如以往行政批复多是应请示临时作出,而今部分批复是作为完整行政行为的一个必备环节存在;以往可能发生外化的批复在形式上直接影响相对人,而今与相对人在时间上最为接近的可能是另一个具体行为,诸如此类。着眼于实务,目前法院判明符合前述传统外化模式的行政批复案件多顺利而准确,然一旦行政批复的形态较为特殊,各法院的判断就出现了矛盾冲突,"打补丁"的判断模式构建法已经出现了漏洞。而继续停留在以往直接使用"外化"标准进行说理的阶段又很可能陷入以抽象概念解释抽象概念的泥淖。同时,典型案例指导作用的有效发挥也要求不能始终局限于指导案例本身,最高人民法院法律解释功能的体现有赖于在案件母本基础上进行补充和归纳。[7]

一个基于现有规定的统一判断模式可以很大程度地支持法院的实务工作,以应对各裁判文书在说明该行为可诉与否时的寡言。需注意的是,现阶段行政批复可诉性问题的重点由行政批复是否可作为司法审查对象转移到了行政批复与其他行政行为同时出现时何者应当作为被诉对象,换言之,问题的关键从能不能起诉变成了能不能诉对。为了解决这一问题,必须着眼

---

〔6〕 参见闫尔宝:《行政诉讼受案范围的发展与问题》,《国家检察官学院学报》2015年第4期,第22-23页。

〔7〕 参见朱芒:《论指导性案例的内容构成》,《中国社会科学》2017年第4期,第127页。

于审判实务,通过类型化的方式,将当前的外化模式无法有效应对的特殊类型之行政批复进行呈现,以期抽象出其中的共同要素,结合以往模式构建足以支持判明特殊类型行政批复可诉性的新判断模式。

三、不同类型行政批复的可诉性

为了较为完整地呈现最新司法实务中的行政批复样态,本文从中国裁判文书网中选取 2020 年 10 月至 2021 年 2 月间针对行政批复提起诉讼的案件为研究对象,并以过往实务中具有典型性的案例作为补充,共计查阅裁判文书 160 余份,获得有效案例 50 余件,将样本中的行政批复分为以下 7 种类型并分析其可诉性状况及背后的原因。

（一）被当前判断模式涵盖的行政批复

1. 据以作出了新行政行为的行政批复

此种行政批复发生效力的路径可以说是相关行政权力运作最为规范的形式。在就请示事项获得上级部门的指导或批准后,下级部门独立实施了新的具体行政行为,并以其自身作为行为主体。由此,行政批复以下级机关的行为为媒介完成了效力的外化,间接地影响了相对人。有学者形象地称之为"异体外化"[8]。这样的行政批复显然是不具有可诉性的。法院在审判实践中,一般认为被诉的应当是后续的具体行政行为。例如,在"青州市杏林春膏贴科学研究所诉青州市人民政府行政监察案"[9]中,审理法院认为,在批复作出后土地登记机关仍需要根据批复,另行作出转移登记,故对权利义务产生实际影响的是后续的变更登记行为。另如"刘勇平等诉赣州市赣县区人民政府行政批复案"[10],二审法院认为涉案批复并未产生直接的

---

〔8〕　参见李永超:《揭穿内部行政行为之面纱——基于司法实践中"外化"之表达的一种解释框架》,《行政法学研究》2012 年第 4 期,第 99-100 页。

〔9〕　青州市杏林春膏贴科学研究所诉青州市人民政府案,山东省高级人民法院〔2020〕鲁行终字第 1696 号。

〔10〕　刘勇平诉赣州市赣县区人民政府行政批复案,江西省高级人民法院〔2020〕赣行终字第 527 号。

行政法上的强制执行效力，影响其权益的系批复下达后请示机关与相对人签订的《收储协议》。此类判断在外观上也符合前述《司法解释》中的署名模式。

但需要注意的是，在某些特殊情况下，即使下级机关独立作出了后续具体行为，法院依然有可能认定行政批复可诉，在"河南九象有限公司和国家工商行政管理总局商标局行政批复争议纠纷案"[11]中就出现了这种情况。在该案中，商标局以批复认定九象公司实施了商标侵权行为，一、二审法院均不认可该批复的可诉性，但最高人民法院在说理中表示：根据批复，已有一系列具体行政行为被作出，这将使当事方对多项具体行政行为逐一主张权利遇到更多的困难，在这种情况下，涉案行政批复理应受行政诉讼约束。本案中最高人民法院的价值取向虽然符合行政诉讼的立法宗旨，但由于其成案时间尚早，采用的判断模式有相当的特殊性，甚至与"异体外化"的一般形式产生冲突。本文在案例搜索中发现，直至 2020 年 8 月，仍有行政相对人在诉讼中援引该案作为陈述理由之依据。[12] 在该案未被重新解读的情况下，应当将其视作个例，防止对一般判断模式带来冲击。同时本文以为，后续的司法实践为"河南九象案"中批复的可诉性创设了更为可靠的说理路径，将在下文中阐明。

2. 不具有权利义务指向性的行政批复

此种类型的行政批复不具有可诉性，一般指示性行政批复多属于此类，所载内容为对下级机关处理行政事务的技术性指导以及对上位法的行政解释，它具有相对明确的规范性法律文件属性，仅在行政系统内部有效。如"姚雨杭与德州市规划局就规划复函发生的争议案"[13]中，法院以该案中的复函（行政批复）是对土地利用总体规划情况所作的阐述和说明为由，驳回了原告的起诉。又如在"胡泽国与韩燕丽上诉北京市卫计委案"[14]中，法院认为被诉批复只是陈述两原告不符合生育条件，并未影响其权益，并驳回了

〔11〕 河南九象商贸有限公司与国家工商行政管理总局商标局行政批复纠纷再审案，最高人民法院〔2013〕行提字第 2 号行政判决书。

〔12〕 陈永刚诉绍兴市上虞区综合行政执法局行政管理案，绍兴市中级人民法院〔2020〕浙 06 行终字第 312 号行政判决书。

〔13〕 姚雨杭诉德州市规划局城乡规划复函案，德州市德城区人民法院〔2014〕德城行初字第 4 号行政判决书。

〔14〕 韩燕丽等诉北京市卫计委行政批复案，北京市第二中级人民法院〔2016〕京 02 行终字第 1272 号行政判决书。

诉讼请求。另如，在"赵凤玉诉枣庄市行政审批服务局案"[15]中，涉案批复内容为调整某客运线路，原告并非该客运线路的经营者，批复并不指向原告权利义务。指示性批复亦有可能对行政机关外部相对人作出，在"韩红旦、张立春土地行政管理案"[16]中，涉案批复由泽州县政府对铭基公司作出意在明确其权利义务，而对再审申请人等行政相关人没有影响可能。在行政相关人提起的诉讼中，若原告无法说明其与批复所载事项有利益相关，则也应当归于此类，如"庄振权诉深圳市罗湖区人民政府案"[17]。

3. 直接以原形态影响行政相对人的行政批复

此类情况是行政批复具有可诉性的最常见情形，即指某行政批复具备了"外化"全部要素的情形，此时行政批复转化为具体行政行为并自然增加了可诉性。在实务中，审判法院基于对个案情形的考量，不断丰富着"外化"各项要件的内涵，尤其是形式要件。在第 22 号指导案例中，行政批复以直接实施的形式外化，并以申请信息公开的方式为相对人获知。在"广州海龙王投资发展有限公司与广州市对外经济贸易委员会行政处理决定纠纷案"[18]中，由广州市外经委在作出后直接抄送原告，完成外化。本文在案件搜集中发现，在新近的案件中，审理法院在陈述行政批复可诉理由时较以往明显降低了对形式外化的关注度。在"淮南市泽丰投资有限公司案"[19]中，审理法院提出判断可诉性的关键在于有否对相对人以及利害关系人的权益明显产生实际影响，而涉案批复直接影响当事人仅在案情陈述中一笔带过。在白素真与聊城市人民政府就土地征收进行的相关诉讼[20]中，审理法院未经可诉性论证便直接进入了对批复合法性的实体审理环节。

---

〔15〕 赵凤玉诉枣庄市行政审批服务局行政批复案，枣庄市中级人民法院〔2020〕鲁 04 行终字第 140 号行政判决书。

〔16〕 韩红旦等诉山西省泽州县人民政府土地行政批复再审案，最高人民法院〔2021〕最高法行申字第 333 号。

〔17〕 庄振权诉深圳市罗湖区人民政府行政批复案，广东省高级人民法院〔2020〕粤行终字第 1654 号。

〔18〕 广州海龙王投资发展有限公司诉广州市对外经济贸易委员会行政处理决定案，最高人民法院〔2001〕行终字第 2 号。

〔19〕 淮南市泽丰投资管理有限公司诉淮南市田家庵区人民政府行政批复案，安徽省高级人民法院〔2018〕皖行终字第 1051 号。

〔20〕 白素真诉聊城市人民政府土地行政批复案，山东省聊城市人民法院〔2015〕聊行初字第 37 号。

(二)新类型的行政批复

1.服务于程序性目的的行政批复

通过案例检索不难发现,行政批复虽然是法定的文书形式,但其适用领域并不固定,唯有在土地管理行政中作为固定环节。《土地管理法》在土地总体规划、农业用地转建设用地、土地征收等程序中设置了批准环节,这些批复也占了行政批复诉讼的相当一部分。区别于一般情形,此类批复具有很强的程序性特征。

例如,在"张云彪与平遥县人民政府就其行政命令进行的诉讼案"中,行政相对人认为平遥县政府作出的批准村集体经济组织收回集体土地使用权的批复实际影响其权益,然山西省高级人民法院认为,收回集体土地使用权的权力由村集体经济组织行使,县政府的批准行为仅是防止集体经济组织成员权益受损的监督行为,故而影响相对人权益的是报请批准的行为,批复不具有可诉性。[21] 在此案中,作为过程性行政行为的行政批复呈现了罕见的后置形态,但其作为监督行为的性质决定了其并无影响相对人权利义务的可能,亦无独立的行政意图。其他行政管理领域中也有此类批复,在"殷启进与兴化市自然资源和规划局案"[22]中,涉案批复被认为是建设工程规划许可的前置行为,同样是为满足程序性要求存在的,亦不具有可诉性。此类情况虽也较为少见,却对提炼一般判断要素大有助力。

2.作为行政最终裁决行为的行政批复

此种情况同样主要出现在土地管理行政中。在"张国新、吕曾荣诉河南省政府行政批复及行政复议案"[23]中,涉案批复系河南省人民政府就鄢陵县城市建设征收土地作出的批复,审理该案的郑州铁路运输中级法院及河南省高级人民法院均认为,根据《行政复议法》第30条第2款的规定,省级人民政府征用土地的决定为最终裁决行为,而《行政诉讼法》第13条明确将

---

〔21〕 张云彪诉平遥县人民政府行政批复案,山西省高级人民法院〔2020〕晋行终字第889号行政判决书。

〔22〕 殷启进诉兴化市自然资源和规划局规划行政批复再审案,江苏省高级人民法院〔2020〕苏行申字第2182号行政判决书。

〔23〕 张国新等诉河南省人民政府行政批复及行政复议案,河南省高级人民法院〔2021〕豫行终字第104号行政判决书。

最终裁决行为排除于行政诉讼受案范围之外。故而国务院及省级人民政府征收土地的批复(系征收决定的常见形态)不具有可诉性。

此类批复最终裁决行为的性质无法完全荫庇后续的相关批复,却足以给实务单位带来困扰,在"王景秋、王景成诉土地行政管理案"〔24〕中,涉案行政批复的可诉性直至最高人民法院再审程序方被认可。该案中批复行为有二:其一为河南省政府就台前县城市建设用地作出的批复,其二为台前县政府关于同意某安置补偿方案的批复。前者系最终裁决行为,如若后者的作出完全为落实前者内容,则应当不具有可诉性,但台前县政府未经有权机关作出征地批复直接作出载有征地内容的批复等文件(超出前者范围),最高人民法院在论述中表示:该批复相当于台前县政府独立作出的征收土地及房屋的决定,已对外公布并实际实施,影响相对人权利义务,未被排除于受案范围之外,这种情况与最原初的"直接实施"模式在外观上较为接近,但其关键点在于,本案中台前县政府是借助批复的形式实施具体行政行为,涉案批复超出上级批复内容的部分承载了台前县政府独立的行政意图。

3. 实质转化为终局影响的行政批复

这种情况较为特殊,事实上呈现出一种行政行为不完整的状态。一般是由于下级机关未尽其职责,在收到上级批复以后将应当完成的行政事务因种种原因进行了搁置,在这种情况下,原先属于过程性行政行为的行政批复被动地达到了终局状态,出于保护相对人权益的考虑,此类行政批复的可诉性应当得到认可。行政批复领域此类案件尚少,但在黄以丰与义乌市国土资源局的诉讼〔25〕中,一、二审法院均认为涉案的责令停止违法行为通知书为不可诉的过程性行政行为,但在再审中浙江省高级人民法院认为,被告一直未作出后续处理行为,且已有处理事实依据该通知书被作出,该过程性行政行为产生终局影响,当具有可诉性。

此种情况容易与下级机关的行政不作为产生混淆,本文以为主要应当以时间标准作为依据进行甄别。例如,相对人向下级机关提出了某项请求,下级机关进行了请示,在收到批复后未再实施任何相对人要求的具体行政

---

〔24〕 王景秋等诉河南省台前县人民政府、河南省濮阳市人民政府土地行政征收及行政复议案,最高人民法院〔2020〕最高法行再字第 119 号行政判决书。

〔25〕 黄以丰诉义乌市国土资源局土地其他行政行为案,浙江省高级人民法院〔2018〕浙行再字第 110 号行政判决书。

行为,此时下级机关拖延的时间并未超过法定的最长处理期限,虽不构成不作为,但相对人的权益却实实在在地受到了影响。在这种情况下,应当允许当事人对行政批复提起诉讼,诉请法院判决上级机关督促下级部门实施批复内容。如若下级机关拖延的时间长于法定期限,则受诉行为应当是下级机关的不作为。此种情况在形式要素方面与前述无其他可诉行为模式较为相似。

4.提前处置相对人权利义务的行政批复

这种情况一般为:下级机关就特定问题向上级机关征求意见,本应仅表示同意与否等简单立场的上级机关却在批复中直接对下级机关的行政相对人作出了权利义务上的处置,尔后下级机关又以自己的名义对相对人作出了行政行为,对权利义务的处置与上级机关的立场完全相同。从外观来看,这种模式与规范的行政批复"异体外化"存在高度的相似性,但仍有必要进行区分,并明确此类批复具有可诉性。

在实务中此类批复多为"事故调查报告批复",例如在安徽国汉公司诉湖北松滋市政府行政批复[26]的一系列诉讼中,被告松滋市政府在收到下级机关呈送的附带事故调查报告的请示后,批复同意调查组所作的责任分析和处理意见(处以 12 万元的罚款),松滋市安监局旋即作出处罚 12 万元的决定。该案一、二审法院均认为涉案批复属于内部的指导行为,且不曾完成外化。但最高人民法院认为,涉案批复对事故责任进行了具有公定力的认定,批复同意调查组的要求即是确定了相对人承担法律责任的具体方式,安监局所作的处罚也必然受到批复内容的约束。据此,受诉的应当是实际影响相对人的批复,下级机关的处罚决定本质上是作为执行环节的事实行为。最高人民法院再次在裁定中强调:批复是否可诉,根本上取决于其是否直接实际影响相对人权益。

同类案件在此后也多有发生,如"临清市华兴纺织有限公司、高唐县政府行政批复案"[27]、"霍锷诉内蒙古乌海市海勃湾区人民政府案"[28]等。有学者将之概括为"事故调查报告批复可诉",本文以为这样的概括思路过于

〔26〕 安徽国汉建设监理咨询有限公司诉湖北省松滋市人民政府行政批复案,最高人民法院〔2018〕行再字第 127 号行政判决书。

〔27〕 山东省临清市华兴纺织有限公司诉被申请人山东省高唐县人民政府行政批复,山东省高级人民法院〔2019〕鲁行终字第 2144 号行政判决书。

〔28〕 霍锷诉内蒙古自治区乌海市海勃湾区人民政府行政批复案,内蒙古自治区高级人民法院〔2020〕内行终字第 545 号行政判决书。

狭隘,此类批复可诉的原因并非在于其所载内容,而在于批复环节确定了某一行政行为的关键内容,批复所载的调查报告是下级机关作出行为的依据,事实上此时下级机关受其拘束已无任何行政裁量权使用之余地,一个确定而完整的行政意图在批复环节业已形成。前文所述"河南九象案"中的批复载有商标侵权行为的认定情况,同样可以此为路径说明其效力外化的模式。曾经广受关注的"延安宏盛案"亦当属于此类。

但仍需注意的是,"事故调查报告批复"的可诉性来源不止前述一种可能。"事故调查报告批复"同时还是对案件事实情况的最终固定,法院的审理结果将无可避免地受批复所载的调查报告内容的直接影响。如果相对人对事故情况认定存有异议,此时否定该批复的可诉性会导致相对人在后续的诉讼环节中难以达成救济目的,因为案件事实认定业已固化,仅凭相对人难以推翻。那么如若相对人系因不服案件事实认定起诉行政批复,则应当认定批复可诉;如若相对人对事实认定并无异议,则仍应当根据批复环节是否形成确定完整的行政意图来判断批复可诉性的有无。此种情况较之前的类型有较大的特殊性,但在事故调查报告批复中并不鲜见。

四、行政批复可诉性的新判断模式

行政批复可诉性新判断模式应当在承继以往经验的基础上,面向新类型行政批复进行针对性补强。实质要素和形式要素兼备的模式结构已经成为惯例,不宜轻易抛却。故而,应当在保留"影响相对人权益"之核心要素的同时,赋予"具有完整行政意图"独立的要素地位,以便在面对多个行为时进行甄别,并以"必要的形式要件"作为辅助的判断手段,构建兼具稳定性和开放性的判断模式。

(一)内容要素:影响特定权益效果的发生

与《行政诉讼法》第二条宣明的价值追求相一致,最高人民法院在前述的多次说理尝试中均反复强调"影响当事人权利义务"是行政行为可诉的最根本原因,需审查行政批复是否影响公民人身、财产权利。毕竟,如自相对人方面观察,行政活动之适法性固然是其关注的对象。然而在与国家发生争执时,如何确保其权益不受违法行政行为侵害,方始终是其关心的重点。[29] 这一要素承继于以往判断模式中的实质要素。

在实际适用中,首先应当明确涉案行政批复的内容应当具有相对确定的权利义务指向,例如第 22 号指导案例中县政府的批复,其直接针对了两路段相关地块国有土地使用权人的权利义务,而不应当是载有抽象指示的批复。此一项应当作为可诉性判断的开始之处,也是可诉性判断最为核心的要点。因不符合主观公权利定式的判断,部分行政批复针对行政相关人则不具备权利义务指向性,相关人无原告资格,案件所涉行政批复亦无可诉性,[30]另外绝大多数土地利用总体规划批复[31]以及部分城市管理方式变更批复也不具备针对特定公民的权利义务指向性。其次涉案批复应当直接实际影响相对人的权利义务,如若对相对人权益的减损直接载于行政批复之上,但因为种种原因相对人权利义务不会或尚未受其影响,则应当视为该行政批复不具备效力外化的内容要素。

(二)属性要素:完整行政意图的有无

前述新类型的行政批复与以往关注的行政批复最大的一点不同在于,此类批复不再是临时出现的应对特殊请示的文件,由于本级或下级的不当行为独立对外产生影响,而是在行政行为过程中固定存在的文件,甚至请示批复本就是完整行政行为中的一个环节。虑及这一现实,需要针对性地补充判断要素。

此要素可溯源至送达模式,与部分学者论述的"涉权性"[32]要素有相似之处但侧重点不同,此处强调是行政行为作出机关的职权性行为导致了前述行政效果的发生。应当将其理解为内容要素具有独立存在意义的一个侧面,具体是指:批复所载的内容影响相对人权利义务,应当是批复作出机关完整行政意图的表现,无需其他机关行政意图的附和。此一点要素的确定目的有二:其一,可以此为依据将典型的为达成程序目的而存在的行政批复排除于

〔29〕 参见翁岳生编:《行政法》(下册),中国法制出版社 2009 年版,第 1342 页。

〔30〕 蒋涛等诉宁夏回族自治区灵武市人民政府土地行政批复再审案,最高人民法院〔2020〕最高法行申字第 14884 号行政判决书。

〔31〕 贺昌彦等诉湖北省武汉市人民政府行政批复再审案,最高人民法院〔2020〕最高法行申字第 7652 号行政判决书。

〔32〕 参见刘飞、谭达宗:《内部行为的外部化及其标准》,《行政法学研究》2017 年第 2 期,第 114-115 页。

受案范围之外。因为此类批复不包含作出机关的行政意图，应当以实际有权决定该事项的机关所作行为为起诉对象，谨防责任借助程序环节逃逸，例如前述的监督性质之行政批复即当归于此列。其二，可以据此在批复及其前后行为中甄别出真正的被诉行为。例如褫夺了具体行为作出机关行政裁量权、使后续行为成为执行环节的"事故调查批复"等。因为此类批复中已经包含了完整的行政意图，无须下级机关的意志发挥作用。另外，在面对外观上似同传达上级机关意思，实则夹带了下级机关独立行政意图的批复行为[33]时，也可以根据具体行政意图的归属确定被诉对象，若仅依靠内容要素中行政效果的发生进行辨认，将可能导致真正"作出"行政行为的批复机关免于受诉。

（三）形式要素：必要的区分要件

从试图厘清行政批复最早的尝试开始，对形式要素难以割舍的强调就始终没有离开过视野，在无其他可诉行为模式中甚至被摆到了与影响权利义务对等的位置上，司法权对行政权保有的审慎和克制的惯例一再告诫：行政批复并不仅是单纯的过程性行政行为，还有较强的内部性特征，在理想状态下是不应当与相对人直接接触的，如若一概不考虑外化形式，可能会导致法院过早介入行政活动，影响行政权力的独立运作。[34]

但如前文所述，随着时间的推移，审理法院对行政批复效力外化形式上的要求不断降低，如何看待形式要素是一个必须面对的问题。不妨着眼于一些较早的实务活动，在 2009 年郑素华等与成都市武侯区人民政府就国土行政批复进行的诉讼[35]中，涉案行政批复并未以任何形式送达原告，但审判法院依然仅以"影响权利义务"为由认定了该批复的可诉性。本案虽早，但依然对可诉性判断模式的完善有启示性，法院对外化形式上的判断并不应当流于表面，更多地应当将形式外化作为认定外化的辅助依据。原则上应当要求完成了形式外化，但是当遭遇先例无法覆盖的情况而相对人急需一个行政行为来完成权利救济主张时，形式外化要素可以被有条件地突破。

曾被使用的"时间距离最近"形式要素因提前处置相对人权益类型批复

---

[33] 黄以丰诉义乌市国土资源局土地其他行政行为案，浙江省高级人民法院〔2018〕浙行再字第 110 号行政判决书。

[34] 参见王名扬：《美国行政法》（下），中国法制出版社 1995 年版，第 643 页。

[35] 郑素华等诉成都市武侯区人民政府土地行政批复案，成都市成华区人民法院〔2009〕成华行初字第 1 号。

的存在已不再适用;第 69 号指导案例确立的"无其他可诉行政行为"形式要素有赖于对批复及其后续行为的严格定性,适合作为可诉性判断结论的检验流程,同时其纯形式的性质可以为新型情况留出判断空间;《办案指南（一）》中提出的以送达作为"外化"的典型形式要素虽有缺陷,但经司法实践强化,送达与实际知悉间的矛盾已被厘清,[36] 故而送达仍然可以作为典型形式要素使用,但依然需要前述两要素的齐备。另外,"延安宏盛案"等审判实践也为单纯的"相对人知悉"形式要素增加了告知职权性、获知正当性的色彩,这些追求在个案中仍有防止干扰行政权正常运作的价值。另外,还可借助这一环节将最终裁决行为等特例排除在受案范围之外,将因不服事实认定起诉的事故调查报告批复纳入受案范围。

　　区别于前两要素依赖抽象概念进行判断,对形式要素的规定更适宜通过判例方式具体呈现,以使要素本身保持一定的开放性,契合其辅助要素的定位。诚如章剑生教授所言,判例法固有的流动性解释方法,与当前不断变化的中国社会十分契合。[37] 抽象要素与具体要素的组合方式在以往的实践中指导了大量的实务工作,继承其优点并根据现实情况不断丰富的外化判断新模式是值得信赖的。

五、结语

　　行政批复作为契合于我国政治架构的行政手段,其有助于保证行政系统内部步调一致、提高行政效率的积极作用不容忽视,这也导致行政批复将长期继续存在。在以往经验无力有效指导行政批复案件审理的今天,立足于现实情况总结出适用的可诉性判断新模式,既可为审理行政批复案件提供理论和思路上的支持,也回应了《行政诉讼法》保障行政相对人合法权益之立法目的要求,更是保证权利救济渠道畅通以推进法治建设的应有之义。

（特约编辑:张怡静）

---

　　〔36〕　汪明泉等诉福建省人民政府行政复议决定案等,福建省高级人民法院〔2020〕闽行终字第 802 号、第 803 号、第 804 号行政判决书。
　　〔37〕　参见章剑生:《行政诉讼原告资格中"利害关系"的判断结构》,《中国法学》2019 年第 4 期,第 264 页。

论确认无效之诉转化适用撤销判决的条件

章超钧[*]

内容提要:《行诉解释》对行政诉讼确认无效之诉转化适用撤销判决规定了"经释明转化"的条件。该条件将引发违法行政行为无法被司法审查否定的困境。这将导致两大后果,一是行政诉讼法立法目的的落空;二是实践给出的另行起诉的补救方案将陷入重复起诉困局,使得原告无法重新获得救济。之所以引发困境及其后果,透过"经释明转化"条件背后矛盾的"诉判对应"立场,可以发现是因为"经释明转化"条件忽视了确认无效判决与撤销判决在实际效果上的一致性,并狭隘认为确认无效判决比撤销判决更为彻底,更能保障相对人诉权。因此,应当以"依职权转化"代替"经释明转化"成为确认无效之诉转化适用撤销判决的条件,经过正当性检验,引入"依职权转化"思路是行之有效的,且更能保障行政诉讼立法目的的实现。

关键词:行政诉讼;确认无效之诉;撤销判决;转化

一、问题的提出

《最高人民法院关于适用〈中华人民共和国行政诉讼法〉的解释》(以下简称《行诉解释》)第94条第2款规定:"公民、法人或者其他组织起诉请求确认行政行为无效,人民法院审查认为行政行为不属于无效情形,经释明,原告请求撤销行政行为的,应当继续审理并依法作出相应判决;原告请求撤销行政行为但超过法定起诉期限的,裁定驳回起诉;原告拒绝变更诉讼请求的,判决驳回其诉讼请求。"该条文为行政诉讼确认无效之诉设立了向撤销

---

* 章超钧,浙江大学光华法学院宪法学与行政法学博士研究生。

判决转化的条件,即经法院释明后,原告将诉讼请求变更为请求撤销行政行为。〔1〕相反,若"超过法定起诉期限",或"原告拒绝变更诉讼请求",原告确认无效之诉将无法转化适用撤销判决。其中,对"原告拒绝变更诉讼请求"这一要件进行逻辑演绎时,可能会得出一个令人难以置信的结论:原告将违法但不构成无效的行政行为以确认无效为诉讼请求诉至法院,法院审查后释明,但原告拒绝变更诉讼请求,法院只能依据《行诉解释》判决驳回诉讼请求,此时违法行政行为未被法院判决撤销或确认违法而否定,直接导致法院监督行政功能弱化,进而使得相对人权利无法得到救济。这一结论并非仅仅是理论上的逻辑推演,更是实践中的客观现实,本文以蒋玉兰诉被西宁市城西区人民政府房屋行政征收一案(以下简称"蒋玉兰案")〔2〕予以说明。

　　蒋玉兰在青海省西宁市城西区(以下简称城西区政府)拥有的合法房屋,因"湟岸巷棚户区改造项目"被征收。2019 年 7 月 31 日蒋玉兰收到城西区政府作出的补偿决定,原告认为该补偿决定存在重大明显违法之处,遂向法院请求确认补偿决定无效。

　　一审法院审查认为被告提交的证据不足以证实其征收行为已全部履行了相应的法定程序,征收程序中确有违法情形,但尚未达到"重大且明显违法"程度,不属于无效情形,对该行为依法应予撤销或确认违法。但经释明,原告拒绝变更诉讼请求,故依照《行诉解释》第 94 条第 2 款,驳回诉讼请求。二审法院在认可一审法院判断的基础上,具体指出存在以下违法情形:一是城西区政府未提交该项目是否符合国民经济和社会发展规划、土地利用总体规划、城乡规划和专项规划,是否纳入市、县级国民经济和社会发展年度计划将本案征收项目纳入市、县级国民经济和社会发展年度计划的证据;本案征收项目不符合"四规划、一计划",即征收项目"合规划性"存在违法;二是对本案案涉项目作出行政征收决定没有按照《国有土地上房屋征收与补偿条例》第 12 条的规定及西宁市人民政府关于贯彻《国有土地上房屋征收与补偿条例》实施意见第二条第(九)项的规定,由城西区政府常务会议讨论决定;三是城西区政府未提交证据证实在公布征收补偿方案前组织有关部门对征收补偿方案进行了论证。但是,法院认为以上违法尚未构成"重大且

---

〔1〕　为简化表述,笔者将这种转化条件,概括为"经释明转化"。
〔2〕　青海省高级人民法院〔2019〕青行终字第 133 号行政判决书。为行文简便,已对案例简化处理。

明显违法"情形,且一审中原告拒绝变更诉讼请求,最终判决驳回上诉请求。

在本案中,法院已然审查出这一征收决定存在"合规划性"违法、未通过政府常务会议讨论决定、未提交征收前论证相关证据的问题,因此涉案补偿决定至少构成程序违法。但由于原告在经法院释明后,拒绝变更诉讼请求,最终导致涉案补偿决定并未被撤销或者确认违法而否定。不仅如此,司法实践中类似的案例不居少数,详见表 1。

表 1　适用"经释明转化"导致违法行政行为未被撤销或确认违法的情形

序号	案号	裁判理由
1	〔2020〕豫行终 1581 号	被诉征补决定超出了……重新作出的期限,且前后两份补偿决定所依据的评估报告是同一个评估报告……在一审法院向李东宏释明后,其明确表示拒绝变更诉讼请求的情况下,原审驳回其诉讼请求,符合《行诉解释》第 94 条第二款规定。
2	〔2019〕沪 03 行终 726 号	被上诉人……拆除上诉人天井搭建物的行为主要证据不足,违反法定程序,属于违法的行政行为……原审经释明,上诉人拒绝变更其原审诉讼请求,在此情况下,原审判决在明确指出被上诉人作出的被诉拆除涉案房屋天井搭建物行为违法后,判决驳回上诉人请求确认无效的诉讼请求,于法有据。
3	〔2019〕湘行终 1273 号	本案客观上存在上述程序不当问题,原审法院在一审判决已经予以指正。但是,基于合同双方自愿性原则和诚实信用原则,对合同的效力不宜轻易否定……本案中,吴桂华请求确认《房屋拆迁补偿协议书》无效,且经原院释明,吴桂华拒绝变更诉讼请求。因此,本案应当判决驳回其诉讼请求。
4	〔2018〕皖 08 行终 84 号	本案中望江县人民政府对谢祠第二组颁发林权证的行为虽证据不足,程序违法,但不属于上述规定中重大且明显违法的情形,不应确认为无效……本案中,一审法院经审查认为被诉林权登记行为不属于无效情形,已向上诉人作出释明,上诉人拒绝变更诉讼请求,故一审判决驳回其诉讼请求,符合《行诉解释》规定。
5	〔2018〕辽 02 行终 327 号	本案中,从现已查明的案件事实看,被上诉人自 2018 年 1 月起不再向上诉人支付社会保险待遇的行为,虽因被上诉人未提交或者无正当理由逾期提交证据而应认定为违法,但并不属于无效情形。虽然原审法院对此未依照前述规定向上诉人进行释明,但鉴于上诉人……坚持请求确认该行为无效……并无不妥。

对此,需要疑问的是,当原告拒绝变更诉讼请求时,法院直接作出驳回诉讼请求判决,如此导致的法律后果是什么? 实践中有法院在判决驳回后,指出原告可以另行起诉予以救济。[3] 这一方案形式上为原告提供了救济途径,但实质上是否可能构成重复起诉,从而使得相对人无法得到救济? 为什么《行诉解释》规定当原告拒绝变更诉讼请求,法院就无法转化适用撤销判决,只能作出驳回诉讼请求判决,为何不能和《行诉解释》第 94 条第 1 款[4]规定依职权转化一样,转化适用不同的判决类型? 面对这些疑问,必须回到源头,即为什么只有在法院释明,原告变更诉讼请求条件下,行政诉讼确认无效之诉才能转化适用撤销判决? 现有研究关注到了这一问题,但似乎都未意识到在"经释明转化"条件下,若原告拒绝变更诉讼请求,此时违法行政行为无法受到否定性评价的事实,进而进行反思。[5] 基于此,本文试图从"经释明转化"引发否定性评价困境及其后果出发,分析这一转化条件理论中的问题,试图对以上疑问进行回应,最终提出相应完善出路。

二、"经释明转化"引发否定性评价困境及其后果

依据《行诉解释》规定,当原告拒绝变更诉讼请求时,被诉行政行为即使违法,法院也只能作出驳回诉讼请求的判决,此时,在"经释明转化"的条件下,一个违法的行政行为将可能未经司法审查被法院判决确认违法或撤销。这意味着,违法行政行为未被司法审查所否定,也即行政行为将被评价为合

---

〔3〕　参见浙江省温州市中级人民法院〔2019〕浙 03 行终字第 753 号行政判决书、上海市第三中级人民法院〔2019〕沪 03 行终字第 726 号行政判决书。

〔4〕　《行诉解释》第 94 条第 1 款:公民、法人或者其他组织起诉请求撤销行政行为,人民法院经审查认为行政行为无效的,应当作出确认无效的判决。

〔5〕　现有研究聚焦于《行诉解释》第 94 条第 2 款第 1 句和第 2 句的分析,认为该条款设置了从无效之诉向撤销之诉的转化途径,且设置目的主要在于防止相对人规避撤销之诉的起诉期限。而并未意识到第 3 句可能存在的问题和困境。参见周学文:《撤销之诉与确认无效之诉转化的法理及条件——基于〈行诉解释〉第九十四条》,《成都理工大学学报(社会科学版)》2020 年第 1 期;梁君瑜:《论行政诉讼中的确认无效判决》,《清华法学》2016 年第 4 期;王贵松:《行政行为无效的认定》,《法学研究》2018 年第 6 期。

法且有效。[6] 对于此,实践中将面临两大方面的困境,一是违法行政行为经司法审查未被否定性评价与行政诉讼法立法目的之间存在紧张关系;二是实践中另行起诉的补救措施,将陷入重复起诉的困局。

(一)行政诉讼法立法目的落空

《行政诉讼法》第 1 条规定了行政诉讼法的立法目的,并建构起"行政诉讼多重立法目的分层化结构",其中"解决行政争议"通过涵射原告、法院、被告连接起"保护公民、法人和其他组织的合法权益""保证人民法院公正、及时审理"以及"监督行政机关依法行使职权"三大目的。[7] 而原告拒绝变更诉讼请求,法院作出驳回判决后将导致违法行政行为"逃逸"于司法审查,将使得行政诉讼法立法目的落空与失效。

首先,对原告而言,行政诉讼法"保护公民、法人和其他组织的合法权益"目的将无法实现。根据行政行为公定力原理,即使行政行为违法,但在未通过法定程序否定前,其效力不受影响。[8] 而行政诉讼作为相对人权利受到行政机关不当侵害时的重要救济渠道,通过判决,否定违法行政行为的效力,发挥救济和保护相对人的作用。然而,一旦违法行政行为未通过司法审查得到否定,那么相对人权益受侵害的事实依旧无法改变,其权益无法得到救济和保障。如在本文开头所述"蒋玉兰案"中,两级法院在明确审查出存在诸多违法情形却并未判决被诉行政行为撤销或确认违法,这将导致行政行为合法性和有效性均未受到影响,那么城西区政府对原告的征收决定将依然发挥效力,直至将原告房屋"违法"拆除,损害原告合法权益。

其次,对被告而言,行政诉讼法"监督行政机关依法行使职权"亦无法实现。行政诉讼作为司法监督控制行政权的手段,具体体现在通过法院的合法性审查,对违法的行政行为作出否定性评价。尤其是近年来,行政机关的败诉率成为法治政府建设评价的重要指标,促使行政诉讼监督行政效果的

---

[6] 关于行政行为合法性评价与有效性评价的关系及其选择,详见张旭勇:《行政判决原论》,法律出版社 2017 年版,第 216 页以下。

[7] 参见章剑生:《行政诉讼"解决行政争议"的限定及其规则——基于〈行政诉讼法〉第 1 条展开的分析》,《华东政法大学学报》2020 年第 4 期。

[8] 参见胡建淼:《行政法学》,法律出版社 2015 年版,第 141 页。

提升。[9] 但是违法行政行为"逃逸"于司法审查,将致使法治政府建设评价中"注入水分",并释放出违法行政行为能够"侥幸"逃脱败诉追究的不良信号,诱导行政机关执法人员在此后的执法工作中依旧违法执法,导致行政诉讼对行政执法的监督和控制效果走低。同样以上述"蒋玉兰案"为例,法院判决驳回诉讼请求后,作为被告的行政机关违法行为未受到评价,换言之,法院似乎为被告违反法定程序的行政行为进行背书,显然不利于依法行政目标的实现。

最后,由于上述两大目的的难以实现,直接导致了 2014 年《行政诉讼法》新增的立法目的"解决行政争议"失去落脚点。"解决行政争议"要求司法审判秉持"行政争议实质性化解"的新理念不断发展,而行政判决的精准适用正是"行政争议实质性化解"的基本实现路径之一。[10] 不可否认,行政判决无法令所有争议都能得到解决,但这并不意味着行政判决能够减少对行政行为的司法审查,甚至不作出否定性评价。违法行政行为未经司法审查被否定性评价,将难以抚慰相对人争讼的内心,化解与行政机关的矛盾,使得行政争议长期存在。为了获得争议的实质性化解,相对人权益的救济,法院在审理过程中指出可以另循法律之途径。所谓另循法律之途径,即改变诉讼请求再次提起一个行政诉讼。但这种途径是否可行,还需经过是否构成重复起诉的拷问。

(二)另行起诉将陷入重复起诉困局

适用"经释明转化"条件,原告拒绝变更诉讼请求,法院依法判决驳回诉讼请求后,原告能否改变诉讼请求就同一被诉行政行为再次起诉?若回答是肯定的,那么原告还可采用再次起诉以保障权益。这是实践中部分法院给予原告的补救对策。[11] 但实践中也有法院对此表示否定。如在李建兵诉韶山市人民政府撤销房屋拆迁补偿安置协议一案中,法院明确指出被诉行政行为已被原告以无效之诉在前案中提起并经过审理,故对原告的再次起诉,法院审查认为构成重复起诉且无正当理由,因此裁定驳回起诉。[12]

---

〔9〕 参见唐明良:《法治政府指标体系构建中的几对关系及其呈现》,《浙江学刊》2013 年第 6 期。

〔10〕 参见章志远:《行政争议实质性解决的法理解读》,《中国法学》2020 年第 6 期。

〔11〕 参见河南省高级人民法院〔2020〕豫行终字第 1581 号行政判决书。

〔12〕 参见湘潭市中级人民法院〔2018〕湘 03 行初字第 191 号行政判决书。

而在李美丽诉被山东中医药大学行政确认案中,原告在前诉中提起撤销之诉,而在后诉中提起无效之诉,但法院仍然认为构成重复起诉,裁定驳回起诉。[13]

判断能否再次起诉的关键在于,后诉与前诉是否构成重复起诉,若构成,则无法再次起诉。《行诉解释》第 106 条规定了重复起诉的三大要件,即前后诉当事人相同、诉讼标的相同、诉讼请求相同或后诉的诉讼请求被前诉裁判所包含。[14]这三大要件中,当事人相同自不待言。需要回答的是,原告改变诉讼请求后再诉是否符合诉讼标的相同、诉讼请求相同的命题。下文以相对人无效之诉被驳回后,改为撤销之诉再诉为例进行分析。

1. 诉讼标的相同

关于诉讼标的,学界众说纷纭。有学者批评比较了新、旧实体法说、权利主张说、行政行为说、行政行为违法性说后,立足当前行政诉讼法现状,弥补行政行为违法性说的缺陷后,提出个别违法性说是适合本土诉讼标的界定的应然路径。[15]所谓个别违法性说,即前诉判决的既判力仅覆盖系争行政行为的已诉违法事由,换句话说,只有当后诉中被诉行为的违法事由和前诉行为的违法事由一致时构成诉讼标的相同。回到《行诉解释》中,原告之所以被驳回起诉,除了拒绝变更外,另一原因是法院审查认为被诉行为虽然违法但不构成无效之条件。这意味着,法院肯定了被诉行政行为存在一定的违法性,只不过违法性在程度上尚未达到无效之标准。那么,原告再次提起撤销之诉,此时原告所依据的依然是提起无效之诉时被诉行政行为所具有的违法性,只不过对违法性评价的期望和判断较无效之诉有所降低而已,最终目的仍然是法院对被诉行政行为作出否定性评价。因此,原告再次提起撤销之诉其所依据的违法事由与无效之诉应当相同。而从实践判例情况看,最高人民法院曾在案例中明确指出,诉讼标的应理解为是被诉行政行为。[16]那么,原告先后针对同一行政行为提起无效之诉和撤销之诉,自然符合实务认定诉讼标的一致的条件。

---

[13] 山东省济南市中级人民法院[2020]鲁 01 行终字第 404 号行政判决书。

[14] 《行诉解释》第 106 条:当事人就已经提起诉讼的事项在诉讼过程中或者裁判生效后再次起诉,同时具有下列情形的,构成重复起诉:(一)后诉与前诉的当事人相同;(二)后诉与前诉的诉讼标的相同;(三)后诉与前诉的诉讼请求相同,或者后诉的诉讼请求被前诉裁判所包含。

[15] 参见梁君瑜:《论行政诉讼中的重复起诉》,《法制与社会发展》2020 年第 5 期。

[16] 最高人民法院[2020]最高法行申字第 9673 号行政判决书。

2.诉讼请求相同

从形式上看,原告再次提起一个撤销之诉,与先前所提无效之诉,在诉讼请求角度观察并不一致。但这一理解在现有研究看,实则过于狭隘,因为诉讼请求相同,除了理想状态上两诉诉讼请求完全一致的情况下,还应包括两诉诉讼请求实质一致。[17] 司法实践也肯定了这一观点,认为对诉讼请求相同的理解也不局限于前后诉形式的完全一致,例如有法院指出,"前后诉讼请求相同,均是请求案涉行政机关赔偿损失,虽然在具体的赔偿形式、数额及范围上前后两诉有所区别,但不影响前后两次诉讼请求的实质同一性"。[18] 而回到本文主题,针对同一行政行为先诉请求确认无效和后诉请求撤销,是否应当属于诉讼请求实质相同? 对此,最高人民法院在判例中给出了肯定的观点,"在两次诉讼标的相同的情况下,靳进提起的前诉的诉讼请求是撤销,后诉的诉讼请求是确认无效,本质上并没有区别,在前诉仍在处理的情况下,判决结果是撤销抑或确认无效,并不局限于靳进的诉讼请求,其通过再次诉讼请求确认无效的方式提起本案之诉,依法属于重复起诉。"[19]这一案例指出了请求确认无效之诉和撤销之诉实质相同,而这一点也正是《行诉解释》第94条设立的原点,但在起草时最高人民法院似乎并未如此坚持,故而导致一系列问题,下文将详述。

这里笔者还须说明的是,退一步说,即使原告再次提起撤销之诉不构成重复起诉,那么再次起诉也将造成行政诉讼效率的降低和司法成本的增加。司法效率是现代司法公正所构成的基本要素,其重要性早有学者论述。[20] 当相同的行政行为以撤销之诉的诉求再次诉到法院,法院仍然需要根据合法性审查的要求,对被诉行政行为的主体、职权、法律适用、程序等要素重新进行审查。这样类似"翻烧饼"的行为,不符合审判效率的要求。[21] 是故,适用"经释明转化"条件,原告拒绝变更诉讼请求,法院判决驳回诉讼请求后,为了弥补其难以解决争议的困境,所提出另行起诉之途径在理论和实践上都难以成立。

〔17〕 参见梁君瑜:《论行政诉讼中的重复起诉》,《法制与社会发展》2020年第5期。
〔18〕 参见最高人民法院〔2020〕最高法行申字第281号行政判决书。
〔19〕 参见最高人民法院〔2019〕最高法行申字第3528号行政判决书。
〔20〕 参见刘练军:《司法效率的性质》,《浙江社会科学》2011年第11期。
〔21〕 参见最高人民法院行政庭编:《最高人民法院行政诉讼法司法解释理解与适用》,人民法院出版社2018年版,第436页。

三、"经释明转化"的矛盾立场与理论局限

如前所述，"经释明转化"的条件可能令违法行政行为通过司法审查未被否定性评价，且造成与行政诉讼法立法目的冲突等困境。对此，应当反思的是，《行诉解释》设置"经释明转化"的初衷是什么？难道司法解释起草时忽略了可能存在的重大风险？《行诉解释》起草者背后的理论基础和逻辑架构是什么等问题亟待检视。

（一）矛盾的"诉判对应"立场

对"经释明转化"条件的初衷进行分析，必须首先回到该逻辑所在的《行诉解释》第 94 条进行整体观察。第 94 条规定了"法院经过审理后，发现被诉行政行为的违法状况与原告提起的诉讼类型不一致"时的处理办法。对此，司法解释起草时有两大思路，一是"依照'诉判对应'理论，可以其诉讼请求不成立而驳回其诉讼请求。"二是"为了保障原告的合法权益……不能简单地驳回其诉讼请求，应当依职权进行转换，并作出相应判决。"[22]起草者最终选择第二种方案。由此体现在第 94 条第 1 款中，原告提起撤销行政行为请求，法院经审查可以作出确认无效判决。[23] 也就是说，原告提起的诉讼请求是撤销行政行为，但法院作出确认无效判决，诉讼请求和司法判决并不一致，因此并未依照"诉判对应"的理论。但是第 2 款中设置却恰恰相反，原告提起确认行政行为无效请求后，法院审查未达到无效情形，经释明，原告将诉讼请求变更为撤销行政行为的请求后，法院才能作出撤销判决；相反，若原告拒绝变更诉讼请求，则法院作出驳回诉讼请求判决。此时，司法解释似乎又回到了"诉判对应"的立场，只有当原告诉讼请求和法院审理结论一致时，才可作出判决。那么，为什么司法解释在请求确认无效之诉向撤销判决转化路径中不坚持与请求撤销之诉向确认无效判决转化一样的逻辑？这两种转化有何区别？

---

〔22〕　最高人民法院行政庭编：《最高人民法院行政诉讼法司法解释理解与适用》，人民法院出版社 2018 年版，第 435-436 页。

〔23〕　笔者将这种转化方式，概括为"依职权转化"。

(二)确认无效判决较撤销判决效果更保护诉权的狭隘认识

同样属于《行诉解释》第 94 条,第 1 款和第 2 款所坚持理念为何不同?有法官对此进行了解释:"对于撤销诉讼转换为确认无效诉讼的,因其更有利于保障当事人合法权益,法院无须进行释明。但是,如果当事人起诉要求确认无效,法院不进行释明,直接判决驳回其诉讼请求,可能不符合行政诉讼法保障当事人诉权的意旨"。[24] 也就是说,撤销之诉转化为确认无效判决,相比确认无效之诉转化为撤销判决,更能够保障相对人的合法权益。进一步可以追问的是,为什么同样作出与原告诉讼请求不同的判决类型,导致当事人诉权的保障效果却会不同? 有学者基于"法的安定性"对此进行了解释:"前者(第 1 款)系被告违法的程度比原告的诉讼请求所指还要严重,故法安定性因严重的违法而被例外地打破;后者(第 2 款)则系被告违法的程度较原告的诉讼请求所指更轻,基于法安定性的维持,并无作出诉外裁判的余地。"[25] 这一观点指出了两种转化的区别存在于确认无效判决和撤销判决两者的区别上。

《行政诉讼法》中,确认无效判决针对的是有"重大且明显违法"的行政行为,而撤销判决适用的对象是"一般违法"的行政行为。从效果上看,一旦违法行政行为被确认为无效行政行为,其特征为自始无效、当然无效和绝对无效,[26]但撤销判决并无此效果。正如有学者所言:"撤销判决承认该行政行为存在过,并可能根据其具体的利害关系作出不同的调整。而确认无效判决则是宣告行政行为的法律效果不曾存在,也不承认存在需要保护的信赖利益。从这个角度而言,确认无效判决对于法秩序的冲击更大。"[27]因此,确认无效判决较撤销判决对行政行为的否定应当更为严苛和彻底。基于此,应当将原告请求撤销行政行为和请求确认行政行为两种诉讼请求区别对待,原告提出撤销判决所内含的对违法行政行为否定的期待要低于提出确认无效判决的。因此,《行诉解释》第 94 条第 1 款由原告请求撤销行政

〔24〕 最高人民法院行政庭编:《最高人民法院行政诉讼法司法解释理解与适用》,人民法院出版社 2018 年版,第 439 页。

〔25〕 梁君瑜:《论行政诉讼中的确认无效判决》,《清华法学》2016 年第 4 期。

〔26〕 参见最高人民法院行政庭编:《最高人民法院行政诉讼法司法解释理解与适用》,人民法院出版社 2018 年版,第 437 页。

〔27〕 王贵松:《行政行为无效的认定》,《法学研究》2018 年第 6 期。

行为转化为确认无效判决,原告诉求通过撤销否定行政行为的合法性及效力,法院作出的判决虽不是原告所诉的撤销判决,但实际是比撤销判决更为彻底更能保障相对人权益的确认无效判决更加符合原告对否定行政行为的期待,具有正当性。与此不同的是,第 2 款原告请求确认行政行为无效转化为撤销判决,若未在原告拒绝变更诉讼请求的情况下,直接依职权判决撤销行政行为,显然是用程度较低的撤销判决取代了更为程度较高的确认无效判决,不符合原告诉讼的期待。相反,倘若经过释明,原告将诉讼请求变更为请求撤销行政行为,法院再进行裁判,裁判结论与原告变更后的诉求一致,如此便可达到所诉行政行为的违法状况和原告诉讼类型相同的效果,具有正当性。由此,《行诉解释》起草者可能据此得出结论:确认无效判决较撤销判决在效果上更能保障相对人诉权,救济更为彻底。而这一结论也正好可以解释为什么请求确认行政行为无效之诉转化为撤销判决保持了"诉判对应"关系,而请求撤销行政行为之诉转化为确认无效判决却未保持"诉判对应"关系。

上述分析虽然回答了为什么只有原告同意变更诉讼时,请求确认无效之诉才能向撤销判决转化,而原告拒绝变更诉讼请求,法院只能依法作出驳回诉讼请求的原因,但还未对适用这一规则所导致的行政诉讼权益保障、监督行政目标落空的结果作出解答。笔者认为,正是由于《行诉解释》起草时基于确认无效判决比撤销判决更能保护原告合法权益的理论,才导致实践中出现的诸多弊病。

(三)确认无效判决与撤销判决实际效果的一致性

《行诉解释》起草者提出确认无效判决比撤销判决更能保护原告合法权益的基础是理论上认为,确认无效判决对行政行为的否定比撤销判决更大。但是,这仅仅是起草司法解释时"仅按理论,不据实际"的假想。事实上,从实质意义上分析,确认无效判决和撤销判决在对违法行政行为的评价、对相对人权利救济等方面并无实质区别,主要基于以下理由:

第一,确认无效判决和撤销判决都是对违法行政行为的否定性评价。在监督行政的行政诉讼立法目的指引下,行政诉讼通过作出撤销判决、确认无效判决、确认违法判决等形式对被诉行政行为的效力进行否定。在此意义上,无论是撤销判决抑或是确认无效判决,自判决作出时起,行政行为所蕴含的公定力即被消极否定,"都力求恢复到具体行政行为作出之前的状态",故"无效行政行为与可撤销行政行为的严格区分于行政诉讼判决阶段不会产生多少实际意义"。[28] 对被告行政机关而言,一旦被诉行政行为被否定,无论是确认无效还是撤销,实质上其作出了并不合法的行政行为,那么应当承担对相对人的赔偿责任或再次作出一个新的合法行政行为以完成行政任务。而对原告相对人而言,无论所诉行政行为标的被法院否定,那么其受到的不利影响将终止,并将得到合理的赔偿或某具体行为可以继续顺利开展,此时究竟是确认无效判决还是撤销判决使其获得如此结局并不重要。正如有学者梳理出实践中的相关案件亦能印证这一观点。[29]

第二,确认无效判决和撤销判决实质上仅具有起诉期限上的差别。《行政诉讼法》并未对行政诉讼确认无效之诉的起诉期限进行规定。而结合《行诉解释》第 94 条第 2 款中的规定:"……原告请求撤销行政行为但超过法定起诉期限的,裁定驳回起诉……"以及司法实践的探索,有学者认为行政诉讼事实上逐步肯定了针对无效行政行为的起诉不受起诉期限的限制。[30]那么,区别于撤销判决,确认无效判决不受起诉期限的限制确实能够为相对人权利救济提供更充分的救济,但是处于起诉期限内,比较两种判决实际并无差异。具体分析判决所指向对象——无效行政行为和可撤销行政行为。无效行政行为自始无效、当然无效、绝对无效。第一,所谓行政行为自始无效,是指行政行为自作出之日起即无效。恰恰相同的是,撤销判决中行政行为也自行政判决生效后溯及行政行为作出时失去效力。[31] 第二,无效行政行为当然无效,即行政行为自作出之时不需要法院宣告即无效。这一逻辑的理论基础是,公民享有对无效行政行为的抵抗权,但这一理论似乎无法解决相对人具有抵抗权的正当性质疑等一系列问题。[32] 第三,绝对无效。绝对无效意味着行政行为所包含的意思表示完全不被法律承认,需要疑问的

---

〔28〕 张旭勇、尹伟琴:《行政诉讼确认无效判决三题》,《行政法学研究》2004 年第 4 期。

〔29〕 参见黄润秋:《行政诉讼确认无效判决的法律适用评析——围绕新〈行政诉讼法〉第 75 条展开》,《法治研究》2016 年第 5 期。

〔30〕 参见王宏宇:《从起诉期限看确认无效判决功能定位的转化——以新〈行诉解释〉观点转变为视角》,《内蒙古社会科学》2020 年第 2 期。

〔31〕 参见章剑生:《现代行政法总论》,法律出版社 2018 年版,第 489 页。

〔32〕 参见张旭勇:《权利保护的法治限度——无效行政行为理论与制度的反思》,《法学》2010 年第 9 期。

是,难道行政行为被撤销后,其所含的意思表示还能被承认吗? 显然撤销判决的条件便是行政行为存在违法性,故其意思表示也难以被法律承认。

也有观点指出,行政诉讼确认无效判决具有事实上的备位性,故而在起诉期限允许下,提起撤销之诉较无效之诉更为有利,因为无须承担举证证明被诉行政行为无效之责任。[33] 但笔者认为,这一观点忽略了我国行政诉讼合法性审查的特殊性和确认无效判决和撤销判决效果上的趋同性。合法性审查原则要求法院积极能动审查被诉行政行为所具有的违法事由,进而判断属于无效抑或是撤销判决的适用对象。而无论适用何种判决,均是对被诉行政行为的否定性评价,都能对相对人提供充分的救济保障。那么,相对人即使提起无效之诉,欠缺相关证据,法院审查存在违法性,即可适用撤销判决。从这个意义上讲,行政诉讼备位性的提出并不能否认确认无效判决和撤销判决在效果上的类似。

第三,在民法中,法律行为被撤销和宣布无效后的效果对当事人并无区别。根据《中华人民共和国民法典》的规定,民事法律行为无效或撤销的后果都为自始没有法律约束力,行为人因此获得的财产应当返还,且过错方造成对方损失,都应当予以赔偿。[34] 最高人民法院在《全国法院民商事审判工作会议纪要》第 42 条明确指出了合同无效和合同撤销的效果是一致的。[35] 此时法院并未完全依照原告所提出的诉讼请求,而是径直依照合同内容属于撤销或是无效作出相应判决。这一理解对行政诉讼中厘清无效判

---

〔33〕　参见梁君瑜:《论行政诉讼中的确认无效判决》,《清华法学》2016 年第 4 期。对于备位性概念,实际来源于德国法。根据德国行政法院法,确认无效之诉主要出现于撤销之诉的辅助请求中,当原告提起无效之诉,但法院审查认为属于撤销之诉,原告必须将其诉讼请求转化为撤销之诉,否则会由于无效之诉的补充性地位而失败。具体详见〔德〕弗里德赫尔穆·胡芬:《行政诉讼法》,莫光华译,法律出版社 2003 年版,第 324 页。

〔34〕　《中华人民共和国民法典》第 155 条:无效的或者被撤销的民事法律行为自始没有法律约束力。《中华人民共和国民法典》第 157 条:民事法律行为无效、被撤销或者确定不发生效力后,行为人因该行为取得的财产,应当予以返还;不能返还或者没有必要返还的,应当折价补偿。有过错的一方应当赔偿对方由此所受到的损失;各方都有过错的,应当各自承担相应的责任。法律另有规定的,依照其规定。

〔35〕　《全国法院民商事审判工作会议纪要》第 42 条:当一方主张合同无效,依据的却是可撤销事由,此时人民法院应当全面审查合同是否具有无效事由以及当事人主张的可撤销事由。当事人关于合同无效的事由成立的,人民法院应当认定合同无效。当事人主张合同无效的理由不成立,而可撤销的事由成立的,因合同无效和可撤销的后果相同,人民法院也可以结合当事人的诉讼请求,直接判决撤销合同。

决和撤销判决的关系具有重大借鉴意义。因为,民法重视当事人间的意思自治,民事诉讼法尊重当事人的主观诉讼请求,判决是客观范围必须限定在原告的诉讼请求范围内。[36] 例如,在面对合同可撤销的情形下,法院可以依据原告的诉讼请求作出是否撤销的判决,但是在以监督行政为核心的行政诉讼中,法院并无这样的选择自由,其必须对可撤销的行政行为作出撤销判决。那么,原告针对可撤销的合同提起请求确认无效之诉,法院审查后认为不构成无效情形,但构成撤销之情形,此时基于确认合同无效和撤销合同实际效果的一致性,并未充分尊重原告的意愿,最终作出撤销判决。由此,既然在将意思自治奉为圭臬的民法体系中,基于无效行为和可撤销行为的效果在效果上具有一致性,能够不考虑原告诉讼请求进而直接作出撤销判决,那么推导至融合了以监督行政为使命的行政诉讼中,将行政行为确认无效判决和撤销判决的效果同等视之,并最终作出撤销判决,应当更无逻辑障碍。

四、"依职权转化"代替"经释明转化"的制度重构

现行确认无效之诉转化适用撤销判决所适用的"经释明转化"条件,实际上囿于最高人民法院对理论上基于保障诉权确认无效判决与撤销判决效果两分的误解,通过反思,区分确认无效判决和撤销判决在效果上的差别是值得商榷的。因此,应当要改变对确认无效判决和撤销判决对保障相对人诉权效果上差异的狭隘认识,并从实质效果上肯定确认无效判决和撤销判决对相对人的相似效果。基于这一思路,本文对确认无效之诉适用"经释明转化"条件转化撤销判决的逻辑,提出以下完善路径。

(一)"依职权转化"思路的介入

如前所述,现有"经释明转化"条件经法院释明后,原告拒绝变更诉讼请求,继而法院只能作出驳回诉讼请求判决的逻辑链条会引发诸多问题。因此,只要将这一逻辑链条中,"作出驳回诉讼请求"修正为"作出撤销判决",

---

〔36〕　参见张卫平主编:《民事诉讼法》,高等教育出版社 2006 年版,第 296 页。

似乎便不存问题。也就是说，原告提起请求确认行政行为无效之诉，法院审查认为仅构成撤销判决的条件，释明后，无论原告是否变更诉讼请求，法院都作出撤销判决。那么，法院的释明环节便也失去作用，精简后，这一路径即为：原告提起请求确认行政行为无效之诉，法院审查认为仅构成撤销判决的条件，法院都作出撤销判决。这一思路，其实与日本行政法对待撤销诉讼和无效确认诉讼的关系一样，因为无效确认诉讼是"乘坐定期公共汽车"而晚点的撤销诉讼，因而"在起诉期间内提起了无效确认诉讼的情况下，作为撤销诉讼来处理。"[37]但德国法基于无效行政行为和一般违法行政行为构成要件上的差异，在判例中指出："若当事人明确地仅提出确认无效之诉，则不能将其转换为撤销之诉。"[38]有学者对两种思路进行评析后认为，当法院审查认为"不撤销违法行政行为，判决驳回诉讼请求会影响到公共利益或者第三人合法权益的，人民法院就只能判决撤销违法行政行为，以保护公共利益与第三人合法权益。"[39]笔者认同这一观点，并在此基础上对"依职权转化"思路的介入作如下正当性分析。

（二）"依职权转化"思路的正当性检验

基于行政诉讼确认无效判决和撤销判决实际效果的一致性，在起诉期限内区分原告请求确认无效之诉和撤销之诉并无意义，法院依职权作出撤销判决和确认无效判决均能使原告诉讼请求得到实质意义上的满足。因此，在起诉期限内，原告无论根据《行诉解释》第 94 条第 1 款提起撤销之诉，法院作出确认无效判决还是根据第 2 款提起确认无效之诉，法院作出撤销判决，均符合诉判对应的要求，这一逻辑符合行政诉讼"诉判对应"的理论，并无诉外裁判之情形。同时，将"依职权转化"纳入确认无效之诉转化撤销判决的路径符合法理要求并可化解上文提到的现有转化路径存在的问题。

首先，引入"依职权转化"思路符合违法行政行为受到否定性评价的法理要求。面对违法行政行为，原制度采取的手段为违法行政行为"逃逸"于否定性评价提供了空隙，即原告选择是否变更诉讼请求。但"依职权判决"

---

〔37〕 ［日］盐野宏：《行政法Ⅱ（第四版）行政救济法》，杨建顺译，北京大学出版社 2008 年版，第 153 页。

〔38〕 何源：《德国联邦行政法院典型判例研究·行政决定篇》，法律出版社 2020 年版，第 301-302 页。

〔39〕 张旭勇、尹伟琴：《行政诉讼确认无效判决三题》，《行政法学研究》2004 年第 4 期。

的新思路填补了这一空隙,去除了原告变更诉讼请求之选择权利,径直作出撤销判决,使得违法行政行为无处遁形,符合违法行政行为受到法律否定性评价的法理。

其次,"依职权转化"思路契合行政诉讼法基本原则的要求。当法院作出撤销判决后,一方面,被诉行政行为的效力自作出之时起丧失,相对人所受权利侵害停止,若造成损失,可由后续赔偿之诉予以弥补,相对人权益将及时获得救济。另一方面,在法治政府建设的背景下,行政机关的败诉率成为法治政府评价的重要指标,行政行为的合法性受到法院的否定性评价,将对行政机关今后依法行使行政权真正敲响警钟,实现行政诉讼监督行政的基本目标,最终使得行政诉讼争议解决的目标充分实现。

再次,"依职权转化"思路避免相对人另行起诉,提高审判效率。法院经审查符合撤销判决条件的,直接作出撤销判决满足相对人否定行政行为效力的需求。尽管相对人获得的诉讼判决与诉讼请求并不完全一致,但实质上对其效果并无差别。基于理性相对人分析,相对人不会就相同违法行为再行起诉,从根源上杜绝了重复起诉的可能。同时在行政案件日益增多的背景下,通过"依职权转化"思路,行政争议获得实质性化解,而无须相对人就相同问题反复缠诉,提高了审判效率,节约了司法资源。

最后,除了以上理论层面的验证,实践中,早在《行诉解释》出台前,法院就有采用"依职权转化"思路进行裁判的例证。例如胡利珍等与诉夹江县住房和城乡规划建设局等其他行政行为案中,法院认为:"对于原告请求法院确认《通知》无效的诉讼请求,本院认为,鉴于本案二被告在涉案房屋征收和收回土地过程中,并非显而易见不具有行政主体资格,而是具有一定的行政主体资格,只是超越职权作出《通知》,且通过撤销《通知》已经能维护三原告的合法权益,故本案适用判决对《通知》予以撤销。"[40]从该案效果看,法院认为其通过对行政行为的撤销能够满足原告否定行政行为效力的愿望,在被诉行政行为不构成无效的情形下,法院作出撤销判决,化解了本案的纠纷,同时对行政机关进行了有效监督。如此判决并未引发相对人对改变其诉讼请求进行判决的上诉。同时后续法院根据这一判决进一步作出赔偿判决,弥补了当事人的实际损失。[41]因此,《行诉解释》原确认无效之诉转化

〔40〕 参见乐山市市中区人民法院〔2017〕川 1102 行初字第 222 号行政判决书。
〔41〕 参见乐山市中级人民法院〔2019〕川 11 行赔终字第 9 号行政判决书。

适用撤销判决的路径得出过于草率,未考虑实践中的良好实践。

行文至此,本文就开头所提到的问题可以予以明确回答,即原告提起无效之诉,法院审查认为被诉行政行为违法,符合撤销判决的条件,法院可以直接作出撤销判决。而实现这一路径的关键是,将原"经释明转化"条件重构为"依职权转化"。故可对《行诉解释》第 94 条第 2 款予以适当修正,即将其修改为"公民、法人或者其他组织起诉请求确认行政行为无效,人民法院审查认为行政行为可以适用撤销判决的,判决撤销行政行为;但超过法定起诉期限的,裁定驳回起诉。"

五、结语

正如霍姆斯所言:"法律的生命不是逻辑,而是经验。"当实践中出现严格依照规范逻辑导致违法行政行为"逃逸"于否定性评价这一荒唐情形时,此时再严格"依法判决",刻意区分确认无效判决和撤销判决的不同法效果,于中国法治而言颇显南辕北辙之感。行政诉讼确认无效之诉之所以难以转化为撤销判决,根源在于《行诉解释》起草时对行政诉讼确认无效判决和撤销判决效果的两分。而这一观念在《行政诉讼法》将确认无效判决和撤销判决二分的基础尚未改变的情况下,仅仅通过对《行诉解释》第 94 条的修正难以发生转变。诚然,对确认无效判决和撤销判决的区分在理论上的争议已有时日,本文希冀通过对确认无效之诉无法转化适用撤销判决之情形的分析与反思,对确认无效判决和撤销判决的效果具有一致性作进一步的延伸。

(特约编辑:张怡静)

超越济贫法

——读托克维尔《论济贫法》

吕 鑫[*]

内容提要:托克维尔以济贫法为切入口对英国乃至欧洲各国的"贫困问题"展开了研究,他在1835年所著的《论济贫法》中不仅细致地分析了"贫困问题"产生的原因,而且还对英国基于《1601年济贫法》而构建的"法定慈善"即济贫法律制度展开了反思,并敏锐地指出了该法在赋予人们获得物质帮助的法律权利亦即生存权之同时,也滋生出了懒惰等道德问题,由此也就产生了法律权利与道德义务之间的"悖论问题"。尽管托克维尔并没有在《论济贫法》中阐述系统性的解决进路,但结合他此后所写的《再论济贫法》等著述,可以发现他似乎最终会倾向于采纳将"私人慈善"、"济贫制度"和"储蓄制度"有序衔接的解决进路,但这套解决进路的落实已经超出了传统慈善法、济贫法等法律的范畴,而是需要在宪法层面上予以构建保障,这也就是托克维尔超越济贫法,进而解决"贫困问题"之道。

关键词:济贫法;贫困问题;生存权;私人慈善;公共慈善

亚历克西斯·德·托克维尔(Alexis De Tocqueville)作为法国最重要的政治哲学家之一,以对美国的"民主"和法国的"(旧)制度"所作的杰出研究而广受赞誉。但在彼时的法国与美国之间,横亘着一个当时最为强大而令人无法忽视的国家——英国。如此的存在也难免会使得人们提出以下的疑问:托克维尔为何舍近求远去探讨更为遥远的美国,而非海峡对岸更为邻近的英国呢?

---

* 吕鑫,浙江工业大学法学院院长,教授,福利与法治研究中心(慈善法研究中心)主任。本文系国家社科基金重大项目(20&ZD184)"慈善事业作为第三次分配机制的法治保障研究"。

事实上,如若细致地梳理托克维尔的研究历程,那么就可以发现他不仅并未忽视对英国的研究,且还基于他作为"法律人"[1]的素养和意识,对于英国的"法治"理论和实践投入了大量的关注,尤其是对于英国领先于法国等大陆法系国家的法律制度更是表现出了极大的研究兴趣,而其中又以对"济贫法"(Poor Law)的研究开始最早、持续最长、探讨最多,甚至成为了他研究英国社会、政治与经济的重要切入口。

一、"缘"何关注济贫法?

托克维尔对"济贫法"的关注"缘"起于 1831 年的那场美国之旅。在这场为期一年半的长途旅行中,托克维尔与终生好友古斯塔夫·德·博蒙特先生(Gustave de Beaumont)共同游历了美国各地,虽然此行的最终智慧结晶正是那部面世即被奉为经典的《论美国的民主》(De la Démocratie en Amérique or Democracy in America),但这趟旅行的最初目的却是调研美国的监狱制度,进而分析上述制度能否在法国借鉴应用。事实上,托克维尔也并未忘记这趟旅行的原初目的,他与博蒙特两人完成了《论美国的监狱制度及其在法国的应用》(Du Système pénitentiaire aux États-Unis et de son application en France)一书。更为重要的是,托克维尔在调研和撰写的过程中也敏锐地意识到,"犯罪问题"实际上与"贫困问题"存在密切地关联。

由此,托克维尔在研究的过程中,也饶有兴趣地写下了《济贫法在美国》(Paupérisme en Amérique)[2]一文,对美国的济贫法律制度展开了剖析,

---

[1] 托克维尔在 1825 年进入巴黎皇家法学院学习法律,在此获得法学学士学位,并在 1827 年开始担任凡尔赛初审法院见习法官,同年认识了他的终身好友古斯塔夫·德·博蒙特,而在与博蒙特开启美国之旅前,托克维尔已经升任助理法官,在返回法国后才辞去职务并开始撰写《论美国的民主》一书。

[2] 《济贫法在美国》作为《论美国的监狱制度及其在法国的应用》的附录,其法文版被收录在《托克维尔全集》第四卷当中,See *Oeuvres complètes*,Tome 4:Mélanges,Paris,Gallimard,1985。而该文的英译本可见于,See Gustave de Beaumont,Alexis de Tocqueville,*On the Penitentiary System in the United States and its Application to France*,Translated by Emily Katherine Ferkaluk,Palgrave Macmillan,2018。最新的英译本则可见于,See Alexis de Tocqueville,*Memoirs on Pauperism and other Writings*,Edited and translated by Christine Dunn Henderson,University of Notre Dame Press,2021.

并将该文作为附录收录在了《论美国的监狱制度及其在法国的应用》一书中。而该文也就成为托克维尔对"济贫法"问题研究的起点,并进一步激发了他对于该法的研究兴趣,促使托克维尔回溯追寻到了"济贫法"的产生之地——英国。

　　1833 年初托克维尔前往伦敦,拜访了著名的英国政治经济学家拿索·威廉·西尼尔(Nassau William Senior)[3],而他此时正在负责起草以《1601 年济贫法》(*Poor Law* 1601,43 Eliz. I c 2)为核心的"旧济贫法"(*Old Poor Law*)研究报告,并已经成为《1834 年济贫法》(即"新济贫法",*New Poor Law*)的主要起草人,可以说两人此后长期的友谊无疑正是"缘"起于济贫法。而对于托克维尔的初次来访,西尼尔爵士的女儿玛丽·夏洛特·梅尔·辛姆普森(Mary Charlotte Mair Simpson)[4]在她日后整理出版的两人之间的《书信和对话集》(*Correspondence and Conversations of A. de Tocqueville*)[5]的开篇中,记录了他们首次见面的场景:

　　　　"在 1833 年的某一天,西尼尔先生的办公室门外响起了敲门声,一位年轻人走了进来并做了如此的自我介绍'我是亚历克西斯·德·托克维尔',除此之外就别无他言。"

　　但两人很快发展成为无话不谈的密友,而随着托克维尔与西尼尔交流

　　〔3〕 拿索·威廉·西尼尔是英国著名的古典政治经济学家,系牛津大学首位"德拉蒙德政治经济学讲席教授"(Drummond Professor of Political Economy),他的著作《政治经济学大纲》(*An Outline of the Science of Political Economy*)被视为是古典政治经济学的经典。西尼尔不仅是 1834 年《济贫法报告》(该报告的全称为:*Report from His Majesty's Commissioners for Inquiring into the Administration and Practical Operation of the Poor Laws*)的主要撰写人,而且还作为《1834 年济贫法》的主要起草者,参与了该法制定的全过程,他在此后的研究中始终关注着《1834 年济贫法》的实施及其完善,并撰写诸多的相关论著如《对批判济贫法修正案之思考》(*Remarks on the Opposition to the Poor Law Amendment Bill*)等等。

　　〔4〕 玛丽·夏洛特·梅尔·辛姆普森(Mary Charlotte Mair Simpson)是《书信和对话集》编者的婚后姓,她的婚前姓是玛丽·夏洛特·梅尔·西尼尔(Mary Charlotte Mair Senior)。辛姆普森夫人还著有回忆录《许多人的许多回忆》(*Many Memories of Many People*),其中也记载了大量西尼尔参与《1834 年济贫法》的起草以及与托克维尔的交往。

　　〔5〕 托克维尔与西尼尔从 1833 年开始就保持着长期的书信往来和频繁的交流探讨,如此的思想互动直至 1859 年托克维尔去世后才不得不停止。而西尼尔为了纪念托克维尔,在 1861 年时出版了两人的书信选集《托克维尔纪念集》(*Memoir of Tocqueville*)。此后,西尼尔的女儿玛丽·夏洛特·梅尔·辛姆普森(又进一步收集了两人的来往书信和对话笔记,在 1872 年编辑出版了两人的《书信和对话集》)。在两卷本的集录中,收录了多篇两人关于济贫法及其相关问题进行探讨的书信和对话,这些探讨甚至在最初的书信往来中占据了大量的篇幅。

的深入,他对于"济贫法"的兴趣变得更为浓厚,西尼尔为了满足他的兴趣,也借助于《1834 年济贫法》主要起草者的身份,将尽可能多立法资料提供给了托克维尔(对此可见于《书信和对话集》中收录的西尼尔致托克维尔名为《济贫法报告》的信件)。[6]以供他对新旧济贫法展开对比研究。而在获得了西尼尔赠与的《1834 年济贫法》起草报告等相关资料之后,托克维尔开始系统性地反思济贫法及其对于"贫困问题"的解决进路,而这也直接促成他撰写完成了更为重要的一篇论文——《论济贫法》(*Mémoire sur le paupérisme*)。[7]

《论济贫法》起初是托克维尔在 1835 年应"瑟堡皇家学会"(La Société royale académique de Cherbourg)之邀请所撰写的年会论文,该文在当年的学会年会上宣读,并收录在 1835 年《瑟堡皇家学会论文集》(*Mémoires de la société académique de Cherbourg*)[8]之中。这篇论文显然也被托克维尔视为重要的"学习成果"而回赠给了西尼尔。[9] 在该文中,托克维尔不仅详细地分析了"贫困问题"的起源,而且也对试图解决这一问题的济贫法展开了反思。但托克维尔似乎对于《论济贫法》一文并不满意,正如他在该文的结尾之出提到:

> 现在这篇论文对于我现在的研究主题来说仍然太短,并也已经超出了我曾经所设定的篇幅限制。对于预防贫困的对策将是我

---

〔6〕 See *Correspondence and Conversations of A. de Tocqueville with Nassau William Senior from 1834—1859*, ed. M. C. M Simpson, in Two Volumes (London: Henry S. King & Co., 1872). Vol. I, pp. 12-13.

〔7〕《论济贫法》正式的法文版被收录在《托克维尔全集》第 16 卷当中,See *Oeuvres complètes*, Tome 16: Mélanges, Paris, Gallimard, 1989. 而该文最早的英译版本是由西蒙·德雷舍(Seymour Drescher)在 1968 年所翻译, See Seymour Drescher, *Tocqueville and Beaumont on Social Reform*, New York: Harper Torchbooks, 1968. 此后,格特鲁德·辛梅尔法布(Gertrude Himmelfarb)教授则为 1997 年再版的西蒙·德雷舍译本添加了新的引论,但非常有趣的是,这一版本在添加了副标题后改为《论济贫法:公共慈善是否创造了一个懒惰而依附的社会阶层?》(*Memoir on Pauperism: Does Public Charity Produce an Idle and Dependent Class of Society ?*),这一副标题似乎也点出了托克维尔在本文中所关心的核心问题。《论济贫法》最新的英译本则可见于, See Alexis de Tocqueville, *Memoirs on Pauperism and other Writings*, Edited and translated by Christine Dunn Henderson, University of Notre Dame Press, 2021.

〔8〕 See *Mémoires de la société académique de Cherbourg*, 1835, f. 293-344.

〔9〕 See *Correspondence and Conversations of A. de Tocqueville with Nassau William Senior from 1834—1859*, ed. M. C. M Simpson, in Two Volumes (London: Henry S. King & Co., 1872). Vol. I, p. 11.

第二篇论文的主题，而我希望明年能够恭敬地呈交给瑟堡皇家学会。这第二篇论文将是我所有思考的结晶。[10]

这里所提到的第二篇论文即是托克维尔在 1837 年撰写的论文《再论济贫法》(Second mémoire sur le paupérisme)[11]。托克维尔试图在该文中弥补在《论济贫法》一文中的遗憾，尝试通过构建一整套制度来更为彻底解决地"贫困问题"。但再次令人遗憾的是，托克维尔似乎并未真正完成该文，而该文也从未在他生前公开发表，而是直至 1989 年才在《托克维尔全集》(Oeuvres complètes)第 16 卷中才得以正式公开。

当然，托克维尔对济贫法的关注并未因为上文的搁置而停止。他本人继续与亲友们通过信件等形式不断地探讨济贫法，诸如他在写作《再论济贫法》一文前后时，就与他的表弟探讨过将济贫法律制度移植到诺曼底地区的可能性，而这一信件也以《济贫法在诺曼底》(lettre sur le paupèrisme en Normandie)为名收录到了《托克维尔全集》第 16 卷之中。[12] 此外，但托克维尔仍然与西尼尔就济贫法展开了持续的探讨，在两人的《书信和对话集》中收录了大量探讨济贫法相关问题的信件和对话，其甚至直到 1849 年托克维尔因为政治等原因淡出政坛后才逐渐减少。

但无法回避的问题则在于：为何托克维尔在发表《论济贫法》一文之后，未再完成和发表《再论济贫法》等系统性的论著呢？对此问题最为合理的回答即是，托克维尔已然意识到要想彻底解决"贫困问题"仍然存在极大的难度，而这可以从他在《论济贫法》一文中对"济贫问题"的产生缘由及其对济贫法的反思中得以知晓。

[10] See *Oeuvres complètes*, Tome 16：Mélanges, Paris, Gallimard, 1989, p.139；Alsosee Seymour Drescher, *Alexis de Tocqueville's Memoir on Pauperism*, New York：Harper Torchbooks, 1968, p.38.

[11] 《再论济贫法》直到 1989 年才首次公开收录在《托克维尔全集》第 16 卷中，See *Oeuvres complètes*, Tome 16：Mélanges, Paris, Gallimard, 1989. 由于公开较晚，《再论济贫法》的英译版本相应也出现的较晚,最新的英译本则可见于,See Alexis de Tocqueville, *Memoirs on Pauperism and other Writings*, Edited and translated by Christine Dunn Henderson, University of Notre Dame Press, 2021.

[12] See *Oeuvres complètes*, Tome 16：Mélanges, Paris, Gallimard, 1989, pp.158-161.

二、如何反思济贫法?

托克维尔对济贫法进行反思时采取了他尤为擅长的研究方法,即既在宏观上全面地分析制度产生的背景和逻辑,又在微观上细致地剖析制度运行的现状及问题,而这种宏观与微观交织呼应的描述手法更为全面的揭示出了催生"济贫法"的"贫困问题"以及由其造成的"悖论问题"。

(一)贫困问题:"济贫法"的产生缘由

从宏观的视角切入,托克维尔在《论济贫法》的开篇就描述了一幅矛盾丛生的景象,那就是在欧洲乃至世界上最为富裕的英国,却有着比邻国更为庞大的贫困人群,换言之,"贫困问题"同样困扰着这个看似强大的国度。那么究竟为何会产生"贫困问题"呢? 托克维尔在《论济贫法》的上篇中用他娴熟的笔调,从漫长的历史变迁中勾勒出了其产生的缘由——在他看来"贫困问题"并非自古即有,而是在经历了人类社会的三个阶段之后逐渐产生,展开而言:

第一个阶段是游猎社会时期,托克维尔认为从历史的源点来看,"人类走出了森林,但此时他们仍处于野蛮未开化的状态,他们聚集在一起并非为了享受生活而仅仅是为了生存。他们努力寻找生存之地以供其躲避恶劣气候和获得充足的食物"。[13] 可以说,在原始社会时期,人们只抱有少许的欲望,甚至除了对生存的渴望之外,几乎没有其他所求,而由于食物匮乏所导致的(传统意义上的)"贫困问题"始终困扰着人们。这当然也迫使他们不断寻求生存之道,并逐渐在狩猎技能之外发展出了农耕技术,以此应对"贫困问题"无时无刻不在的威胁。

第二阶段是农耕社会时期,托克维尔认为农耕技术的发展虽然能够帮助人类解决基本的生存问题,缓解了人类面临的因为食物匮乏而导致的"贫困问题",但也刺激人类为获取土地等"私有财产权"而不断地开垦耕地。然

〔13〕 See *Oeuvres complètes*, Tome 16: Mélanges, Paris, Gallimard, 1989, p. 119; Alsosee Seymour Drescher, *Alexis de Tocqueville's Memoir on Pauperism*, New York: Harper Torchbooks, 1968, p. 18.

而,随着土地基于私有财产权被允许永久地传承给后代,(土地)贵族阶级得以逐渐形成,不平等的问题开始凸显出来。究其原因,贵族阶级已然不再满足于依靠土地满足生活,而是希望通过不断地掠夺和战争等方式获取土地,进而满足他们越来越多样的需要和欲望,正如他所述:

> 所有的贵族阶级都在这一社会阶段中逐渐兴起,而其中的许多人都已经熟练地掌握了聚拢财富和权力的技艺。绝大多数知识和能够带来种种快乐的物质财富都被掌握在极少数人手中,而尚未完全开化的人们并没有意识到应当让所有人共享安逸与自由。[14]

但随着土地不断地集中,而所谓的"第三等级"(Le Tiers-État)尚未形成的情况下,人们逐渐被分化为两类人群:一类人是"耕种但不拥有土地"的佃户,他们靠为拥有土地之人进行耕种为生,虽然看似拥有着自由,但其命运却依然犹如当下殖民地的奴隶;另一类人则是"拥有土地但不耕种"的贵族,虽然他们的生活与现代相比难以称之为舒适,但已经是当时极少数能够满足需求之人了,而用托克维尔自己的话来说:这一时期的不平等已经"走向了极致"。

第三个阶段是工业社会时期,托克维尔认为在这一时期生产力得到极大的发展,那些失去土地的佃农们不断地涌向城市、走进工厂,进入所谓(在资本主义经济下形成)的"有序社会"(Organized Societies)。此时此刻,对于那些从物资匮乏的农耕社会而姗姗走来的人们来说,工业社会无疑为他们提供了诸多闻所未闻的奢侈物品以供享受,而大部分人的欲望得到极大满足,新的需求(尤其是各种"次级需求")也被不断地创造和满足,[15]这反过来又吸引了更多的农民抛弃土地来到城市中的工厂出卖劳力以满足自我的需求。然而这种满足并非毫无代价,因为工业社会伴随着巨大的风险,用

---

〔14〕 See *Oeuvres complètes*, Tome 16: Mélanges, Paris, Gallimard, 1989, p. 120; Alsosee Seymour Drescher, *Alexis de Tocqueville's Memoir on Pauperism*, New York: Harper Torchbooks, 1968, p. 19.

〔15〕 托克维尔将需求区分为"初级需求"和"次级需求",前者是源于人的体质及构造,主要是为了满足生存的需求;后者是源于人的习惯和教育,主要满足欲望的需求。在托克维尔看来,"人生来就有(初级)需求,但人生来也创造(次级)需求"。因而,在他看来,次级需求实际上是人为创造出来的,而这些创造出来的需求使得人们的欲望被无限扩大,以至于为了满足欲望而背井离乡的放弃土地,并将自身置于(市场经济)的风险之中,由此也就引发了所谓的"贫困问题"。

托克维尔的话来说:

> 绝大多数人虽然(在工业社会里)过得更为愉悦,但如果缺乏相应地公共保障机制,他们时时刻刻都徘徊在因饥饿而走向死亡的边缘。[16]

正是在此背景下,现代意义上的"贫困问题"逐渐凸显起来,毕竟已然成为工人的农民(佃户)在本质上就属于无产阶级,他们在面对任何经济危机和社会风险时的抵抗能力近乎为零,失业就会使得他们无法再获得维持生存所需的基本物资,而曾经赖以生存的乡村也难以返回,毕竟曾经赖以生存的土地早已因为荒芜而变得贫瘠不堪,他们将会面临的悲惨结局则可想而知。这也就能够解释为何经济越为发达的英国,其所面临的"贫困问题"也越为严重。

由此,托克维尔通过以上三个时期的历史描述,阐释了现代意义上"贫困问题"产生的缘由。在他看来,正是由于人类个体需求的不断增加以及社会经济的不断发展,导致大量的农民离开土地进入工厂成为工人,而生产资料与劳动力的分离所引发的各种风险,最终引发了现代意义上的"贫困问题"。

(二)悖论问题:"济贫法"的负面效应

那么究竟如何解决"贫困问题"呢? 托克维尔在《论济贫法》的下篇开文就指出,就解决"贫困问题"的"善行"(Bienfaisances)来说,依据其开展是否以强制力为背景而可以区分为两大类:

第一类即是所谓的"私人慈善"(Private Charity)。在托克维尔看来,"私人慈善"是从个人情感出发,为帮助他人缓解其遭受苦难而为的"善行"。这类"善行"在人类起源之时便已出现,也就是最为原初的"慈善"。

第二类则是所谓的"公共慈善"(Public Charity),托克维尔也将其称之

---

[16] See *Oeuvres complètes*, Tome 16; Mélanges, Paris, Gallimard, 1989, p. 123; Alsosee Seymour Drescher, *Alexis de Tocqueville's Memoir on Pauperism*, New York: Harper Torchbooks, 1968, p. 23.

为"法定慈善"(Legal Charity),[17]公共慈善(法定慈善)是从国家理性出发,由社会扶助其遭受苦难成员的"善行"。这类"善行"是在现代社会中逐渐发展出来,用他本人的话来说:

> (公共慈善)并非源于本性而是源于理性,并非源于情怀而是源于国力,即是由社会关心其遭受苦难的成员,并系统性地缓解其成员所遭受的苦难。这种善行源于新教的教义,是在现代社会中所逐渐发展起来。可以说,第一种(私人慈善)善行源于个人美德,并非社会性行为;第二种则刚好相反,其源于社会并受社会所规制,因而对于第二种善行即需要我们更为认真地探讨。[18]

托克维尔指出在当时的欧洲只有英国将"公共慈善"进行了系统性的运用,而其运用始于亨利八世主导的宗教改革,他削弱了几乎所有的(宗教)慈善基金会(Charitable Foundations),[19]并将基金会的财产分给了贵族们。但如此的结果即是人们再也无法从原有的"私人慈善"中获得帮助,而这就使得那些需要帮助的穷人们遭受了可怕的苦难,并促使亨利八世的女儿伊

---

〔17〕 托克维尔在文中实际上将"公共慈善"与"法定慈善"予以了混用,而使用"法定慈善"(即法语"La Charité Légale",英语直译为"Legal Charity")之表述,以意指济贫法律制度可以被视为是一种由法律强制建构的"(公共)慈善"制度。值得注意的是,这一表述显然并非严谨的法律术语,毕竟在近现代的慈善法中,"Legal Charity"通常意指"法律中的慈善",亦即那些符合"慈善资格审查"(Charitable Status Test)的要求,进而能够获得相应特权的慈善(信托等)。当然,在托克维尔撰写本文时,"法律中的慈善"及其"慈善资格审查"的理论和制度尚未真正形成(需待到 20 世纪中叶),这也可以解释为何会出现这种混用。

〔18〕 See *Oeuvres complètes*, Tome 16: Mélanges, Paris, Gallimard, 1989, p. 126; Alsosee Seymour Drescher, *Alexis de Tocqueville's Memoir on Pauperism*, New York: Harper Torchbooks, 1968, p. 25.

〔19〕 在亨利八世展开宗教改革之后,其率先颁布了《1532 年永久经营法》(*The Statue of Mortmain Act* 1532, 23 Hen. VIII c. 10.),该法禁止英国臣民向教会捐赠不动产。此后又在 1535 年制定了《1535 年用益法》(*The Statue of Uses Act* 1535, 27 Hen. VIII c. 10.),禁止设立以教会为受益人的用益(Use),以此防止所谓的"滥用"(abuses)。而在 1545 年,亨利八世颁布了更为严厉的《1545 年教会解散法》(*The Dissolution Chantries Act* 1545, 37 Hen. VIII c. 4.),该法不仅规定国王有权解散教会,而且规定国王有权没收此前对教会的捐赠。而在亨利八世去世之后,爱德华六世(Edward VI)修订并重新颁布了该法(*The Dissolution Chantries Act* 1547, 1 Edw. VI. c. 14.),并进一步将宗教"虔诚"(Pious)与"迷信"(Superstitious)相等同,以虔诚为名义的捐赠行为(主要通过设立"用益"和"信托")也被认定为违法进而归于无效,教会大量的财产也随之被收归政府,并被奖励给那些提供和举报教会私藏财产线索的贵族,由此引发了托克维尔所述的问题。

丽莎白(Elizabeth)女王最终制定出台了著名的《1601 年济贫法》(*Poor Law* 1601)。[20]

《1601 年济贫法》规定,每个教区必须选任出济贫监察官,济贫监察官有权依法向教区居民征收"济贫税"(Poor Tax),进而救济教区内的贫困人士,以此填补此前对(宗教)慈善基金会等私人慈善的抑制而导致的救济减少等问题,而"公共慈善"也就由此转变成为"法定慈善"。在此后两百多年的时间中,英国从未放弃过"法定慈善"的理论与制度,其以《1601 年济贫法》为基础不断的扩展其范围和内容,并对英国社会产生了深刻的影响。

但在托克维尔看来,济贫法对英国社会产生的影响并非全然是正面的,毋宁说其同样也产生了诸多负面的效应,而托克维尔从微观的视角展开了剖析,并敏锐地发现了其中最为"致命的后果"(les conséquences fatales),亦即在赋予人们"获得救济的权利"也即"生存权"之后,伴随而来的却是懒惰等"道德问题"的滋生,换言之,济贫法陷入了法律权利与道德义务冲突对立的"悖论"之中,用他本人的话来说:

> 当穷人有从社会获得帮助的绝对权利,而公共行政机关有组织地在各地提供此类帮助之时,我们即可发现在如此的新教国家中,那些曾经改革者们所痛斥的普遍存在于天主教国家中的滥用等行为又迅速地滋生开来。事实上,人就如同所有的社会性生物一样,天生对闲散安逸的生活存在着偏爱。[21]

那么是否有可能对救济的申请对象进行区分,将其区分为两类,即:一类是因为客观上"毫不受益的不幸"而陷入贫困之人,另一类则是因为主观上"恶习酿成的灾祸"而陷入贫困之人,并对于其中四肢健全的申请救济者

---

[20] 《1601 年济贫法》也被称之为"老济贫法"或者"伊丽莎白女王济贫法"(*Elizabethan Poor Law*),该法是对《1597 年济贫法》(*The Poor Law* 1597,39 Eliz. I c 3)的修订和完善,而后者则实际上是对从亨利八世颁布的《1536 年济贫法》(*The Poor Law* 1536,27 Hen. VIII c 25)以来一系列济贫法的归纳和总结。值得注意的是,伊丽莎白女王在制定《1597 年济贫法》的同时还颁布的还有世界上第一部成文慈善法即《1597 年慈善用益法》(*The Charitable Uses Act* 1597,39 Eliz. I c. 6.),而该法也在 1601 年修订形成了著名的《1601 年慈善用益法》(*The Charitable Uses Act* 1601,43 Eliz. I c. 4.)。《1601 年济贫法》和《1601 年慈善用益法》共同构成了英国近代社会福利制度的法律基础,并对现代社会福利制度影响深远。

[21] See *Oeuvres complètes*,Tome 16:Mélanges,Paris,Gallimard,1989,p. 128;Alsosee Seymour Drescher,*Alexis de Tocqueville's Memoir on Pauperism*,New York:Harper Torchbooks,1968,p. 27.

要求承担法定的劳动义务呢？在托克维尔看来，如此的区分（及其承担法定劳动义务的建议）看似很好，但在英国济贫法的实践中已经被证明难以有效地实现，而其原因在于：

> 毕竟没有什么比区分（客观上）毫不受益的不幸与（主观上）恶习酿成的灾祸之间那细微的差别更难之事了！况且又有很多苦难是由这两种原因所共同造就的结果！需要多么渊博的知识才能准确地推断出每个人的性格及其所生长的环境呢！这是何等的博学，何等敏锐的辨察力，又是何等的冷静和理性！你又能在哪里找到如此的一位法官，他需要兼具高尚的良知、充裕的时间、杰出的才能和恰当的方式以展开如此的调查。谁有胆量让一位行将就木的穷人因为自己的过失而迈向死亡？谁又能耐心倾听他的哭泣和种种问题的原因？当个人救济的意愿在直面他人的苦难都会变得动摇时，公共财政的救济又真的能够取得成功吗？[22]

然而，不加区分的救济所导致的结果即是，无论是因为客观的不幸还是主观的恶习而导致贫困之人，都能够通过济贫法律制度获得救济。而如此的救济更是引发了一连串的负面问题。其中最为直接的问题即在于，济贫法所构建济贫法律制度在运行时有赖于征缴"济贫税"，而这些税款最终却需要由教区内那些勤勤恳恳、认真工作的人们所负担，这也就意味着"国家中最慷慨、最积极、最勤劳的国民，却将财产用于救助那些无所事事、肆意挥霍之人"[23]，换言之，济贫法的救济不仅是对那些败坏道德义务的懒惰之人的奖励，也将是对那些遵守道德义务的勤劳之人的惩罚。

但更为严重的问题则在于，当那些败坏道德义务的懒惰之人在获得了不劳而获的救济之后，懒惰的恶种会在公众的心中种下、发芽、生叶、开花和结果，最终生长成为一整片森林，进而导致整个社会的道德素养下滑。当如此的局面产生之后，贫富阶层之间的排斥与误解将会进一步增加，并诱使他

---

〔22〕 See *Oeuvres complètes*, Tome 16: Mélanges, Paris, Gallimard, 1989, p. 129; Alsosee Seymour Drescher, *Alexis de Tocqueville's Memoir on Pauperism*, New York: Harper Torchbooks, 1968, p. 28.

〔23〕 See *Oeuvres complètes*, Tome 16: Mélanges, Paris, Gallimard, 1989, p. 129; Alsosee Seymour Drescher, *Alexis de Tocqueville's Memoir on Pauperism*, New York: Harper Torchbooks, 1968, p. 28.

们彼此仇视与厌恶,而非互相理解与帮助,进而将会撕裂整个不同阶层之间本已脆弱的联系。

三、以何超越济贫法?

那么究竟如何克服济贫法所引发的"悖论问题"呢? 更重要的是,究竟如何有效地解决"贫困问题"呢? 托克维尔提出这需要制定一部能够普遍地、持续地解决"贫困问题"的法律,而对于这部法律究竟采取何种进路以解决"贫困问题",他本人在《论济贫法》中并没有直接阐明,但结合他在《再论济贫法》以及此后著述中的探讨,那么就可以发现他似乎系统的思考了从"私人慈善"、"济贫制度"再到"储蓄制度"等各种可能的解决之道,用当代话语体系来说,他的思考实质上是沿着第三次分配、第二次分配再到初次分配的模式所展开。更重要的是,基于托克维尔同样认为以上三种分配模式均存在弊端,无论何种都难以单独解决问题,那么我们就有理由相信他最终将会选择将上述三种分配模式通过有效衔接配合的进路来解决"贫困问题",具体来说:

其一,就"私人慈善"而言,托克维尔认为"私人慈善"总能产生有益的结果,它往往能够探寻而非公开不幸,并默默地、积极地尝试弥补创伤。这也许是因为较之于"法定慈善","私人慈善"(作为第三次分配)往往是由致力于"善行"之人所发起和开展,他们能够更好地甄别出哪些是因为主观上"恶习酿成的灾祸"而陷入贫困之人,并专注于救助那些因为客观上"毫不受益的不幸"而陷入贫困之人。更为重要的是,"私人慈善"往往是由富裕阶层所做出的"善行",通过富人阶层直接向穷人阶层捐赠的方式得以实现,这将有助于缓和两个阶层之间尖锐的矛盾,可以说"私人慈善"正是联系他们两个阶层之间的纽带:

……个人捐赠还在富人和穷人之间建立起了难能可贵的联系。捐赠行为把给予救济的捐赠者与接受救济的受赠者之命运连接起来。受赠者获得了他本无权要求或无望获得的救济,其感激之情必将油然而发。由此,(慈善)捐赠作为道德纽带将两个阶层联系在了一起,尽管这两个阶层因为利益与情感的共同作用已经被割裂开来,但他们仍然期待(通过私人慈善而被予以)调和。[24]

当然,托克维尔也意识到"私人慈善"存在明显的弊端,毕竟私人慈善的捐赠来源并不稳定、规模也并不够大,因而"不能盲目地依赖私人慈善,毕竟当面对成百上千起(急需救济)事件一起发生时,私人慈善就可能会(因为难以应对而)陷入停摆"[25]。在此背景下,仅仅依靠"私人慈善"显然无法解决"贫困问题",而这也就决定了"济贫制度"(作为第二次分配)的存在依然必要。

其二,就"济贫制度"而言,托克维尔并不否认"济贫制度"具有极大的价值,在他看来"济贫制度"(作为第二次分配)能够有效地帮助那些不幸之人,其中包括了无助的婴儿、衰弱的老人等几乎所有贫苦之人。而且通过"济贫制度"为贫苦之人的孩子们所免费开设的学校,能够教授他们通过劳动获得物质生活必需品所需的知识,进而无疑有助于避免他们再次陷入贫困。但问题的关键在于,"济贫制度"在赋予人们获得物质帮助的权利(亦即生存权)同时也会带来道德义务败坏等问题,人们容易因为能够免费获得物质帮助而心生懒惰之意,因而就必须有效地克服上述旧济贫法所存在的"悖论问题"。

就此问题而言,托克维尔实际上也已经给出了解决的基本思路,那就是在赋予获得物质帮助的权利亦即生存权之同时,应当要求接受救济之人承担相应的法律义务,这些法律义务应当根据人们身体的状况不同而做出区别对待,对于那些无劳动能力之人应当减少甚至免于承担法律义务,而对于那些有劳动能力之人则应当明确要求其承担法律义务,其中最为重要的即是参与劳动的义务等,以期通过增加法律义务来遏制那些希望通过"济贫制度"而不劳而获之人,进而避免懒惰的恶习在人们之间的传播。事实上,这也是英国《1834 年济贫法》所采取的基本思路,但在托克维尔看来其仅仅是完善的开始而非结束。

其三,就"储蓄制度"而言,托克维尔认为"储蓄制度"是帮助那些容易陷

---

[24] See *Oeuvres complètes*, Tome 16: Mélanges, Paris, Gallimard, 1989, pp. 131-132; Alsosee Seymour Drescher, *Alexis de Tocqueville's Memoir on Pauperism*, New York: Harper Torchbooks, 1968, p. 31.

[25] See *Oeuvres complètes*, Tome 16: Mélanges, Paris, Gallimard, 1989, p. 137; Alsosee Seymour Drescher, *Alexis de Tocqueville's Memoir on Pauperism*, New York: Harper Torchbooks, 1968, p. 36.

入"贫困问题"的穷人们(主要是工人们)拥有财产意识、抵御经济危机的最好方式。这是因为使贫困的工人们直接获得土地或工厂的部分权益,这无疑在理论上是最为直接的解决"贫困问题"之道,但在实践中却将会面临诸多的困难。在此背景下,也许教授贫困的工人们如何利用工资创造财富才是最为现实的进路,毕竟储蓄的习惯能够有效促进穷人们财富的积累而非挥霍,以此唤起他们的财产意识:

> 储蓄为工人们提供了一种将他们的工资简便而又安全的实现资本化进而获利的方法。这也是当下社会唯一可以采取的用以应对财富不断集中在少数人手中,进而产生各种负面效益的方法,它有助于工人阶级养成与绝大多数农民阶级普遍具有的(获得)财产意识和习惯。[26]

当然,储蓄的实现有赖于建立完善的"储蓄银行",而面对"储蓄银行"所吸纳的存款逐年增加、利息亏空扩大等问题,托克维尔不仅提出了改良的"基本原则",[27]还依据这一"基本原则"探讨了其具体的应用途径,如他提出可以将"虔诚之峰"(mont-de-piété)的典当行与"储蓄银行"连接起来,以典当行的高额利息来弥补储蓄银行的利息空缺等等建议。总之,托克维尔希望通过有效地改善贫困工人们的经济情况,进而更为有效地避免其陷入"贫困问题"。

然而,尽管托克维尔在思考了以上三种解决"贫困问题"的进路,并早认识到上述进路均存在弊端之后,其无疑会倾向于选择将上述三种进路有序地衔接起来,进而形成合力以解决"贫困问题"。但这种进路的衔接必然也会带来新的问题:那就是如何在他所设想一部法律中普遍地、持续地解决"贫困问题"? 事实上,这样的一部法律显然已经超越了传统的慈善法、济贫

---

〔26〕 See *Oeuvres complètes*,Tome 16:Mélanges,Paris,Gallimard,1989,p. 147;Alsosee Alexis de Tocqueville,*Memoirs on Pauperism and other Writings*,Edited and translated by Christine Dunn Henderson,University of Notre Dame Press,2021,p. 54.

〔27〕 托克维尔指出"在我看来,国家不应试图将尽可能多地储蓄银行存款吸纳到国库和公共基金之中,而是应该在其能力范围内集中全部力量,在其担保下将这些小额资金用于地方,以此避免国家遭遇大规模的突发性挤兑。这就是完善储蓄银行的'基本原则'。" See *Oeuvres complètes*,Tome 16:Mélanges,Paris,Gallimard,1989,p. 139;Alsosee Alexis de Tocqueville,*Memoirs on Pauperism and other Writings*,Edited and translated by Christine Dunn Henderson,University of Notre Dame Press,2021,p. 59.

法和储蓄银行法等一般法，而需要制定的是一部对国家基本经济制度、公民生存权、劳动权利及其义务做出根本性制度安排的基本法，亦即宪法。

　　事实上，托克维尔在 1848 年的"二月革命"之后，被选任为法兰西第二共和国"制宪议会"（Assemblée Constituante）的议员，并作为"1848 年法兰西宪法起草委员会"（la Commission chargée de la rédaction de la Constitution française de 1848）的委员参与起草了第二共和国宪法，而他似乎也将解决"贫困问题"的尝试融入该法的起草制定之中，并认为宪法的制定必然需要走在济贫法之前，毕竟在托克维尔看来：

　　　　一部《济贫法》已经不足以使我们摆脱现在的困境，我们需要
　　　　与观念而不（仅仅）是贫困作斗争。[28]

　　由此，《1848 年法兰西共和国宪法》在早期的草案中，的确赋予了公民享有劳动权、受教育权和获得物质帮助权等重要的基本权利[29]，尽管这些基本权利条款在后期未能在议会表决通过的正本中得以保留，[30]但这些规定已然表明了托克维尔意图超越济贫法，进而彻底解决"贫困问题"之道。

（责任编辑：刘雪鹏）

―――――――――

〔28〕 See *Correspondence and Conversations of A. de Tocqueville with Nassau William Senior from* 1834—1859，ed. M. C. M Simpson，in Two Volumes（London：Henry S. King & Co.，1872）. Vol. I，p. 11.

〔29〕 参见卡尔·马克思：《1848 年 11 月 4 日通过的法兰西共和国宪法》，载《马克思恩格斯全集》第 7 卷，第 578-579 页。

〔30〕 托克维尔晚年的政治之路并不平坦，在 1849 年托克维尔被选任为"立法议会"（Assemblée législative）的副议长，并在 6 月至 10 月短暂地担任了外交部长一职，但在路易斯·拿破仑·波拿巴于当年 10 月担任总统之后，托克维尔卸任外交部长一职。在 1851 年 12 月，拿破仑三世称帝之后，托克维尔因为反对而短暂被捕，尽管随后很快获得释放，但也促使他远离政坛（转而专心写作）直至 1859 年去世。

美国联邦行政程序法的现代化

[美]Christopher J. Walker[*]著　苏苗罕　荀丽雯[**]译

内容提要:尽管现代规制国家在过去的 70 年里发生了翻天覆地的变化,但据 Westlaw 统计,美国国会自 1946 年制定联邦《行政程序法》(APA)以来,仅对其修改了 16 次。当下的政治环境可能给亟需的两党共同支持的立法活动提供了理想的机会。本文以美国律师协会(ABA)于 2016 年一致意见提出的改革《行政程序法》的建议为开篇,以 2017 年《Portman-Heitkamp 规制问责法》(Portman-Heitkamp Regulatory Accountability Act)结束,后者整合了美国律师协会所提九项建议中的七项,它正是 APA 现代化所需要的具有常识性的两党联合立法。

*　俄亥俄州立大学 Michael E. Moritz 法学院 John W. Bricker 讲席法学教授。作者是美国行政会议的公众成员,也是美国律师协会行政法和规制实践分部执行委员会的公众成员。本文中很多讨论的建议案来自这两家组织。类似的,2017 年 1 月至 5 月,笔者担任 Orrin Hatch 参议员的学术顾问,当时他在从事规制改革立法工作,包括本文讨论的《规制问责法》(Regulatory Accountability Act)。事实上,Hatch 参议员是该法案最初四位共同发起人之一。当然,本文纯属笔者个人观点。感谢 Evan Bernick,Kent Barnett,Kati Kovacs,Ron Levin,Jeff Lubbers,Michael McConnel 和胡佛研究所(Hoover Institution)举办的"改革行政国家"(Reforming the Administrative State)会议的参会者们对本文初稿提出的宝贵意见,同时感谢《行政法评论》(Administrative Law Review)的编辑们——特别是 Matt Goldstein——提供的专业(和高效)的编辑协助。本文原题 Modernizing the Administrative Procedure Act,发表于 Administrative Law Review, Vol. 69, pp. 629-670 (2017)。

**　苏苗罕,同济大学法学院副教授。荀丽雯,同济大学法学院 2020 级硕士研究生。翻译已获作者授权,谨致谢忱。

引 言

1946 年制定的《行政程序法》(APA)确立了规范联邦规制国家的默认规则。[1] 此后数十年里，APA 扮演了准宪法的角色。例如，在 1978 年，时任教授的 Antonin Scalia 评论道："最高法院将 APA 视为行政程序领域的超级制定法(superstatute)或者次宪法(subconstitution)：不能被轻易替代或者修改的基本框架"。[2] 事实上，根据 Westlaw 的统计，国会在 70 多年里只对该法进行了 16 次修改，最后一次是在 1996 年。[3] 缺少大量的立法改革，并不意味着 APA 未能与时俱进。相反，最高法院和下级法院(其中哥伦比亚特区巡回法院发挥了突出作用)创设了许多行政普通法原则，由此重塑了 APA 中关于行政行为和司法审查的默认规则。

但是，最近几年，国会议员们似乎更有兴趣去改革 APA。在奥巴马政府期间，国会中的共和党议员提出了若干可能导致行政国家根本性变革的法律议案。[4] 现在共和党人同时控制着国会和白宫，人们可能有理由推定共和党议员不会继续要求实施规制改革。事实并非如此。例如，在一月份，共和党众议员在一份综合法案中重新提出和通过了一套系列规制改革的议案。[5] 不仅如此，特朗普总统上任伊始便发布了一项雄心勃勃的行政命令，要求联邦机关每提出一项新的规章议案，便要确定废除两项已有的规

---

〔1〕 See 5 U. S. C. § § 551-559，701-706 (2012).

〔2〕 Antonin Scalia，Vermont Yankee：*The APA，the D. C. Circuit，and the Supreme Court*，1978 Sup. Ct. Rev. 345，363；See also Kathryn E. Kovacs，*Superstatute Theory and Administrative Common Law*，90 Ind. L. J. 1207，1209 (2015)(引用 William N. Eskridge，Jr. & John Ferejohn，*A Republic of Statutes：The New American Constitution* (2010)，认为 APA 是 Eskridge 和 Ferejohn 理解意义上的"超级制定法")。

〔3〕 这个数据源于 Westlaw 为 APA 整理的通俗名称表。See Administrative Procedure Act，U. S. C. A. Popular Name Table for Acts of Congress，Westlaw (数据库于 2016 年更新)〔以下称 Westlaw Popular Name Table〕。下文第一部分会对 APA 的这些修改作进一步讨论。

〔4〕 国会自 2011 年提出的规制改革方案汇编，See Memorandum from Administrative Conference of the United States (ACUS) Interns to Reeve T. Bull，Research Chief，ACUS (2017. 1. 30) https：//www. acus. gov/sites/default/files/documents/ Regulatory％ 20Reform％ 20Legislation％20Memo％202-13-2017. pdf.

〔5〕 Regulatory Accountability Act of 2017，H. R. 5，115th Cong. (2017).

章,以确保新规章的净成本能被所废除的成本所抵消。[6] 类似地,在没有民主党总统推动规制国家的情况下,国会中的民主党人对常规性的规制改革更有兴趣,要求联邦机构更加慎重、透明和有效。如果两党支持立法能够同样适用于规制和放松规制,这尤其正确。因此,当前的政治环境给两党共同采取立法行动推进 APA 的现代化提供了理想的机会。[7]

去年,还有一项立法议案受到的关注少得多,但是对 APA 的现代化至关重要。美国律师协会代表会议(House of Delegates)通过的 106B 决议(Resolution 106B),提出了九项改革 APA 规则制定条款的建议。[8] 正如本文第二部分将要讨论的,早在 30 多年前,美国律师协会等就首次提出过其中的部分建议。[9] 其他建议是对现行 APA 的缺陷给出更为晚近的应对方案。

2017 年 4 月,Rob Portman(R-OH)和 Heidi Heitkamp(D-ND)参议员,会同 Orrin Hatch(R-UT)和 Joe Manchin(D-WV)参议员,提出了两党支持的(bipartisan)规制改革法案,即 2017 年《规制问责法》。[10] 正如第三部分中讨论的,这项立法的重点是改革规则制定程序和吸收美国律师协会2016 年决议里的九项建议中的七项。一旦获得通过,《规制问责法》将成为APA 自 1946 年通过以来最重要的一次改革。

---

〔6〕 See Exec. Order No. 13,771, 82 Fed. Reg. 9,339(2017.1.30).

〔7〕 See Christopher J. Walker, *The Regulatory Accountability Act Is a Model of Bipartisan Reform*. Reg. Rev. (May 18, 2017), https://www. theregreview. org/2017/05/18/walker-model-bipartisan-reform/.

〔8〕 ABA, House of Delegates Resolution 106B(2016 年 2 月 8 日通过)〔以下称 ABA Resolution 106B〕。笔者参与的 ABA 行政法和规制实践分部执委会起草了 Resolution 106B 及其配套的报告。See Connor N. Raso, *New ABA Administrative Law Section Resolution on Improving the APA*, Yale J. on Reg: Notice &. Comment (2015.12.19), http://yalejreg. com/nc/new-aba-administrative-law-section-resolution-on-improving-the-apa-by-connor-raso/.

〔9〕 See ABA Section of Admin. Law &. Regulatory Practice, *The 12 ABA Recommendations For Improved Procedures for Federal Agencies*, 24 Admin. L. Rev. 389(1972).

〔10〕 Regulatory Accountability Act of 2017, S. 951, 115th Cong. (2017); see also Press Release, Senator Rob Portman, Portman, Heitkamp Intorduce the Bipartisan Senate Regulatory Accountability Act(Apr. 26, 2017), https://www. portman. senate. gov/public/index. cfm/2017/4/portman-heitkamp-introduce-the-bipartisan-senate-regulatory-accountability-act. 2017 年 5 月 17日,参议院国家安全和政府事务委员会审议通过了该法案的修订版本。See Chris Walker, *Update on Portman-Heitkamp Regulatory Accountability Act*, Yale J. on Reg: Notice &. Comment(May 20, 2017), http://yalejreg. com/nc/update-on-portman-heitkamp-regulatory-accountability-act/.

在本文中,笔者认为由国会以全面的两党联合立法来实现 APA 的现代化,可谓正逢其时。第一部分简要叙述了 APA 在国会和司法部门的演进历程。第二部分概述美国律师协会提出的改革建议。第三部分转向对《规制问责法》所含各项改革的讨论。尽管本文并不打算对该法案逐条作出明确的结论,但是我的总体结论是,《规制问责法》正是 APA 现代化所需的经过深思熟虑、符合常识的两党联合立法。[11]

一、《行政程序法》的演进历程

正如众多学者所记录的,1946 年诞生的《行政程序法》(APA)是支持和反对罗斯福新政崛起的双方交战十年之久的"激烈妥协"。[12] APA 对其中的行政行为及其司法审查问题确立了默认规则。[13] APA 对两种核心行政行为方式——规则制定和裁决——规定了详细程序,与此同时,还认可其他制定法可以规定行政行为的不同形式。[14] 只要国会对特定行政行为"在法律上规定其可以接受司法审查",并且该行政行为"属于最终行政行为,无法在法庭获得其他充分的救济",即可适用 APA 规定的司法审查标准。[15] 行政行为的授权法,通常指的是该行政机关的组织法或者准据法,可以修改

---

〔11〕 迄今为止,进步改革中心(Center for Progressive Reform)的 James Goodwin,Thomas McGarity,Sidney Shapiro 和 Rena Steinzor 等人对《规制问责法》提出了最具深度和全面的评论。See James Goodwin, *Anything but Moderate*:*The Senate Regulatory Accountability Act of* 2017, CPRBlog(May 2, 2017),http://www. progressivereform. org/CPRBlog. cfm? idBlog=B6BOB417 -E50E-5626- FCB79F4E27E24532 (提供了对他们所作评论之分析的全部链接).

〔12〕 George B. Shepherd, *Fierce Compromise*:*The Administrative Procedure Act Emerges from New Deal Politics*, 90 Nw. U. L. Rev. 1557, 1560 (1996);see also, Walter Gellhorn, *The Administrative Procedure Act*:*The Beginnings*, 72 Va. L. Rev. 219, 219 (1986) ("这个故事起源于 1933 年 5 月,美国律师协会在 Louis G. Caldwell 主席的领导下成立了行政法专门委员会。Louis G. Caldwell 是位令人尊敬的律师,精通电信领域。");Kovacs, supra note 2, at 1227("总之,1946 年版本的 APA 代表了国会对于保守运动的回应,并且出自一个"在其内部以及与政府行政分支、美国律师协会和公众之间的经历多年'公众讨论和正式审议'之后态度积极的国会。")

〔13〕 See Administrative Procedure Act, 5 U. S. C. §§551-559,701-709 (2012).

〔14〕 See id. §553 (规则制定条款);§554(裁决条款);§559 (认可其他制定法可以规定其他或者不同的行政程序).

〔15〕 Id. §704.

APA 的默认标准，甚至完全禁止司法审查。[16]

按照 Westlaw 的统计，自 1946 年 APA 通过以来，国会已经对其修正了 16 次，最近一次是在 1996 年。[17] 在 20 世纪 40 年代，APA 被修正 5 次，以允许豁免适用 APA 有关"行政机关"的定义，进而让之后相关立法赋予的任何职权整体上豁免适用 APA 的框架。[18] 类似地，国会分别于 1968 年和 1978 年对 APA 作了两次小幅的适应性（conforming）修正。[19] 其他 9 次修正更具有实质性。

1966 年，国会制定《信息自由法》（Freedom of Information Act），这部标志性立法对 APA 进行了修正，要求某些政府信息向公众公开。[20] 1974 年，国会制定《隐私权法》（Privacy Act），修改了《信息自由法》中关于个人信

---

〔16〕 See id. § 559（"以后的制定法不应当被判定取代或者改变〔APA〕……除非达到非改不可的程度。"）；§ 701(a)（注意到 APA 规定的司法审查是可得的，"除了以下情况——（1）制定法排除司法审查；或者（2）行政行为依法诉诸行政机关的裁量权"）；See also Stephanie Hoffer & Christopher J. Walker, *The Death of Tax Court Exceptionalism*, 99 Minn. L. Rev. 221, 243-250 (2014)（进一步详述默认的司法审查标准，以及其他制定法如何偏离 APA 规定的默认标准）。

〔17〕 这个数字基于 Westlaw 法律通俗名称（popular name）表所列的 APA 历次修正目录，本文这部分将讨论每一处修改。正如这部分接下来所提到的，Westlaw 的通俗名称表并没有将《信息自由法》和《隐私权法》记录在内。See Westlaw Popular Name Table, supra note 3. 它既未考虑《美国法典》第 5 编中关于联邦机构的其他制定法条款，也未考虑第 5 编中汇编了最初的 APA 文本的条款。See 5 U. S. C. § § 551-559, 701-706.

〔18〕 See Act of Aug. 8, 1946, ch. 870, Title III, § 302, 60 Stat. 918（修改了 5 U. S. C. § 551(a)，取消了 1946 年《退伍军人紧急住房法》（Veterans' Emergency Housing Act）赋予的职责）；Act of Aug. 10, 1946, ch. 951, Title VI, § 601, 60 Stat. 993（同上）；Act of Mar. 31, 1947, ch. 30, § 6(a), 61 Stat. 37（修改了 5 U. S. C. § 551(a) 中关于行政机关的定义，取消了 1947 年《过剩控制展期法》（Surplus Control Extension Act）赋予的职责）；Act of June 30, 1947, ch. 163, Title II, § 210, 61 Stat. 201（修改了 5 U. S. C. § 551(a) 中行政机关的定义，取消了 1947 年《住房租赁法》（Housing Rent Act）赋予的职责）；Act of Mar. 30, 1948, ch. 161, Title III, § 301, 62 Stat. 99（修改了 5 U. S. C. § 551(a) 中行政机关的定义，取消了 1947 年《住房和租赁法》（Housing and Rent Act）赋予的职责）。

〔19〕 Act of Oct. 22, 1968, Pub. L. No. 90-623, § 1(1), 82 Stat. 1312（修改了 5 U. S. C. § 559，插入 "of this title"）；Act of Oct. 13, 1978, Pub. L. No. 95-454, § 801(a)(3)(B)(iii), 92 Stat. 1222（修改了 5 U. S. C. § 559，将"5362"替换为"5372"）。

〔20〕 Freedom of Information Act of 1966, Pub. L. No. 89-487, 80 Stat. 250（修改了 5 U. S. C. § 552）。

息记录的内容。[21]《隐私权法》于 20 世纪 80 年代又修改了三次。[22] 1996年，国会完善《信息自由法》，主要增加为公众提供电子版本政府信息的规定。[23]（尽管 Westlaw 并不认为这是对 APA 的修改，去年国会又制定了一部立法来进一步现代化《信息自由法》。)[24]

1976 年，国会制定《阳光下的政府法》(the Government in the Sunshine Act)，这修改了 APA 中关于特定行政行为需要公开举行会议和禁止单方面交流的内容。[25] 同年，国会修改了 APA 中的司法审查条款，包含放弃主权豁免和明确了 APA 民事诉讼的程序和管辖。[26] 1978 年，国会将"听证官(hearing examiners)"改为"行政法法官"(administrative law judges)，并且增加了这些法官的数量。[27]

总之，国会在 1946 年 APA 制定之后只对其修改了 16 次，虽然这个数字也是令人误解的。事实上，仅有四次——或者可能五次——重要的立法变化:《信息自由法》(1966 年)，《隐私权法》(1974 年)，《阳光下的政府法》(1976 年)，放弃主权豁免(1976 年)，和相对较小的变化，重新命名行政法法官 (1978 年)。除了 1996 年（和 2016 年）对《信息自由法》的现代化外，国会

---

[21] Privacy Act of 1974，Pub. L. No. 93-579，88 Stat. 1896（编入 5 U. S. C. §552(a))；See also Act of Dec. 31，1975，Pub. L. No. 94-183，§2(2)，89 Stat. 1057（修改了 5 U. S. C. §552a(g)(5)，将 "to the effective date of this section" 改为 "1975 年 9 月 27 日"）。奇怪的是，Westlaw 为 APA 整理的通俗名称表列出了最近的小修改，但并不将《隐私权法》作为 APA 的修正案。这表明《隐私权法》并不是作为 APA 的正式修正案，而是插入 APA 在《美国法典》的相应条款之中。

[22] Debt Collection Act of 1982，Pub. L. No. 97-365，§2，96 Stat. 1749（修改了 5 U. S. C. §552a)；Congressional Reports Elimination Act of 1982，Pub. L. No. 97-375，Title II，§201(a)- (b)，96 Stat. 1821(修改了§552a(p)；Act of Jan. 12，1983，Pub. L. No. 97-452，§2(a)(1)，96 Stat. 2478（修改了§§552a(b)，552a(m)).

[23] Electronic Freedom of Information Act Amendments of 1996，Pub. L. No. 104-231，§§3-11，110 Stat. 3049（修改了 5 U. S. C. §552).

[24] See FOIA Improvement Act of 2016，Pub. L. No. 114-185，130 Stat. 538（修改了 5 U. S. C. §552).

[25] Government in the Sunshine Act，Pub. L. No. 94-409，§§3(a)，4，5(b)，90 Stat. 1241(增加了 5 U. S. C. §552b 和§557(d)(1)，并且在§§551，552 和 556 中对文字统一处理).

[26] Act of Oct. 21，1976，Pub. L. No. 94-574，§1，90 Stat. 2721（修改了 5 U. S. C. §§702，703). See generally Kathryn E. Kovacs，Scalia's Bargain，77 Ohio St. L. J. 1155 (2016)（对导致这些法律修改的立法史作了论述).

[27] Act of Mar. 27，1978，Pub. L. No. 95-251，§§2(a)(1)，2(b)(1)-(2)，92 Stat. 183(修改了 5 U. S. C. §§554，556 和 559).

在近 40 年里并没有对 APA 作过重大修改(自从 1978 年以来)。

缺乏重要的立法活动并不意味着 APA 是一成不变的。最高法院和下级法院——尤其是哥伦比亚特区巡回法院——创设了大量修改 APA 的"行政普通法"(administrative common law)原则。[28] 正如 Kenneth Culp Davis 在 1980 年所说:"大多数的行政法属于法官造法,大多数的法官创造的行政法是行政普通法。"[29]

关于 APA 中的行政行为程序,最高法院已经撤销了过去大多数的施加法律未作要求的额外行政程序的判例。其中,最出名的莫过于 *Vermont Yankee Nuclear Power Corp. v. Natural Resources Defense Council*[30] 案,最高法院认为:"行政机关在裁量实践中可以自由地赋予额外的程序性权利,但是在行政机关没有选择赋予额外程序性权利的情况下,复审法院通常不能随意地设定程序性权利。"[31] 更为晚近的,在 Perez v. Mortgage Bankers Ass'n[32] 案中,最高法院推翻了该哥伦比亚特区巡回法院创设的一项行政普通法原则——要求用公告-评论规则制定程序来推翻之前作出的一项行政指导——并且判定该原则"不恰当地给行政机关设定了义务,超出

---

〔28〕 See, e. g., Gillian E. Metzger, *Embracing Administrative Common Law*, 80 Geo. Wash. L. Rev. 1293, 1295 (2012)(将"行政普通法"定义为"大部分由司法创设的行政法律原则和要求,而不是由国会,总统和独立机构拟定"的观点,并为之进行辩护)。But see John F. Duffy, *Administrative Common Law in Judicial Review*, 77 Tex. L. Rev. 113, 152 (1998)(批评行政普通法的兴起,并指出某种程度上已经在减少)。

〔29〕 Kenneth Culp Davis, *Administrative Common Law and the Vermont Yankee Opinion*, 1980 Utah L. Rev. 3, 3 (1980) ; cf. Jack M. Beermann, *Common Law and Statute Law in Administrative Law*, 63 Admin. L. Rev. 1, 4 (2011)("如今可以自信地说,行政法并存着高度关注制定法的要素和由法院行使普通法法院之裁量权的要素")。See generally Aaron L. Nielson, *Visualizing Change in Administrative Law*, 49 Ga. L. Rev. 757, 776-793 (2015)(详细介绍自 APA 出台以来行政法的变化)。

〔30〕 435 U. S. 519 (1978).

〔31〕 Id. at 524. See generally Gillian E. Metzger, the Story of Vermont Yankee, in *Administrative Law Stories* 124, 149-150 (Peter L. Strauss ed., 2006)(认为在行政机关到底应当遵循何种程序——可能包含交叉询问、证据开示或者评估行政机构决策合理性的更充分的记录,Vermont Yankee 的判决意见"是令人混淆的集大成者");Scalia, *supra*, note 2 at 356("以下判决意见的基本含义是不明确的。事实上,最高法院分析的第一步应当是确定该决策的依据是程序不充分还是记录的支持不充分。(最高法院认为是前者)")。

〔32〕 135 S. Ct. 1199 (2015).

了 APA 规定的'最大限度的程序要求'"[33]。

但是,对于 APA 规定的司法审查条款,大量的行政普通法依旧只停留在书本上。正如 Thomas Merrill 所论述的,APA 接受了司法审查的上诉审模式,这一事实可以很好地解释这一点。[34] 在这种模式下,法院审查行政行为,类似于上诉法院审查初审法院的判决。这种情况下,上诉审的审查模式基于先前诉讼程序中的案卷,并且不会进行独立的事实调查。类似地,审查标准反映了特定机构专业能力的比较优势,根据讼争问题更多偏向事实问题还是法律问题,而在审查时赋予不同程度的尊重。[35]

上诉法院和初审法院之间属于同一分支的内部关系,与此不同的是,法院和行政机关的关系则涉及分权问题。例如,"国会通常将细化法律的权力首先赋予行政机关,这一事实驳斥了复审法院具有更高法律解释权的推定"[36]。因此,行政法中的上诉审模式,其发展已经超越了对 APA 文本的最自然的解读,吸纳了若干反映这种分权价值的行政尊重原则。[37] 这就让人立刻想到了 Chevron 尊重原则。[38] Auer 尊重原则——要求法院尊重行

───────────────

〔33〕 Id. at 1206（引用 Vermont Yankee, 435 U. S. at 524）; see Kathryn E. Kovacs, *Pixelating Administrative Common Law in Perez v. Mortgage Bankers Association*, 125 Yale L. J. Forum 31, 42 (2015)（"最高法院应当退一步,以看清行政法的整体情况。如果在 Mortgage Bankers 案中退一步,它本可以解释为何 Paralyzed Veterans 原则和 APA 冲突,并以此结束其判决意见"）.

〔34〕 See Thomas W. Merrill, *Article Ill*, *Agency Adjudication*, *and the Origins of the Appellate Review Model of Administrative Law*, 111 Colum. L. Rev. 939, 940(2011).

〔35〕 See Christopher J. Walker, *The Ordinary Remand Rule and the Judicial Toolbox for Agency Dialogue*, 82 Geo. Wash. L. Rev. 1553,1554-57(2014)（进一步描述了行政法的上诉模式）.

〔36〕 Id. at 1555（其中引用 Nat'l Cable & Telecomms. Ass'n v. Brand X Internet Servs., 545 U. S. 967, 983 (2005)）.

〔37〕 See Christopher J. Walker, *Avoiding Normative Canons in the Review of Administrative Interpretations of Law: A Brand X Doctrine of Constitutional Avoidance*, 64 Admin. L. Rev. 139, 173-182 (2012)（探究在 Chevron 原则和回避宪法原则情况下的分权问题）.

〔38〕 Chevron, U.S.A., Inc. v. Nat. Res. Def. Council, Inc., 467 U. S. 837, 842-843 (1984)（要求各级法院尊重行政机关对法律模糊条款作出的合理解释）; See also Merrill, *supra* note 34, at 999（注意到"对于放松规制行为,该模式在解决法律问题上足够弹性,允许对分权作适当改变,1984 年的 Chevron 裁决尤为明显"）; See, e.g., Duffy, *supra* note 28, at 189-190（"尽管 Chevron 原则来源于普通法,但是各级法院正在围绕 Chevron 原则的两种不同理解产生争议。一种观点认为应当继续以普通法解释,另一种观点认为应当基于特别法条款的解释原则……哥伦比亚特区巡回法院和 Scalia 法官是 Chevron 原则普通法观点的主要拥护者,但是他们正在输掉这场战争。"）.

政机关对自己立法的解释——可能是不太基于文本的另一项尊重原则。[39]

司法审查中的行政普通法并不限于对行政机关法律解释的司法尊重。正如 John Duffy 所言,穷尽行政救济原则和成熟性原则是行政普通法的另外两个具有悠久历史的领域。[40] Nicholas Bagley 把可审查性假定视为另外一个领域。[41] 在行政法上的"严格审查"原则和司法救济中,我们也能看到行政普通法在发挥作用,例如 Chenery 原则和发回重新处理但不撤销(remand without vacatur)。[42] 类似地,Kathryn Kovacs 还指出了大量可以说与 APA 字面含义存在矛盾的其他行政普通法原则。[43]

本文并不试图记录,更不必说批判,自 1946 年 APA 施行以来产生的每一项行政普通法。相反,本文的讨论阐述了近 70 年以来 APA 经历了明显的发展,只是不是因为国会的行动所致。事实上,我们可以有理由认为,正是因为国会的不作为,行政普通法到处蔓延。至少,我们可以有充分理由断言,正是司法部门,而非国会,在塑造 APA 的边界中起着主导作用。

二、2016 年美国律师协会改革 APA 决议

正如本文引言所提到的,目前的政治环境可能给通过两党支持的立法,实现 APA 的现代化提供了理想的机会。如果此言不虚的话,那么正如本节将详细介绍的,美国律师协会一致意见提出的建议将是个不错的起点。

2015 年,我所效力的美国律师协会行政法和规制实践分部(Section of Administrative Law and Regulatory Practice)的执行委员会召集会议,评估

---

〔39〕 See generally Christopher J. Walker, *Attacking Auer and Chevron Deference: A Literature Review*, 15 Geo. J. L. & Pub. Pol'y 103 (2018)(论述了对于两种尊重原则的评价).

〔40〕 Duffy, *supra* note 28, at 152-181.

〔41〕 Nicholas Bagley, *The Puzzling Presumption of Reviewability*, 127 Harv. L. Rev. 1285, 1287 (2014)("该推定的制定法来源显然是〔APA〕,它并没有要求法院去解释制定法来避免排除"(原文脚注已略)).

〔42〕 See generally Christopher J. Walker, *Against Remedial Restraint in Administrative Law*, 117 Colum. L. Rev. Online 106, 111-116 (2017)(讨论行政法中的严格审查和救济问题).

〔43〕 See Kovacs, *supra* note 2, at 1211(认为行政普通法是"对相关行政机关的最高尊重,除了国会故意作出的让所有行政机关遵守相同审查标准的决定;超出 APA 的最少规则制定条款的程序要求;以及谨慎的成熟性原则").

APA 现代化的众多提案。我们回顾了美国律师协会和美国行政会议（Administrative Conference of the United States）在过去多年里围绕这一主题提出的建议。我们的目的是找出没有党派因素和符合常识的改革建议。我们最终选出了 9 项建议，此即美国律师协会代表会议 106B 决议（House of Delegates Resolution 106B）。[44] 这些建议都聚焦在 APA 的规则制定条款。ABA 行政法与规制实践分部在 2015 年秋天通过了这项决议，美国律师协会代表会议于 2016 年 2 月采纳了这个决议。[45]

以下依次讨论每一项建议。

（一）行政机关公开数据、研究和信息

第一项建议如下：

在法律中规定行政机关全面公开与规则制定相关的数据、研究和其他信息的要求，包括行政机关在评议期结束后获取的、计划作为依据的事实材料。[46]

目前，APA 只要求行政机关通过通告向公众公开"拟议规则的条款或实体内容，或者相关主题和议题的说明"。[47] 法院对该条款扩张解释为要求公开拟议规则依据的数据和研究。正如哥伦比亚特区巡回法院在 *Portland Cement Ass'n v. Ruckelshaus* 案[48] 中所解释的，"为了使确定标准的规则制定程序能够有序进行，通常应当在发布拟议规则时公开信息，以此作为拟议规则的依据"[49]。但是，就如 Kavanaugh 法官所言，Potland

---

〔44〕 在 Resolution 106B 中，我们也建议联邦机关尝试在规则制定阶段允许回复评论。See ABA Resolution 106B, *supra note 8*, at 1-2. 这条建议不作为 APA 的修改之处，所以在此不作讨论。

〔45〕 这部分是笔者起草的，但是这里的分析大量采用了该决议所附具的美国律师协会行政法与规制实践分部给美国律师协会代表会议的报告。See generally ABA Section of Admin. Law & Regulatory Practice, Proposed Resolution and Report (Feb. 8, 2016)〔以下称 ABA AdLaw Section Report〕, http://www.americanbar.org/news/reporter_resources/midyear-meeting-2016/house-of-delegates-resolutions/106b.html.

〔46〕 ABA Resolution 106B, supra note 8, at 1.

〔47〕 5 U.S.C. §553(b)(3)(2012).

〔48〕 486 F. 2d 375(D. C. Cir. 1973).

〔49〕 Id. at 394（"如果这种〔初步公开〕是不可行的，在面对法定期限约束时，对于所面对主题来说重要的信息应当公开，能够被获取，同时收集评论，尽管是在规则发布之后——必要时，应获得法院允许。"）。

Cement 案确立的公开原则"其法律基础并不牢固(尽管作为政策问题,它在某些案件中可能也有意义)",因为它"与 APA 第 553 节的文本无法兼容"[50]。

国会应当修改 APA,明确联邦机关必须"在其决定制定一项不受法律保护免予公开的规则时,将其制定规则草案时考虑或者使用的相关数据、研究和其他信息发布通告或者提供查阅"[51]。这处修改不仅将长期以来的司法先例和行政实践写入法律,还将推进让公众评论程序更有意义这一重要的政策目标。受影响的个人应当有机会对行政机关的决策是否理由充分、拟议规则是否促进公众利益和行政机关的法定职责等发表评议意见。

(二)行政机关规则制定记录

第二条建议与第一条建议相关。它建议在 APA 中明确要求联邦机关制作完整而且易被公众查阅的规则制定记录:

规定行政机关在每项规则制定程序中系统性地制作规则制定记录,将其作为行政机关事实认定的基础和供司法审查使用的记录。这份记录应当包括行政机关在规则制定程序中所考虑的所有材料,包括依法需要包含在规则制定记录之中的材料,在评议期内提交给行政机关的所有评议意见和材料。规则制定记录应当允许公众通过在线议事日程(online docket)查阅获取,除有限的例外情形,如涉密的,有版权的,或者敏感的材料。[52]

从现有条文来看,APA 似乎已对行政记录(agency record)有过深思熟虑,其司法审查条款规定"法院可以审查整个记录或者一方当事人引用的部分记录"[53]。最高法院多次强调了应当基于"已制作的行政记录"对行政行

---

〔50〕 See Am. *Radio Relay League,Inc. v. FCC*,524 F. 3d 227,246(D. C. Cir. 2008)(Kavanaugh,J.,在该判决意见中部分持协同意见,部分持反对意见);See also Jack M. Beermann & Gary Lawson,*Reprocessing Vermont Yankee*,75 Geo. Wash. L. Rev. 856,894 (2007)(认为 Portland Cement 原则"违反了 Vermont Yankee 基本原则:国会和行政机关,而不是法院,享有合理行政程序的决定权")〔引用 *Vermont Yankee Nuclear Power Corp. v. Nat. Res. Def. Council,Inc.*,435 U. S. 519,524 (1978)〕。

〔51〕 ABA AdLaw Section Report,*supra* note 45,at 1.

〔52〕 ABA Resolution 106B,*supra* note 8,at 1.

〔53〕 5 U. S. C. §706 (2012).

为进行审查。[54] 但是,APA 并没有明确要求行政机关对规则制定的通告评议程序保存可供公众查阅的记录。

这项行政记录的建议并非首次提出。至少在 1981 年,美国律师协会就提出过该建议,[55]并且提出了充分的理由。在评论期公开行政记录,可以让公众对机关的拟议规则进行全面了解,并提出有效意见。[56] 这也使得复审法院可以评估机关规则制定程序和最终规则的正当性。尽管美国律师协会的 106B 决议仅限于 APA 的规则制定条款,但是,对非正式裁决行为适用类似记录的要求也是很有意义的——只要存在对行政行为进行司法审查的可能性。

(三)最短评议期

第三项建议建议国会修改 APA,"对《国会审查法》(*Congressional Review Act*)所定义的'重要'规则,应当确立至少 60 天的评议期,有正当理由的除外"[57]。APA 目前没有规定公众评议期的最短(或者最长)时间要求,但是,关键是要让利害关系人拥有充分的时间回应拟议规则,特别是'重要'规则"。[58]

这条建议也不是首次提出。美国律师协会自 1981 年以来就主张最短评议期。[59] 最近,奥巴马政府和美国行政会议也提出了最短评议期的类似建议。奥巴马总统在加强规制和规制审查的行政命令中详细规定,"在可行

---

〔54〕 *Vermont Yankee*,435 U. S. at 549 (其中引用 *Camp v. Pitts*,411 U. S. 138,143 (1973));与 *SEC v. Chenery Corp.*,318 U. S. 80,87 (1943) 一致("行政行为基于的公开记录是裁判行政命令的依据")。

〔55〕 See 106 A. B. A Sec. Corp.,Bank.,& Bus. L. Rep. 783,785 (1981) 〔以下称 1981 ABA Report〕。

〔56〕 See,e. g.,William F. Pedersen,Jr.,*Formal Records and Informal Rulemaking*,85 Yale L. J. 38,39 (1975)("规则制定程序应当规定,在规则制定过程中应当为收集和组织行政记录作准备,使用证据开示程序以确保没有遗漏任何应当包含的材料")。

〔57〕 ABA Resolution 106B,*supra* note 8,at 1.

〔58〕 See 5 U. S. C. § 804(2)(2012)(将"重大规则"定义为"管理和预算局信息与规制事务办公室〔OIRA〕的主任认为,已经导致或者可能导致——(1)1 亿美元以上的年度经济影响;(2)对于消费者、个别行业、联邦、州或者地方行政机关或者行政区域,成本或者价格的大幅上涨;或者(3)对竞争力、就业、投资、生产力、创新或者在美经营企业与在其他国家经营的企业在国内和出口市场的竞争力方面产生明显不利影响")。

〔59〕 See 1981 ABA Report,*supra* note 55,at 785.

和法律允许的限度内,每家行政机关应当为公众提供通过网络对拟议规则提出意见的机会,评议期通常应当至少为 60 天"[60]。2011 年,美国行政会议建议,对于"重要规制活动(significant regulatory action)"应当确定最短60 天的评议期;对于一般规则,应当确定最短 30 天的评议期。[61]

(四)对"规则"的定义

第四条建议鼓励国会清理 APA 全文中对于"规则制定"一词所作的定义,"通过删除短语'或者特殊情形下(or particular)'与'和未来效力(and future effect)',明确'规则'含义;将术语'interpretative rules'更新为'interpretive rules';将 APA 全文中的'rule making'替换为'rulemaking'。"[62]

易言之,APA § 551(4)中"规则"的法律定义应当修改如下:

"规则",是指行政机关为了解释、执行、规定法律或者政策,或者为了规定行政机关的组织、程序或者实践要求而颁布的具有普遍适用性的全部或者部分文件,包括批准或者指导未来的公用事业费率(rates)、薪酬、法人或财务架构或其重组、价格、设施、器具、服务或津贴,或者评估、成本、记账方式,以及与上述事项有关的实践。[63]

美国律师协会和美国行政会议自 20 世纪 70 年代以来就建议修改这个定义,统一"规则"的法律,使其与行政实践中的用法保持一致。[64]

---

[60]　Exec. Order No. 13,563, 76 Fed. Reg. 3,821, 3,821-822(2011.1.21).

[61]　ACUS Recommendation 2011-2, 76 Fed. Reg. 48,789, 48,791 (2011.8.9) ("行政机关应当确立最短评议期,综合考量冲突利益,提高最佳公众参与度,确保规则制定实施的有效性。一般来说,根据 12,866 号行政命令定义的'重要规制行为(significant regulatory action)',行政机关应当提供至少 60 天的评议期。对于其他规则制定,行政机关应当提供至少 30 天的评议期。如果行政机关在适当情况下缩短了评议期,应当为此给出正当理由。").

[62]　ABA Resolution 106B, *supra* note 8, at 1.

[63]　ABA Adlaw Section Report, *supra* note 45, at 4.

[64]　See ABA Section of Admin. Law & Regulatory Practice, *supra* note 9, at 389-391; see also Statement of the Administrative Conference on ABA Resolution No. 1 Proposing to Amend the Definition of "Rule" in the Administrative Procedure Act, 39 Fed. Reg. 4,849, 4,849 (Feb. 7, 1974). 这条建议似乎没有美国律师协会提出的其他建议重要,但是 APA 的现代化也包括文字上的润色。But see Ronald M. Levin, *The Case for (Finally) Fixing the APA's Definition of "Rule"*, 56 Admin. L. Rev. 1077, 1077 (2004)(认为 APA 对"规则"的定义,"可能是 APA 中缺陷最明显的条款",并且"和该词的通常用法完全不一致").

(五)午夜规则

在总统任期行将结束之际增加的规则制定活动(regulatory activity)给现代行政国家带来了独特的问题。这个问题被称为"午夜规则",指的是"魔法在午夜来临之际失效的灰姑娘式的故事"[65]。APA 现行的文本并没有涉及这个相对较新的现象。

美国行政会议最近深入研究了午夜规则问题,建议下一任总统政府应当具有延迟这类午夜规则生效日期的法定职权。[66] 美国律师协会的第五项建议赞同美国行政会议,敦促国会将 APA 修改为:

授权新任总统的政府:(1)当新任政府审查这些经前任政府完成制定但是还未生效的规则的实体内容时,延迟这些规则的生效日期;(2)允许公众有机会对这些规则是否需要修改、撤回还是继续延迟生效提出意见。[67]

这个建议通过考虑这种日益普遍发生的现象,阻止即将卸任的总统政府参与下一任总统政府(因此也可以说,包括美国民众)并不会支持的规制活动,以便实现 APA 现代化。正如 Katherine Watts 所言,"当在政府更替的简短的一段时期内,行政分支制定午夜规则时,"这种"柔性的(规则)延期生效"可以"帮助强化民主问责观念"[68]。

(六)回顾性审查

美国律师协会的第六项建议涉及回顾性审查。最近几年越来越多的人提出,同时也获得了两党支持的一项呼吁是,鼓励联邦机关系统地审查现行规则,必要时修改或者撤回过时的规则。例如,2011 年奥巴马总统的"规制沙皇"(regulatory czar)Cass Sunstein 发布备忘录,鼓励机关进行类似的回

---

〔65〕 Jack M. Beermann, *Midnight Rules: A Reform Agenda*, 2 Mich. J. Envtl. & Admin. L. 285, 286 (2013); See also Id. at 290-300(整理了规则制定中的午夜规则现象). See generally Jerry Brito & Veronique de Rugy, *Midnight Regulations and Regulatory Review*, 61 Admin. L. Rev. 163 (2009)(论述了午夜规则制定的增加,存在的问题和可能的解决方案).

〔66〕 ACUS Recommendation 2012-2, 77 Fed. Reg. 47,802, 47,803 (Aug. 10, 2012).

〔67〕 ABA Resolution 106B, *supra* note 8, at 1.

〔68〕 Kathryn A Watts, *Regulatory Moratoria*, 61 Duke L. J. 1883, 1888 (2012).

顾性审查。[69] 同样,特朗普政府在减少规制和控制规制成本(Reducing Regulation and Controlling Regulatory Costs)的行政命令中强调了回顾性审查的重要性,指示机关"每发布一项新的规章,至少要确定废除两项已有的规章"[70]。另外,美国行政会议最近对回顾性审查进行了深入研究,提出了多份建议案,"希望为行政机关内部培养'回顾性审查的文化'建立框架"[71]。

尽管在强调回顾性审查的重要性方面达成广泛一致意见,APA 中并没有涉及这一问题。因此,美国律师协会建议国会修改 APA,要求行政机关:

1.当颁布重大规则时,发布对该规则实施经验进行评估的计划(不需要接受司法审查),其内容包含:(1)行政机关认为使其能够有效评估规则是否实现制定目的、与其他规则或者项目活动可能存在的关联性等内容的信息;(2)行政机关计划如何随着时间的推移而汇编这类信息;(并且)

2.持续邀请利害关系人通过电子方式提交值得审查,以及有可能修改或者废止规则的建议。[72]

美国律师协会的建议案明确规定这两项法定义务不应当被司法审查。[73]

(七)统一规制议程

第七项建议涉及的是将统一规制议程的部分内容纳入法律之中。12866号行政命令建立了统一规制议程制度,要求行政机关每半年将他们的规则制定活动计划提交给信息和规制事务办公室(Office of Information

---

〔69〕 See Memorandum from Cass R. Sunstein, Administrator, Office of Mgmt. & Budget, to Heads of Exec. Dep'ts & Agencies (2011. 6. 14) https://www. whitehouse. gov/sites/ whitehouse. gov/files/omb/memoranda/2011/m11- 25. pdf.

〔70〕 Exec. Order No. 13,771, 82 Fed. Reg. 9339(2017.1.30).

〔71〕 ACUS Recommendation 2014-5, 79 Fed. Reg. 75,114, 75,114(2014.12.17).

〔72〕 ABA Resolution 106B, *supra* note 8, at 1-2.

〔73〕 Id. at 2. 让国会考虑允许某些形式的有限司法审查(或者总统审查),特别是对行政机关作出不审查公众指出的规则的决定,这一点可能有着充分的理由。

and Regulatory Affairs),后者再将这些计划公之于众。[74] 这种统一规制议程是公众理解行政机关近期规制计划的重要资源。APA 目前内容并不涉及统一规制议程。

因此,美国律师协会建议国会修订 12866 号行政命令,增加统一规制议程要求,并且适用于所有行政机关。另外,美国律师协会还建议国会将美国行政会议提出的关于统一规制议程的若干建议案写入法律,[75]例如 APA:

应当要求每家行政机关(1)维护包含其规制议程的网站;(2)实时更新其议程以反映其所采取的与规则有关的具体活动(例如规则的启动、发布、撤回,或者联系人的改变);(3)解释规则是如何被决定的,而不是没有解释就直接删除规则;(4)列明所有正在进行的规则制定;(5)合理而准确地对所有议程项目进行分类。[76]

美国律师协会进一步建议国会修改 APA,规定"所有在给定年份有规则制定计划的行政机关还应当参加春季号《统一议程》(Unified Agenda)发布的年度规制计划(Regulatory Plan)"[77]。同回顾性审查建议有关的修订类似,美国律师协会建议这些程序规定不接受司法审查。[78]

(八)过时的规则制定豁免事由

第八项建议重申了美国律师协会长期呼吁的"废止'公共信贷、拨款(grants)和福利'豁免适用通告评议程序的规定,并对'公共财产[与]公共合同'和'军事或者外交事务职能'的豁免规定进行限缩"[79]。美国行政会

---

〔74〕 Exec. Order No. 12,866, § 4(b), 58 Fed. Reg. 51,735, 51,738 (1993.9.30) ("每个行政机关都应当按照 OIRA 主任指定的时间和方式制作包含正在制定和审查的规章内容的议程。每项规则制定行为的说明应当至少包含规章识别码、规则制定行为的概要、法定授权、法定的截止期限、行政机关官员的姓名和联系电话。"). See generall Cary Coglianese & Daniel E. Walters, *Agenda-Setting in the Regulatory State: Theory and Evidence*, 68 Admin. L. Rev. 93 (2016) (整理了规制程序的议程设定阶段).

〔75〕 See ACUS Recommendation 2015-1, 80 Fed. Reg. 36,757, 36,758 (2015.6.26).

〔76〕 ABA Resolution 106B, *supra* note 8, at 2.

〔77〕 Id.

〔78〕 Id.

〔79〕 Id.; *accord* 1981 ABA Report, *supra* note 55, at 788-789.

议也对这些过时的规则制定程序豁免规定提出过类似建议。[80]

涉及公共信贷、拨款和福利的普遍适用的政策,没有合法理由可以免于适用通告评议的规则制定程序。[81] 涉及军事和外交事务职能的规则同样应当遵循通告评议规则制定程序,除非是作为《信息自由法》规定的定密信息豁免适用。[82] 正如美国律师协会行政法与规制实践分部向美国律师协会代表会议提交的报告中提到的,这条建议"属于豁免事由的规则应当通过正式的通告评议程序发布,与这份建议案整体上强调的提高规则制定程序中公众参与和行政机关责任性是一致的"[83]。

(九)颁布后通告评议的规则制定程序

最后一项建议是关于临时最终规则制定日益增多的困扰。当有"正当理由"时,APA 允许联邦行政机关未经发布通告和允许公众评议,即可颁布规则。[84] APA 将"正当理由"定义为,当"通告和公开程序是不切实际的,没有必要的,或者违背公共利益的"[85]。

行政机关利用这种"正当理由"例外规定的数量近些年呈指数型增长。例如,政府问责局(Government Accountability Office)2012 年的研究发现,联邦行政机关在 2003 年至 2010 年间,对于 35% 的"重大(major)"规则和

---

[80]　See, e. g. , ACUS Recommendation 69-8, 38 Fed. Reg. 19,784, 19,785 (1969) (主张取消"公共财产、信贷、拨款、福利或者合同事务"方面的规则制定程序豁免,让行政机关更合理地行使规则制定权);ACUS Recommendation 73-5, 39 Fed. Reg. 4847, 4847 (1974) (建议取消对军事和外交事务的规则制定程序豁免规定)。

[81]　See ABA AdLaw Section Report, *supra* note 45, at 8-9("我们担心这些豁免规定只会引起更多的不利影响,因此农业部(USDA)废除了它 1971 年出台的在前述规定的豁免事由自愿适用通告评议程序的政策"(引用 78 Fed. Reg. 64,194 (2013.10.28)).

[82]　See 5 U. S. C. § 552(b) (1) (2012) ("《信息自由法》(FOIA)规定的豁免事由:(1) 基于国防和外交政策利益需要,根据总统行政命令规定需要保密的标准明确允许的;和 (2) 事实上依据这类总统行政命令定密的")。

[83]　ABA AdLaw Section Report, *supra* note 45, at 9.

[84]　5 U. S. C. § 553(b) (3)(B).

[85]　Id.

44％的非重大规则都省略了通告评议程序。[86] 这些未经通告评议的重大规则中,65％的行政机关实施了颁布后通告评议程序。[87]

基于美国行政会议已有的建议[88],美国律师协会建议国会将 APA 修改为:

当行政机关以通告评议程序不具有可行性或者违背公共利益为理由,未经该程序发布最终规则时,要求行政机关(1)邀请公众在规则发布之后提交评论;(2)设定它在考虑完所收到的评论之后,期望通过后继的新规则的目标日期。[89]

APA 应当进一步要求行政机关解释未满足所确定目标日期的原因,并且"后继规则的引言和相关的规则制定记录,应当在整体上可以支持后继规则的合法性,而不仅是临时最终规则和后继规则的不同处"[90]。对于这些新条款,无法适用司法审查,"但是对规则制定中的不合理拖延问题来说,现行的司法救济制度不受到影响"[91]。

三、2017 年《规制问责法》

自从新一届国会开幕以来,我们已经看到议员们提出了众多立法来改革行政国家。众议院和参议院都提出了一部法案,要求限制和解

---

〔86〕 U. S. Gov't Accountability Office, GAO-13-21, *Federal Rulemaking: Agencies Could Take Additional Steps to Respond to Public Comments* 1, 8 (2012)〔以下称 GAO Report〕. See generally Kristin Hickman & Mark Thomson, *Open Minds and Harmless Errors: Judicial Review of Postpromulgation Notice and Comment*, 101 Cornell L. Rev. 261 (2016) (讨论了政府问责局 (GAO)报告和可能的解决方案).

〔87〕 GAO Report, *supra note* 86, at 24-25.

〔88〕 See ACUS Recommendation 95-4,60 Fed. Reg. 43,108, 43,110-113 (1995).

〔89〕 ABA Resolution 106B, *supra note* 8, at 2.

〔90〕 Id.

〔91〕 Id. 正如我在别处主张的,如果法院认定回避通告评议程序并不具有良好的理由,则必须存在偏见的强烈推定,或者该错误也许应当被视为结构性的,因此不需要证明存在偏见。 Walker, *supra note* 42, at 118-119 & n. 75; See also Hickman & Thomson, *supra note* 86, at 311 ("反对规则发布后通告评议程序之有效性的强烈推定,最为尊重在规则发布前通告评议程序的明确法定要求和特定的无害错误规则之间的平衡。").

(settlements)协议的使用以迫使行政机关推进规则制定活动[92],促进国会对于午夜规制的审查[93],并将特朗普签署的"立一废二"行政命令写入法律[94]。类似地,《需要审查的行政规章法》(*Regulations from the Executive in Need of Scrutiny Act*)也在国会两院同时提出,其中要求国会通过联合决议批准重大规则。[95]

　　2017 年 1 月,众议院共和党议员和 5 位民主党议员通过了《规制问责法》(*the Regulatory Accountability Act*)[96]。这部综合性立法整合了 6 部独立的法案:(1)《所有经济规章透明法》(*the All Economic Regulations Are Transparent Act*),要求行政机关及时在线发布与正在制定的规章相关信息;(2)《通过透明实现问责法》(*the Providing Accountability Through Transparency Act*),要求行政机关用直白的语言在线发布新拟议规则的摘要;(3)《实施行政心愿清单前评估法》(*the Evaluation Before Implementing Executive Wishlists Act*),允许对新的影响数十亿美元的规则进行执法前的司法审查;(4)《恢复分权法》(*the Separation of Powers Restoration Act*),消除了 Auer -Chevron 司法尊重原则对行政机关的法律解释的影响;(5)《小型企业规制灵活改善法》(*the Small Business Regulatory Flexibility Improvements Act*),要求机关更好地解释新规对小型企业产生的影响;(6)《规制问责法》(*Regulatory Accountability Act*),下

---

〔92〕 Sunshine for Regulatory Decrees and Settlements Act of 2017,S. 119,115th Cong. (2017);Sunshine for Regulations and Regulatory Decrees and Settlements Act of 2017,H. R. 469, 115th Cong. (2017).

〔93〕 Midnight Rules Relief Act of 2017,S. 34,115th Cong. (2017); Midnight Rules Relief Act of 2017,H. R. 21,115th Cong. (2017).

〔94〕 RED Tape Act of 2017,S. 56,115th Cong. (2017); One In,One Out Act,H. R. 674,115th Cong. (2017);See also Exec. Order No. 13,771,§ 2,82 Fed. Reg. 9339(Jan. 30, 2017).

〔95〕 Regulations from the Executive in Need of Scrutiny (REINS) Act of 2017,S. 21,115th Cong. (2017); REINS Act of 2017,H. R. 26,115th Cong. (2017). See generally Jonathan H. Adler,placing "Reins" on Regulations:Assessing the Proposed REINS Act,16 N. Y. U. J. Legis. & Pub. Pol'y 1 (2013); Ronald M. Levin,*The REINS Act:Unbridled Impediment to Regulation*,83 Geo. Wash. L. Rev. 1446 (2015);Jonathan R. Siegel,*The REINS Act and the Struggle to Control Agency Rulemaking*,16N. Y. U. J. Legis. &Pub. Pol'y 131 (2013).

〔96〕 Roll Call Vote,Regulatory Accountability Act of 2017,H. R. 5,115th Cong. (Jan. 11, 2017)(列明 223 位共和党议员投了赞成票(7 位弃权),5 位民主党议员投了赞成票和 183 位民主党议员投了反对票(6 位弃权)),http://clerk. house. gov/evs/2017/rol1045. xml.

文将深入讨论[97]。共和党参议员为其中的很多法律配套了相关法案[98]，还另外提出了很多规制改革法案[99]。

本文并不打算逐一记录迄今为止在第 115 届国会上提出的每项规制改革法案。相反，本节重点关注 APA 现代化的一项综合性两党法案：2017 年参议院版本的《规制问责法》。[100] Rob Portman （R-OH）和 Heidi Heitkamp(D-ND)参议员，联合 Orrin Hatch（R-UT）和 Joe Manchin(D-WV) 参议员，于 2017 年 4 月提出了这部法律。[101] 国家安全和政府事务委员会于 5 月份在委员会之外积极报道了法案的修改版本。[102]

本节内容如下：一是审查在美国律师协会 2016 年决议的九项建议中被该立法所吸收（至少部分）的七项；二是详细介绍法案如何将 1980 年代以来历任总统所支持的规则制定最佳实践写入法律；三是分析该法案中对重大规则和高影响规则所规定的新程序；四是详述行政指导程序入法情况；五是概述对行政机关公共宣传（public advocacy）所规定的新限制；六是讨论法案对 APA 之司法审查标准所作的改革。

---

〔97〕 这些总结借鉴了国会研究服务局的法案摘要，See：https://www.congress.gov/bill/115th-congress/house-bill/5。

〔98〕 See, e. g., Providing Accountability Through Transparency Act of 2017，S. 577，115th Cong. （2017）；Small Business Regulatory Flexibility Improvements Act，S. 584，115th Cong. （2017）；REVIEW Act of 2017，S. 919，115th Cong. （2017）。

〔99〕 See, e. g., Better Evaluation of Science and Technology（BEST）Act，S. 578，115th Cong. （2017）（确定规则制定的所有相关科学标准）；Early Participation in Regulations Act of 2017，S. 579，115th Cong. （2017）（要求所有的行政机关对于拟议的重要规制行为提供事先通告）；Truth in Regulations Act of 2017，S. 580，115th Cong. （2017）（确定行政机关发布指导文件的相关程序）。

〔100〕 Regulatory Accountability Act of 2017，S. 951，115th Cong. （2017）。

〔101〕 See Press Release，Senator Rob Portman，Portman，Heitkamp Introduce the Bipartisan Senate Regulatory Accountability Act （Apr. 26，2017），https：//www. portman. senate. gov/public/index. cfm/2017/4/portman - heitkamp - introduce - the - bipartisan - senate - regulatory - accountability-act.

〔102〕 See Homeland Security and Governmental Affairs Committee Record，at 2（May 17，2017）（指出 S. 951 "在小组委员会审议阶段以唱名表决方式顺利通过（9 票赞成，5 票否决），并按 Portman 提出的替代性修正案作了修改"），https：//www. hsgac. senate. gov/hearings/business-meeting-05/17/2017。

(一)采纳美国律师协会的建议

对于本文第二节所讨论的美国律师协会 APA 现代化之九项建议，2017 年《Portman-Heitkamp 规制问责法》至少部分采纳了其中的七项。

首先，采纳了美国律师协会的第一项建议，该法案要求行政机关在发布拟议规则制定公告的同时，公开"所有的研究、模型、科学文献和其他行政机关制作或者依据的信息"[103]。类似地，该法似乎接受了美国律师协会第二项建议的记录(record)要求，要求这些资料"收入拟议规则的摘要中，并能够让公众获得"[104]。公开和记录写入议事日程的类似要求适用于最终规则的发布[105]。

关于最短公众评议期(美国律师协会第三项建议)，该法案要求修改APA 来明确要求一般规则需要至少 60 日的评议期，"重大"规则和"高影响"规则需要至少 90 日的评议期。[106] 美国律师协会只建议了重要规则 60日的最短评议期。[107] 更重要的是，该法案对于最短评论期规定了"正当理由"这一例外，包括"没有必要的，不具有操作性的或者违背公众利益"[108]。

关于美国律师协会的第四项建议，该法案不会在 APA 中明确"规则"的定义和正确拼写"解释"(interpretive)，但是它会将"规则制定"(rulemaking)一词贯穿 APA 的全文。[109] 希望该法案的最终版本如果获得通过，能够采纳其他一些打磨文字的建议。

《规制问责法》也解决了午夜规则制定的问题(第 5 项建议)。它将修改APA 的第 553 节，增加一分节来调整"总统任职末期通过的规则"：

(A)一般规定——在总统过渡就职日开始的 60 日期间(如 §3349a 之定义)，被联邦公报办公室以文件形式接受公众监督的任何最终规则，或者于就职日发布在联邦公报之上，但是在就职日并未生效的规则，制定该规则

---

[103] S. 951，§3（修改了 5 U. S. C. §553(c)(2)(A)（2012)）；比较本文"二(一)".

[104] S. 951，§3（修改了 5 U. S. C. §553(c)(2)(A)）；比较本文"二(二)".

[105] See S. 951，§3（修改了 5 U. S. C. §553(c)(2)(A)）。

[106] Id.（修改了 5 U. S. C. §553(c)(4)(B)）；比较本文"二(三)"."高影响规则"的定义相关讨论，参见本文"二(三)".

[107] ABA Resolution 106B, *supra note 8*, at 1.

[108] S. 951，§3（修改了 5 U. S. C. §553(g)(3)）；比较本文"二(四)".

[109] See S. 951，§§3-4，7；比较本文"二(四)".

的行政机关可以发布命令将规则的生效日期推迟最长 90 日，以便征求公众对下列问题发表评议意见——

（i）规则是否应当被修改或者撤销；

（ii）规则的生效日期是否需要进一步延迟。

（B）评议机会。——如果行政机关根据分款（A）的规定推迟了规则的生效日期，行政机关应当向公众提供不少于 30 日的时间以便提交评议意见。[110]

正如法案所示，这项条款类似于美国律师协会的建议，但也明智地将延长时间限制在 90 日以内。

该法案也涉及回顾性审查（美国律师协会的第六项建议）。具体来说，它修改了 APA，规定请愿权，"允许利害关系人提出发布、修改或者废止规则的请愿权"和"持续邀请利害关系人通过电子方式对有必要进行回顾性审查，并可能对其进行改变或者废止的规则提出建议。"[111]正如下文第三节所述，该法案还要求行政机关在拟议规则、最终规则和高影响力规则中加入评估规则之实效的框架，包括方法论、数据收集计划和该规则发布后 10 年内的特定时间安排（time frame）。[112] 如果经过回顾性审查，重大规则或者高影响规则依然有效，该法案要求将回顾性审查结果公开并继续定期进行回顾性审查。[113] 司法审查限于审查行政机关是否公布了回顾性审查框架并及时完成。[114] 该法案还要求行政机关在合适的时候，基于他们的回顾性审查向国会提出法律修改的建议。[115]

最后，《规制问责法》通过增加直接最终规则（direct final rules）和临时最终规则（interim final rules）的条款，对颁布后通告评议的规则制定程序作了规定（美国律师协会的第九项建议）。[116] 对于直接最终规则，该法案要

---

[110] S. 951，§3（修改了 5 U.S.C. §553(f)(5)）；比较本文"二（五）".

[111] S. 951，§3（修改了 5 U.S.C. §553(i)）；比较本文"二（六）".

[112] S. 951，§3（修改了 5 U.S.C. §553(l)）.

[113] Id.（修改了 5 U.S.C. §553(l)(2)(C)-(D)）.

[114] Id.（修改了 5 U.S.C. §553(l)(7)）.

[115] Id.（修改了 5 U.S.C. §553(l)(6)）.

[116] Id.（修改了 5 U.S.C. §553(g)(3)）；比较本文"二（九）"。该部立法对"由联邦储备委员会或者联邦公开市场委员会拟定或者实施的货币政策相关"的任何规则制定和指导明确规定豁免适用。S. 951，§3（修改了 5 U.S.C. §553(g)(4)）.

求公布最终规则的文本,并通告生效日期和确定至少 30 日的评议期;如果有人提出"重大的负面意见",行政机关必须撤回规则并且履行正常的通告评议规则制定程序。[117] 对于临时最终规则,正如美国律师协会所建议的,该法案要求提供颁布后公众评议期。另外,立法要求行政机关在发布临时最终规则的 180 日之内:(1)撤销临时规则;(2)启动全面的通告评议规则制定程序;或者(3)通过最终规则。[118] 在 180 日之内未采取上述行动的,该规则失效。[119]

美国律师协会提出的哪些建议是《规制问责法》所没有涉及的? 第一,它没有打算将统一规制计划(美国律师协会的第七项建议)写入法律,[120] 尽管已如上文二(二)所讨论的,将行政命令所支持的一些最佳实践写入法律。第二,它并不打算修改过时的关于公共信贷、拨款、福利和军事外交事务的豁免适用规则制定程序的规定(美国律师协会的第八项建议)。[121] 第三,正如上文所提到的,它没有采纳几处言语修饰的建议(美国律师协会的第四项建议)。[122] 同样希望国会在审议《规制问责法》或者若干单独通过的两党联合立法时,能够采纳美国律师协会的这些建议。

(二)第 12866 号行政命令入法

《规制问责法》将自 1980 年代以来由两党背景的历任总统制定和实施的有效的规则制定原则写入法律。[123] 1981 年,里根总统颁布了第 12291 号行政命令,规定了由管理和预算局审查行政机关拟议规则的程序,以此来提高行政机关规则制定的质量和一致性。[124]

克林顿总统在 1993 年以第 12866 号行政命令代替了里根总统的行政

---

[117]   S. 951, §3 (修改了 5 U.S.C. §553(g)(3)(B)).

[118]   Id. (修改了 5 U.S.C. §553(g)(3)(C)(ii)(I)).

[119]   Id. (修改了 5 U.S.C. §553(g)(3)(C)(ii)(II)).

[120]   参见本文"二(七)".

[121]   参见本文"二(八)".

[122]   参见本文"二(四)".

[123]   该讨论源自 Paul Rose & Christopher J. Walker, *The Importance of Cost-Benefit Analysis in Financial Regulation* 4-5(U.S. Chamber of Commerce ed., 2013), https://ssm.com/abstract=2231314。

[124]   Exec. Order No. 12,291, 46 Fed. Reg. 13,193(Feb. 17, 1981).

命令。[125] 但是这些最佳实践依旧是新行政命令的核心内容。[126] 在第12866号行政命令中,"在决定是否和如何规制,行政机关应当评估可获得的规制选择的所有成本和收益,包括不进行规制的选择。"[127]与其前身相似,第12866号行政命令要求所有的行政机关必须进行经济分析,并且选择最大化净收益的规制方式。[128]

这些年,OMB为行政机关进行类似成本利益分析事项(特别是A-4通函)提供了大量的指导。[129] OMB的A-4通函规定了有效规制分析需要包含的三个要素:(1)关于拟议规则之必要性的说明;(2)关于规制替代方式的讨论;(3)关于拟议规则行动和首选替代方案的定量和定性的成本和收益分析。[130] 这种分析应当试图以同一标准——货币单位——来表述效益和成本以便进行评估。[131] 当收益和成本不能用货币单位进行量化时,行政机关应当进行定性描述。[132] 为了确保行政机关正确进行成本收益分析,并选择最具成本有效性的规制方案,白宫(通过OMB的内设机构OIRA)需要在拟议规则——"重大规制行动"——生效之前审查行政机关的经济分析报告。[133]

奥巴马总统重申了行政机关规则制定的这些最佳实践。2011年1月,他发布第13563号行政命令,重申了第12866号行政命令的原则,要求"每家行政机关必须⋯⋯提议或者采纳只基于附具理由说明的决定,其收益可

---

[125] Exec. Order No. 12,866, 58 Fed. Reg. 51,735 (Sept. 30, 1993).

[126] See Richard H. Pildes & Cass R. Sunstein, *Reinventing the Regulatory State*, 62 U. Chi. L. Rev. 1, 6 (1995).

[127] Exec. Order No. 12,866, § 1(a), 58 Fed. Reg. 51,735 (Sept. 30, 1993).

[128] Id. See generally Peter M. Shane, *Political Accountability in a System of Checks and Balances: The Case of Presidential Review of Rulemaking*, 48 Ark. L. Rev. 161, 176-178 (1995)(比较了里根和克林顿的总统行政命令,得出的结论是"克林顿发表的总统行政命令关注类似授权问题,但是规定的方式更加细致入微")。

[129] Office Of Mgmt. & Budget, Exec. Office of President, Circular No. A-4, Regulatory Analysis (2003).

[130] Id.

[131] Id.

[132] Id.

[133] Exec. Order No. 12,866, § 2(b), (f),58 Fed. Reg. 51,735, 51,737-738 (Sept. 30, 1993)(指出审查程序通常只适用于12866号总统行政命令定义的"重大规制行动")。

以证明其成本的正当性(承认有些收益和成本是很难量化的)"[134]。正如 Paul Rose 和笔者所指出的,"在来自两党的五任总统政府的共同支持下,成本收益分析已经成为联邦规制的重要组成部分"[135]。

《规制问责法》将这些行政命令中的大量最佳实践纳入法律。例如,它要求行政机关在制定规则时考虑"行政机关计划以规则解决之问题的性质和意义"和"现行的联邦法律或者规则是否造成或者加剧了行政机关试图通过制定规则来解决的问题,如果是的话,是否需要修改或者废止这些联邦法律或者规则以便部分或者完全解决问题"[136]。它要求行政机关考虑"合理数量的替代方案……包括利害关系人提出的实质性替代方案或者其他应对措施"。[137] 重要的是,对三种替代方案进行考虑,将被推定是合理的。[138]

该法案要求行政机关在拟议规则制定公告中提供这些考虑事项的概要说明。[139] 正如本文三(一)所指出的,行政机关应当公开在规则制定记录中制作或者采用的任何信息、数据或者研究。对"基于科学、技术或者经济信息"的拟议规则,该法案还要求行政机关"在基于最合理可得的科学、技术或者经济信息的基础上提出规则草案"[140],这也体现了第12866号行政命令的另一项核心原则。[141]

《规制问责法》将进一步规范 OIRA 在推动行政机关规则制定中进行认真分析的作用。它将要求 OIRA 主任制定规则制定成本收益分析评估,包括风险评估应用的指南。[142] 重要的是,它将对行政机关规则制定之经济分析

---

[134] Exec. Order No. 13563, 76 Fed. Reg. 3821(Jan. 18, 2011) ("每个行政机关应当使用可获得的最佳技术手段来尽可能准确地量化目前和将来预期收益和成本"). 对奥巴马政府成本—收益分析工作的早期分析,参见 Helen G. Boutrous, *Regulatory Review in the Obama Administration: Cost-Benefit Analysis for Everyone*, 62 Admin. L. Rev. 243, 260-261(2010).

[135] Rose & Walker, *supra* note 123, at 5.

[136] Regulatory Accountability Act of 2017, S. 951, §3, 115th Cong. (2017) (修改了5 U. S. C. §553(b)(2)-(3) (2012)).

[137] Id.(修改了5 U. S. C. §553(b)(4).

[138] Id.

[139] Id. (修改了5 U. S. C. §553(c)(1)(D)).

[140] Id.(修改了5 U. S. C. §553(c)(3)).

[141] Exec. Order No. 12,866, §1(b)(7), 58 Fed. Reg. 51,735, 51,736 (Sept. 30, 1993) ("每个行政机关应当根据其能获得的有关拟议规则必要性和结果的最合理的科学、技术、经济和其他信息作出决定").

[142] S. 951, §3(修改了5. U. S. C. §553(j)(1)(A));See id. (修改了5. U. S. C. §553(j)(1)(B)(ii))(风险评估的详细指南).

的比例原则写入法律:"(OIRA 主任制定的)指南所要求的成本收益分析,其严格程度应当与规则的经济影响相当。"[143]OIRA 主任应当在 10 年内至少更新一次指南,[144]并且负责发布简化规则[145]、促进规则制定一致性的指南。[146]

总之,这些立法修改对于 APA 的现代化来说是可喜和重要的补充,基本上将过去近 40 年来两党的历任总统所确定的最佳实践写入法律。应该说,行政机关在规制时已经开展了此类分析的准备,但是这些原则的写入法律将会促成更加精明和有效的规制。[147]　正如 Jonathan Masur 总结道"该法案是朝着理性和成本符合正当性要求的规则迈出了重要和积极的一步。"[148]

另外,正如 Cass Sunstein 称赞道,《规制问责法》将要求联邦政府的行政分支和所谓的'独立'行政机关都遵循这些规则制定的最佳实践,而目前的行政命令并不适用于独立行政机关。[149]

(三)重大规则和高影响规则的制定程序

《规制问责法》广受关注的焦点问题就是一般规则和"重大规则(major

---

[143]　Id. (修改了 5 U. S. C. §553(j)(1)(B)(i)).

[144]　Id. (修改了 5 U. S. C. §553(j)(1)(C)) .

[145]　Id. (修改了 5 U. S. C. §553(j)(2)).

[146]　Id. (修改了 5 U. S. C. §553(j)(3)) .

[147]　值得注意的是,这部两党支持的立法涉及了美国律师协会行政法和规制实践分部针对 2011 年共和党的立法版本提出的大部分事项。See ABA Section of Admin. Law & Regulatory Practice, *Comments on H. R.* 3010, *The Regulatory Accountability Act of* 2011, 64 Admin. L. Rev. 619, 625-629, 631-642 (2012)〔以下简称 ABA AdLaw Section 2011 Comments〕。尽管那时我并不在该分部的理事会任职且未参与起草这些评论,我与该分部的同事们一致认为,更好地解决方案是协调和实现整个法定计划——例如 APA,《规制灵活性法》《小企业规制施行公正法》《无资金保障施令改革法》《文书削减法》《国家环境政策法》等法律——所规定的"分析工作的集体负担"的"净减少"。Id. at 636-637.

[148]　Jonathan Masur, *The Regulatory Accountability Act, or: How Progressives Learned to Stop Worrying and Love Cost-Benefit Analysis*, Yale J. on Reg.; Notice & Comment (May 4, 2017), https://yalejreg.com/nc/the-regulatory-accountability-act-or-how-progressives-learned-to-stop-worrying-and-love-cost-benefit-analysis-by-jonathan-masur/.

[149]　Cass Sunstein, *A Regulatory Reform Bill That Everyone Should Like*, Bloomberg View(June 22, 2017, 8:30 AM), https://www.bloomberg.com/view/articles/2017-06-22/a-regulatory-reform-bill-that-everyone-should-like("但是总统行政命令不适用于'独立'机构,例如联邦贸易委员会、证券和交易委员会、联邦通信委员会。并且如果目标是持续的改革,立法是最佳途径。")。Paul Rose 和我在其他文章中也提到过,将成本—收益分析要求植入通告评议的规则制定程序中,也可能减少行政机关被俘获的风险。See Paul Rose & Christopher J. Walker, *Dodd-Frank Regulators, Cost-Benefit Analysis, and Agency Capture*, 66 Stan. L. Rev. Online 9, 14-16 (2013).

rule)""高影响规则(high-impact rule)"之间的界限,和针对后两者规定更为严格的程序。[150] 针对一般规则,APA 的标准应当保持基本相同,除了本文三(二)讨论的经济分析条款和三(六)讨论的司法审查范围。但是,对于重大规则和高影响规则,APA 应当实质性地改变其程序。

该法案对 APA 所作的修改,包括将"高影响规则"定义为"[OIRA]主任认定有可能导致每年对经济的影响达到 10 亿美元或者更多的任何规则"[151]。类似地,该法案将定义"重大规则"系 OIRA 主任认定"有可能导致":(1)"每年对经济的影响达到 1 亿美元以上";(2)"消费者、个别行业、联邦、州、地方或者部落政府机关,或者行政区域的成本或者价格的大幅增长";或者(3)"在竞争、就业、投资、生产力或者美国企业在国内外市场上与外国企业的竞争力方面的明显不利影响"[152]。这里的"重大规则"的定义吸收了《国会审查法》对"重大规则"的定义[153],并且它更接近于第 12866 号行政命令中对"重要规制行动"的定义,尽管含义更狭窄。[154] 但是,高影响规则和重大规则两者的定义,每五年需要根据通货膨胀进行调整一次。[155]

---

[150]   See, e.g., Michael F. Jacobson, *"Regulatory Accountability Act" is Biggest Threat to Consumer Safety Pending in Congress*, Ctr. for Sci. in the Pub. Interest (May 13, 2017), https://cspinet.org/ news/% E2% 80% 9Cregulatory - accountability - act% E2% 80% 9D- biggest - threat-consumer-safety-pending-congress-20170313("保护消费者免受不安全食品、受污染的水质和空气、危险玩具、有毒化学品等危害的所有现有和将来的法律,都会受到《规制问责法》的威胁"); Martha Roberts, *The Misguided Regulatory Accountability Act*, Reg. Rev. (March 29, 2017), https://www. theregreview. org/2017/03/29/ roberts - misguided - regulatory - accountability - act/ ("通过给关键性的保护措施加大量繁文缛节的束缚,该立法将无形之中削弱长期以来为了儿童安全、食品安全、汽车安全和其他得到普遍认同的价值观而实施的保护措施").

[151]   S. 951, § 2 (修改了 5 U. S. C. § 551(16) (2012)).

[152]   Id. (修改了 5 U. S. C. § 551(18)).

[153]   See 5 U. S. C. § 804(2) (2012).

[154]   See Exec. Order No. 12,866, § 3(f), 58 Fed. Reg. 51,735, 51,738 (Sept. 30, 1993) ("'重要规制行动'意味着任何制定的规则可能:(1)每年对经济产生 1 亿美元以上的影响,或者对整个经济体、某个经济部门、生产力、竞争力、就业、环境、公共健康或者安全,州、地方或者部落政府或者社区产生重要的不利影响;(2)造成严重的矛盾或者以其他方式妨碍另一行政机关实施或者计划实施的行动;(3)实质上改变了应享权利、拨款、使用费、贷款项目或者受益人在其中的权利和义务;(4)由于法定强制性要求、总统的政策优先事项或者总统行政命令中规定的原则,而提出的新的法律或者政治问题").

[155]   S. 951, § 2(修改了 5 U. S. C. § 551(16)) (指出 "高影响规则" 的货币阈值 "每 5 年调整一次以反应所有城市消费者消费物价指数(Consumer Price Index for All Urban Consumers)的增长,由劳工部劳动统计局(Bureau of Labor Statistics of the Department of Labor)发布"); *accord id.*(修改了 5 U. S. C. § 551(18)) (指出对于重大规则来说也是一样的).

美国商会强烈支持这部立法,认为 2008 年至 2016 年间发布的 32882 部最终规则中,只有 28 部能定性为对经济影响达到十亿美元的"高影响"规则,另外 112 项最终规则能被定性为对经济影响达到一亿美元的重大规则。[156] 因此,商会认为只有不到 0.5％ 的最终规则会遵循《规制问责法》规定的更严格的程序。[157] 换句话说,美国商会认为,"《规制问责法》的天才之处在于,它保留了监管体系的各个组成部分,并使其正常运行,同时对于成本最高、最具变革性的规则,要求行政机关多做些功课"[158]。

那么这些额外的程序是什么呢? 第一,除非与现行法律相悖,[159] 对于重大规则和高影响规则,行政机关计划制定规则时必须提供事先通告,建立可公开获得的电子议事日程,并且允许公众对于潜在规制方式发表意见。[160] 行政机关必须发布规则制定程序的时间表,并且在未能遵照时间表

---

〔156〕　See William Kovacs, *Why Senators Portman's and Heitkamp's Regulatory Accountability Act Will Make History*, U. S. Chamber of Commerce: Above the Fold (Apr. 28, 2017, 11:30 AM), https://www. uschamber. com/above-the-fold/why-senators-portman-s-and-heitkamp-s-regulatory-accountability-act-will-make-history (引用 U. S. Chamber of Commerce, *Taming the Administrative State: Identifying Regulations That Impact Jobs and The Economy* (2017)).

〔157〕　其他经济影响小于 1 亿美元的 3,121 项最终规则被归入第 12866 号总统行政命令中所定义的"重要规制行动"。Id. 在《规制问责法》中可能被称为"重大"规则。Cf. Exec. Order No. 12, 866, §3(f), 58 Fed. Reg. 51,735, 51,738(Sept. 30, 1993) ("重要规制行动"在定义上既包含"重大规则",也包含其他各种行政规则).

〔158〕　Kovacs, *supra* note 156.

〔159〕　重要的是,这部法案不会对 APA 修改,以优先于与 APA 规定的新程序存在冲突的其他制定法中规定的规则制定程序。相反,"其他联邦法律中的要求或者禁止性规定,可以的话,应当适用于规则制定程序中的行政机关。"S. 951, §3(修改了 5 U. S. C. §553(g))。这个"保留条款(saving clause)"还涉及 ABA 行政法与规制实践分部对该法案先前各个版本的另一重大关切。See ABA AdLaw Section 2011 Comments, *supra* note 147, at 639-643.

〔160〕　S. 951, §3(修改了 5 U. S. C. §553(d) (2012))。类似地,如果行政机关想要将一般规则重新归类为重大规则或者高影响规则,它必须向公众发布通告,允许评论。See Id. (修改了 5 U. S. C. §553(c)(5))。尽管承认"在通告之前广泛交流观点和信息,以协助行政机关提出符合实际和可行的规则制定议案"的价值,ABA 行政法和规制实践分部反对该法案先前版本中对重大规则和高影响规则的综合性事先公告要求,因为事先通告有时是不合适的。ABA AdLaw Section 2011 Comments, *supra* note 147, at 643-646 (引用 106 A. B. A. Ann. Rep. 549, 789-790 (1981))。如果行政机关认为事前公告将是"不必要、不具操作性或者和与公众利益相冲突的",并且行政机关"简要论述了最终规则或者临时最终规则之事实认定的合理事由",本文三(一)所讨论的合理事由例外也适用于事前公告条款,对于该法案现有版本的这些关切似乎被夸大了。S. 951, §3(修改了 5 U. S. C. 5 §53(g)(3)).

时,需要向国会和 OMB 报告。[161]

对于拟议规则本身,行政机关必须进行严格的定量与定性成本-收益分析,并确定可行的方案。[162] 拟议规则制定的公告必须包括这项分析。[163] 另外,行政机关通常必须"采用最具成本有效性的规则(i)被认为基于(b)(4)[拟议规则和合理方案];(ii)满足相关立法目的。"[164]在这些情况下,行政机关能够采成本更高的规则:"成本更高的规则所带来的额外收益可以证明付出额外成本是正当的,""行政机关具体确认了每项额外收益……和这些额外收益的成本,"并且"对于为什么采用成本更高的规则而非最具成本有效性的替代方案,行政机关已经作出解释"。[165]

或许对于高影响规则和部分重大规则最具有争议的条款是公开听证的可得性。[166]《规制问责法》将修改 APA,允许利害关系人申请公开听证,并要求行政机关在规则制定记录中说明任何对类似请求拒绝的理由。[167] 对于高影响规则(例如,超过 10 亿美元),行政机关必须接受公开听证的请愿,除非对于事实问题没有真正的争议。[168] 为了对重大规则进行限定(例如,超过 1 亿美元),但是行政机关具有更广泛的权力去拒绝公开听证的请愿,如果听证"没有推动行政机关对拟议规则的审议"或者"鉴于行政行为的需要,不合理地推延规则制定的完成"[169]。

公开听证限于请愿书提到的事实争议问题,以及行政机关指定的其他事实问题。[170] 以下程序概述了立法的框架:(1)规则支持者承担证明责任;(2)除非行政机关认为"证据不重要,存在过度重复的问题",否则证据将被

---

[161] S. 951,§3(修改了 5 U.S.C. §553(d)(4))。如果行政机关在发布通告后,决定不提出重大规则或者高影响规则,它必须提供其他行政决策的通告。Id.(修改了 5 U.S.C. §553(d)(5))。

[162] Id.(修改了 5 U.S.C. §553(b)(5)).

[163] Id.(修改了 5 U.S.C. §553(c)(1)(e)).

[164] Id.(修改了 5 U.S.C. §553(f)(1)(a)).

[165] Id.(修改了 5 U.S.C. §553(f)(1)(b)).

[166] 不同于其他的条款可以适用于所有的重大规则和高影响规则,需要符合这一公共听证条款的重大规则只是具有达到 1 亿美元经济影响的规则,而不包括那些经济影响更小但是其他方面符合《国会审查法》之定义条件的重大规则。See id.(修改了 5 U.S.C. §553(e)(1)(C)(i)).

[167] Id.(修改了 5 U.S.C. §553(e)).

[168] Id.(修改了 5 U.S.C. §553(e)(1)(B)(ii)).

[169] Id.(修改了 5 U.S.C. §553(e)(1)(C)(ii)).

[170] Id.(修改了 5 U.S.C. §553(e)(3)(A)).

采纳;(3)行政机关的工作人员将会主持听证,并且提供合理且充分的质证机会;(4)将保存完整的听证记录。[171]

如果这个程序听上去有点熟悉,那是因为它是正式规则制定的精简版本——仍存在于书本中的程序工具,但是在行政实践中已经几乎消失了。[172] 这也是广受非议的程序。例如,在 2011 年共和党版本的《规制问责法》国会评论报道中,美国律师协会行政法和规制实践分部生动地描述道:"在过去的 30 年里,我们没有找到一篇表达对抛弃正式规则制定感到遗憾的学术性文章。"[173]

美国律师协会行政法和规制实践分部进一步的解释是,正式规则制定程序已经死亡,"因为经验表明它导致了大量的延迟和徒然的对抗,并且司法化的程序通常并不适用于解决立法型问题"[174]。尽管在这之后,Aaron Nielson 提出了很多支持正式规则制定的理由,但是对于正式规则制定的致命弱点,我并不像美国律师协会行政法和规制实践分部的同事那么被说服。可以确定的是,正式规则制定程序需要消耗大量的资源和时间成本。但是,正如 Nielson 教授所认为的,"正式规则制定的好处也很明显,包括可能消除行政机关的错误推定,增强民众对于规制程序的信心"[175]。我并不像美国律师协会行政法和规制实践分部的同事们那样确信正式规则制定存在致命弱点。可以确定的是,该程序会消耗大量的资源和时间。但是,正如 Nielson 教授所认为的:"正式规则制定程序也有很多益处,包括可能改变行政机关错误的推理和增强公众对规制程序的信心。"[176]

更重要的是,《Portman-Heitkamp 规制问责法》相较于共和党先前提出的法律版本,调整的范围更狭窄,后者对重大规则适用正式规则制定条款。

---

[171] See id.(修改了 5 U.S.C. § SS3(e)(3)(B)-(C))。

[172] See 5 U.S.C. § § 556-557 (2012))(规定了 APA 的正式规则制定和裁决程序)。正如其他学者所指出的,最高院在 United States v. Florida East Coast Ry. Co.案中基本扼杀了正式规则制定程序,410 U.S. 224,237-240 (1973)。See, e.g., Kent Barnett, *How the Supreme Court Derailed Formal Rulemaking*, 85 Geo. Wash. L. Rev. Arguendo 1, 5-10 (2017);Aaron L. Nielson, *In Defense of Formal Rulemaking*, 75 Ohio St. L. J. 237, 247-253 (2014)。

[173] ABA AdLaw Section 2011 Comments, *supra* note 147, at 651. See also Nielson, *supra* note 172, at 240(认为"重新开始学术讨论的时机已经到来")。

[174] ABA AdLaw Section 2011 Comments, *supra* note 147, at 626.

[175] See Nielson, *supra* note 172, at 259-289.

[176] Id. at 292.

这部两党联合立法只有在涉及成本最高的一些规则(至少 1 亿美元的经济影响)的事实争议问题才要求进行公开听证,甚至赋予行政机关对少于 10 亿美元的规则的大量自由裁量权。事实上,这部立法似乎比美国律师协会与美国行政会议几十年前提出的建议案限定范围更窄。[177] 此外,该法案现有版本可以说符合了美国律师协会 2011 年呼吁的"将口头程序的框架仔细限定于具体的少数问题要求交叉质证时"[178]。

　　总之,一些评论家毫无疑问地会抱怨《规制问责法》中的重大/高影响规则条款回归正式规则制定程序是愚蠢的。[179] 理性的人会怀疑该立法是否实现收益和效益之间以及问责度和有效性之间的平衡。但是,这些批评可能夸大其实了,四点理由如下:

　　首先,假如我们要求行政机关的规制行为更加透明和对公众负责,那就有必要在最高影响规则(规章中的前 50%)和一般规则之间明确界限——只要求行政机关更慎重地对待最高影响规则。

　　其次,除了公开听证要求,OIRA/OMB 已经要求行政部门参与这些优秀的治理活动——按照 OMB A-4 号通函进行严格的成本-收益分析。拟议

　　[177]　See 1981 ABA Report, *supra* note 55, at 785(建议交叉质证的口头程序"在考虑了其他包括口头和书面抗辩的可行程序之后,这类交叉质证程序只是在对行政机关裁决对规则来说至关重要的事实问题时才是必要的");ACUS Recommendation 72-75, 38 Fed. Reg. 19,782, 19,792(July 23, 1973)(建议国会通过立法"适当要求对特定事实问题提供机会进行口头辩论、征求咨询委员会意见,或者进行审判式听证")。

　　[178]　ABA AdLaw Section 2011 Comments, *supra* note 147, at 626. But ABA Section of Admin. Law & Regulatory Practice, Comments on S. 1029, The Regulatory Accountability Act of 2013, at 5-6, 9-11(2014.12.16)[简称 ABA AdLaw Section 2013 Comments], https://www.americanbar. org/content/dam/aba/administrative/administrativelaw/s_1029_comments_dec_2014. authcheckdam. pdf(依然表达了对 2013 年版本的法案中某些公开听证条款的关切,该法案的这一版本相较于 2011 年的版本来说,更接近于 2017 年获得两党支持的版本)。

　　[179]　See, e. g., Richard J. Pierce, Jr., *A Good Effort, with One Glaring Flaw*, Reg. Rev. (May 8, 2017), https://www. theregreview. org/2017/05/08/pierce-good-effort-glaring-flaw/(批评《规制问责法》的公开听证条款);William Funk, *Requiring Formal Rulemaking Is a Thinly Veiled Attempt to Halt Regulation*, Reg. Rev. (May 18, 2017), https://www. theregreview. org/2017/05/18/funk-formal-rulemaking-halt-regulation/(responding to Barnett *infra*). But see Kent Barnett, *Looking More Closely at the Platypus of Formal Rulemaking*, Reg. Rev. (May 11, 2017), https://www. theregreview. org/2017/05/11/ barnett-platypus-formal-rulemaking/(responding to Pierce *supra*); Kent Barnett, *Giving the Platypus of Formal Rulemaking a Second Look, Again*, Reg. Rev. (June 5, 2017), https://www. theregreview. org/2017/06/05/barnett-platypus-formal-rulemaking-again/(responding to Funk *supra*)。

规则只是将这些最佳实践写入法律,此类程序对于高影响规制和放松规制的适用应当是相似的。

再次,公开听证的规定并不是回到完全的正式规则制定程序。该条款作了更狭义的限定,依申请适用于最高影响规则,并且只涉及存在争议的事实问题。

最后,这部立法出台的时机是右翼更倾向于为"解构行政国家"减少程序障碍。[180] 共和党人控制了国会参众两院,以及更重要的白宫。因此,共和党人能够撤销很多奥巴马政府期间出台的他们在政策理由上并不赞同的规章。但是,《规制问责法》并没有对规制和放松规制进行区分。如果这部立法使得行政机关制定规章更加艰难和耗费时间,那么对于放松规制的努力来说也是如此。[181]

(四)行政指导入法

当今美国行政法最热门的话题之一就是行政机关对指导文件的使用。行政指导的批评者给它贴上了"规制性暗物质"(regulatory dark matter)的标签。[182] APA目前并没有广泛采用行政指导,而是豁免"解释性规定,政策的一般声明和关于行政机关组织、程序或者实践的规定。"[183]

---

[180] See, e. g., Philip Rucker & Robert Costa, *Bannon Vows a Daily Fight for* "*Deconstruction of the Administrative State*", Wash. Post, Feb. 23, 2017, http://wapo. st/21L8zRW? tid=sstw&utmterm=. f2558b57634c.

[181] 最后这项观点的阐述,see Walker, *supra* note 7, accord Masur, *supra* note 148("最重要的是,进步主义者必须意识到,这些新要求必须适用于放松规制,就像它们适用于新的规制一样。如果行政机关想要放松规制——如果,举例来说,EPA打算撤销奥巴马政府的清洁能源计划——放松规制也要求遵守新的重大规则制定程序")。

[182] See, e. g., Clyde Wayne Crews, Jr., *Mapping Washington's Lawlessness* 2016: *A Preliminary Inventory Of "Regulatory Dark Matter"* 1, 27 (2015); Hester Peirce, *Backdoor and Backroom Regulation*, Hill (Nov. 10, 2014,6:30 AM) http://thehill. com/blogs/pundits-blog/finance/223472-backdoor-and-backroom-regulation("但是行政机关太频繁地选择了捷径。行政机关没有操心繁杂的规则制定程序,而是用更快速和更灵活的方式(如行政指导)来进行授权。")But See Connor N. Raso, Note, *Strategic or Sincere? Analyzing Agency Use of Guidance Documents*, 119 Yale L. J. 782,787 (2010)("对这一数据的分析表明,行政机关并不经常滥用指导文件来避免发布重要的立法性规则。因此,对行政机关滥用指导文件的担忧,在政治界和行政法学界都被夸大了")。

[183] 5 U. S. C. § 553(b)(A) (2012). See Ronald M. Levin, *Rulemaking and the Guidance Exemption*, 70 Admin. L. Rev. 263 (2018).

《规制问责法》将修改 APA 以更好地应对行政机关使用指南文件的问题。它将"指南"(guidance)定义为"行政机关普遍适用的文件——(A)不打算具备法律的效力和效果;(B)发布法律、规章或技术问题的政策,或对法律、规章问题做出解释。"[180]它将"重大指南"进一步定义为在经济影响或者其他经济意义上符合"重大"规则定义的指南。[185]

该法案要求行政机关公布指南,并指出其不具备法律约束力,不能"用于对指南已经表达结论的问题排除审议"。[186] 这部立法还要求行政机关对重大指南遵循特定程序,并就这些重大指南事项与 OIRA 官员进行商讨。[187] 正如本文"三(六)"部分讨论的,这部立法将取消指南文件之解释的Auer 尊重,要求法院用尊重程度较低的 Skidmore 原则审查这些解释。

我们还需要投入更多的精力来应对行政指导,包括在采取有效政策改革之前进行更多的实证分析。但是,该法案明确在 APA 中承认行政指导,区分一般、重大的指南,是应对行政机关决策过程中日益广泛采用指南问题的重要开端。正如 Cass Sunstein 所作的进一步解释:"指南文件经常在未对其影响进行认真分析的情况下发布的。通过要求行政机关对最为增加负担的指南文件进行成本收益分析,证明收益可以证明成本的正当性,[规制问责法]将减少这类问题。"[188]

(五)行政机关公共宣传的限制

正如 Elizabeth Porter 和 Kathryn Watts 最近所指出的,在拟议规则的公众评议期,联邦行政机关开始利用社交媒体和其他渠道来解释和追求他们想要的规制结果。[189] Porter 和 Watts 认为"采用视频会议方式履行规则制定程序"有可能增加规则制定程序中的透明度,公众参与度和民主问责度,但也增加了歪曲、反民主结果的风险性。

---

[180] Regulatory Accountability Act of 2017,S. 951,§2,115th Cong. (2017)(修改了 5 U. S. C. §551(15)(2012))。

[185] See id.(修改了 5 U. S. C. §551(17))。

[186] See id. §3(修改了 5 U. S. C. §553(k)(1))。

[187] See id.(修改了 5 U. S. C. §553(k)(2))。

[188] Sunstein, *supra* note 149.

[189] See Elizabeth G. Porter & Kathryn A. Watts, *Visual Rulemaking*, 91 N. Y. U. L. Rev. 1183,1198-1230 (2016)(采用视频会议方式履行规则制定程序的数量上升)。

可能是为了解决行政机关在规则制定之公众参与阶段的过度影响问题,《规制问责法》将禁止行政机关进行特定宣传(advocacy)活动,在拟议规则制定公告之后,禁止任何人以官方身份代表行政机关发表言论,禁止任何人接受来自行政机关的联邦资金(禁止将联邦资金用于此类沟通)。[190] 尤其是,它禁止演员在评议期参与"通过书面、口头、电子或者其他方式向公众提及拟议规则",实现某些沟通。[191] 禁止的沟通活动包含:(1)"直接地主张提交构成拟议规则记录之一部分的信息,以支持或反对该拟议规则";(2)"呼吁公众或者请求第三方支持或者反对拟议规则";(3)"在美国境内以未经国会授权的方式直接或者间接地进行公布或者宣传"。[192]

重要的是,该法案将豁免适用于"要求以公平方式对拟议规则发表评议意见或者提供有关信息的沟通活动"[193]。类似地,如前所述,在公众评议期,这种接受联邦资金者的宣传限制只适用于将联邦资金用于开展此类沟通活动,不适用于公众评议期内使用其他资金开展此类沟通活动。[194]

至少有一位学者批评了该条款,担心其会导致"拟议规则无法抵挡部分公众发起的日益复杂的'宣传'活动而带来的攻击"[195]。这些担心是不必要的。行政机关可以首先确定拟议规则制定公告的内容,并且对最终规则(接受司法审查或者国会优先原则调整)具有最终解释权。公众评议期是——正如该词本身所表明的——让公众而非行政机关对拟议规则发表意见。行政机关可以并且应当在最终规则中以事实、数据、逻辑和政策正当性来对抗"日益复杂的'宣传'活动"。

(六)司法审查的范围

最后,《规制问责法》对 APA 中的司法审查条款作了若干重要的完善。首先,它将行政普通法上的发回重审而不撤销原则(remand without

---

[190] S. 951, §3(修改了 5 U.S.C. §553(c)(6)).

[191] Id.(修改了 5 U.S.C. §553(c)(6)(A)).

[192] Id.

[193] Id.(修改了 5 U.S.C. §553(c)(6)(B)).

[194] Id.(修改了 5 U.S.C. §553(c)(6)(A)).

[195] Daniel E. Walters, *Ditch the Flawed Legislative Proposal to Police Agency Communications*, Reg. Rev. (May 10, 2017), https://www.theregreview.org/2017/05/10/walters-proposal-agency-communications/.

vacatur)写入法律,允许行政机关的规则在法院重审时继续有效。[196] 特别是,它将修改 APA §706,允许法院不仅可以"撤销"行政行为,也可以"在适当的时候,不撤销时也可以对行政机关的一项事务进行重审"[197]。大多数学者同意在某些情况下允许发回重审而不撤销,但更大的争议在于,何时此类发回重审是合适的。[198] 至少现在法院在进一步探索基于 APA 规则条款而不是行政普通法的这项原则的适当性。

其次,相当一部分的文字是规定 APA 的"实质性证据"审查具体包含什么要求,以及该标准如何与 APA 规定的武断恣意之审查标准相区分。[199]《规制问责法》最终将"实质性证据"定义为:"就记录的整体而言,理性的个人可以认为足以支持结论而接受的记录。"[200]易言之,该法案将会把最高法院在 Universal Camera Corp. v. NLRB. 案中给的定义写入法律。[201] 这一定义有望帮助澄清相关问题,尽管我担心法院还是会继续艰难地区分实质性证据和武断恣意审查两项标准。[202] 该法案规定实质性证据标准,其调整范围将不仅包括正式规则制定和裁决,还包括高影响、十亿以上美元规则(但不包括重大规则)。[203]

---

[196] See Richard J. Pierce, Jr., *Seven Ways to Deossify Agency Rulemaking*, 47 Admin. L. Rev. 59, 75 (1995)(定义了发回重审而不撤销[remand without vacatur])。

[197] S. 951, §4(修改了 5 U.S.C. §706(a)(2)(2012))。

[198] See, e.g., Stephanie J. Tatham, *The Unusual Remedy of Remand without Vacatur* (Admin. Conf. of U.S. ed., 2014); Ronald M. Levin, *"Vacation" at Sea: Judicial Remedies and Equitable Discretion in Administrative Law*, 53 Duke L.J. 291 (2003)。

[199] See, e.g., Henry J. Friendly, *"Some Kind of Hearing"*, 123 U. Pa. L. Rev. 1267, 1313(1975)(指出"实质证据标准、武断恣意标准之间的差异很容易被夸大"); Matthew J. McGrath, Note, *Convergence of the Substantial Evidence and Arbitrary and Capricious Standards of Review During Informal Rulemaking*, 54 Geo. Wash. L. Rev. 541, 543 (1986)("这种融合理论与现行案例法的大部分内容存在矛盾,要求对这两种审查标准的关系进行新的审视"); Pedersen, *supra note* 56, at 48-49("对事实进行仔细调查研究的提议也已经被热情地接受。其结果就是将武断恣意标准转化为与实质证据审查相似的某种标准")。

[200] S. 951, §5(修改了 5 U.S.C. §701(b)(4))。

[201] 340 U.S. 474, 477 (1951)(实质证据不只是微弱无力的证据。它是理性的人认为可以充分支持结论而接受的相关证据)。

[202] See, e.g., ABA AdLaw Section 2011 Comments, *supra note* 147, at 670(该法案的明显目的存在的问题在于判例法整体上抛弃了这样一项假设,即实质证据审查标准比武断恣意审查标准"稍微高一些")。

[203] S. 951, §4(修改了 5 U.S.C. §706(a)(3))。相关的是,该法案将对是否构成"重大"规则的判断排除司法审查。Id.(修改了 5 U.S.C. §706(c))。

再次,尽管《规制问责法》将保留 APA 中第 706 条的武断恣意审查标准,但是该法案的其他条款表明修订后的 APA 将会进一步采纳"严格审查"(hard look)标准。严格审查标准,正如法院在 *Motor Vehicle Manufacturers Ass'n v. State Farm Mutual Automobile Insurance* 中所指出的,[204]要求决策提供理由说明:

如果行政机关的决策所依据的因素是国会并不希望其考量的,完全没有考量问题的重要方面,对决策所提供的解释与其面对的证据相反,或者如此难以言之成理,以至于无法归因于视角的不同或行政机关专业能力的产物,那么该规则系武断恣意的。[205]

例如,立法将要求行政机关考虑"现行联邦法律或者规则是否导致或者促成该问题"[206];评估"合理数量的替代方案(推定三种替代方案是合理的)……,包含利害关系人指出的替代方案或者其他回应"[207];公开披露"行政机关制作或者依据的所有研究报告、模型、科学文献和其他信息"[208];并且在合适的时候,依据"合理可得的最佳科学、技术或者经济信息"[209]。可以确定的是,对行政机关成熟的成本分析的司法审查将被限制在重大和高影响规则。[210] 不过,其他条款将为法院评估行政机关未能提供具有理由的决策,是否构成以武断恣意的方式行事,提供更坚实的法律基础。

最后,该法案规定了行政指导和包含行政指导的行政解释的司法审查问题。作为首要问题,该法案将修改 APA,将对"未解释法律或者规则的行政指导"之司法审查,限定于该行政指导是否发布时"未遵守法定程序"[211]。最重要的变化是行政机关对自己规则的解释。立法将在 APA 第 706 节的最后增加以下条款:

复审法院对行政机关解释所赋予的权重取决于行政规则所体现的考量

---

[204]　463 U.S. 29 (1983).

[205]　Id. at 43.

[206]　S. 951, §3(修改了 5 U.S.C. §553(b)(3)).

[207]　Id. (修改了 5 U.S.C. §553(b)(4)).

[208]　Id.(修改了 5 U.S.C. §553(c)(2)).

[209]　Id.(修改了 5 U.S.C. §553(c)(3)).

[210]　Id.(修改了 5 U.S.C. §553(b)(5)).

[211]　Id. §4(修改了 5 U.S.C. §06(d)(2012))(引用 5 U.S.C. §706(2)(d));see also 5 U.S.C. §706(2)(d)(规定行政行为是否"遵循法定程序"问题的司法审查).

的彻底,行政机关推理的合法性,以及该解释与先前公告文件的一致性。[212]

换句话说,该法案将基本上将 Skidmore 原则写入法律[213],替代行政普通法的 Auer 原则(或者 Seminole Rock 原则)。[214]

正如我在其他地方所指出的,要求国会——或者最高法院——取消 Chevron 尊重原则和 Skidmore 尊重原则的呼声日益强烈。[215]举例来说,参议院在上一届国会中提出了《分权恢复法》(the Separation of Powers Restoration Act),这将会修改 APA,取消这些尊重原则,而倾向于重新审查(de novo review)。[216] 正如本节开头所讨论的,众议院中的共和党议员再次通过了该法案,将其作为《规制问责法》的一部分。[217]

《Portman-Heitkamp 规制问责法》的调整范围比众议院通过的同类法案狭窄得多。[218]它不会颠覆 Chevron 原则——法院尊重行政机关对模糊不清的法律所作合理解释这一基本原则。[219] 其次,它不会用重新审查代替

---

〔212〕 S. 951,§ 4(修改了 5 U. S. C. § 706(e))。

〔213〕 *See* Skidmore v. Swift & Co.,323 U. S. 134,140 (1944)(要求法院基于"考量过程中体现的透彻性、推理的有效性、与其前后发布文件的一致性,以及其他如果缺乏控制力,可以赋予其说服力的所有因素",给予 Skidmore 原则下行政机关法律解释的"权重"。)正如 Kent Barnett 所记录的,这并不是国会第一次将 Skidmore 原则写入法律。*See* Kent Barnett, *Codifying Chevmore*,90 N. Y. U. L. Rev. 1,14-15 (2015)。有趣的是,该法案删减了 Skidmore 原则表述的最后部分:"如果缺乏控制权,可以赋予其说服力的所有因素"。我们不清楚这是否是一种有意的遗漏,以此表明这是某些程度上尊重程度低于 Skidmore 尊重的审查标准;*cf*. ABA AdLaw Section 2013 Comments,*supra* note 178 ("我们相信采纳 Skidmore 标准的多项内容可能加深困惑,即对 Skidmore 尊重所作的不断演进的解释而言,它们的含义是独立的抑或是相同的。这个世界显然并不需要'对规则解释给予的 Skidmore 尊重'有别于'对制定法解释的 Skidmore 尊重'")。

〔214〕 *See Bowles v. Seminole Rock & Sand Co.*,325 U. S. 410,414 (1945)(行政机关对其制定的规章所作解释,被赋予"控制性权重,除非该解释显然是错误的,或者与规章之间存在矛盾");*accord* Auer v. Robbins,519 U. S. 452,461 (1997)。

〔215〕 *See* Walker,*supra* note 39 (对这两种尊重原则受到的质疑提供了文献综述)。

〔216〕 *See* Separation of Powers Restoration Act,S. 2724,§ 2,114th Cong. (2016);*See also* Christopher J. Walker,*Courts Regulating the Regulators*,*RegBlog*(Apr. 25,2016),http://www.regblog.org/2016/04/25/walker-courts-regulating-the-regulators/(考察了《分权恢复法》是如何由最高法院近年对 Chevron 尊重之批评延伸发展而来)。

〔217〕 *See* Regulatory Accountability Act of 2017,H. R. 5,Title II,115 th Cong. (Jan. 12,2017)。

〔218〕 Cf. id. Title II,§ 202 (要求法院对所有行政机关所作的法律解释进行重新审查,从而同时废除 Chevron 尊重和 Auer 尊重)。

〔219〕 *Chevron,U. S. A.,Inc. v. Nat. Res. Def. Council,Inc.*,467 U. S. 837,842-843 (1984)。

Auer 原则,但是仍然要求法院基于 Skidmore 原则进行审查。[220] 为了提供更多的背景,Kent Barnett 和我收集了 2003 年至 2013 年期间巡回法院引用 Chevron 原则的所有公开判决书。我们发现行政机关适用 Chevron 原则的胜率是 77.4%,适用 Skidmore 原则的是 56%,适用重新审查的是38.5%。[221]换句话说,似乎行政机关适用 Skidmore 原则时的胜率通常低于适用 Auer 原则之时,但高于重新审查。[222]

　　Auer 原则的正当性最近成了争议的焦点。例如,《耶鲁规制杂志》曾主持了一场线上博客研讨会,汇集了对于 Auer 原则的 24 种不同观点。[223]这次研讨会充分说明,Auer 争论的双方都有合理的论证。《规制问责法》将以中立态度,用 Skidmore 原则代替 Auer 原则。出于这篇短文的野心之外的理由,我相信,这是朝着重新规范行政机关使用指导性文件的情况以符合

---

　　[220]　有些学者提出了类似的建议,即以 Skidmore 尊重取代 Auer 尊重。See, e. g. , Kent Barnett, *Why Bias Challenges to Administrative Adjudications Should Succeed*, 81 Mo. L. Rev. 1023, 1039 (2016); Nicholas R. Bednar, Comment, *Defying Auer Deference: Skidmore as a Solution to Conservative Concerns in Perez* v. *Mortgage Bankers Association*, Minn. L. Rev. : De Novo (June 24, 2015); John F. Manning, *Constitutional Structure and Judicial Deference to Agency Interpretations of Agency Rules*, 96 Colum. L. Rev. 612, 681 (1996); Jeffrey A. Pojanowski, *Seminole Rock Revisited*, 16 Geo. J. L. & Pub. Pol'y 87 (2018); Matthew C. Stephenson & Miri Pogoriler, *Seminole Rock's Domain*, 79 Geo. Wash. L. Rev. 1449, 1458 (2011).

　　[221]　Kent Barnett & Christopher J. *Walker, Chevron in the Circuit Courts*, 116 Mich. L. Rev. 1(2017).

　　[222]　情况会是如此,除非作为对法律修改的反应,行政机关对其自己制定的规章做出相对更温和的解释,或者通过规则制定程序,对其规制框架作为更实质性的修改。*Cf.* Christopher J. Walker, *Chevron Inside the Regulatory State: An Empirical Assessment*, 83 Fordham L. Rev. 703, 715-728 (2014) (收集了 128 位行政规则起草者的问卷回复,在一定程度上表明,如果相信复审法院会适用 Chevron 尊重而非 Skidmore 尊重或者重新审查标准时,这些行政机关就会采取更激进的解释)。对于这项研究的所有调查发现,See Christopher J. Walker, *Inside Agency Statutory Interpretation*, 67 Stan. L. Rev. 999 (2015) .

　　[223]　See Aaron Nielson et al. , *Reflections on Seminole Rock: The Past, Present, and Future of Deference to Agency Regulatory Interpretations*, 2016 Yale J. on Reg. : Notice & Comment 3 (2016).

通告评议的规则制定程序这一正确方向迈出了重要一步。[224]

结　论

自从国会 1946 年施行 APA 以来，我们已经看到了行政国家之现代化的大量变化，包括行政普通法重塑了 APA 的边界。然而，在过去 70 多年，国会几乎没有采取行动，修订 APA 的次数不足 24 次，最近一次实质性修订还是近 40 年前。

目前的政治气候似乎非常合适以更全面、两党联合的立法来推动 APA 的现代化。美国律师协会于 2016 年达成一致的建议案是类似改革的重要开端。2017 年《Portman-Heitkamp 规制问责法》明智地吸纳了美国律师协会建议中的大多数内容和其他达成共识的改革。尽管有些人有理由不同意其中的部分条款，但是《规制问责法》正是 APA 现代化所需要的经过深思熟虑的、两党联合的立法。它值得我们认真考虑和谨慎论证。一旦获得通过，它将构成 APA 自 1946 年施行以来最重要的改革。

（特约编辑：刘雪鹏）

---

[224]　简而言之，该法案完全可以通过保留 Chevron 尊重而废除 Auer 尊重，实现重要的平衡。特别是，我们有理由担心该法案更严格的规则制定程序条款会鼓励行政机关放弃规则制定程序，转而采用相对非正式的行政指导。停止对行政指导文件中的规制性解释给予 Auer 尊重，同时对行政机关以规则形式发布的法律解释继续给予 Chevron 尊重，应该会鼓励行政机关继续利用规则制定方式，从而基于 Chevron 原则获得更高程度的尊重。如果该法案也废除了 Chevron 尊重，此类对于行政机关的激励很可能会被弱化。

美国行政裁决的司法审查

内容提要：美国行政裁决是行政机构作出命令的行政过程，在行政机构的规制实践中获得广泛适用。行政裁决权的存在意味着，在掌握立法性职能和行政性职能的同时，行政机构拥有了司法性职能，这似乎违反了分权原则，并一度引发合宪性讨论。就行政裁决的司法审查受案标准而言，法定审查、非法定审查以及附带审查等均构成司法审查的受理条件。美国行政裁决的司法审查内容包括事实问题和法律问题，对于事实问题，基于行政机构在特定领域的专门知识和丰富经验，法院通常尊重行政机构的决定，其审查标准主要包括实质性证据标准以及武断和恣意标准等。对于法律问题，同行政机构相较，法院的专业性、审查权限和决定权力均优于前者，具有更高的权威地位，甚至可以用法院的判决取代行政机构的决定。

关键词：美国行政裁决；事实问题；法律问题；司法审查

一、美国行政裁决的法律框架

（一）美国行政裁决的定义

美国《行政程序法》（*The Administrative Procedure Act*）将"裁决"

---

　　* 阳李，成都中医药大学马克思主义学院讲师，博士，研究方向：行政法学。

(adjudication)定义为行政机构作出"命令"(order)的行政过程,[1]"命令"则为行政机构在规章制定以外但包括许可在内的其他事项中,以肯定、否定、禁令或声明的形式进行最终处置的全部或部分内容。[2] 由于规章以外的一切最终决定都是裁决,所以明晰规章的内容及其范围是确定裁决之定义的重要标准。根据《行政程序法》之规定,规章(rule)是行政机构为实施、解释、贯彻法律或政策……而发布的具有普遍使用或特定适用性并将产生未来效力的行政文件的全部或一部分。[3] 规章制定(rule making)则是行政机构制定、修改或撤销规章的程序。[4] 就法律文本而言,规章制定的定义似乎也较为明确。然而,规章与裁决之间的区分更多是一种自我指涉和循环,二者并无准确界分的鸿沟,反而表现出交叉与混淆的复杂面相。[5] 如果仅仅按照字面含义来理解,《行政程序法》对"裁决"和"命令"的宽泛定义与"规章"和"规章制定"之间存在明显的重叠。除了在"命令"的定义中特别包含"许可",以及"规章"的定义中特别包含"对未来收费标准的规定",许多行政机构行为的类型均同时符合"裁决"和"规章"的定义。[6]

　　行政机构作出裁决是一种准司法行为,制定规章是一种准立法行为,裁决和规章的区别可以类比于司法权和立法权的区别,传统上可从两个方面进行观察。[7] 首先是时间标准,该标准以霍姆斯大法官(Holmes)在 *Prentis v. Atlantic Coast Line Co* 案中的观点为代表。该案中,《弗吉尼亚宪法》同时将立法权和司法权赋予弗吉尼亚公司委员会(Virginia State Corporation Commission),在谈及弗吉尼亚公司委员会具体行为的法律性质时,霍姆斯大法官提出了司法与立法的区分标准:司法的目的是根据已经存在的法律,对于现在或过去的事实进行调查、确认和强制履行其责任;立法之重心聚焦于未来,通过制定新规则以期改变现行条件,然后将新规则应用于所有或部分受其约束的人或事。[8] 以时间为划分标准,裁决适用于现

────────────────

　　[1]　5 U. S. Code § 551(7).
　　[2]　5 U. S. Code § 551(6).
　　[3]　5 U. S. Code § 551(4).
　　[4]　5 U. S. Code § 551(5).
　　[5]　阳李:《美国规章制定的规范体系》,《南京大学法律评论》2018 年第 1 期。
　　[6]　[美]理查德·J. 皮尔斯:《行政法》(第五版)(第一卷),苏苗罕译,中国人民大学出版社 2016 年版,第 543 页。
　　[7]　王名扬:《美国行政法》(上),北京大学出版社 2016 年版,第 259 页。
　　[8]　*Prentis v. Atlantic Coast Line Co.*, 211 U. S. 210 (1908).

在和过去已经发生的事件,规章着眼于未来的尚未发生的事件。其次是适用范围标准,该标准以博格大法官(Burger)在 *American Airlines, Inc. v. Civil Aeronautics Board* 案中的反方观点为代表。博格认为,裁决的适用范围相对狭窄,往往针对特定的人或事;规章制定通常是针对具有普遍适用性的规则,该规则适用于广泛的所有全体成员,一般不对单个行为进行审查。[9] 以时间标准和适用范围标准作为区分,通常可对行政机构的行为性质作出准确判断,但在部分情况下,仍难以对裁决和规章作出泾渭分明的认知。倘若以时间标准为依据,那么行政机构对特定人发布的禁止令应当属于规章的范畴,因为禁止令的适用时限及于未来的特定区间,但这显然和规章的制定目的以及实际情况不相符合。如果以适用范围标准为依据,对于行政机构发布的针对某个行业制定的收费决定标准,当该行业仅有数个甚至单个企业时,由于只适用于数量有限的特定的企业,行政机构的决定似乎符合裁决的定义,这与实际情况显然并不完全契合。或许是为了调和时间标准和适用范围标准的适用张力,《行政程序法》对裁决和规章采纳了颇具包容性和开放性的定义,例如行政机构制定的适用于未来的肯定、否定、禁令或声明的决定被纳入裁决的范畴,针对未来收费标准、薪酬、法人结构等特定事项被纳入规章的行列。也就是说,裁决不仅适用于过去,也可以对未来的人或事项发生效力;规章不仅具有普适性,也可以适用于特定的人或特定的事项。

　　《行政程序法》生效之前,《司法部长委员会关于行政程序的最终报告》(*Final Report of the Attorney General's Committee on Administrative Procedure*)曾做过深入研究,承认试图对裁决做一个精准的定义存在一定困难。裁决的目的主要在于根据已有规则决定某一人或某一部分人过去的和现在的权利、义务和责任,决定其过去的和现在的行为是否合法,在裁决程序中,事实问题的裁减和证明具有决定性的意义。规章的目的系适用于未来的法律规则或政策风向,并非评价某人过去的行为,规章的着眼点不在于证明事实的正确性,而在于从事实中得出制定法律或政策的结论。[10] 所以,要判断行政机构的某一具体决定是否属于裁决,除了全面考察既有法律对于行政机构和行政决定的成文化要求外,还应当全面考察行政机构作出

---

〔9〕 *American Airlines, Inc. v. Civil Aeronautics Board*, 359 F. 2d 624 (D. C. Cir. 1966).

〔10〕 王名扬:《美国行政法》(上),北京大学出版社 2016 年版,第 260-261 页。

该行政决定的目的和导向。

(二)美国行政裁决的程序

根据程序的差异,美国行政裁决可以分为正式裁决和非正式裁决。正式裁决(formal adjudication)程序,通常涉及当事人重要的权利和利益(例如吊销行政许可、金额较高的行政处罚或停止社会福利津贴等),适用于法律规定必须根据听证记录作出裁决的行政案件。[11]《行政程序法》并未明文规定何种案件必须适用正式裁决程序,而是交由其他法律作出规定。大体而言,只要法律明确规定应当根据听证记录作出裁决,那么裁决程序必须按照正式程序进行,反之亦成立。如果法律要求行政机构裁决时必须举行听证程序,但没有要求根据听证记录作出裁决,根据正式裁决程序的原文文义"在行政机构提供了听证机会后基于记录作出决定"(determined on the record after opportunity for an agency hearing),行政机构无需适用正式裁决程序。另外,如果法律规定案件当事人并不享有听证权利,行政机构则不用提供听证机会,自然也无需适用正式裁决程序。[12] 当然,并非所有涉及当事人重要权利和利益的案件均可适用正式裁决程序,《行政程序法》总结了六项不适用正式裁决程序的案件:(1)法院就法律问题和事实问题进行审理的案件;(2)雇员的录用和任期,但不包括行政法官的任命;(3)仅仅根据检查、测试或选举而作出决定的程序;(4)军事事务或外交事务;(5)机构充当法院代理人的案件;(6)工人代表资格的证明。[13]

除了法律明确要求应当采用正式裁决程序的情况外,还有一种必须采用正式裁决程序的情况,这就是宪法修正案第五条和第十四条的正当法律程序条款的要求。在 *Wong Yang Sung v. McGrath* 案中,王阳山(Wong Yang Sung)是一名中国水手,因非法滞留而被美国移民局官员逮捕,在听证会后,移民局官员决定将其驱逐出境,该行政决定获得移民代理专员的批准,并得到移民上诉委员会(The Board of Immigration Appeals)的确认。羁押期间,王阳山在哥伦比亚特区地方法院通过人身保护令程序寻求释放羁押,并认为移民局的行政听证不符合《行政程序法》中关于听证的规定。

---

〔11〕 5 U. S. Code § 554(a).

〔12〕 Yong v. Regional Manpower Administrator,509 F. 2d 243 (9th Cir. 1975).

〔13〕 5 U. S. Code § 554(a)(1)-(6).

移民局承认对王阳山的行政决定并未遵守《行政程序法》的规定，但认为《行政程序法》的规定不能适用于该案，因为《移民法》(*The Immigration Act*)对于驱逐外国人的决定并未规定听证程序。移民局的理由获得哥伦比亚特区地方法院以及巡回上诉法院的认可。最高法院推翻了巡回上诉法院的判决，认为《移民法》虽然没有明文规定听证程序，但借此就认为将外国人驱逐出境不需要通过听证程序可能会使其陷入宪法的危险之中(bring it into constitutional jeopardy)。当宪法正当法律程序条款要求举行听证会时，它要求的是一个公平的听证会，一个至少符合当下普遍公正性标准的听证会。关于驱逐出境的听证会涉及人的自由和幸福等基本权利，如果被驱逐外国人被遣返的地区发生着动荡，还可能涉及生命安全的问题。所以，《移民法》虽然没有明文规定听证程序，但仍当适用《行政程序法》关于正式裁决中听证程序的规定。[14]

　　非正式裁决(informal adjudication)程序适用于行政机构根据听证记录之外的材料作出的行政决定，正式裁决之外的所有裁决都是非正式裁决，有时法律规定了听证程序，但不要求行政机构根据听证记录作出决定时，也属于非正式裁决程序。非正式裁决程序具有突出的优点：(1)适用范围极为广泛。例如政策问题和适用人群数量较为庞大的案件，案件的性质和可操作性导致难以使用正式裁决程序作出决定，通常使用非正式程序；(2)有利于提升行政效率。正式裁决程序需要大量的资金和时间投入，如果对于社会保障、退役军人等需要快速作出决定的行政案件适用正式程序，将难以保障当事人的时限利益，甚至出现无政府状态；(3)柔性的程序具有较强的适应性和可行性。行政机构可根据具体案件的性质、事实等采用针对性措施，有利于实现个案争议；(4)有利于维护当事人的和谐与团结。非正式裁决程序放弃了对抗式的审判型程序，当事人可以协商解决争议，避免了尖锐的对立。[15] 归因于上述优点，非正式裁决程序在行政实践中取得了极为广泛的应用，例如行政机构主持的协商、和解、建议、追诉，甚至行包括政机构和当事人的口头交谈，行政机构的绝大多数裁决均使用非正式程序。根据Wainer W. Gardner 的估算，美国行政机构 90％以上的行政裁决均使用非

---

〔14〕　*Wong Yang Sung v. McGrath*，339 U. S. 33 (1950).

〔15〕　王名扬：《美国行政法》(上)，北京大学出版社 2016 年版，第 401-402 页。

正式程序,正式程序的适用甚至不到 1%。[16]

《行政程序法》并未对非正式裁决程序规定普适性的、明确适用的规则,原因在于非正式裁决程序的适用范围过于宽泛,难以制定一体化的规则,可由单行法律或规章对特定领域的具体事项制定明确的程序性规则。1941年《司法部长委员会关于行政程序的最终报告》没有建议制定非正式裁决程序的规则,美国州示范行政程序法亦是如此,只有在 1981 年的修正中增加了两项非正式裁决程序条款,但只能适用于轻微的行政案件,应用范围有限。不过,没有统一的规则并不代表非正式裁决程序不受任何约束。非正式裁决程序一方面要避免形式化和刚性化,但也应当体现公平、公正和效率。除了后文将要深入讨论的其他司法审查外,对于非正式裁决程序的调整主要有以下几种方式:

第一,《行政程序法》中的一般性条款。《行政程序法》第 555 节"辅助性事项"中规定,对于利害关系人就任何行政程序提出的书面申请、请愿或其他请求,在全部或部分拒绝时,行政机构应及时发出通知。除已经确定事先拒绝或拒绝是不言而喻的情况外,通知应附有拒绝理由的简要说明。[17] 该节内容即为一般性的通知义务和说明理由义务,由于正式裁决程序的通知义务和说明理由义务已在第 554 节和 557 节中予以明确,且较该一般条款而言更为准确和严格,所以该节内容主要适用于非正式裁决程序。此外,利害关系人还可根据《行政程序法》第 552 节要求行政机构公开对其作出不利决定的信息、意见、程序和记录,[18]因为信息公开的范围很广,自然适用于非正式裁决程序。利害关系人虽然不能根据公开的信息要求行政机构改变裁决的终局决定,但可以防止行政机构的武断和专横,倘若进入司法审查程序,被公开的信息也可以作为利害关系人的抗辩筹码。

第二,宪法正当法律程序条款。与正式裁决程序相比,非正式裁决程序对当事人权利或利益的影响程度通常不及前者。虽然不涉及生命或自由,非正式裁决程序却与当事人的财产利益息息相关,在单行法律没有规定其他程序时(即使单行法律已经规定了其他程序),法院同样可以根据正当法

---

〔16〕 Wainer W. Gardner, *The informal action of the federal government*, 26 American University Law Review 799(1977).

〔17〕 5 U. S. Code § 555(e).

〔18〕 5 U. S. Code § 552(a).

律程序条款对非正式裁决程序进行司法审查。当然,正当法律程序条款亦
不存在固定的模式化规则,非正式裁决程序是否公正取决于个案的具体情
况。在 *Mathews v. Eldridge* 案中,最高法院提出了行政程序符合宪法正
当法律程序需要考虑的三个因素:第一,个人保留财产的利益和因行政行为
受到的损害;第二,通过已经使用的行政程序出错的风险,以及采用附加的
或替代的行政程序保护措施的可能产生价值(如有);第三,附加的或替代的
行政程序的成本和负担,以及政府在有效裁决中获得的利益。[19] 虽然该案
提出的考量模式并不唯一,也曾受到理论界和实务界的质疑,但迄今为止,
尚未有更好的原则被提出,所以该判决仍得到广泛的应用。

(三)美国行政裁决的合宪性探讨

作为一种"司法性"职能,行政裁决在诸多领域得到广泛适用。1946 年
《行政程序法》通过后,行政机构的裁决权得到确认和明晰;1978 年《行政程
序法》修订后,行政法官制度得以正式确立。联邦行政机构每年要处理数百
万计的裁决案件。其中,社会保障局每年就要裁决超过 100 万件残疾人福
利纠纷案件;卫生和社会服务部雇佣行政法官超过 1000 名(同联邦地区法
院法官数量大致相当),每年裁决超过 32 万件案件(超过联邦地区法院法官
每年裁决民事案件总数);全美劳动关系委员会(NLRB)每年对数万起各类
劳资纠纷作出裁决;联邦能源监管委员会每年裁决案件数百起,涉及金额数
亿美元。[20] 如果将联邦行政机构、各州和地方政府行政机构裁决的案件予
以汇总,美国所有行政机构裁决的案件数量很可能达到每年数千万件。海
量的行政裁决涉及诸多领域,包括劳动关系、人事、移民、工资、税收、职业许
可、土地利用、环境许可等。[21] 与行政机构裁决的案件数量相比,司法系统
显然相形见绌。行政机构还可通过行政裁决制定具有普适性的行为规则,
这与普通法视域下的遵循先例规则似乎具有异曲同工之处。在 *Qwest
Services Corp. v. FCC* 案中,[22] 哥伦比亚特区巡回法院认为联邦通信委

〔19〕 *Mathews v. Eldridge*,424 U. S. 319(1976).
〔20〕 〔美〕理查德·J. 皮尔斯:《行政法》(第五版)(第一卷),苏苗罕译,中国人民大学出版社
2016 年版,第 43 页。
〔21〕 〔美〕理查德·J. 皮尔斯:《行政法》(第五版)(第一卷),苏苗罕译,中国人民大学出版社
2016 年版,第 544 页。
〔22〕 509 F. 3d 531(DC Cir. 2007).

员会可以发布宣布宽泛行为规则的行政裁决,并指出最高法院已经多次判决确认行政机构的此种权力。

集立法权、行政权和司法权于一身的行政机构并不罕见,并在法律中得到认可,引发了权力分离的合宪性质疑。在立法机构和司法机构的职能中,同样存在类似的职责混同:早在19世纪,国会就赋予总统和其他人以广泛的政策制定权,将政策制定、执法和裁决的权力都合并交给相同的行政机构,在内阁部门之外创设了各种行政机构,规定了某些行政官员直接向国会本身负责,并向法院分配了非司法性的职能。[23] 这似乎违反了宪法树立的分权原则。对此,最高法院在 *Kilbourn v. Thompson* 案中曾指出,[24]我们相信美国宪法将政府的所有权力划分为立法、行政和司法三大分支是一项优点,所有分支分别被配置在各个机构之中,如果美国宪法体制要达到完善的程度,那么各个机构之间的界线应当宽泛而清晰。如果美国宪法体制要达到成功运作的程度,那么各个分支中被托付权力的机构和(或)个人不允许行使已被托付给其他分支和(或)个人的权力,只能行使宪法赋予自身分支的专属性权力。

《行政程序法》通过前,最高法院已经在水域通航[25]、征兵令(又称选择性法律诉讼案)[26]、城际铁路规制[27]和煤炭价格税款管制[28]等领域对授予行政机构裁决权的法律予以支持。其中,*Crowell v. Benson* 案是最高法院支持由行政机构而非法院裁决私权利的第一个司法判例。Knudsen 是 Benson 公司的雇员,他在通航水域工作时受伤。根据海事法的规定,如果从事海事工作的雇员在通航水域工作过程中遭受意外伤害而致残或死亡,雇主应支付合理的赔偿,而不考虑雇员工作中的过失。《码头工人和港口工人赔偿法》(*The Longshoremen's and Harbor Workers' Compensation Act*)详细规定了上述情况下的雇主赔偿方案。美国雇员赔偿委员会(The United States Employees' Compensation Commission)副专员根据《码头工

---

[23] Mashaw, Jerry L, *Recovering American Administrative Law: Federalist Foundations,* 1787-1801, 115 The Yale Law Journal 1256-1344 (2006).

[24] *Kilbourn v. Thompson,* 103 U.S. 168 (1880).

[25] *Monongahela Bridge Co. v. United States,* 216 U.S. 177 (1910).

[26] *Arver v. United States,* 245 U.S. 366 (1918).

[27] *Shields v. Utah Idaho Cent. R. Co.,* 305 U.S. 177(1938).

[28] *Sunshine Anthracite Coal Co. v. Adkins,* 310 U.S. 381 (1940).

人和港口工人赔偿法》作出裁决,要求 Benson 公司对 Knudsen 支付相应赔偿。Benson 公司不认可裁决决定,认为法律授权美国雇员赔偿委员会作出裁决,意味着行政机构进入了司法机构的专有领域,违反联邦宪法第三条关于司法权的规定,同时,赔偿的程序和规则违反了宪法正当法律程序条款。最高法院认为,国会制定法律授权行政机构裁决海事工人补偿金额的决定,虽然在很大程度上取代了类似案例的传统司法路径,但并未违反联邦宪法的规定,理由在于,国会可以适当分配和调整权力,只要国会认为该分配或调整是合理的、正当的,行政机构可以根据法律的授权进行事实调查和作出裁决决定,只要当事人的基本权利不受侵犯,行政机构可以不受法院适用的证据规则或程序规则的约束,与此同时,只要司法能够介入行政机构的裁决体系,就可以保证联邦宪法第三条和国会将裁决职权分配给行政机构所蕴含的正当程序价值。[29] 与之类似的还有 *RFC v. Bankers Trust Co* 案,原告对州际商业委员会(Interstate Commerce Commission)的裁决权提出质疑,认为根据联邦宪法第三条,司法权专属于法院,私人权利的事务不应由行政机构裁决决定。[30] 最高法院首先判定,法律授予州际商业委员会的事实调查职能是一项普通的职能,在有证据支持的情况下,州际商业委员会的调查结果不应受到法院的干扰;随即,最高法院提出,就破产案件而言,国会习惯于将其管理权交给法院,但这并不意味着国会必须这样做,具体到提供服务或与破产程序有关的费用时,国会拥有全部权力,可以通过州际商业委员会的工作来替代其他僵硬的控制体制,也可以授予州际商业委员会相关的权力,这不涉及司法权的下放,也并不违宪。

　　然而,最高法院对行政机构裁决权的支持并非一以贯之,即便在《行政程序法》通过后,最高法院仍然多次对行政裁决的合法性提出质疑,*Northern Pipeline Construction Co. v. Marathon Pipe Line Co* 案中最高法院的判决意见具有一定的代表性。1980 年 1 月,Northern Pipeline Construction 公司根据《破产法》(*The Bankruptcy Act*)向明尼苏达州地区破产法院提交重组申请,两个月后,Northern Pipeline Construction 公司向该破产法院提起诉讼,控告 Marathon Pipe Line 公司在交易中违反合同和保证,并存在虚假陈述和胁迫行为。Marathon Pipe Line 公司要求法院驳

---

[29]　*Crowell v. Benson*,285 U. S. 22 (1932).

[30]　*RFC v. Bankers Trust Co.*,318 U. S. 163 (1943).

回起诉,认为《破产法》将联邦宪法第三条所划定的司法权授予破产法院法官是违宪的,因为破产法院法官并不具备联邦宪法第三条所规定的法官应具备的职业保护和政治独立性。明尼苏达州地区破产法院不认可Marathon Pipe Line 公司的意见,但上诉后,明尼苏达州地区法院推翻了明尼苏达州地区破产法院的判决,认定《破产法》构成违宪。从具体的法律条文来看,被地区法院认定违宪的《破产法》系国会于 1978 年通过,与原《破产法》(1898 年)相比,新通过的《破产法》确实存在诸多变化。现行《破产法》允许总统在参议院的建议和同意下任命破产法院法官,任期为 14 年,这与联邦宪法第三条的规定(法官终身任期)相悖;另外,破产法院法官的工资由法律规定且可以动态调整,法官可由巡回法院司法委员会(the judicial council of the circuit)以不称职、行为不端、玩忽职守、身体或精神残疾为由予以除名,同样与联邦宪法第三条的规定(法官只能被国会弹劾,而且宪法禁止法官在任期间减薪)相悖。最高法院支持地区法院的意见,认为《破产法》违宪,其推理思路如下:首先,一般情况下,美国的司法权必须由联邦宪法第三条所规定的裁判机构行使;其次,存在三个公认的例外,即非联邦宪法第三条所规定的裁判机构(Non-Article Ⅲ tribunal)行使司法权的情形:地区法院、军事法院和裁决"公权利"(public rights)的法院,裁决"公权利"的法院主要管辖政府与其他主体之间的案件,此类案件发生在政府和受其管辖的人之间,与行政或立法部门履行宪法职能有关的事项有关,不包括一个私主体对另一个私主体承担责任的案件。最后,该案中,《破产法》涉及债权债务关系的重组,所涉争议关乎私权利,并不属于上文所述的三个公认的例外范畴。概言之,虽然国会确实保留了将某些事项分配给非联邦宪法第三条所规定的裁判机构的权力,但这一权力仅限于联邦法律之明文规定,而且,非联邦宪法第三条所规定的裁判机构的权力必须小于联邦宪法第三条所规定的裁判机构可以行使的权力。所以,国会并不具有设立专门法院来审理破产案件的权力,如果国会具备这样的权力,那么司法权就会受到侵蚀。[31] 从该案中最高法院的推理可知,行政机构可作为非联邦宪法第三条所规定的裁判机构,行使司法权,对"公权利"纠纷作出裁决,但不能裁决"私权利"纠纷,因为后者在本质上属于传统司法权的领域。另外,在 *Coit*

---

　　〔31〕 *Northern Pipeline Construction Company v. Marathon Pipe Line Company*,458 U. S. 50 (1982).

Independence Joint Venture v. Federal Savings and Loan Insurance Corporation 案中，最高法院认为，联邦储蓄与贷款保险公司（Federal Savings and Loan Insurance Corporation）没有获得国会授予的裁决权，无权对债权人针对储蓄和贷款机构提出的权利请求作出裁决，而 Coit Independence Joint Venture 提出的权利请求涉及"私权利"，属于通常保留给联邦宪法第三条规定的法院核心事务。[32] 从最高法院的论述来看，其保持了与 *Northern Pipeline Construction Co. v. Marathon Pipe Line Co* 案中相同的推理进路。[33]

　　应当如何审视美国行政裁决的合宪性？虽然最高法院的诸多判例已经提出了大量有益的分析思路，但就判决结论而言，似乎并未得到一致的意见。从联邦宪法的立法史切入，或许可以获得不一样的视角。联邦宪法提出了不同职能部门的概念，也对权力分立的理念有过一些描述，但并没有将权力分立作为一项基本原则。为了更为明晰的、确定的将权力分立的基本原则在宪法中予以显现，一些州试图将其在民权法案中提出的准则纳入宪法，以弥补这一疏漏。1789 年，罗杰·谢尔曼（Roger Sherman）和麦迪逊均提出了权力分立原则的明确主张。谢尔曼在起草的《权利法案》（bill of rights）草案中提出，宪法赋予美利坚合众国政府各分支机构的立法权、行政权和司法权，应根据该分支机构所作的权力分配行使，使上述任何分支机构不得承担或者行使其他分支机构所特有的权力。麦迪逊提议在宪法第 7 条之前再加上一条新条款，即：宪法赋予的权力，由各部门分别行使，立法机构不得行使行政机构和司法机构的职权，行政机构也不行使立法权或司法权，司法机构不得行使立法权和行政权。麦迪逊认为人民会对修正案感到满意，因为它承认，权力应该是独立的和不同的，它也可能是对关于宪法建设的一些疑问的解释。众议院稍作修改后通过了麦迪逊的修正案，参议院却否决了这项修正案。或许可以推测，参议院并不急于把三权分立作为一种独立的学说，甚至也不急于把它仅仅作为制宪者作出许多微妙的"混合"决定的原则。福雷斯特·麦克唐纳（Forrest McDonald）通过对宪法起源的考察后得出结论认为，在宪法的框架内，权力分立的原则显然已被抛弃。此

---

〔32〕　Coit Indep. Jt. Venture v. FSLIC，489 U. S. 561（1989）.

〔33〕　Lawrence G. Baxter，*Life in the Administrative Track：Administrative Adjudication of Claims Against Savings Institution Receiverships*，1988 Duke Law Journal 422-538（1988）.

外，考虑到18世纪最后25年制宪者们所进行的讨论以及1776年以后颁布的宪法，一种"纯粹的"权力分立学说只能是一门政治科学或法律建构。[34]

在阐述联邦政府的特殊结构以及权力的组成和分配时，汉密尔顿结合孟德斯鸠权力分立理论所遵循的某些事实（主要是英国宪法及其实践），通过仔细考察后认为，当孟德斯鸠说"立法权和行政权集中在同一个人或同一个机构之手"或者"司法权如果不同立法权和行政权分立，自由就不存在了"，孟德斯鸠的原意并非表明不同权力部门之间不应部分参与或支配彼此的行动，而在于阐明：只能是一个部门的全部权力由掌握另一部门的全部权力的同一些人行使的地方，自由宪法的基本原则会遭到破坏。[35] 或许是意识到完全避免掌握不同权力的政府不同部门之间的结合和混淆在理论上是不方便的，在实践中是不可能的，最后制定宪法的新罕布什尔州用了颇具复杂性和包容性的一段话[36]，以阐述权力分立原则在理论预设和实践运用中的混沌。

二、美国行政裁决的司法审查受理条件

（一）法定审查

法定审查系指法律对行政行为作出直接规定的司法审查，大致分为两类：第一类是特定的法定审查（specific statutory review），通常是国会立法设立某一特定行政机构时，在组织法中对该行政机构的司法审查加以明确。联邦政府的重要行政机构大多有特别规定的司法审查，颇具典型性和代表性的是1914年《联邦贸易委员会法》（Federal Trade Commission Act），该法规定，任何被联邦贸易委员会命令停止使用某种竞争方法或行为的个人、

---

[34] Casper Gerhard, An Essay in Separation of Powers: Some Early Versions and Practices, Wm. & Mary L. rev 2(1989).

[35] ［美］汉密尔顿、杰伊、麦迪逊著：《联邦党人文集》，程逢如、在汉、舒逊译，商务印书馆2015年版，第285-286页。

[36] 新罕布什尔州宪法规定：立法权、行政权和司法权应该保持依据一个自由政府的性质所容许的那样的独立和彼此分立，或者像同那个把整个宪法组织连成一个团结和睦的不可分解的纽带的联系链条相一致的彼此分立。

合伙企业或公司,可以在该命令送达之日起 60 日内,向使用该竞争方法或行为之地的上诉法院,或者该个人、合伙企业或公司居住地或营业地的上诉法院,提出书面申诉,请求撤销联邦贸易委员会的命令……联邦贸易委员会对事实的调查结果若能获得证据支持,那么其命令是结论性的。如果联邦贸易委员会的命令得到司法确认,法院应发布自己的命令,命令相对人服从联邦贸易委员会的命令。[37] 作为一个明确和清晰的司法审查规定,《联邦贸易委员会法》的审查条款获得立法机构的青睐和司法机构的认可,包括核管理委员会(Nuclear Regulatory Commission)、联邦航空局(Federal Aviation Administration)、证券交易委员会(Securities and Exchange Commission)等 30 多个联邦行政机构的组织法借鉴或模仿了该审查条款。[38]

　　第二类是普遍的法定审查(general statutory review),也就是国会在某一部法律中对多个行政机构的行政行为规定司法审查,与特定的法定审查相比,普遍的法定审查对象并不仅限于某一个特定行政机构。《行政程序法》对行政行为的司法审查作出概括性规定,[39] 由于其规定适用于美国联邦政府的绝大多数行政机构,[40] 该法实际上已经明确了对数百个联邦行政机构的司法审查。另外,作为一项鲜为人知的法律,[41] 1950 年《行政命令审查法》(Administrative Orders Review Act)规定,对行政机构的最终命令感到不满的相对方可以在收到命令之日起 60 日内,向行政机构所在地上诉法院提出审查请求。[42]《行政命令审查法》的适用范围虽然不及《行政程序法》,但其规定的司法审查亦适用于联邦通讯委员会(Federal Communications Commission)、联邦海事委员会(Federal Maritime Commission)、原子能委员会(Atomic Energy Commission)等多个联邦行政机构。[43] 法定审查背景下,不同法律对于司法审查的规定可能同时适用

---

〔37〕　15 U. S. Code § 45(c).
〔38〕　王名扬:《美国行政法》(下),北京大学出版社 2016 年版,第 423 页。
〔39〕　5 U. S. Code § 702.
〔40〕　5 U. S. Code § 551(1).
〔41〕　Sigalos Jason, The Other Hobbs Act: An Old Leviathan in the Modern Administrative State (February 1, 2020), 54 Ga. L. Rev 1095 (2020).
〔42〕　28 U. S. Code § 2344.
〔43〕　28 U. S. Code § 2341.

于同一行政裁决,也就是特定的法定审查和普遍的法定审查并行适用的情形,此时,应根据行政裁决的性质、法律的具体规定、立法背景和司法先例等因素综合确定具体的司法审查规则。

(二)非法定审查

非法定审查(nonstatutory review)并非意指成文法对行政行为没有作出规定的司法审查,而是适用于法律对于某类行政行为的司法审查没有作出明确规定,或法律虽然作出了规定,但该规定不能有效地对相对人的权利或利益给予救济。非法定审查实际是司法机构所具备的法定管辖权限,因其主体以法院为中心,某种行政行为只要根据法律的规定属于法院的管辖范围,法律就可以通过司法审查提供救济。如果要对法定审查与非法定审查作一个区分,前者是对行政行为明确规定的司法审查,以行政组织法中着墨较多,后者则是司法机构之管理权限的普遍性和一般性规定,大多在法院组织法中予以明确。

在立法层面,《美国法典》第28编所规定的联邦问题管辖权是较为典型的非法定审查,该编第1331节规定,地区法院对根据美国宪法、法律或条约引起的所有民事诉讼均具有原始管辖权,[44]并列举了地区法院对水陆运输、垄断、不正当竞争等领域的审查管辖。[45] 可以认为,只要法律没有规定法定审查,行政机构的行政行为亦不存在不受司法审查的明确条件,地区法院的司法审查几乎不存在任何障碍。在司法层面,在没有其他有效审查方法时,法院可通过衡平法上的制止状(injunction)行使司法审查。早在1893年,在 *Noble v. Union River Logging R. Co.* 案中,最高法院就提出,当行政机构的行政行为可能对相对人造成损害,但后者无法在法律上获得足够补偿时,相对人可请求法院发出制止状,以避免遭受损害。[46] 9年后,在 *American School of Magnetic Healing v. McAnnulty* 案中,最高法院再次重申并支持该观点。[47]

---

[44] 28 U. S. Code § 1331.

[45] 28 U. S. Code § 1336-1338.

[46] *Noble v. Union River Logging R. Co.* , 147 U. S. 165 (1893).

[47] *American School of Magnetic Healing v. McAnnulty*, 187 U. S. 94 (1902).

(三)附带审查

法定审查和非法定审查均为直接的司法审查,系相对人对行政行为的合法性产生质疑并直接请求法院审查之。附带审查是一种间接审查,相对人虽未对行政决定提起诉讼,但也没有履行行政决定确定的生效义务,行政机构请求法院强制执行时,相对人才提出抗辩,对行政决定的合法性提出质疑。此时,在作出是否强制执行的裁定前,法院必须对行政决定的合法性作出判断。

另外,若行政裁决侵犯当事人的宪法性实体权利(如言论自由、宗教信仰自由),[48]或宪法性程序权利(如没有经过正当法律程序而剥夺当事人的自由和财产),还可能遭受宪法性权利的司法审查。

(四)其他不能排除司法审查的情形

如果法律中明确提出"行政机构的行政决定是最终的、结论性决定"等类似表述,是否会发生排除司法审查的情形? 在 *Shaughnessy v. Pedreiro* 案中,外国人 Pedreiro 被驱逐出境,他向纽约南区地方法院提出上诉,要求法院审查驱逐令,宣布驱逐令无效,并发出临时禁令,在地方法院采取最终行动之前,限制驱逐令的执行。驱逐令的法律依据为 1952 年《移民和国籍法》(*Immigration and Nationality Act*),该法第 242 条(b)项规定,司法部长的驱逐决定具有终局性(final),联邦政府据此认为,《移民和国籍法》对于驱逐令的规定排除了法院的司法审查。最高法院承认《移民和国籍法》确实强调了驱逐令的终局性,但并不认为法院无力行使司法审查,理由在于,《行政程序法》对法院的司法审查权作出了普适层面的规定,《移民和国籍法》若要排除法院的司法审查权,则应当以一种清楚和确切的(expressly)措辞取代或修改《行政程序法》关于司法审查权的规定。最高法院对驱逐令的终局性解释为行政程序的终局性(finality in administrative procedure),而不是部分或完全地剥夺司法审查权。[49]

即使法律没有明确规定"法院的司法审查权力或权限",也不意味着排除了与该行政决定相关的其他问题的司法审查权。在 *Bowen v. Academy*

---

〔48〕　*Johnson v. Robison*, 415 U. S. 361 (1974).

〔49〕　*Shaughnessy v. Pedreiro*, 349 U. S. 48 (1955).

of Family Physicians 案中,一个家庭医生协会和几个医生联合向联邦地区法院提起诉讼,对根据医疗保险计划 B 部分(Part B of the Medicare program)颁布的一项规定的有效性提出质疑,该规定授权向类似的医生支付不同金额的福利,原告认为没有理由对医生作出不同的类型划分,该规定与《医疗保险法》的立法目的不相契合。[50] 卫生和公共事务部长答辩认为,国会在立法中作出授权,法院可对医疗保险计划 A 部分下的福利金额决定进行司法审查,[51]该审查没有提及医疗保险计划 B 部分,即表明禁止对后者的司法审查。上诉法院同意部长的观点。最高法院推翻了上诉法院的判决,其对禁止司法审查的法律解释遵循了严格的限制性逻辑。最高法院认为,存在一个强有力的假设,即国会打算对行政行为进行司法审查。只有在有明确和令人信服的证据(clear and convincing evidence)表明有相反的立法意图时,法院才会被限制获得司法审查权。根据与医疗保险计划 B 部分相关的法律条文来看,[52]国会并未禁止对根据该部分条文颁布的规定进行司法审查,进一步回顾医疗保险的立法史也可以发现,国会只打算取消对医疗费用数额(amount determinations)的司法审查,并未禁止对医疗保险计划 B 部分及其附带规定的司法审查。[53]

在不侵犯宪法基本权利的前提下,国会有权在法律中排除对某一特定事项的司法审查。但是,排除司法审查的法律规定必须直接、清晰和准确,使得行政机构、法院和相对人可以心悦诚服的明白国会的意图。例如,《美国法典》第 38 编关于退伍军人福利的条文中,明确规定,除第 775 节、第 784 节、第 1661 节、1761 节以及本编第 37 章提及的事项外,退伍军人事务部部长根据该法规定作出福利或付款的任何法律或事实问题的决定,都是最终的和决定性的,美国任何其他官员或法院没有审查此类决定的权力和权限。[54] 该法明确规定限制司法审查的范围和方式,不产生任何歧义。如果法律中没有确凿无疑的排除司法审查的规定,仅仅表述行政机构的行政决定为终局性决定,或者没有提及法院的司法审查权限和程序,通常并不会

〔50〕 *Michigan Academy of Family Physicians v. Blue Cross and Blue Shield of Michigan*, 502 F. Supp. 751, 755 (ED Mich. 1980).

〔51〕 42 U. S. C. 1395ff(b) (1982 ed. and Supp. II).

〔52〕 42 U. S. C. 1395ff-ii(1982 ed. and Supp. II).

〔53〕 *Bowen v. Academy of Family Physicians*, 476 U. S. 667 (1986).

〔54〕 38 U. S. Code § 211(a).

排除法院的司法审查权。

三、美国行政裁决的司法审查深度

司法审查的核心问题在于事实确定和法律适用(及解释)。[55] 对于事实问题的司法审查而言,基于行政机构在专业知识和行政管理等方面拥有的丰富经验,法院通常尊重行政机构的决定;对于法律问题的司法审查而言,同行政机构相较,法院的专业性、审查权限和决定权力均甚于前者,甚至可以用法院的判决取代行政机构的决定。《行政程序法》对司法审查的深度作了普遍性和原则性的规定。事实问题的司法审查标准主要有三个,实质性证据标准[56]、武断和恣意标准[57]以及法院重新审理标准[58];法律问题的司法审查标准主要集中在违反宪法基本权利和权力[59]、超越法定权力和权限[60],以及强调法院对法律问题之优先决定权的标准:对于当事人的权利请求,在判决的必要范围内,审查法院应决定所有相关的法律问题,解释宪法和法律的规定,并决定行政机构之行政行为的意义或适用。[61] 当然,事实问题和法律问题有时可能会彼此交织、难以区分,《行政程序法》通过类似兜底条款的"法律程序标准"[62]予以规制。

(一)事实问题

1. 实质性证据标准

早在上世纪初期,法院已经开始探索实质性证据标准的司法适用。根据王名扬先生的考据,最早在司法审查中适用实质性证据标准的案件是

---

〔55〕 王名扬:《美国行政法》(下),北京大学出版社 2016 年版,第 503 页。

〔56〕 5 U.S. Code § 706(2)(E).

〔57〕 5 U.S. Code § 706(2)(A).

〔58〕 5 U.S. Code § 706(2)(F).

〔59〕 5 U.S. Code § 706(2)(B).

〔60〕 5 U.S. Code § 706(2)(C).

〔61〕 5 U.S. Code § 706.

〔62〕 5 U.S. Code § 706(2)(D).

1912 年的 *ICC v. Union Pacific R. Co.* 案，[63]该案中，最高法院声称，法院审查行政机构的命令时，应当关注其命令是否有实质性证据（substantial evidence）的支持，除此之外不宜对事实作进一步的审查。[64] 一年后，最高法院再次重申该标准，认为没有必要审查行政命令相关的每一个事项（each of the matters），只需关注其中更重要的事实（more salient facts），即使行政机构的某些陈述事实未被法院采纳，其行政命令仍然可能得到法院的认可，只要该命令能够获得实质性证据的支持。[65] 彼时，虽然最高法院对于实质性证据标准的阐释、梳理和整合尚不完善，但仍受到国会的青睐和认可，除上文提及的 1914 年《联邦贸易委员会法》外，20 世纪 30 年代，国会陆续在《证券法》（*Securities Act*）、《国家劳动关系法》（*National Labor Relations Act*）、《联邦动力法》（*Federal Power Act*）等法中对实质性证据标准作出规定。1946 年，国会将实质性证据标准纳入《行政程序法》，此后，该标准被视为美国行政法体系中最为稳定和令人满意的特征之一。[66]

应当如何理解实质性证据标准？首先，应明确实质性证据标准的适用范围。根据《行政程序法》的规定，凡是法律要求应当依行政机构之听证记录作出的裁决，应当有实质性证据支持。[67] 也就是说，实质性证据标准适用于所有在正式裁决中被行政机构采纳的事实认定。其次，什么样的证据符合实质性证据标准的要求？《行政程序法》通过前，最高法院曾对实质性证据标准作了原则式和概括式的论述，只要行政机构的事实认定是合理的，达到一个合理的人可能接受作为一个结论的正当性支持的水平，即具备实质性证据的支持。[68] 在论及口头或书面证据之适用条件时，《行政程序法》附带性的提到实质性证据标准的适用条件：行政机构应全面考量整个听证记录，或听证记录中为当事人所引用的部分，并符合和得到可靠的、有证明力的和实质性证据的支持。[69] 在 *Universal Camera Corp. v. NLRB* 案

[63] 王名扬：《美国行政法》（下），北京大学出版社 2016 年版，第 507 页。

[64] *ICC v. Union Pacific R. Co.*, 222 U.S. 541 (1912).

[65] *ICC v. Louisville & Nashville R. Co.*, 227 U.S. 88 (1913).

[66] ［美］理查德·J. 皮尔斯：《行政法》（第五版）（第二卷），苏苗罕译，中国人民大学出版社 2016 年版，第 756 页。

[67] 5 U.S. Code § 706(2)(E).

[68] *Consolidated Edison Co. v. Labor Board*, 305 U.S. 197 (1938).

[69] 5 U.S. Code § 556(d).

中,最高法院结合《行政程序法》以及 *Consolidated Edison Co. v. Labor Board* 案对实质性证据标准的要求和解读作了进一步完善,即实质性证据标准应当以听证记录之整体为衡量基础,必须全面考量听证记录中的证据,甚至包括与行政机关的决定依据不一致的证据,从整体记录来看,最终支持行政机关裁决的证据必须是实质性的。[70] 对听证记录的整体考量意味着,法院不能以某一方当事人的证据作为全部裁判依据,因为其他证据可能弱化甚至推翻该证据对于最终裁判结论的支持力。[71] 最后,实质性证据标准涉及法院和行政机构对于证据的采纳权限。行政机构需要结合多个证据事实作出裁决,证据之间的证明力强弱和因果关系通常较为复杂,并不存在一以贯之的逻辑关系,例如在面对适格证据时,传闻证据不是实质性证据;[72] 但如果传闻证据是可靠的和值得信任的,是合理谨慎的人作出行为时所依据的证据,也可以构成实质性证据。[73] 实质性证据标准突显了法院对于行政机构之证据采纳权限的高度尊重,行政机构掌握专门知识和丰富经验,对于裁决决定具有值得信赖的判断力,法院不能用司法判断来衡量行政判断,只需审查行政机构的判断是否合理。最高法院在 *Consolo v. Federal Maritime Commission* 案中阐述了实质性证据标准的政策意图,国会之所以慎重地通过该审查标准,原因在于它使得审查法院不需费事费力地对证据进行权衡,它尊重行政机构的专业能力,促进法律的统一适用。当法院被要求审查行政机构的自由裁量救济形成方式(fashioning of discretionary relief)时,这些政策尤其重要。在行政领域,行政机构作出决定时需要考虑的因素很多,这些因素非常复杂,而且可能难以审查。国会通过赋予行政机构制定补救措施的自由裁量权,体现出对行政机构专业知识的重视。[74] 在该判决中,最高法院还强调,为了统一起见,需要警惕的是国会关于实质性证据标准的政策可能受到下级法院阐明的审查标准的损害,应当尽量减少复审法院用其自由裁量权取代行政机构自由裁量权的机会。

联邦行政机构数量众多,职能相异,针对不同的行政裁决,国会和法院

---

[70] *Universal Camera Corp. v. NLRB*, 340 U.S. 474 (1951).

[71] Sen. Doc. No. 248, 79th Cong., 2d Sess. 214, 280(1946).

[72] Cooper F E, *Administrative Law: The Substantial Evidence Rule*, 44 American Bar Association Journal 945-949, 1001-1003(1958).

[73] *EchoStar Comm Corp v. FCC*, 292 F. 3d 749 (D.C. Cir. 2002).

[74] *Consolo v. Federal Maritime Commission*, 383 U.S. 607 (1966).

可能会对实质性证据标准的具体适用方式作出调整。1977年，国会通过《尘肺病福利法》（*Black Lung Benefits Act*），明确因职业原因罹患尘肺病而致残或致死的煤矿工人的赔偿体系。[75] 根据《尘肺病福利法》的规定，劳工部工人补偿计划办公室（Office of Workers' Compensation Programs）作出福利争议裁决的初步决定，相对人对裁决决定不服可要求行政法官组织审判型听证，如果对行政法官的裁决不服可上诉至劳工部福利审查委员会（Benefits Review Board），直至上诉至巡回法院。就赔偿体系而言，《尘肺病福利法》对于行政裁决的确定和审查进路与《行政程序法》基本符合。然而，就实质性证据的认定责任分配而言，《尘肺病福利法》赋予行政法官高于行政机构的事实认定权限：如果行政法官的事实认定得到实质性证据的支持，劳工部福利审查委员会需要支持行政法官的裁决决定，复审法院根据法律规定也应对行政法官的事实认定（而非劳工部福利审查委员会的事实认定）适用实质性证据标准。[76] 同《行政程序法》相比，《尘肺病福利法》的福利裁决制度实现了更高的职能分离，但也导致诸多不确定性、混乱和冲突。[77] 1988年《退伍军人司法审查法》（*Veterans' Judicial Review Act*）对裁决的事实问题采纳了同《行政程序法》不一致的审查标准，退伍军人上诉法院（U. S. Court of Appeals for Veterans）需要支持退伍军人上诉委员会（Board of Veterans' Appeals）的事实认定，除非该事实认定存在明显错误。《退伍军人司法审查法》在一定程度上放松了实质性证据标准对于事实裁定的审查要求。[78] 除了国会在组织法中作出的直接规定外，法院有时会通过判例对实质性证据标准作出修改。在 *Stieberger v. Bowen* 案中，专家在事实认定中的权重大大提升，第二巡回法院提出的主治医生规则（treating physician rule）认为，主治医生对医疗残疾问题的观点（即诊断以及损害的性质和程度），对事实认定者具有约束力，不要求主治医生的医学证词得到

---

[75]　30 U. S. Code § 901.

[76]　［美］理查德·J. 皮尔斯：《行政法》（第五版）（第二卷），苏苗罕译，中国人民大学出版社2016年版，第779页。

[77]　*Pancake v. Amax Coal Co.*, 858 F. 2d 1250, 1255 (7th Cir. 1988); *Greer v. Director*, OWCP, 940 F. 2d 88 (4th Cir. 1991); *Davis v. Director*, OWCP, 936 F. 2d 1111 (10th Cir. 1991).

[78]　Stichman, Barton F. The Veterans' Judicial Review Act Of 1988: Congress Introduces Courts And Attorneys To Veterans' Benefits Proceedings[J]. Administrative Law Review 41, no. 3 (1989): 365-397.

客观临床或实验室检查结果的支持,除非其观点与实质性证据相抵触。[79]考虑到医学领域的高度专业性和主治医生的权威性,第二巡回法院的判决可能会形成以主治医生确定的规则替换实质性证据标准的现象。尽管主治医生规则陆续受到其他巡回法院的质疑,[80]并被最高法院推翻,[81]但却表明,法院可能通过判决将司法意见融入实质性证据标准的具体适用。

2. 武断和恣意标准

武断和恣意标准是《行政程序法》对事实问题施行的第二个司法审查标准,该标准适用于非正式裁决。[82]考虑到行政机构的绝大多数裁决决定都是通过非正式程序作出,因而武断和恣意标准的适用范围远大于实质性证据标准。1935 年,最高法院在 *Pacific States Box & Basket Co. v. White* 案中判决说明了武断和恣意标准的早期版本。针对俄勒冈州农业部于1933 年 5 月 3 日发布的行政命令《水果和蔬菜的容器标准》(*Standard Containers for Fruits and Vegetables*),原告 Pacific States Box & Basket Company(一家生产水果和蔬菜容器的公司)对该标准的合理性提出质疑。最高法院认为,当行政命令被质疑时,如果可以合理设想事实的任何状态能够有效维持这一命令,那么就存在该事实状态之存在合理性的推定,并且提出质疑的人必须承担举证责任,通过诉诸常识或其他可能在司法上注意到的事项或其他合法证据,以表明该行政命令是恣意(arbitrary)的。[83]

最高法院曾在多起判决中对武断和恣意标准有过阐释,其中被多次引证和讨论的经典判例是 1971 年的 *Citizens to Preserve Overton Park v. Volpe* 案以及 1983 年的 *Motor Vehicle Manufacturers Association of the United States,Inc. v. State Farm Mutual Automobile Insurance Company* 案。1971 年的判决涉及交通部长建设州际公路路线之选择的法定职权,最高法院认为,即使交通部长关于公路路线的行政决定是在法定职权范围内作出,对相应事实的司法审查也不会随之结束。为了对交通部长的决定是否武断和恣意作出判断,法院必须考虑该行政决定是否基于对相

---

〔79〕　*Stieberger v. Bowen*,801 F. 2d 29 (2d Cir. 1986).

〔80〕　*Peabody Coal Co. v. Odom*,342 F. 3d 486,489 (6th Cir. 2003);*Eastover Mining Co. v. Williams*,338 F. 3d 501,22 BLR 2-625 (6th Cir. 2003).

〔81〕　*Black & Decker Disability Plan v. Nord*,123-S. -Ct. 1965 (2003).

〔82〕　5 U. S. Code § 706(2)(A).

〔83〕　*Pacific States Box & Basket Co. v. White*,296 U. S. 176 (1935).

关因素(relevant factors)的考虑,以及是否存在明显的判断错误(a clear error of judgment)。[84] 在 1983 年的判决中,最高法院结合上述判决,对武断和恣意标准的具体审查要求作了更进一步的阐述。该案中,最高法院强调,交通部长发布机动车安全标准时,如果考量了国会不希望其考量的因素,或完全没有考虑该决定的一个重要方面,或对其决定作出与摆在行政机构面前的证据背道而驰的解释,或者其决定是如此难以置信,以至于不能将其归因于观点上的差异或行政机构专业知识的产物,那么行政机构的决定是武断和恣意的。[85]

就具体表现形式而言,除上文已经提及和分析的忽视相关因素外,武断和恣意标准的适用范围大致还包括:(1)未作解释的偏离先例。行政机构在说明理由的前提下,可以偏离自己的先例;[86]近年来,行政机构偏离先例的理由说明义务受到一定程度的限制,行政机构不需向法院证明采纳新决定的理由要优于旧决定的理由,只要新决定的理由合法、合理即可。[87] (2)显失公平的行政制裁。在法定权限范围内,行政机构享有作出处理决定的自由裁量权,法院应当尊重之。[88] 但是,行政机构面对大致类似的案情时,却作出明显不同的处理决定,则可能被法院认定为武断和恣意。[89] (3)不合理的行政迟延。巨大的工作量、人力资源和资金支持的不足、行政决定程序的繁杂等因素都可能造成行政迟延的后果,法律没有规定决定期限的行政领域,不意味着行政机构可以无限制迟延,行政机构仍应当在合理的期间内作出决定。根据《行政程序法》之规定,[90]行政机构的迟延决定是否合理,法院可以审查,而且可以采取补救措施。

不难看出,武断和恣意标准是以行政决定是否具备合理性作为判断标准,究其性质而言,与实质性证据标准其实并无本质上的区别,不过,两种司法审查标准分别适用于非正式裁决和正式裁决,因而审查的具体深度并不相同。在 Abbott Laboratories v. Gardner 案中,最高法院提出,如果对涉

---

[84]　*Citizens to Preserve Overton Park v. Volpe*, 401 U. S. 402 (1971).

[85]　*Motor Veh. Mfrs. Ass'n v. State Farm Ins.*, 463 U. S. 29 (1983).

[86]　Atchison, T. & S. F. R. Co. *v.* Wichita Bd. of Trade, 412 U. S. 800 (1973).

[87]　FCC *v.* Fox TV Stations, Inc. - 556 U. S. 502, 129 S. Ct. 1800 (2009).

[88]　Butz *v.* Glover Livestock Commission Co., Inc., 411 U. S. 182 (1973).

[89]　Bovino *v.* Scott, 22 N. Y. 2d 214 (1968).

[90]　5 U. S. Code § 706(1).

及实质性证据标准的案件进行上诉,可提供更为慷慨(more generous)的武断和恣意审查标准。[91] 结合原被告双方争论提及的成熟学说(ripeness doctrine),最高法院意在表明,武断和恣意审查标准对于行政机构的决定更具尊重性。在 *Camp v. Pitts* 案中,货币监理官作出裁决,否决国家银行通过的一项章程。最高法院在论及该裁决的司法审查标准时认为,货币监理官所作裁决为非正式裁决,应当说明作出裁决的理由;虽然货币监理官解释裁决的理由不够充分,但《国家银行法》或《行政程序法》均未授权对此类裁决适用实质性证据标准,所以武断和恣意标准是适当的司法审查标准。[92] 1970 年《职业安全与健康法》(*Occupational Safety and Health Act*)曾在司法审查中提及实质性证据标准:如果得到作为一个整体考虑的记录中的实质性证据支持,职业安全与健康监察局局长的行政决定将是决定性的。[93] 最高法院在 *Industrial Union Department v. American Petroleum Institute* 案中分析该条款的立法原意时提出,《职业安全与健康法》中的审查标准代表了一种立法判断,即行政机构的监管行动应受到比武断和恣意标准更为严格的司法审查。[94] 也就是说,就审查的严格程度而言,实质性证据标准甚于武断和恣意标准。在 *American Paper Institute, Inc. v. American Electric Power Service Corp* 案中,最高法院一致意见作出的判决认为,在一般情况下,亦即《行政程序法》作出的规定而言,武断和恣意标准比实质性证据标准更为宽松(more lenient)。[95]

应当说明,两起标准实质意义上的高度一致,可能导致具体案件中的区分困难。各级巡回法院,尤其是哥伦比亚特区巡回上诉法院和第七巡回上诉法院,时常将两起标准认定为完全相同的两类标准,认为其仅存在语义上

〔91〕 Abbott Laboratories *v.* Gardner,387 U. S. 136(1967).

〔92〕 Camp *v.* Pitts,411 U. S. 138 (1973).

〔93〕 29 U. S. Code § 655(f).

〔94〕 Industrial Union Department *v.* American Petroleum Institute,448 U. S. 607 (1980).

〔95〕 Amer. Paper Instit. *v.* AEP Svc. Corp.,461 U. S. 402 (1983).

的区别(semantic distinction),并认为二者之间表现出显著的"融合趋势"。[96] 在 *Aman v. Federal Aviation Administration* 案中,第七巡回上诉法院提出,行政机构的决定必须有证据支持,以避免被认为是武断和恣意的,但是,实质性证据标准同样需要证据的支持。除了特定的情况之外,二者之间的区别可能无法得到准确地说明,即使二者之间的差异确实存在,这种差异也可能更多是一种氛围式的(atmospherics)而不是明显可见的。[97] 结合第七巡回上诉法院的意见可以得出这样的结论,两种审查标准之间的差别很小,以至于如此微妙,因而决定其具体适用的关键条件可能就在于"具体现实"(Realistically)。[98] *Aman v. Federal Aviation Administration* 案后 14 年,在审理的另一起案件中,第七巡回上诉法院再次深入讨论两种审查标准之间的区别后提出更为深刻的认知,行政裁决往往涉及技术问题,行政机构具备拥有专业知识和丰富经验,复审法院却没有。在绝大多数情况下,司法和行政的分工往往决定了——法官与其他普通人一样存在认知上的局限性,这种局限性对于辨识两种审查标准之间颇为精细的区别来说可能构成一个不可克服的障碍。[99] Verkuil 通过实证探讨案件结果与审查标准之间的关系后,[100] 得出同第七巡回上诉法院判决意见基本一致的结论。

(二)法律问题

法律问题的司法审查包括法律解释和法律适用。从行政实践的角度来看,法律解释和法律适用密不可分,行政机构只有在适用法律时才会解释法

---

〔96〕 *Associated Industries v. United States Dept. of Labor*, 487 F. 2d 342, 354 (2nd Cir. 1973); *Pacific Legal Foundation v. Dept. of Transp*, 593 F. 2d 1338 (D. C. Cir. 1979); Association of Data Processing Service agenciesizations, *Inc. v. Board of Governors of The Federal Reserve System*. 745 F. 2d 677 (D. C. Cir. 1984); *Bangor Hydro-Elec. Co. v. FERC*, 78 F. 3d. 659, 662 (D. C. Cir. 1996); Central States Enters., Inc. v. ICC, 780 F. 2d 664, 674 n. 10 (7th Cir. 1985); *Indiana Sugars, Inc. v. ICC*, 694 F. 2d 1098, 1099 (7th Cir. 1982); *People of the State of Illinois v. United States*, 666 F. 2d 1066, 1072 n. 6 (7th Cir. 1981); *Black v. ICC*, 737 F. 2d 643, 650 (7th Cir. 1984).

〔97〕 *Aman v. Federal Aviation Administration*, 856 F. 2d 946 (7th Cir. 1988).

〔98〕 *Dickinson v. Zurko*, 527 U. S. 150 (1999).

〔99〕 *School District of Wisconsin Dells v. Z. S.*, 295 F. 3d 671 (7th Cir. 2002).

〔100〕 Paul R. Verkuil, An Outcomes Analysis of Scope of Review Standards, 44 Wm. & Mary L. Rev. 679 (2002).

律,后者是前者的逻辑前提。不过,行政决定的过程颇具复杂性:首先,行政机构需要解释欲适用法律的具体意义;其次,行政机构对相关事实作出裁定;最后,以上述两个步骤为基础,行政机构将已经解释的法律适用于具体事实。从司法审查的角度来看,法律解释可能强调普遍性,法律适用可能凸显特殊性,审查的要求和范围并不完全一致。

1. 法律解释

　　法院解释法律时有高于行政机构的权威地位。最高法院在 *FTC v. Gratz* 案中明确提出,解释法律是设立法院的重要目的之一,也是法院不能放弃的职责,行政决定所涉法律问题,必须由法院进行审查,法律必须纠正行政机构错误的法律解释。[101]《行政程序法》亦确定了法院解释法律时存在的优越地位,强调审查法院决定所有有关的法律问题,解释宪法和法律的规定。[102] 行政机构解释法律时,往往着眼于法律对于该行政机构管辖范围及执行事项的意义,具有片面性和特殊性,缺乏对法律规则普遍性和全面性的理解视野。显然,除了为数不多的专门性和针对性立法外,绝大多数法律发挥作用的空间并不仅仅局限于行政机构的某一特定管辖范围及拟执行事项。另外,不同的法律可能同时对某一特定管辖范围及拟执行事项具有约束力,法律之间存在不同的位阶关系及调控重点。所以,就法律的解释而言,同行政机构相比,法院具有更为专业的法律知识和丰富经验,理应成为解释法律的权威。

　　法院的优越地位意味着,法院独立审查行政机构的法律解释,不受后者约束,但并不意味着法院解释法律时不考虑行政机构的解释。法院和行政机构在解释法律时不是非此即彼的独占性关系,只是说双方解读存在差异时,法律具有最后解释的权力。在解释法律时,法院非常重视行政机构的解释意见,虽然这种重视程度会受到行政决定的性质、法律的规定以及案件具体情况等多重因素的影响,但在考虑行政机构所作法律解释的长期经验中,法院会着重考虑如下因素的影响:(1)行政机构的立法参与度。行政机构参与起草的由国会通过的法律,在解释时能够在一定程度上代表立法者原意,会受到法院的重视;行政机构对规章进行法律解释时,由于行政机构本身即

---

[101]　*FTC v. Gratz*, 253 U. S. 421 (1920).
[102]　5 U. S. Code § 706.

立法者，其解释自然也会受到法院的高度重视。（2）行政机构的专业化程度。在专业化程度越高的领域，行政机构的解释越能得到法院重视；与之相对，如果行政机构解释法律的领域是法院具有较强专业性的司法领域，行政机构的解释可能就不会受到太多重视。（3）其他有权机构的态度。国会修改法律时对行政机构的解释持同意态度，或者较大幅度采纳行政机构的解释意见，法院自然会重视行政机构的解释；同理，行政机构的法律解释如果被高级别司法机构视为判决结论的有效论据，该解释也会得到其他司法机构的重视。（4）法律解释的一致性和时效性。行政机构的解释与以往通行的解释相冲突且没有合理依据的，不会受到法院重视；行政机构的解释并未立足于当下，缺乏时效性证据时，其解释也难以受到法院重视。

在 *Chevron U. S. A. , Inc. v. Natural Resources Defense Council* 案中，最高法院在一定程度上改变了法律解释的传统司法审查标准。该案的争议焦点是法律术语"固定的空气污染源"（stationary sources of air pollution）的解释问题，1977 年《清洁空气法修正案》（*The Clean Air Act Amendments of* 1977）提出了这个术语，但没有对其具体意义作出规定。环保署 1981 年制定的规章将"固定的空气污染源"解释为以工厂作为污染源的基本单位，Natural Resources Defense Council 不认同环保署的解释，认为应当以每个单一的污染源（例如每个烟囱）作为基本单位，并进一步认为环保署的规章违反法律的规定。上诉法院认为环保署的解释有误，撤销了环保署的规章，最高法院撤销了上诉法院的判决，并说明了法律解释的司法审查标准。该案的审查对象是行政规章对法律的解释，但最高法院在判决中明确表示，该案建立的审查原则适用于行政机构对其执行的法律的解释（an agency's construction of the statute which it administers），所以该判决确定的审查原则也适用于行政裁决对于法律的解释。最高法院认为，在审查行政机构对其执行的法律的解释时，应该采用两分法的理路：首先，应当明确国会是否已经讨论过行政机构所作解释，如果国会的意图很明确，那么这个问题到此为止，法院以及行政机构必须实现国会明确表达的意图。其次，即使国会对于行政机构的解释并无确定答案，法院也不能认为自己的解释就是终极答案，除非行政机构没有作出解释；相反的，如果法律对于具体问题没有解释，或者其解释模棱两可导致意义不清，法院的问题是审查行政机构的解释是否基于法律允许的解释。[103]　作为一项具有里程碑意义的案例,自 1984 年发布以来,该案件提出的司法审查标准已经在成千上万起案件中被引用,并被称为行政法中的"雪佛龙尊重"(Chevron deference)原则。[104]　该原则呈现出的实质观点在于,法院只审查行政机构的法律解释是否合理,不能以法院认为正确的解释取代行政机构的合理解释,即使法院认为自身解释的合理程度优于行政机构。也就是说,法院的作用限于对行政机构所作解释的监督,法律解释的最终决定权有从法院转移至行政机构的趋向。

近年来,美国社会对行政机构的履职满意度有所质疑,"雪佛龙尊重"原则的适用效力和范围亦逐步得到调整。在 *King v. Burwell* 案中,最高法院认为,在具有深远经济和政治意义的行政监管行动中,"雪佛龙尊重"原则并不能提供适当的分析框架。[105]　从另一个角度上说,行政机构的法律解释权可被视为国会对解释权力的分配,在三权分立的宪政框架下,如果法院基于"雪佛龙尊重"原则将享有的法律解释权拱手让与行政机构,放弃他们认为的对模棱两可的法律的最佳解读,可能会引发严重的分权问题。基于上述理由,最高法院在同年的另一起案件中暗示可能会对"雪佛龙尊重"原则作出实质上的限制,甚至消除该原则的司法适用。[106]　在最高法院的引领下,下级法院在多起判例中收紧了"雪佛龙尊重"原则的适用条件,表达出对过于尊重行政机构解释意见的异议。[107]　另外,在国会层面,众议院于 2017 年 1 月 11 日在第 115 届国会上通过了《2017 年监管责任法案》(*Regulatory Accountability Act of 2017*),该法在分权恢复法(*Separation of Powers Restoration Act*)一节中修改了司法机构对行政决定的审查范围,授权审查法院决定所有相关的法律问题,并强调无需尊重行政机构的解释(without giving deference to the agency's interpretation)。尽管《2017 年监管责任法

---

[103]　*Chevron U. S. A. , Inc. v. Natural Resources Defense Council, Inc.*, 467 U. S. 837 (1984).

[104]　*United States v. Mead Corp.*, 533 U. S. 218, 226 (2001).

[105]　*King v. Burwell*, 576 U. S. 473 (2015).

[106]　*Michigan v. Environmental Protection Agency*, 576 U. S. 743 (2015).

[107]　*City of Arlington, Tex. v. FCC*, 133 S. Ct. 1863 (S. Ct. 2013);Gutierrez-Brizuela v. Lynch, 834 F. 3d 1142 (10th Cir. 2016); *Waterkeeper Alliance v. EPA*, 853 F. 3d 527, 534 (D. C. Cir. 2017).

案》最终未能成为生效法律,但仍打下了修正"雪佛龙尊重"原则的深刻烙印。

2.法律适用

法律适用系指有权机构将法律的具体规定运用于具体案件的活动。从广义的角度可以认为,决定法律的具体规定能否运用于某一具体案件的活动本身即是法律解释的过程,也就是说,法律适用和法律解释并不能截然分开。不过,法律适用中的解释和上节提及的法律解释有不同的侧重点:上节提及的法律解释是法律规定在一般意义方面的解释,具有普适性的效力,因而是一种抽象解释;法律适用中的解释是法律规定在特定意义方面的解释,仅具有个案适用的效力,是一种具体化的解释,是与某一特定个案紧密联系的法律解释。

作为法律问题和事实问题的混合产物(mixed questions of law and fact),[108]法律适用可能呈现出不同的面向,有时倾向于法律问题,有时倾向于事实问题,考虑到法律适用的特定性和具体性,法院通常按照事实问题的标准展开司法审查。持该观点的重要判例是 1941 年 *Gray v. Powell* 案,在判断"生产者"(producer)一词是否适用于某铁路开采的煤矿时,最高法院认为,在案件事实不存在争议之前提下,法律名词的具体适用应当取决于行政机构的合理决定,法院不宜用司法决定取代行政决定。[109] 3 年后,在判断雇员(employees)一词的适用范围是否包含报童时,最高法院再次强调,涉及法律解释的问题,应当重视执行该法律的行政机构所作的解释,并进一步阐述了法律适用的审查规则:如果案件需要厘清的是确定一个具有宽泛意义的法律名词的具体适用,那么应当由执行该法律的行政机构首先作出决定,审查法院在其中的作用是有限的。只要行政机构所作解释在案卷记录中有所体现,也具备合理的法律依据,法院就必须接受行政机构的决定。[110]

法院对行政机构的尊重是基于行政机构的专门知识和丰富经验,并不意味着盲从。如果行政机构对于相同的问题作出前后不一致的决定,也没有说明正当的理由,表明行政机构对待该问题并不一定具备优于法院的专

---

[108]　*Dobson v. Commissioner*，320 U. S. 489 (1943).

[109]　*Gray v. Powell*，314 U. S. 402 (1941).

[110]　*NLRB v. Hearst Publications*，322 U. S. 111 (1944).

门知识和丰富经验,相应的决定可能不会得到法院的尊重。此时,法院应当结合自身的能力和经验,判断行政机构的决定是否位于法律允许的范围内,并在法律允许的范围内方能支持行政机构的决定。[111] 另外,行政机构的专门知识和丰富经验往往立足于某一特定领域,具有一定的局限性,对同一事务享有管辖权的不同行政机构可能作出彼此不契合甚至矛盾的行政决定。在 Barnard v. Carey 案中,原告产品的组成成分为大豆和其他蔬菜产品,国税局认为应当将其产品标记为人造黄油,并按此标准征税,食品和药物管理局认为该产品不能标记为人造黄油,两个行政机构的决定相互矛盾。尽管对产品有持续的需求,但原告仍无法将其产品推向市场。法院认为,国会授权不同的行政机构制定适用于同一主题的规章制度时,必然会有冲突和混乱。如果必须执行这些相互冲突的行政命令,意味着公民的财产实际上将被无偿没收,法院必须给予救济。[112] 针对此种情形,法院自然应当作出独立判断。

四、结语

作为一种行之有效的治理方式,美国行政裁决具有专业性强、成本低、效率高等诸多优势,在绝大多数行政机构的规制实践中均获得广泛适用。[113] 行政机构的裁决决定对相对人的权力和义务产生直接影响,部分具有较强典型性和代表性的裁决个案可能产生普适的约束力,甚至形成不成文的监管规则。归因于此,司法机构对行政裁决具有较为全面的审查管辖权,即便法律中明确提出"行政机构的行政决定是最终的、结论性决定"等类似表述,也不意味着法院的司法审查权被排除。除非国会在法律中提出直接、清晰和准确的表述,以确凿无疑的态度排除了司法审查,同时在不侵犯宪法基本权利的前提下,法院才可能丧失对行政裁决的司法审查权。当然,全面的司法审查并不意味着法院对行政机构之职权的广泛介入,对于个案

---

[111] *Barrett Line, Inc. v. United States*, 326 U. S. 179 (1945).

[112] *Barnard v. Carey*, 60 F. Supp. 539 (N. D. Ohio 1945).

[113] Bernstein, Merton, C., *The NLRB's Adjudication-Rule Making Dilemma Under the Administrative Procedure Act*, 79 The Yale Law Journal 571-622 (1970).

的事实问题,法院通常尊重行政机构的决定,对于个案的法律问题,法院的专业性、审查权限和决定权力往往甚于行政机构,司法审查的深度可能会随着具体事实问题、法律问题以及个案特征有所变化。经历了对行政裁决展开司法审查的漫长发展历程,国会、行政机构和司法机构对相应的程序和标准进行过多次交锋和碰撞,并不断修正和完善之,颇具复杂面貌的美国行政裁决的司法审查体系已经形成。

Abstract：Administrative adjudication in the United States is an administrative process in which administrative agencies make orders. The existence of the power of administrative adjudication means that while holding the legislative and administrative functions, the administrative agencies have the judicial functions, which seems to violate the principle of separation of powers and once triggered a discussion on constitutionality. As far as the standards of judicial review are concerned, statutory review, non-statutory review and incidental review all constitute the threshold of judicial review. The judicial review of administrative adjudication in the United States includes factual and legal issues. For the judicial review of factual issues, based on the expertise and rich experience of administrative agencies in specific fields, courts usually respect the decisions of administrative agencies, and its review standards mainly include substantive evidence standards, arbitrary and capricious standards, etc. For the judicial review of legal issues, compared with the administrative agencies, the court is superior to the former in terms of professionalism, review authority and decision - making power, and has a higher authoritative status. It can even replace the decision of the administrative agencies with the judgment of the court.

Key words：Administrative adjudication in the United States; The question of fact; Legal issues; Judicial review

（特约编辑：刘雪鹏）

美国政府承担环境污染治理责任探究

翁孙哲[*]

内容提要：在美国环境法上，政府不仅要基于作为公权力行使者而承担环境污染治理义务，而且可能需要像私人一样承担环境污染治理责任。政府承担场地环境污染治理责任的有以下理由：一是依据《超级基金法》的规定承担所有者、经营者和安排者的责任，或者由于政府行为存在重大过失而承担责任；二是依据政府合同中的补偿条款承担责任。政府放弃主权豁免使得治理责任承担成为可能。当然，在特定情形下，政府即使已经同场地的环境污染有关联，也无需承担治理责任，这些情形是：针对应急事件的反应行动、没过边界的政府监管活动、因公法行为获得所有权或控制权。美国政府承担治理责任有助于实现公平正义，体现了环境法治的基本要求。但《超级基金法》司法中关于政府责任的不确定性和政府承认自己作为责任主体的激励不足的情形客观存在。

关键词：政府责任；所有者责任；经营者责任；安排者责任；合同

在环境法中，关于政府的责任，文献大多是从政府在公法上的义务角度来探讨，更准确地说是政府的环境保护义务以及政府在没有履行这些义务所承担的行政责任或刑事责任。对于政府环保义务的探讨，有人从环境的公共性出发，认为由于环境属于公共产品，环境损害具有公共性的特点，即环境损害影响到公共的环境利益，也会影响到私人利益，但是由于"搭便车"的存在，私人是没有经济能力去治理环境的；或者私人即使有能力进行治理，也无法获得治理的全部收益，造成私人收益和社会收益的分离，因此，只

---

* 翁孙哲（1980—），博士，浙江警察学院法律系副教授。主要研究方向为环境法理论。

有公共利益的代表政府才能达成这一职责,企业和公民依法向国家缴税,政府获得财政收入后,就必须负起环境治理的责任。也有人从权利义务的角度来探讨,特别是许多国家在宪法中明确规定公民的环境权,既然有权利主体,那么必然会有保护公民环境权的义务主体。国家保护环境的义务有消极(尊重)、保护、给付三分法,"根据国家的消极义务,公民得对抗针对公民环境相关权利的国家侵犯;根据国家的保护义务,国家采取措施阻止或防止针对公民环境相关权利的私人侵害;根据国家的给付义务,国家应当积极履行对公民的生存保障义务,不断改善环境质量。"[1]还有学者从国家环境基本国策等角度出发,"认为基本国策是国家的环境保护的宪法规范形态,是对所有国家权力构成约束的国家目标条款。国家环境保护义务包括:现状保护义务、危险防御义务和风险预防义务。"[2]无论是基本权利-基本义务范式还是国家基本目标范式,政府环境责任的理论前提为政府是公共利益的维护者,政府接受人民的委托,使用税收,当然要行使权力,维护好环境的公共利益。如果政府违反上述义务,应当承担治理责任,政府治理受损害的环境,既是履行危险防御义务,也是履行风险预防的义务,如果政府没有履行过这些义务,造成污染的扩大和环境恶化,政府要直接承担责任。政府可能得不到人民的支持,而政府工作人员需要承担引咎辞职的政治责任或者受到行政处分,甚至可能需要承担渎职的刑事责任。从这个意义上而言,政府环境治理责任是政府违反保护环境的公法上第一性义务而产生的第二性义务,与私人主体违反保护环境的第一性义务而产生的第二性义务不同。

可以说对于政府环境治理的公法义务的理论解说已经相当丰富,但对于政府是否应当像私人主体一样承担环境治理责任,理论上研究不多。美国国会于1980年通过的《综合环境反应、赔偿与责任法案》(由于该法案制定了设立特别信托基金的条款,因而通常又被称为《超级基金法》),对治理场地环境污染进行了细致规定,为我们提供了研究政府环境治理责任的另外一种视角。《超级基金法》规定政府作为所有者承担责任,是因为其对土地拥有所有权,其所有者身份在特定情形下与私人无异,对土地具有事实上的管领力,有义务防止环境污染。同时政府在行使权力过程中,也可能会

〔1〕 张翔:《基本权利的受益权功能与国家的给付义务》,《中国法学》2006 年第 1 期,第 22 页。

〔2〕 陈海嵩:《国家环境保护义务的溯源与展开》,《法学研究》2014 年第 3 期,第 70-71 页。

造成场地的环境污染或生态破坏,如政府直接干预或介入到企业产生危险废弃物的经营活动中去,此时政府也可能需要承担经营者或安排者责任。在这些情形下,政府对于场地的环境污染或生态破坏的产生具有直接的联系,与政府作为公法主体治理场地的环境污染法律责任有很大区别,而与私人主体承担责任差别不大,但此时政府承担责任的原因在于其行为而非其身份。

一、美国政府承担场地环境污染治理责任的缘由

政府接受了人民的委托来管理公共事务,其目的是实现社会的公共利益,与私人污染者不同,私人污染者在生产经营中造成污染,其获得经营的利润却无须承担成本,会使其更加没有限制地污染,因此其承担治理责任是责任内在化的要求。但是政府承担治理责任的基础却不尽相同,政府承担治理责任的理由有三个:一是基于政府的身份;二是基于契约,政府在战争的特殊时期政府为了保证战时物资的供应,与企业签订合同,由企业向政府提供军用装备,并约定政府在合同结束后对合同方企业可能要承担的责任进行补偿,这种责任包含环境治理责任;三是基于政府的不作为或乱作为。政府作为土地所有者承担所有者的责任不言而喻,同时政府参与产生污染的活动构成经营也要承担责任。当然并不是政府所有与污染相关的活动都构成经营,这里存在一个边界的问题。如果政府对于产生污染的活动负有监管职责,正常地履行监管职责就并不构成经营。

(一)政府依据《超级基金法》承担治理责任

《超级基金法》规定场地环境污染的责任主体有:(1)危险废弃物或场地的现在所有者和经营者;(2)危险废弃物处置时设施的所有者或经营者;(3)安排来对设施中的危险废弃物进行处理或处置的个人或者实体;(4)接受且运输危险废弃物到处理或处置设施中的个人或者实体[3]。如上所述,由于

---

〔3〕 Benjamin J. Rodkin, *Deciphering CERCLA's Vocabulary*;*United States v. Burlington - Reasonable Division and Arranger Liability*,20Vilianova Environmental Law Journal 275,286 (2009).

《超级基金法》中人的定义包括政府,那么政府就很有可能因为所有者、经营者或安排者的身份而承担治理责任。

1.政府作为所有者来承担

对于政府而言,由于联邦政府和州政府拥有近 30% 的土地,对于这些场地的环境污染,美国政府或州政府会由于其所有者的身份而承担责任;或者污染场地的设施属于政府所有,政府也会承担所有者责任。在 *EIF Atochem North American*,*Inc. v. United States* 案[4]中,联邦政府构成《超级基金法》上的所有者。不仅是联邦政府,州政府和地方政府也可能构成责任主体。在 *Pennsylvania v. Union Gas*,美国最高法院指出,州政府需要和其他责任主体一起根据《超级基金法》承担治理费用[5]。美国政府承担所有者责任并不是其对污染场地的占有和支配,具有所有者身份这个事实就足以使其承担责任。由于《超级基金法》既包括行为责任,又包括状态责任,"状态责任的原理,系基于财政权之社会义务,指责任主体在享受物的财产上利益同时,也应承担物使用造成的风险,所产生之公法上义务"[6]。所有者承担治理责任是一种状态责任,在于其对土地或设施具有事实上的管领力,因此政府承担所有者责任并不少见。由于土地上存在联邦所有制和私人所有制,如果不科以责任,联邦土地可能会无人治理,不利于环境的修复。

2.政府作为经营者来承担

《超级基金法》对于经营者并没有进行严格的界定,联邦法院的主流观点认为经营者要对受污染的场地或者产生污染的设施具有事实上的控制。在 *FMCCorp. v. United States Department of Commerce* 案中,美国政府作为《超级基金法》中的经营者承担治理责任。法院认为,联邦政府对设施进行实质性控制并积极地介入到设施的活动中;政府决定该设施生产什么

---

　　[4]　*ELF Atochem North American*,*Inc. v. United States*,833 F. Supp. 488（E. D. Pa. 1993）.

　　[5]　*Pennsylvania v. Union Gas Co.*,491 U. S. 1. 10（1989）.

　　[6]　林昱梅:《场地污染行为人整治责任概括继受之法律问题——以德国法之比较为中心》,《东吴法律学报》2015 第 3 期,第 32 页。

样的产品;控制原材料的供给和价格;供给在生产程序中使用的设备等等[7]。尽管政府的职员或者官员并没有直接接管工厂,但是政府通过监管、现场检查及没收可能对产品生产过程实施了显著的控制。考虑到所有情形,该控制的程度以及没有政府的行动该废弃物不会存在的事实可以认定政府构成《超级基金法》中的经营者[8]。很显然,在该案中政府对于设施的经营和产品的生产已经干预到十分深入的地步,这也超出了其履行公共职能的监督管理的边界。

3. 政府作为安排者来承担

在《超级基金法》的立法和实践中,安排者主要是通过合同或其他方式将危险废弃物交由第三方处理,其唯一的目的就在于对危险废弃物的处理。在许多案例中,政府往往同时基于经营者和安排者的身份承担治理责任,因为政府安排处理危险废弃物时,其对危险废弃物的生产过程会有显著控制。但在 United States v. Shell Oil 案中,在二战期间美国政府对石油工业施加了显著的控制,生产过程中产生的大量废弃物质倾倒在 Mc Coll 土壤中造成污染,该案中地区法院认为美国政府作为安排者承担 100% 的责任,第九巡回法院认为在治理苯废弃物上,政府承担 100% 的责任,因为政府已经租用储藏罐来处理苯废弃物。[9] 之所以仅承担安排者责任,是因为政府并没有介入到企业废弃物的生产过程之中。

4. 政府的故意或重大过失

政府作为公共权力的行使者,在履行职务的过程中,对于环境的监管是其应有的义务,政府不履行或怠于履行环境保护义务,在履行职务过程中徇私舞弊或者不作为,该采取及时治理的行动却没有采取,导致在环境危急事件中污染再扩大,那么政府是要承担责任的。政府在治理过程中,由于故意或重大过失造成污染,政府要承担责任。根据《超级基金法》第 101(d)(1)

---

〔7〕 Spyke Nancy Perkins, *From War Strategy to Waste Strategy: The Validity of Government CERCLA Liability for War Production Site Cleanups*, 4New York University Environmental Law Journal 263,273 (1995).

〔8〕 Steven G. Davison, *Governmental Liability Under CERCLA*, 25 Boston College Environmental Affairs Law Review 47,53(1997).

〔9〕 Bienvenu Clare, *United States v. Shell Oil Co.: The Tension of CERCLA Arranger Liability for Government Wartime Production Facilities*, 16Tulane Environmental Law Journal 199,209 (2002).

规定,如果没有针对危险废弃物的排放或排放的威胁导致的对于公共健康福利或环境而采取反应行动,即使反应行动符合国家应急计划,也不能免除责任;同时如果政府有过错也不能免责。[10] 同时根据《超级基金法》第101(d)(2)规定,政府存在重大过失时,是不能免责的。[11] 政府在治理场地的环境污染过程中存在重大过失不仅表明政府及其工作人员主观上缺乏保护环境和公众健康的责任意识和谨慎态度,而且客观上造成场地的环境污染和健康损害的扩大,与《超级基金法》的目标背道而驰。

在 United States v. Princeton Gamma-tech 案中,某场地被列入全国优先清理名录,1991 年美国环境保护署在治理场地过程中对 Princeton Gamma-tech 提起追偿费用之诉,Princeton Gamma-tech 对环境保护署提起了反诉,其理由是认为该治理计划恶化了已经存在的环境损害,并对将来环境造成不可修补的损害。法院支持了 Princeton Gamma-tech。[12] 该案例表明如果政府治理方案不当,就要减轻责任主体所承担的责任份额,其实质是政府要对扩大的污染承担治理责任。

(二)政府依据合同承担场地环境污染治理责任

政府同私人企业签订合同向私人企业购买产品或服务,已经成为政府提高产品或服务供给的手段。如为应付战争或者国防的需要,美国政府同许多企业签订合同,由这些企业为政府生产所需要的产品。在和平时期的军备采购、场地环境污染的治理,政府也往往与不同的生产者签订合同,由这些企业提供武器军备或治理服务。政府合同具有契约性,政府不能强迫

---

[10] 《超级基金法》第101(d)(1)规定:"对于由于危险废弃物的排放或排放的威胁导致的对于公共健康福利或环境的事故,根据国家应急计划或根据该计划委任的现场协调者的指导下在实施注意、援助或建议期间采取的行动或不作为导致的费用或损失,没有人需要承担责任;但是如果费用或损失是由于该人的过错除外。" See Steven G. Davison, *Governmental Liability Under CERCLA*, 25 Boston College Environmental Affairs Law Review47,51(1997).

[11] 第101(d)(2)规定:"第三方产生的或来自第三方拥有的设施产生的危险废弃物的排放或排放的威胁导致的紧急情况所采取的反应行动,对于该行为所造成的费用或损失,没有州或地方政府需要承担责任。但是由于对于州或地方政府的重大过失或故意不当行为产生的费用或损失,不能免除州或地方政府的责任。鲁莽、故意、恶意或不当行为构成重大过失。" See Steven G. Davison, *Governmental Liability Under CERCLA*, 25Boston College Environmental Affairs Law Review 47,51(1997).

[12] Silecchia,Lucia Ann, *Judicial review of CERCLA cleanup procedures: striking a balance to prevent irreparable harm*, 20Harvard Environmental Law Review 339,376 (1996).

当事人订立合同,对于合同双方本着平等精神来订立;正是因为合同对双方的拘束力,即使补偿条款或赔偿条款在几十年前就已经签订,政府也要遵守。[13]

在二战期间,对于企业在合同履行中产生的污染,政府会被施以《超级基金法》中的所有者、经营者和安排者责任。同时1944年美国政府通过《合同和解授权法》,授权政府与企业就合同结束进行谈判,并签订协议,协议中规定了补偿条款,下述杜邦公司就是依据合同中补偿条款来要求美国政府进行赔偿。[14] 在杜邦公司案中,1940年美国政府与杜邦公司签订合同,合同中有补偿条款和赔偿条款。其中补偿条款规定,对于杜邦在履行合同或与履行合同有关的任何种类的事务中产生的损失、费用和损害(包括死亡、人身损害、财产损害和对第三人的损害),政府应使其免受损害。赔偿条款规定,对于在履行合同过程中、之前或之后招致的经合同官批准的事实上的费用进行赔偿。[15] 1984年,在发现污染后,环境保护署将该场地列入全国优先治理名录,杜邦公司和其他潜在责任主体进行治理调查和可行性研究,并于1993年起诉美国政府要求政府赔偿调查和研究费用。

本案中法院要解决的一个问题是《超级基金法》中的费用是否属于补偿和赔偿条款中的费用。法院认为对于在《超级基金法》通过以前的合同中的补偿条款是否包含在《超级基金法》责任,需要符合以下两点:①条款是否足够具体能包括这些费用;②条款是否足够宽泛能包括任何环境责任。法院认为补偿或赔偿条款足够宽泛能对政府施加未知的责任风险,也就是政府要承担责任。[16] 2004年联邦巡回法院支持了杜邦的请求。[17] 法官作出如此解释有着坚实的法理支撑,即使在签订补偿或赔偿条款时,政府和责任

---

〔13〕 [美]Daniel J. Mitterhoff 著,杨伟东、刘秀华译:《建构政府合同制度——以美国模式为例》,《行政法学研究》2000年第4期,第87页。

〔14〕 Bunn Randall James, *Contractor Recovery for Current Environmental Cleanup Costs under World War Ⅱ-Era Government Indemnification Clauses*,41Air Force Law Review 163,179 (1997).

〔15〕 *E. I. Du Pont de Nemours and Co.*, *Inc. v. U. S.*,365 F. 3d 1367.

〔16〕 Rinebarger Trent, *The Environmental Costs Of Government Defense Contracts：Considerations After E. I. Dupont De Nemours And Co. V. United States*,34State Bar of Texas Environmental Law Journal 44,52 (2004).

〔17〕 Rinebarger Trent, *The Environmental Costs Of Government Defense Contracts：Considerations After E. I. Dupont De Nemours And Co. V. United States*,34 State Bar of Texas Environmental Law Journal 44,54 (2004).

主体并没有预料到未来数十年后出现的环境责任。但是，由于《超级基金法》本身所具有的溯及既往的效力，治理场地环境污染的公共利益优先于当事人对法律的信赖利益，既然合同相对人作为责任主体要承担场地环境污染的治理责任，那么这些费用理应包括在补偿条款之内。

同样在 *Ford Motor Co. v. U.S.* 案中，1941年福特公司与美国空军签订合同来生产轰炸机，二战结束后双方签订终止战时合同的协议，该终止协议规定，基于福特对第三方责任而产生福特公司对美国的请求权，该请求权涉及依据合同可以追偿的费用，包括但不限于政府机构批准的工资调整，但是该费用在当时并不被福特公司的经理、董事、人事部门知晓[18]。对于五六十年后发生的环境治理责任，亦不被福特公司知晓，因此法院认为福特公司可以要求美国政府补偿。

（三）政府承担场地环境污染治理责任的方式

即使是政府由于上述原因要承担责任，其承担责任的方式与私人企业所承担的责任方式不同。私人企业承担责任的方式包括：根据政府的行政命令进行场地环境污染的清理与修复，向政府支付治理费用，向对其寻求分摊的责任主体支付治理费用等，但是，在《超级基金法》，政府的承担治理责任通过以下方式进行：

一是减少责任主体的责任比例。在政府清理场地的环境污染后，对责任主体提起的追偿之诉中，如果责任主体能证明政府也是责任主体承担责任，那么就可以相应地减少责任主体的责任份额，而政府只能使用公共基金来填补已经支付的修复费用。

二是减少环境损害的扩大，如前所述，政府在修复过程中，如果延误修复时间或者选择的修复方式不适当，可能会造成更大的损害，此时责任主体可以提起公民诉讼，如果其能证明其所提起的方案要优于政府提起的方案，那么政府需要及时地调整方案或者尽快地修复来减少损失的扩大。

三是作为唯一的责任主体，适用公共资金进行修复，由于政府拥有大量的土地资源，在这些土地上，也存在严重污染，特别是军事用地，在这些土地上没有其他私人主体的介入，对于造成的环境损害只能由政府动用公共资

---

[18] *Ford Motor Co. v. U.S.*，378 F. 3d 1322（Fed. Cir. 2004）.

金进行清理与修复,需要区分的是,这种情形下政府治理行为并不是履行其公法上的职责,否则会掩盖对政府造成污染行为的否定性评价。

从上述三种方式可以看出,在政府承担责任的场合,对于政府本身的责任,虽然可以动用公共资源进行修复治理,但是最终承担的却是纳税人,而私人主体造成污染时却要承担赔偿责任。

二、美国政府承担场地环境污染治理责任的法理分析

从以上分析表明,美国政府承担场地环境污染治理责任既是基于立法的规定,也可能基于合同的约束,政府承担治理责任相应会减少其他责任主体应承担的治理责任。在这里政府承担治理责任并不是基于其维护环境的公共利益身份。作为公共利益的代表,政府承担治理责任的前提是造成污染的责任主体无法查找或者责任主体缺乏相应的资金,此时政府需要动用财政资金进行治理。而政府作为责任主体承担治理责任,其份额可能是与其他责任主体共同确定,但更多的是由法院在解决有关治理责任承担的纠纷中进行确定。政府作为责任主体承担场地环境污染的治理责任,首先需要解决的是政府能不能承担的问题,在美国法上,主权豁免理论的存在使得政府需要承担场地环境污染治理责任。

(一)政府承担场地环境污染治理责任的责任基础

政府承担治理责任的根源在于状态责任、行为责任和合同责任。无论是侵权法还是环境法,都是要通过调整人们的行为实现损害填补的目的,因此基于行为的违法性而承担责任是应有之义,政府承担治理责任的场合,其行为不是履行环境监管、保护环境质量的公权力行为,而是像私人主体一样介入到污染场地的生产经营活动中的行为。

由于政府对一些土地拥有所有权,政府对这些土地进行占有、使用与控制,所产生的污染,当然需要政府承担责任,在此情形下状态责任与行为责任共存。由于政府行为与污染结果密不可分,行为责任应该起重要作用,而在政府对场地的所有与控制及支配相分离的场合,政府的状态责任起主要作用。状态责任不同于政府没有履行公法上的职责而承担的责任,《超级基

金法》规定状态责任,其目的在于扩大责任主体的范围,使政府在治理场地环境污染后能及时地收回治理费用,使更多的场地环境污染得到治理。

政府承担合同责任是一种特殊情形。在美国,为应付战争或者国防的需要,美国政府同许多企业签订合同,由这些企业为政府生产所需要的产品。这种合同具有一定的特殊性:一是政府订立合同的权力受到多种约束,包括《反超支法》以及国家总审计长会进行的监督;"美国宪法授予国会对国家支出的监督权。审计长享有与公共基金有关的接受、分配和使用广泛的调查权,有权评价政府采购计划,查阅所有政府档案,对行政机关开支提出建议,并有权对项目进行审计;……除审计长外,负责大多数国家政府采购的行政机关也负有内部监督之责,多数行政机关都设有一个内部的但是独立的名为检查总局(Office of Inspector General)的调查机构,执行对特定行政机关的采购活动的审计和其他调查职能"[19]。二是单方合同更改的权利。如果情势变更,政府会宣布变更合同,对相对方造成的损失,政府基于赔偿或补偿条款承担责任,需要进行赔偿。

政府补偿治理责任在于双方的终止协议的可执行性,在终止协议中政府已经承诺对在签订合同当时未知的、尚未预期的损失、费用进行补偿。这种条款是双方真实的意思表示,具有明确的可执行性,如果不是双方的自我执行机制,可以由法庭作为第三方执行。这也是充分尊重合同当事人的合理预期,在责任主体与政府签订的战时合同终止协议时,双方已经同意对在签订合同时尚未知晓的损失或费用,政府会对责任主体进行补偿,该补偿条款并没有明确在未来多少年内产生的损失或费用可由政府补偿;也没有明确哪些类型的损失或费用可由政府补偿,而只是要求该损失或费用的产生与在责任主体履行合同有关。既然合同条款对上述问题没有作出规定,就不能在数十年后用法庭自己的理解取代合同签订时当事人的意图,任何超越合同文本本身的理解都是武断的与不负责任的;相反鉴于战时合同的特殊性以及战时合同履行的特殊性,类似福特这样的公司也是在为国家服务,政府也不能让福特公司由于履行战时合同而在未来遭受不可预料的重大损失。

同时考察这些合同签订时的背景以及合同签订前政府与企业的关系,

---

〔19〕 〔美〕Daniel J. Mitterhoff 著,杨伟东、刘秀华译:《建构政府合同制度——以美国模式为例》,《行政法学研究》2000 年第 4 期,第 89 页。

可以发现事实上政府已经深深地介入到军工产品的生产中,这些企业的计划已经受到政府的影响,政府行为在某种程度上与经营行为无异。而政府之所以要对合同方未来基于原有合同产生的费用进行补偿或赔偿,原因也在于政府先前的行为本身。

(二)政府放弃主权豁免使得责任承担成为可能

1.主权豁免概念

主权豁免由古代的神授王权衍生而来,神授王权认为上帝授予国王以圣职,由于上帝并不会犯错,那么国王也不会犯错,这种豁免从国王扩张至他的政府以及政府个体的职员。主权豁免禁止对主权提起诉讼,但国王可以抛弃这种豁免,允许对他的下属由于他们的行动提起诉讼。与古代国王一样,联邦政府也可以抛弃自己的主权豁免,但只有国会才能规定抛弃主权豁免,并且在相关法律中抛弃主权豁免必须是清晰的和毫不模糊的。如果国会抛弃主权豁免的意图不清楚,那么就不能假定抛弃主权豁免,对抛弃的解释要有利于联邦政府的方式进行严格解释[20]。传统上,政府作为公共机构,其行使权力的目的并非如同私人组织那样出于盈利,而是为了全社会的公共利益,因此政府享有主权豁免。《超级基金法》规定,政府也可像私人主体那样成为责任主体,承担治理责任,也就是政府抛弃主权豁免。

2.《超级基金法》放弃主权豁免的理由分析

美国《超级基金法》中对政府是否作为责任主体作出了规定,该法规定了非常宽泛的责任主体,101(2)对于人的定义为:个体、企业、公司、社团、合伙、联合体、合营企业、商业实体、美国政府、州、市政当局、委员会、州的政治分支,任何州际实体,[21]按此定义联邦政府、州政府等是很有可能会符合该定义而需要承担责任。为什么国会会在《超级基金法》规定抛弃联邦政府的主权豁免呢?要知道联邦政府行使权力是依据宪法所赋予的职责,为了公共利益行事而不是为了政府的某个部门或者政府的工作人员,让联邦政

---

〔20〕 Silecchia,Lucia Ann, *Judicial review of CERCLA cleanup procedures*: *striking a balance to prevent irreparable harm*, 20 Harvard Environmental Law Review 339,376(1996).

〔21〕 Kearns Thomas, *An Examination of*, *and Suggested Revisions to*, *CERCLA's Provisions Waiving the Federal Government's Sovereign Immunity from Actions Based on State Law*, 5 Buffalo Environmental Law Journal 17,43(1997).

府承担责任会影响到联邦政府顺利地实现自己的职责;同时最终会让纳税人承担责任,在现代法治国家,政府征税的权力是严格受到法律约束的,政府不能将由责任主体承担的治理责任转由纳税人承担。

但是抛弃联邦政府的主权豁免也有特定的公共政策理由:联邦政府所有或经营的设施,如军事设施,其造成污染的现象并不少见,在这些场景下,并不存在私人主体,让联邦政府承担责任,也即是对其行为的非难,因为联邦政府存在有责性。抛弃主权豁免与《超级基金法》的目标是一致的,《超级基金法》的目标就是要让那些对污染负有责任的当事人承担场地环境污染的治理责任。如果政府对污染负有责任,那么抛弃主权豁免就有利于实现《超级基金法》的目的。放弃主权豁免也有利于明确政府在环境监管中的行为边界。履行环境监管是政府必要的职责,但是政府在环境监管中,也可能存在越权或乱作为的情形,此时造成污染或污染的扩大,政府负有不可推卸的责任,而放弃责任豁免则有可能使政府承担责任,使政府在环境监管中对自身的行为有所约束。

三、美国政府承担场地环境污染治理责任的限度

虽然放弃主权豁免,政府将承担治理责任,但是政府承担治理责任需要划定明确的边界,这是因为政府毕竟是履行维护环境公共利益的职责,在此过程中政府会不可避免地与企业发生联系;同时政府要受到财政约束,过多地承担治理责任会导致政府用于其他公益事业的资金减少。美国《超级基金法》中明确规定了政府无需承担治理责任的情形。

(一)针对应急事件的反应行动不承担治理责任

根据《超级基金法》第 107(d)(1)和 101(d)(2)前半部分规定,对于造成公共健康或环境损害的事故,联邦、州政府或地方政府需要采取反应行动,对于这些反应行动所产生的费用或损失,政府没有重大过失时,政府无需承担责任,这是因为由于场地环境污染本身的复杂性、交叉性,即使政府在治理前已经对场地进行了详细的调查和了解,也难以确保政府在治理过程中的万无一失,不会产生新的损失,而如果此种情形下都要承担责任,对

政府而言会增加开支,同时导致政府在治理时过于谨慎而使治理责任增加,时间延长。*AMW Materials Testing,Inc. v. Town of Babylon* 案中,法院认为对于火灾的紧急情况,采取的行动是反应行动,是免于承担责任的。[22]这种立场,不仅符合《超级基金法》的规定,而且与国会的立法历史相一致。同时法院还列举了其他巡回法院已有的类似立场来支持自己的观点。

(二)没过边界的政府监管活动不承担治理责任

所谓监管是指政府在履行公共管理或者保护环境过程中所采取的行动。如果政府所采取的管制行动的程度已经深度介入到企业的污染设施的经营中,那么政府就构成经营者而应当承担责任。在美国的司法实践中,法官结合具体案情,已经将政府作为经营者和监管者的身份进行区分。对于政府的责任,不仅联邦政府、州政府要承担治理责任,而且地方政府特别是市政当局对于市政固体废弃物,需要承担因为所有者和经营者的身份承担治理责任。

在 *United States v. New Castle County* 案中,法院认为,并不是由于州监管场地,使得其不构成《超级基金法》中的经营者或安排者,而是因为根据其条例和法律中的强制性规定介入到与场地有关经营中的程度并没有充分到能认定其构成经营者或安排者的,[23]也就是说监管活动不能过度介入到污染场地的经营中,否则要承担安排者或经营者的责任。在 *Miami-Dade County,Fla. v. U. S.* 案中,法院依据最高法院对于经营的定义,即经营者必须管理、指导和进行与污染相关的业务。空军的行动,没有达到管理、指导和进行与污染相关的业务的程度,所以政府不承担经营者责任。同时,政府出于类似于商业客户的地位,接受 Aerodex 的维修服务并付费,并没有安排危险废物的处理,也不构成安排者责任。[24]但是对于何者构成不承担治理责任的监管活动,立法没有明确规定,司法也是具体案情具体分析。

---

〔22〕 *AMW Materials Testing,Inc. v. Town of Babylon*,584 F. 3d 436 ,(2nd Cir. 2009).

〔23〕 *United States v. New Castle County*,727. F Supp. 864(D. Del. 1989).

〔24〕 345 F. Supp. 2d 1319 (S. D. Fla,2004).

(三)因公法行为获得所有权或控制权不承担治理责任

根据《超级基金法》第 101 条(20)款,州或地方政府部门因行使主权而实施扣押,以及与其他主体破产、税收拖欠、抛弃或其他消极情形相关的执法行为而被动获得船舶或设施所有权或控制权的,不认为是所有人和经营人[25]。政府在行使职权过程中获取上述所有权或控制权是一种常见的现象,在这些情形中政府获得所有权或控制权并不像私人那样是处于获取财产的收益,而是被动的获取所有权或控制权,是基于政府的公法身份,如果在这种情形下要求政府承担责任,将会使政府陷入两难的境地,取得所有权或控制权却要承担责任,但是如果不取得所有权或控制权会使政府的其他职能无法顺利实现。

在 *United States v. Carolawn Company, Inc.* 案中,法院发现 DHEC 的行动仅限于:指导 SEPCO 来清理场地、进行法律程序强制 SEPCO 进行清理、许可 Coco 经营场地、批准 SCRDI 经营场地以及对土壤污染的监督活动。DHEC 虽然对场地有控制权,但其基于履行政府的主权功能,因而无需承担责任。[26] 该案中,政府对于场地的控制权并非积极追求的结果,而是基于责任主体破产的特定事实,为确保破产程序的顺利进行被动地获得控制权。政府没有拥有场地的所有权,同时与责任主体也不存在政府合同,也没有安排废弃物的清理,因而无需承担治理责任。

四、美国政府承担场地环境污染治理责任的意义与局限

(一)美国政府承担场地环境污染治理责任的意义

1. 美国政府承担治理责任有助于实现公平正义

一是美国政府承担治理责任有助于实现责任的公平分担。《超级基金

---

〔25〕 袁峰等编著:《美国超级基金法研究——历史遗留污染问题的美国解决之道》,中国环境出版社 2015 年版,第 50 页。

〔26〕 *United States v. Carolawn Company, Inc.*, 698 F. Supp. 616(D. S. C. 1987).

法》规定,政府治理场地环境污染后,会对责任主体提起追偿费用的诉讼,场地环境污染本应由责任主体治理,政府只是代履行。场地环境污染的治理责任往往需要庞大的资金,责任主体为减少自己所承担的治理责任,会在诉讼中积极地行使抗辩权。而前述法理确实在实践中被责任主体所采用,并且法官支持责任主体的抗辩,并且相应减少责任主体应承担的责任额。当然具体理由被采用的频率是有差别的,责任主体基于合同所采取的抗辩适用的情形比较有限,因为这种抗辩需要以责任主体与政府之间存在合同为基础,并且合同中需要载明"补偿"条款,这种合同产生于二战的特殊背景,因此适用范围较窄。责任主体以政府在治理中存在重大过失对环境造成无法修复的损害为由提出的抗辩也相对少见,因为这对责任主体的举证责任负担较重。而政府基于所有者或者经营者、安排者的身份应承担治理责任,成为责任主体抗辩的主要理由。这一方面与美国土地所有制的结构有关,政府成为一些土地的所有者。另一方面,这与战争等特殊时期政府直接介入到场地的经营中有关。不仅是政府会对责任主体提起诉讼,责任主体也会对政府提起诉讼,要求政府承担治理责任。但是这种诉讼并不是行政诉讼,而是双方之间就治理责任的分担问题进行论争。在这些诉讼中,政府也会积极否认自己的所有者、经营者和安排者的身份。二是相对人有通畅的救济渠道。在政府对责任主体提起的追偿诉讼中,责任主体不仅可以提出抗辩,也可以基于政府对污染的发生具有责任而提起反诉。同时责任主体在支付治理责任后就超过其责任份额的部分向包括政府在内的其他主体寻求分摊。

　　2.美国政府承担治理责任体现了环境法治的基本要求

　　一是美国政府无需承担治理责任的情形比较明确,虽然政府可能会基于多种理由需要承担场地环境污染的治理责任,但政府毕竟是履行公共职能且履行职能需要庞大的财政资金。如果政府承担场地环境污染治理责任的边界过宽,将会使公共资金更多地被用于治理场地环境污染,相应会减少政府从事其他公共事业的资金,不利于政府职能的实现;甚至会使政府正常的公权力行使都受到影响,因为政府在行使权力的过程中,会担心需要承担治理责任而怠于行使公共权力。美国《超级基金法》明确规定了政府无需承担治理责任的情形,这些情形中虽然政府获得了场地环境污染,符合形式上的所有者身份,但这与其本身就对土地拥有所有权存在区别,并且这些场地的污染是在政府获得所有权之前就已经发生,并不在政府的管领力控制之下,这种情形下,如果政府承担治理责任,会给责任主体一个逃避承担责任的机会,在其面临承担巨额治理责任的时而候,以从事违法活动将场地环境污染被政府没收,从而转移责任。不仅有立法的明确规定,在政府承担治理责任边界的问题上,司法也发挥了重要作用。对于政府在何种情形下承担经营者的责任或者不承担责任,一方面法官结合具体的案例情形,另一方面也形成了一些可供参考的标准。二是政府承担治理责任使污染者付费原则得到落实。该原则的出发点是通过让污染者承担治理环境污染的费用,从而使其排污行为所产生的负外部性内部化,激励企业安装治污设备,减少污染的排放,保护环境和公众健康。政府推行污染者付费原则的背景是,由于片面追求经济的发展,忽视环境保护,企业为减少成本对排出的污染物不进行任何治理,对环境造成污染或损害,此时政府只能动用公共资金进行治理,可以说污染者主要是指私人主体。从语义上分析,污染者并不仅仅限于企业等私人主体,如果政府也造成了污染,理应成为污染者团体中的一员,从社会效果上分析,如果政府造成了污染而不承担责任,会使企业等排污者对该制度的公平性产生怀疑。而政府作为排污者承担责任,会对其他排污者形成示范效应,也有利于减少企业排污而不用承担责任的侥幸心理。由于政府的公共利益的维护者、社会秩序的管理者、人民利益的维护者的形象深入人心,公众也寄希望于政府能够改善和保护环境,作为社会管理者的政府和被管理者的企业,都可能成为污染者,会冲击和改变传统的观念,特别是对政府的行为进行有效的约束,为政府的监管行为划上边界。

(二)美国政府承担场地环境污染治理责任的局限

1.司法在政府责任的认定上还存在不确定性

虽然《超级基金法》对场地环境污染的治理责任主体进行了类型化的规定,是由于该法文本中缺乏对所有者、经营者、安排者明确的定义,难以为司法提供明确的指引,联邦法院在有关政府承担所有者责任的标准上存在分歧,影响了法律的明确性。在美国,政府对一些土地与矿山拥有所有权,为提高资源配置的效率和促进经济发展,政府将采矿权授予私人企业。授予形式有两种,获得专有权的采矿权与未获得专有权的采矿权。未获得专有权的采矿权的情形下,企业拥有开采地表及地表下矿产资源的权利,而政府拥有除此权利外其他的完全权利。但是在采矿许可期间,政府并不干预采矿企业的生产经营,也不对矿产所在土地行使其他权利。采矿企业在经营中,不可避免地造成所在地块及周边的污染。《超级基金法》实施后,无论是采矿权已经到期还是仍然有效,采矿企业作为责任主体毋庸置疑。但是这些采矿企业在承担责任后向政府提起分摊诉讼,认为政府构成《超级基金法》中的所有者而应承担责任。由于在采矿许可中,政府虽然拥有大部分的权利,但它事实上并没有占有与支配场地,一些法院认为政府虽然作为所有者,但是并没有经营该场地而不构成所有者,如 *United States v. Friedland* 案中,法院认为对场地控制的标准为施加责任提供了充分的所有者标识,在未获得专有权的采矿权的情形中,美国没有能力根据土地的价值来确定转让的边界或确定出售条款。[27] 这些法院将所有者与对场地的控制与支配联系在一起,没有支配就不构成所有者且不需要承担责任。这种观点实际上混淆了所有者与经营者,也使得《超级基金法》中关于所有者责任与经营者责任的类型区分没有意义,因为经营者责任需要对场地有事实上的控制,并且指导、实施管理与污染有关的活动,与法律文本的体系解释与目的解释不符合。当然这种立场能减轻政府面临承担责任的风险,减少政府的支出。也有其他法院采取不一致的立场,*Chevron Mining v. United Statesh* 和 *El Paso Natural Gas v. United States*[28] 案中,法院认为政府即使对场地没有适当的控制与支配,仅仅对场地拥有完全性权利就可以承担所有责任。这种立场符合文本中关于所有者责任与经营者责任的类型区分,政府承担责任的风险大大增加。但是从《超级基金法》有关政府承担责任的司法案例来看,政府在其他许多场景中也是仅仅给予所有者身份而承担责任,这是《超级基金法》的立法本意所在。政府在没有支配与控制场地的情况下承担责任没有违背这一趋势。这种情况说明《超级基金法》司法不确定性情形的客观存在。

2. 政府承认自己作为责任主体的激励不足

美国为治理场地环境污染,设立专门基金,最初基金的数额来自拨款与

---

〔27〕 Kiersten E, *Holms*, *Mined Land*:*Expanding Governmental Ownership Liability Under CERCLA*,76 Washington & Lee Law Review 1013,1037(2019).

〔28〕 Kiersten E, *Holms*, *Mined Land*:*Expanding Governmental Ownership Liability Under CERCLA*,76Washington & Lee Law Review1013,1039-1042(2019).

石化等行业的税收,虽然来源渠道多元,总体上基金数额无法满足治理数量庞大的污染场地,从 1996 年至 2002 年的每个财政年度,超级基金信托基金的资金从 42 亿美元锐减至 5.64 亿美元。从 2000 年至 2008 年,国会每年的拨款额远小于场地环境污染治理计划所需资金。[29] 这也使得政府出于资金的考虑会尽可能的要求其他责任主体承担治理责任,而不会主动承认责任,以减轻其他责任主体的责任。政府要求责任主体承担治理责任的途径有两种,一是政府直接要求责任主体进行场地环境污染的清理与修复,二是政府自己治理后向责任主体提起追偿治理费用的诉讼,在该种诉讼中,责任主体会提出抗辩甚至反诉,政府也构成责任主体。责任主体在向政府支付治理费用后,可能会对政府提起分摊治理费用的诉讼。不论是追偿之诉还是分摊之诉,政府都会积极进行抗辩,使其可能承担的责任最小化。虽然《超级基金法》明确规定政府也可能构成责任主体,但是实现政府责任的途径却主要是追偿之诉和分摊之诉,反映出政府承担治理责任的被动性。

形成鲜明反差的是,在追究政府治理责任上,美国环境法实施中常见的公民诉讼却出现不多,其中的主要原因有:《超级基金法》禁止在政府治理场地环境污染的过程中提起公民诉讼,只允许有限的例外,包括对反映费用、赔偿金进行追偿诉讼或寻求分摊诉讼;指控根据《超级基金法》104 条已经采取的或者根据 106 条承担的清除或修复行动违反本法;但是该种诉讼在修复行动已经在场地上进行,不能对修复行动提起。[30] 同时不用承担治理责任的公民和法人等也缺乏提起公民诉讼的激励,也使得政府更加不会主动承认自己的责任,造成的直接后果是其他责任主体面临承担较多责任的风险,也增加了解决治理责任争议的司法资源浪费。

五、结语

上述的分析可以看出,不同于政府没有履行好作为公权力机构的环境

---

[29] Blair, S.E., *Toxic assets: The EPA's settlement of CERCLA claims in Bankruptcy*, 86 New York University Law Review 1941,1973(2011).

[30] 翁孙哲、曹赞刚:《美国土壤污染修复立法中的公民诉讼条款及其启示》,《华东理工大学学报(社会科学版)》2018 年第 3 期,第 88 页。

保护义务而需要承担责任,政府也可能像私人主体一样承担场地环境污染的治理责任。根据《超级基金法》,政府可能构成所有者、经营者、安排者等责任主体,也可能基于特殊合同条款承担治理责任。特别是政府承担经营者、安排者责任,表明政府的行为已经与场地环境污染的形成密不可分。政府承担责任有助于减轻其他责任主体的负担,实现环境正义。应严格区分政府履行公权力与微观上介入污染形成的行为。美国《超级基金法》规定了政府不承担责任的具体情形,明确了政府责任的边界。同时由于法律规定比较原则,缺少具体规定,使得在司法实践中关于政府是否在某种情况下承担责任还存在一定的不确定性。政府像私人主体一样承担场地环境污染的治理责任,有助于丰富对政府环境责任的认识,有助于规范政府的具体行政行为,应当在宏观上履行好保护环境的监管职责,而不能介入到企业的微观经营领域。

Abstract: In the environmental law of American, the government should not only bear the obligation of environmental pollution control as the wielder of public power, but also bear the responsibility of environmental pollution control as the private.

There are two basis on which the government should bear the cost of soil pollution remediation is based. The first is the liability of owner, operator and arranger according to the superfund law, or be liable for gross negligence in government action; the second is the indemnity provision of government contract, the third is the gross negligence of the government's conduct. The government's waiver of sovereign immunity makes it possible to assume responsibility. But in specific situation, the government should not bear cost of soil pollution remediation even if it has been associated with the contaminated sites. These situations are: the response to the emergency、the government's regulation within the normal boundary、obtaining the ownership and control under public law. It is helpful to realize fairness and justice if the US government undertakes the responsibility of governance, embodies the basic requirements of environmental law. However, the uncertainty of government responsibility exists in judiciary and the incentive that the government admits it as responsibility party is insufficient.

Keyword：government liability；owner liability；operator liability；arranger liability；contract

（特约编辑：刘雪鹏）

欧盟监察专员发展良好行政行为标准的制度支持与实效

范继增[*]

内容提要：在过去的四分之一的世纪里，欧盟监察专员制度是维护欧盟公民基本权利和监督欧盟机构不良行政的监督机构之一。《欧盟机构运行条约》第 228 条和《欧盟监察专员规范条例》为监察专员具体履行职权提供了指引。在欧盟法的分权原则下，尽管欧盟监察专员的决定和建议不具有法律约束力，亦不能与欧盟法院的司法权以及欧盟议会下设的诉愿委员会的职权发生冲突，但是监察专员依旧凭借着积极履行职权的方式强有力保障信息公开、监督欧盟机构的不良行政行为并且为个人与法人的基本权利提供最大程度的保障，发展了良好行政行为的标准，受到了民众的认可。在奥莱丽担任欧盟监察专员的新时代下，监察专员角色不仅是审查欧盟机构行为合法性的法律制度，也逐渐涉及欧盟治理的结构性问题和政治问题。

关键词：欧盟监察专员；不良行政行为；信息公开权；制度实效；职权范围

起源于北欧的监察专员模式已经成为保障人民权利和制约违法行政行为的重要制度设计。[1] 目前，除意大利以外的所有欧盟成员国均在中央政

---

* 范继增，意大利比萨圣安娜大学法学博士，山东工商学院法学院副教授，四川大学法学院特聘副研究员。

〔1〕 本文所指的行政行为对应的英文表述"adminisrtrative action or omission"，即赋有行政管理职责的机构积极作为和不作为的情况。在欧盟法的框架下，作出行政行为的主体不仅包括掌握管理权的行政机构（例如，欧盟委员会和欧盟央行），也包括欧盟议会和欧盟法院作出的影响欧盟公民权利和利益的非立法和非司法性的职权行为。

府层面上建立了行政监察专员制度。[2] 即便《意大利共和国宪法》第 117
条未规定在中央层级设置监察专员制度,但是大区(regione)和大区下设的
省(provincia)依据可以依据宪法第 117 条之规定授予地方自治权,通过大
区政府所制定的组织法(Statuto)自行设立"护民官"制度(difensore
civico)。[3] 即便意大利未设立全国性的监察专员机制,但是意大利议会颁
布的第 97/2016 号授权立法第 6 条第 7 款[4]和意大利议会制定的第 24/
2017 号立法第 2 条[5]皆赋予地方性监察专员监督政府履行信息公开义务
和受理个人投诉相关的政府机构未能履行保障生命健康权的权力。

　　欧盟监察专员具有的便民性和及时性的特征不仅提升了欧盟公约寻求
权利救济的质量,也增进了欧盟公民的认同感,是维护欧盟民主制度和价值
的重要机制之一。2020 年 12 月 7 日,欧盟监察专员机构公布了《迈向 2024
策略》(Towards 2024 strategy),确立了未来四年内欧盟监察专员发展前景
的四大目标:(一)持续地对欧盟行政管理产生积极的影响,使欧盟境内的公
民和居民获益;(二)行使监察权必须与欧盟公民的真实生活持续性地密切
相关;(三)必须增强欧盟公民和居民对欧盟监察专员工作的认知;(四)尽管
资源有限,但是必须促进监察专员的工作效率。[6]

　　从 1995 年起,欧盟监察专员皆会在其官网上公布各年度的工作报告。
从 2020 年 5 月份公布的 2019 年度工作报告分析,欧盟监察专员自 2016 年
起立案数量呈现年度性递增趋势,自 2015 年起每年结案的数量亦呈现递增
的态势。2019 年度报告指出会在一年内对超过 80% 的受理案件给予结论,
平均结案的时间为 7 个月。由于欧盟监察专员的最终建议不具有法律效
力,所以其主要职权就是调查和向相关的行政机构和欧盟议会提出软性的
建议。按照惯例,监察专员年度报告会采取隔年审查的模式审查相关欧盟

---

　　[2]　Members of European Ombudsman Network, European Ombudsman, https://www.
ombudsman. europa. eu/en/european-network-of-ombudsmen/members/all-members.
　　[3]　范继增:《意大利地方性人权监察专员制度初探——以托斯卡纳大区为例》,《人权》2014
年第 6 期,第 46 页。
　　[4]　Decreto legislativo 25 maggio 2016, n. 97, visto nel sito https://www.
gazzettaufficiale. it/eli/id/2016/06/08/16G00108/sg.
　　[5]　Legge 8 marzo 2017, n. 24, visto nel sito https://www. gazzettaufficiale. it/eli/id/
2017/03/17/17G00041/sg.
　　[6]　European Ombudsman Strategy: "Towards 2024" - Sustaining Impact, European
Ombudsman, available at https://www. ombudsman. europa. eu/en/strategy/our-strategy/en.

机构采纳其建议的情况。由于笔者在撰写本文时，欧盟监察专员机构还尚未公布 2020 年度的工作报告。2019 年度报告指出欧盟监察专员在 2018 年全年共向欧盟机构提出了 117 条建议，采纳率为 77％。2017 年度的采纳率为 81％。相比于欧盟议会全部接受的情况，欧盟委员会接受的比率为 70.9％。[7]

　　相比于司法制度的复杂性、冗长性和个案性，欧盟监察专员的受理案件方式和解决途径呈现出便民性、合作性、灵活性和经济性等优势。[8] 一方面，欧盟监察专员可以启动外部机制。依据《欧盟联盟条约》(以下简称《欧盟条约》)第 13 条之规定，监察专员有权调查第 13 条所规定的欧盟机构作出的行政行为是否存在违法或者不合理之处；另一方面，欧盟监察专员公开的结论或者建议也为指导其他欧盟机构促进和完善良好行政提供了指导。[9] 显然，非终局性司法救济途径方便了以维护人民利益为导向的行政监察专员与握有行政管理权的欧盟机构不受司法与行政分权原则的约束，成为连接欧盟人民和行政机构的桥梁。[10] 这也为后者提供了反思既有行政制度缺陷的机会。显然，交流沟通的法外模式提高了欧盟行政机构自我纠错的能力，同时也降低了行政改革的成本。

　　进入到新世纪，我国学者虽然对欧盟监察专员制度的运行和效果产生了研究兴趣，[11] 但遗憾的是却未能持续性关注此领域的发展，尤其是缺乏对欧盟监察专员在重要领域(例如信息公开领域)中行使职权的状况、在个案中与主要欧盟机构的互动模式和效果等重要领域进行研究和前景预测。任何有效的监督机制都必须以最大程度上满足民众的需要和强有力的制度保障为支撑。这意味着监察专员必须掌握解决问题所必要的职权，也需要

---

〔7〕　相关的 2019 年度的欧盟监察专员报告，请参见 Annual Report 2019，European Ombudsman，available at https://www.ombudsman.europa.eu/en/annual/en/127393.

〔8〕　Magdalena Elisabeth de Leeuw，*The European Ombudsman's Role as a Developer of Norms of Good Administration*，17 European Public Law Review 349，351 (2011).

〔9〕　Ana Maria & Moure Pino，*The European Ombudsman in the Framework of The European Union*，38 Revista Chilena de Derecho 421，433 (2011).

〔10〕　Alexandros Tsadiras，*Maladministration and Life beyond Legality：The European Ombudsman's Paradigm*，11 International Review of Law 1，2 (2015)

〔11〕　比较具有代表性的成果参见陈菲：《制度同构理论与欧洲一体化——以欧盟监察专员制度的建立为例》，《世界经济与政治》2009 年第 4 期；朱力宇、袁刚：《欧盟监察专员制度的产生及其运作》，《欧洲研究》2007 年第 1 期；袁刚，张保生：《欧盟监察专员制度研究》，中国政法大学出版社 2013 年版。

监察专员与其它欧盟机构内设置的特别监察机构建立良好的合作分工机制,避免欧盟监察专员受理超负荷的申诉案件。

为了更好地展示欧盟监察专员制度的运作方式和效果,本文将从规范分析为主,借助案例分析的途径展现欧盟监察专员促进良好行政行为的路径。所以,第一部分主要探讨欧盟的"宪法性"规范,即《欧盟条约》和《欧盟机构运行条约》(以下简称《机构运行条约》),分析监察专员握有的职权范围与边界和与其它欧盟机构的关系。第二部分将在《欧盟基本权利宪章》第 43 条和欧盟议会批准的《欧盟良好行政行为汇编》[12](*The European Code of Good Administrative Behaviour*)研究监察专员监督不良行政和发展良好行政标准的实效性。第三部分将具体阐明欧盟监察专员的发展方向和增强影响力的途径。

一、欧盟监察专员职权范围与界限

(一)《欧盟机构运行条约》第 228 条规定的欧盟监察专员职权

1979 年欧盟议会通过了建立欧盟监察专员的决议,但是建立新机构的进程却非常缓慢。1980 年,以皮埃特罗·阿东尼诺(Pietro Adonnino)为首的议会代表建议人民应该直接选举欧盟议员,并且效仿欧盟成员国行政监察专员制度,设立监督欧盟行政机构行为合法性的欧盟议会监察专员。尽管当时的欧盟议会已经意识到具有直接效力的欧盟法逐渐会影响个人的生活,也需要制约行政权力的制度设计,但是多数议员倾向于"在欧盟议会之下设立负责收集欧盟公民提出的申诉和告知其处理途径的议会委员会"[13]。1990 年,时任西班牙总理的费利佩·贡萨雷斯(Filipe Conzalez)提出了超越主权国家框架之上的"欧盟公民身份"的设想。由于"公民身份"的法律概念上代表着公民权利和人的尊严应获得政治机构的承认与保障,

---

〔12〕 需要指出的是《欧盟良好行政行为汇编》前言中已经明确此汇编确立的法律原则不具有法律约束力,仅是欧盟议会作出的约束行政机构的一个一个决议。

〔13〕 Linda C. Reif, *The Ombudsman, Good Governance and International Human Rights System*, Springer, 2004, p.371.

所以贡萨雷斯认为应当设立超越成员国主权性质的欧盟监察专员机构。这项建议获得了丹麦代表的支持,并于 1991 年 3 月份正式提议将欧盟监察专员制度写入新的《欧盟条约》。[14] 1992 年通过的《马斯特里赫特条约》正式将欧盟监察专员制度纳入《欧盟条约》之中。在《马斯特里赫特条约》第 8 条(现《机构运行条约》第 24 条)规定"每个欧盟公民都可以依据本条约第 138条第 e 项(现《机构运行条约》第 228 条)设立的欧盟监察专员提出诉愿申请"。

　　《机构运行条约》第 228 条正式成为建立欧盟监察专员的宪法性渊源。第 228 条第 1 款规定了监察专员的产生方法和职权范围。欧盟移植了北欧模式的制度设计,将监察专员置于欧盟议会的监督之下。根据第 228 条第 1 款的规定,欧盟监察专员是由欧盟议会选举产生。欧盟成员国境内的公民、居民或者已注册的法人皆可以针对欧盟机构和组织的不良行政行为向欧盟监察专员进行申诉。但是,由于《机构运行条约》已经规定欧盟法院掌握解释欧盟法和审查欧盟机构行为合宪性与否的最终权威,所以监察专员的权力就应该避免触及欧盟法院的绝对权威。因此,《机构运行条约》第 228 条第 1 款特别指出欧盟法院行使司法权事项不受监察机构监督。然而,这不意味着欧盟法院在任何情况下皆不受监督。倘若监察专员认为特定事项明显不属于欧盟法院解释和适用欧盟法的司法权范围,那么就会启动调查程序。例如,欧盟法院的招投标行为、合同行为或者雇佣人员的行为皆属于欧盟监察专员的管辖权。[15]《机构运行条约》第 228 条还具体规定了欧盟监察专员启动调查程序的三种途径。除了可以接受个人申诉之外,监察专员亦可以依据自身职权和受成员国议会请求启动针对相关欧盟机构行政行为的调查。

　　第 228 条第 1 款仅规定当监察专员确认欧盟行政机构存在不良行政的情况下,在 3 个月之内向其提供改革和完善建议的观点。考虑到相关的年度报告已经说明平均结案时间为 7 个月,因此第 228 条所规定的"3 个月"应指结案后的 3 个月向相关的欧盟机构提出改进措施和意见。另一方面,

---

　　[14]　Annual Report 1995, European Ombudsman, available at https://www.ombudsman.europa.eu/en/publication/en/3468, p. 4.

　　[15]　The European Ombudsman Guide to Complaint, European Ombudsman, available at https://www.ombudsman.europa.eu/en/publication/en/11469.

根据《机构运行条约》第 228 条的规定,监察专员的建议不对相关的欧盟机构产生约束力,所以在实践中仅有在欧盟机构不接受友好解决方法或者无法执行友好解决的现实时,欧盟监察专员才能在作出建议后 3 个月内向相关的欧盟机构发出内容详细的论证过程和批评意见。倘若相关的欧盟机构无法在涉及重要的公共利益议题上接受欧盟监察专员的意见,[16]监察专员可以依据《欧盟监察专员规范条例》第 3 条第 7 款向欧盟议会提交问题和建议报告。

由于欧盟法框架下存在司法救济或其他种类的申诉途径解决个人与行政机构的争议,所以欧盟议会下设的诉愿委员会(European Parliament Committee on Petitions)通常负责欧盟监察专员向欧盟议会提交的确认不良行政行为影响重大公共利益的报告,并且考虑监察专员机构提出的改革意见和建议。由于欧盟议会对欧盟监察专员建议的高采纳率,议会的诉愿委员会通常也是监察专员的盟友。因此,监察专员启动提交特别报告与否成为行政问题严重性以及监督欧盟机构的指标性因素。

《机构运行条例》第 228 条第 2 款到第 3 款仅就欧盟监察专员的资格,解聘和保障其独立性进行了规定。第 228 条第 3 款特别强调监察专员在履职期间不应该向任何的欧盟机构和成员国政府寻求任何指导性意见,也不得兼任其它的职务。第 228 条第 4 款实际成为欧盟法体系下完善监察专员制度最为重要的制度基础。依据该条款,欧盟议会有权在征求欧盟委员会意见和获得理事会(Council)同意的情况下,依据特殊的立法程序为监察专员履行职务设置属于欧盟二级立法的规章或者其他形式的规定。为了凸显欧盟监察专员的特点,笔者以下的部分中将从监察专员查阅文件的权利、调查和解决争议的权限范围和受理案件范围事项中描述欧盟监察专员的法定权利内容和范围。

(二)监察专员查阅文件和信息的权限范围

欧盟议会在《马斯特里赫特条约》生效后通过了第 94/262 号关于制定

---

[16] Annual Report for 2008, European Ombudsman, available at https://www. ombudsman. europa. eu/en/publication/en/3969, pp. 27-28.

和公布《欧盟监察专员规范条例》(Statute)(以下简称《规范条例》)的决议。[17]《规范条例》是具体细化规范监察专员真正的宪法。《规范条例》给予了欧盟监察专员约束不良行政行为的重要撒手锏——调取和查阅相关欧盟机构文件的权利。欧盟监察专员在 2010 年度报告中指出超过 30% 确认为不良行政的案件与相关的欧盟机构拒绝提供和透露信息和文件有关,在所有类型的不良行政的案件中比率最高。[18] 而在近期公布的 2019 年度报告中,欧盟监察专员指出该年度结案总量的 26.9% 是申请欧盟机构公开相关信息的案件。[19]

诚然,《规范条例》第 3 条第 2 款规定欧盟机构负有向监察专员提供信息和资料的义务。然而,《里斯本条约》以及欧盟后续的修法活动为欧盟监察专员主动查阅文件和要求相关机构公开文件设置了法律限制。[20] 欧盟议会通过第 2008/587 号决定要求欧盟监察专员在调查和查阅文件过程中和履行相关权利后担负着广泛的保密义务。首先,《规范条例》第 3 条第 2 款就规定欧盟监察专员必须依据欧盟第 1049/2001 号规章第 9 条之规定,查阅相关资料之后,不得随意泄漏带有相关机密等级的敏感性文件(sensitive document)。第 9 条同时定义"敏感性文件"专指在公共安全、共同防卫和军事领域中由欧盟机构、欧盟成员国、国际组织或者第三国发布的带有"秘密"、"高级机密"和"绝密"等级的文件。第 1049/2001 号规章第 9 条规定监察专员履行查阅敏感文件权利之前必须得到文件发布方的同意。发布方拒绝监察专员的查阅能否成为阻止监察专员履行查阅文件权的合法理由呢?《规范条例》第 3 条第 2 款给予了肯定的回答。一方面,监察专员

〔17〕 欧盟议会在 2008 年作出了第 2008/587 号之规定,针对监察专员查阅欧盟机构文件的权力作出调整,要求其行使权力必须符合第 1049/2001 号欧盟规章。此后,《规范条例》又在 2008 年 6 月 18 日作出了第三次修改。

〔18〕 Annual Report for 2010, European Ombudsman, available at https://www. ombudsman. europa. eu/en/annual/en/10381. p. 10

〔19〕 Annual Report for 2019, European Ombudsman, available at https://www. ombudsman. europa. eu/en/multimedia/infographics/en/91.

〔20〕 Dacian Dragos & Bogdana Neamtu, *Freedom of Information in the EU in the midst of Legal Rules, Jurisprudence and Ombudsprudence: the European Ombudsman as Developer of Norms of Good Administration*, 13 European Constitutional Law Review 641, 642 (2017); Henri Labayle, *Openness, transparency and access to documents and information in the European Union*, EU Parliament, 2013, https://www. europarl. europa. eu/thinktank/en/document. html? reference=IPOL-LIBE_NT(2013)493035.

在寻求查阅欧盟层级的机密文件时,需要遵守欧盟机构安保规则。尽管《规范条例》并未对安保规则的具体内容作出列举,但是第 3 条第 2 款明确规定了监察专员在履行查阅文件权时应该事先同意欧盟机构对机密文件和基于职业保密义务对其他信息的管理制度。这意味着欧盟相关的保密制度可以合理地限制欧盟监察专员查阅文件的权利。另一方面,查阅成员国的机密文件前必须事先得到成员国政府的同意。对于查阅成员国非机密的文件,仅需履行告知程序。但是,《规范条例》第 3 条规定无论监察专员所查阅的成员国文件无论是否带有机密等级,皆不可擅自向外界透露文件之内容。

随之而来的另一个问题是监察专员倘若需要保密所有文件之内容,那么如何在个案中确保公共知情权或者相关个人的知情权呢?《规范条例》没有给予我们明确的答复。《规范条例》第 4 条第 1 款分成两个部分。从语义的视角分析,该条款前一部分一般性要求监察专员不得泄露其调查过程中查阅的资料。这与第 3 条要求保密一切成员国文件与信息构成了相同的义务标准。后一部分则是特别强调履行此义务的对象是机密文件和欧盟立法所保障的涉及个人信息的文件。倘若依照字面解释,监察专员在任何情况下都不得向公众透露查阅文件的内容,那么《规范条例》第 4a 条款所指请求监察专员向公众公布相应的文件就成为无法实际兑现的权利。《规范条例》自然就成为建立公开性和透明性行政制度的阻碍。

但是,欧盟监察专员在 2016 年制定的《规范条例实施细则》(*Decision of European Ombudsman adopting the Implementing Provisions*)[21]巧妙地变通了《规范条例》保密文件内容的严格性标准。《规范条例实施细则》第 4 条将查阅和了解政府信息和文件的途径扩展为:(1)要求欧盟机构针对个人的申诉给予答复;(2)要求被申诉机构提供相应的文件和资讯,或者与相关机构咨询和沟通后要求查阅相关的文件和资料;(3)要求相关机构人员与欧盟监察专员会面,向其解释作出行政决定的理由;(4)要求成员国常住欧盟的代表向欧盟监察专员解释其作出不良行政行为的原因和理由。因此,欧盟监察专员可以从查阅文件以外的途径了解和知晓相关的信息。《规范条例实施细则》第 4 条第 8 款确立的标准是信息能否公布于众的关键。欧

---

〔21〕 Decision of the European Ombudsman adopting Implementing Provisions,2016/C 321/01,European Ombudsman,available at https://eur-lex. europa. eu/legal-content/EN/TXT/? uri =CELEX%3A32016D0901%2801%29.

盟监察专员通过上述四种途径了解和知晓相关信息后,欧盟机构或成员国有义务告知哪些文件内容或者理由具有机密性。相对 1049/2001 号欧盟规章所涉及的机密文件范围,《规范条例实施细则》规定的不可公开的范围扩展到资讯提供者认为不可公开的内容。但是,倘若资讯提供者在交流过程中未明确表明相关文件信息的不可公开性,那么监察专员自然就可以依据行政公开和透明性原则向申诉人和公众公开此信息。

(三)监察专员受理案件的职权范围和界限

《规范条例》第 2 条规定了欧盟监察专员受理案件的对象、范围和行政相对人提出合法性申诉的要件。第 2 条第 1 款开宗明义地指出欧盟监察专员的主要职责就是"发现欧盟机构履行法定职务过程中的不良行政行为(maladminitration)"。《规范条例》弥补了《机构运行条约》第 228 条第 1 款未明确规定监察专员决定的效力缺陷。第 2 条第 1 款已经在文义上表明了监察专员向欧盟机构提出不具有法律效力的"建议"(recommendation)。诚然,监察专员介入调查的目的是监督行政行为的合法性,但是这个过程无法脱离欧盟监察专员解释和适用欧盟法。尽管欧盟法院有时会赞同监察专员解释和适用欧盟法的结果,但是欧盟法院始终握有司法的最高决定权威。值得注意的是,欧盟法院与欧盟监察专员解释欧盟法的路径呈现出明显的差异性。前者倾向在案件具体的事实中对谨慎地权衡相冲突的利益,而后者习惯于在具有法律可能性的前提下,减低受理门槛[22]并且为申诉人提供最大空间的权利保障。[23] 例如,在信息公开领域,监察专员就认定除非相关的欧盟机构有客观证据证明受到了申请者反复无理的骚扰,否则就依据 1049/2011 号规章有公开相关信息的义务。倘若欧盟机构拒绝承担该义务,就必须承担举证责任。[24] 欧盟监察专员与其他欧盟机构解释路径可以

---

〔22〕 Sophie van Bijsterveld, *Transparency in the European Union：A Crucial Link in Shaping the NewSocial Contract between the Citizen and the EU*, https://www. ip - rs. si/fileadmin/user_upload/Pdf/clanki/Agenda__Bijsterveld-Paper. pdf, p. 2

〔23〕 Deirdre Curtin & Päivi Leino - Sandberg, *Openness, Transparency and the Right ofAccess to Documents in the EU*, European Parliament , 2016, https://www. europarl. europa. eu/RegData/etudes/IDAN/2016/556973/IPOL_IDA(2016)556973_EN. pdf, p. 5.

〔24〕 Draft recommendation of the European Ombudsman in his inquiry into complaint 2493/2008/(BB) TS against the European Medicines Agency, European Ombudsman, available at https://www. ombudsman. europa. eu/en/recommendation/en/4810.

由前者担负的特殊任务予以解释。监察专员不仅要保障行政行为的合法性,更要呈现促进欧盟机构的服务意识和培育良好行政文化。[25] 但是,这些良好的愿望无法成为撼动欧盟法院权威性的理由。

Bavarian Lager 案就是欧盟监察专员、欧盟委员会和欧盟法院间的三方冲突是标志性案例。受到欧盟立法影响的 Bavarian Lager 公司希望欧盟委员会能够公布在其起草和制定啤酒管理法案过程中进行会见和咨询的个人与厂商名单,但是欧盟委员会在征求相关人的意见后认为强行公开拒绝者或无法取得联系人的名单违反欧盟《信息保护法令》(*Data Protection Directive*)。随即 Bavarian Lager 公司向欧盟监察专员针对欧盟委员会拒绝公开信息的行为提出申诉。监察专员在启动调查和沟通程序后认为欧盟委员会依据《信息保护法令》拒绝公布部分参与人员的姓名属于错误适用法律。尽管欧盟法令通常不具有直接适用的效力,必须交由各成员国依据国内立法程序制定加以在国内转化实施。欧盟监察专员认为《信息保护法令》所保障的个人信息范围不应包含参与行政管理程序的个人与法人的姓名。拒绝透露这些信息的后果会侵犯《欧盟条约》和欧盟法院判决所确立的行政公开化的原则。为了进一步凸显欧盟委员会拒绝公开行为构成不良行政,欧盟监察专员随即对《信息保护法令》保障个人信息的范围作出了限制性解释。《信息保护法令》第 7 条赋予了欧盟委员会在保障公共利益、维护行政公开性原则以及保障管理者和第三方利益的情况下公开相关信息的权利。[26] 因此,欧盟监察专员不应将 1049/2001 号欧盟规章第 4 条第 2 款确立的保护个人信息条款用于对抗申诉人的请求。在欧盟委员会拒绝接受欧盟监察专员建议的情况下,申诉人以欧盟委员会为被告将欧盟一审法院提起公开信息的诉讼。一审法院赞同欧盟监察专员对《信息保护法令》的解释。但是,欧盟法院在随后的上诉案件的判决结果中推翻了一审法院的判决,也间接否定了欧盟监察专员对相关欧盟法律条款解释的结果。

其次,《规范条例》第 2 条第 7 款规定欧盟监察专员的介入亦不得影响正在进行的法律程序或者企图改变已确定的司法结果。显然,限制监察专

---

〔25〕 Nikiforos Diamandouros, *The Ombudsman Institution and The Quality of Democracy*, European Ombudsman, 2011, https://www.ombudsman.europa.eu/en/speech/en/348.

〔26〕 European Ombudsman, Special Report from the European Ombudsman to the European Parliament following the draft recommendation to the European Commission in complaint 713/98/IJH, available at https://www.ombudsman.europa.eu/en/special-report/en/380, paras. 2.4-2.6.

员介入的效果的基础是《机构运行条约》第 228 条,在"所控告之事实已进入到司法程序",监察专员不得继续处理该案件。无论监察专员何时启动调查程序,当得知司法机构已经启动审理程序时,欧盟监察专员只能在登记案件情况后拒绝受理或者终止调查,不能采取任何实质性的介入活动。但是,《规范条例》第 2 条第 7 款依旧为监察专员介入与司法机构不相冲突的平行调查提供空间。个人或者法人可能针对同一欧盟机构分别向欧盟法院和欧盟监察专员就不同事项提出请求。所以,欧盟监察专员在具体的案件中有权裁量申诉人的诉求是否与司法诉讼标的重合。倘若申诉请求与诉讼请求彼此独立或者彼此间的关联性不会影响欧盟法院的裁决,那么就可以继续受理案件。例如,在一桩荷兰公司申请查阅相关欧盟文件的申诉中,监察专员虽然了解申诉人已经启动了司法救济程序,但是司法诉讼请求是撤销欧盟委员会向其苛加的反倾销税款。这与向欧盟监察专员申请要求欧盟委员会公布相关文件与资讯有显著不同。所以,欧盟监察专员决定受理了此案件。[27]

再次,由于监察专员的工作仅限于欧盟机构对欧盟管辖内的个人权利产生影响的行政行为和部分涉及公务员管理的事项。原则上,管辖权限不能审查欧盟议会政治性活动的正当性与欧盟二级立法的合法性。这些问题只能由相关机构自行改正或交由欧盟法院进行合宪性审查。[28]但是,由于欧盟法体系中区分立法(权限)行为(legislative act)和非立法(权限)行为(non-legislative act)的法源种类,所以监察专员有权针对欧盟机构制定的非立法性文件(或者称为"执行授权立法文件"或"内部规定")的合法性与适当性进行管辖。[29]例如,欧盟委员会依据其内部规章拒绝审查延长干预乳制品行业股票(dairy intervention stock)期限的合法性,但是欧盟监察专员

〔27〕 Besluit in zaak 1039/2008/FOR - Weigering toegang te geven tot documenten in een antidumpingdossier, European Ombudsman, available at https://www.ombudsman.europa.eu/en/decision/nl/5404.

〔28〕 Ian Harden, Art. 43, in S. Peers & T. Hervey et al (eds.), *The EU Charter of Fundamental Rights: A Commentary*, Hart Publishing, 2014, p. 1140.

〔29〕 《欧盟机构运行条约》第 289 条定义了"非立法性行为"和"立法性行为"。或者专门是指根据欧盟法的普通或者特殊的立法程序制定的欧盟法规范,而前者通常是指欧盟委员会根据欧盟议会或者理事会的授权,为了实施欧盟立法而制定的实施规则。也可以将"非立法性行为"翻译成"授权立法行为"。

却决定受理此案。[30]

最后,欧盟法框架内存在多层级的申诉渠道,欧盟监察专员仅是监督不良行政行为的重要机构之一。因此,如何杜绝公民或者法人针对同个请求展开多渠道的共时性申诉成为制度设计的关键。除《规范条例》第 2 条第 7 款针对申诉权进行限制外,欧盟监察专员亦需要调和《欧盟基本权利宪章》(以下简称《基本权利宪章》)第 43 条和第 44 条之间的权利冲突。第 43 条明确规定了适格主体可以向欧盟监察专员提出解决不良行政的请求,而第 44 条则规定相同主体可以向欧盟议会提出诉愿(petition)。显然,申诉人可以选择不同的途径处理相同的问题。倘若申诉人同时启动两者,那么依据实践惯例,欧盟监察专员应在欧盟议会下设的诉愿委员会受理申诉后终止受理程序。如果诉愿委员会已经作出了实质性的处理决定,除非申诉人提供新的证据,否则监察专员可以拒绝继续受理。[31] 排他性的选择管辖权模式亦体现在欧盟监察专员和欧盟数据保护监督机构(European Data Protection Supervisor)签署的谅解备忘录中。[32] 另一方面,相比于欧盟拥有庞大数量的机构,欧盟监察专员机构的经费和人手无法支持其有效履行监察职责。所以,欧盟监察专员与部分欧盟机构(例如欧盟投资银行)鼓励其他欧盟机构自行设立相应的申诉机构先行处理案件,监察专员进而演变为辅助性的保障机构。[33] 此外,在处理针对欧盟反欺诈办公室(Anti-Fraud Office)和审计法院(Court of Auditor)等机构的申诉时,监察专员习

---

〔30〕 Decision of the European Ombudsman closing his inquiry into complaint 526/2011/(ELB)RA against the European Commission, European Ombudsman, available at https://www.ombudsman.europa.eu/en/decision/en/50802.

〔31〕 Decision of the European Ombudsman closing his inquiry into complaint 452/2010/BEH against the European Commission, European Ombudsman, available at https://www.ombudsman.europa.eu/en/decision/en/5550, para. 18.

〔32〕 Memorandum of Understanding between the European Ombudsman and the European Data Protection Supervisor (2007/C 27/07), Official Journal of European Union, 7. 2. 2007, available at https://edps.europa.eu/sites/edp/files/publication/06-11-30_eo_edps_mou_en.pdf. 详见备忘录的 B 部分第 1 段。

〔33〕 Memorandum of Understanding between the European Ombudsman and the European Investment Bank, available at https://www.eib.org/attachments/strategies/complaints_mou_eo_eib_en.pdf, July 2008, pp. 2-3. 欧盟监察专员指出其审查的对象是欧盟投资银行依据其内部监察程序作出的决定结果。任何个人或者法人都需要现行诉求欧洲投资银行的内部审查。此后,在诉求欧盟监察专员解决问题时,需要告知其不同意投资银行监察机构决定的理由和相应的证据。

惯采取个案分析的方式决定是否启动调查程序。

　　较为特殊的是欧盟监察专员有权处理欧盟工作人员与欧盟机构在工作关系领域内的纠纷。《规范条例》第 2 章第 8 条为欧盟机构工作人员因与雇佣单位的工作纠纷寻求监察专员介入设置了程序性规定。在寻求监察专员介入前,欧盟机构工作人员需要先行依据所在单位的内部程序解决劳动纠纷。《规范条例》第 8 条明确将欧盟监察专员受理相关案件的情况限定在满足《欧盟职员条例》(*Staff Regulation*)第 90 条第 1 款和第 2 款要求的穷尽内部申诉机制,并且依据内部机制的决定结果未能实际有效救济雇员权利或者解决申诉的过程未能依照《欧盟职员条例》规定的执行措施。由于公务员与工作单位存在特殊的行政权力关系,欧盟监察专员不能直接受理工作人员不满意政务处分或者个别领导人员的行为,只能针对工作单位机构受理和解决投诉的方法和制度是否满足良好行政行为进行审查。但是,欧盟监察专员有权对工作场所发生的骚扰和保护"吹哨人"等涉及工作环境和公共利益的案件进行直接调查。

　　值得注意的是欧盟公务员裁判所(Civil Service Tribunal)同意存在竞争关系的公务员竞聘人可以在不穷尽《欧盟职员条例》第 90 条第 2 款的情况下直接向裁判所提起诉讼。但是,欧盟职员遴选办公室(European Personnel Selection Office)却未能放宽对欧盟监察专员介入调查的限制条件。遴选办公室坚持认为公务员竞聘者必须在履行《欧盟职员条例》第 90 条第 2 款后方能请求欧盟监察专员处理案件。显然,这就打破了不同救济机制的平衡性。欧盟监察专员认为限制公务员竞聘人向其申诉的条件违反了《欧盟基本权利宪章》第 43 条。[34]

(四)欧盟监察专员监察的对象:不良行政行为

　　《欧盟机构运行条约》第 228 条和《欧盟基本权利宪章》第 43 条皆允许欧盟公民、居民和法人对欧盟机构的"不良行政行为"(maladministration)向欧盟监察专员提出申诉。但是,至今欧盟条约与相关的欧盟法条例都尚未对"不良行政行为"内容作出清晰的列举。《欧盟基本权利宪章》第 41 条保障良好行政权(the right to good administration)。第 43 条的"不良行政

〔34〕　Harden, *supra* note 28, at 1138.

行为"的概念是否为第 41 条的良好行政权的反义表述呢? 部分学者认为第 41 条规定的良好行政权的概念和范围源于欧盟法院的判决和《机构运行条约》的规定。[35] 笔者认为探究这一问题需要比较分析《欧盟基本权利宪章》第 41 条和第 43 条的立法语言和模式。

《欧盟基本权利宪章》第 41 条第 1 款对行政正义概念作出了原则性规定,即任何人皆有权利要求欧盟机构在合理的时间内公平公正的处理涉及申诉者个人的案件。第 41 款第 2 条列举了良好行政权应包括的具体内容,即(1)行政机关在对行政相对人作出不利影响的决定前,行政相对人享有听证和申辩的权利(the right to be heard);(2)任何人皆享有查阅文件的权利,仅受到正当性机密利益和职业与商业秘密的限制;(3)行政机构有义务解释行政决定的理由。第 41 条第 3 款规定受到行政行为影响的个人有权获得赔偿。第 41 条第 4 款规定欧盟公民有权依据任何一种欧盟成员国的语言向欧盟机构提交来文,欧盟机构有义务以相同的文字予以回复。由于第 41 条第 2 款是采取了有限列举的方法,所以第 41 条第 1 款对良好行政权抽象规定能否完全与第 43 条所规定的约束"不良行政"的范围重合? 目前,尚未有明确答案,尚待欧盟法院适用过程中予以解释。倘若采取关联性的解释方法,将第 41 条第 1 款所规定的抽象的行政正义原则与第 41 条第 2 款所列权利之间定性为一般与特殊的关系,那么意味着司法和行政机构仅需在裁量过程中必须要考虑第 41 条第 2 款所列举事项。不影响司法与行政机构动态地扩大良好行政权的解释范围。倘若欧盟法院采取较为保守的司法谦抑性,第 41 条第 1 款将无法单独为申诉人提供过多的救济途径。但是,部分学者认为第 41 条可以为当事人提供独立的申诉或者诉讼理由,无需与第 41 条第 2 款的权利内容进行绑定。[36]

但是,结合司法谦抑性的狭义文义解释的观点占据了上风。这意味着虽然第 41 条第 1 款的原则性规定独立于第 2 款的具体性规定,但是第 1 款适用范围仅限于行政主体考虑行政相对人的具体请求,而不能扩展到司法审查或者行政监察领域。伊恩·哈登(Ian Harden)认为"第 43 条规定的不良行政和第 41 条规定的良好行政权是截然不同的两个法律概念。即便在

---

[35] Paul Craig, Article 41, in Peers & Hervey et al (eds.), Ibid. p.1069.

[36] Kalara Kánska, *Towards Administrative Human Rights in the EU. Impact of Charter of Fundamental Rights*, 10 European Law Journal, 296 296 (2004)

某些案件中并未发生侵犯个人基本权利（良好行政权）的结果，但是依旧存在被认定为不良行政的可能"。[37] 哈登认为第41条和第43条权利规范的来源不同。前者源于欧盟法院的判决，而后者的来源则更加的广泛。更为确切地说，欧盟监察专员发布的《欧盟良好行政行为汇编》的内容广度和标准皆高于《欧盟基本权利宪章》第41条所确立的范围。[38] 例如，欧盟监察专员要求行政官员的谦虚恭敬和主动提供其他途径的帮助皆纳入在行政行为的评价体系之中，而后者仅适用于保障个体或者法人的法定权利。另一方面，《欧盟基本权利宪章》的核心是保障个人权利。至今，欧盟法院很少依据《欧盟基本权利宪章》第41条之规范保障公共利益，但是维护公共利益恰是欧盟监察专员纠正不良行政行为的重要任务之一。

实际上，受到成员国监察专员制度运行的启发，欧盟监察专员排斥借助法律概念界定"不良行政行为"的种类、内容和范围，而是希望借助于开放的词语和实体法规范之外的善意价值动态地界定欧盟公民的权利和判断欧盟机构行为的正当性。[39] 这突出地体现在欧盟监察专员曾在首次年度报告（1995）中建议不应通过严格性的定义限制"不良行政行为"的范围，而是选择以类型化的路径抽象地描述"不良行政行为"的种类。第一类表现为欧盟机构未能在行政管理过程中遵守既有的欧盟立法规则。其主旨是监督和审查欧盟机构行政行为的合法性。第二类特指行政行为程序和结果侵犯了个人基本权利和尊严。无疑，在《里斯本条约》生效后，欧盟监察专员可以通过解释《欧盟基本权利宪章》的规范途径建议相关的行政主体制定、补充或者修改欧盟机构的内部规定。例如，在受理一名由欧盟公务员提出的要求工作单位自其任职以来支付双倍的抚养残障子女津贴的案件中，欧盟监察专员依据《欧盟基本权利宪章》第26条保障残疾人收入和利益的权利，要求欧

---

〔37〕 Harden, *supra* note〔28〕, p. 1124.

〔38〕 需要指出的是部分欧盟学者认为《欧盟基本权利宪章》第41条和第43条并无实质性差异，并且认定《欧盟良好行政行为汇编》的目的是细化宪章第41条之内容。请参见 Ion Popescu-Slăniceanu, Diana Marilena Petrovszki, Cosmin Ionuţ Enescu, *The Role of the European Ombudsman in the Implementation of the Right to Good Administration*, 6 Juridica, 193, 198-204 (2014).

〔39〕 Dragos & Neamtu, *supra* note〔20〕, pp. 648-650.

盟委员会将补助的时间点从申请之日调整到公务员入职之日。[40] 第三类是欧盟监察专员采取列举的方法展现不良行政行为所包含的内容。这包括:滥用权力、不公平、歧视、可避免性延迟与行政机构未能有效提供相关资讯等原则性的规定。[41] 开放性的定义使得监察专员拥有了更为弹性的管辖权空间。霍阿娜·门德斯(Joana Mendes)建议必须结合具体的情境判决"不良行政行为"语义的具体内容。这极可能包括基本权利规范,也可能包含抽象的原则或者是法律规范之外的标准。[42]

虽然 1995 年度报告对不良行政的定义获得了欧盟议会的批准,但是成员国监察专员依旧坚持欧盟监察专员应该对"不良行政"给予概念化的定义。在 1997 年度报告中,欧盟监察专员将"不良行政"解释为"公权力机构未能有效遵守有约束力的规则和原则"[43]。虽然该解释在文义上未能对先前的描述作出任何实质性的改变,但是欧盟监察专员透露出两个关键的判断要素:监察专员的权限必须于法有据,另一方面欧盟监察专员提醒到其监察对象和受理案件随欧盟法院解释和欧盟立法的变化而变动。这意味着良好行政标准和内容随着客观情景的变化而改变。2005 年欧盟监察专员公布的《欧盟良好行政行为汇编》就是明显的例证。这份建议性指南不仅对1995 年度报告中的不良行政行为的举例种类进行了细化,也依据当下的行政文明的精神将比例原则、谦虚性行政、行政机构的定期审议、在无管辖权时主动交由有管辖权的机构、告知行政相对人相关信息等新内容纳入到良好行政行为范围内。

然而,合法性仅仅是促进良好行政行为的必要性条件。建构丰富多元

---

[40] Decision of the European Ombudsman closing his inquiry into complaint 899/2011/TN against the European Commission, European Ombudsman, available at https://www.ombudsman. europa.eu/en/decision/en/11111.

[41] Annual Report 1995, European Ombudsman, available at https://www.ombudsman. europa.eu/en/publication/en/3468, pp. 8-9.

[42] Joana Mendes, *Good Administration in EU Law and the European Code of Good Administrative Behaviour*, EUI Working Paper 1, pp. 4-5 (2009). 尽管门德斯发现了欧盟法院未能积极地适用《欧盟基本权利宪章》第 41 条扩展良好行政权的范围,但是门德斯在文章中将"良好行政"视为"不良行政"的同义反复。

[43] Annual Report 1997, European Ombudsman, available at https://www.ombudsman. europa.eu/en/publication/en/3447, p. 23.

的管理文化,就需要从其他视角评价行政行为的正当性和适当性。[44] 经历了从 1995 年到 2020 年间的四分之一世纪的跨度,欧盟监察专员关注焦点从早期仅重视行政行为的合法性、透明性以及是否有效保障欧盟基本权利逐渐扩展到主动引导和塑造欧盟良好行政文化。依据最近的 2019 年度报告,案件受理的种类也逐渐扩展至审查行政程序是否得当、行政机关是否合理适用自由裁量权、是否有效保障程听证权、欧盟的财政安排是否公平合理、欧盟机构公权力之行使是否符合行政伦理以及欧盟机构在作出决定前是否有效保障公共参与权等领域。

二、欧盟监察专员制度促进良好行为的实效性

虽然欧盟监察专员的建议和意见不具有法律约束力,但是作为重要的公民申诉机构,监察专员的制度运行过程中更加贴近保障民众利益,对欧盟机构采取强有力的积极性监督,获得了民众的信任。[45] 另一方面,欧盟监察专员的专业性以及与欧盟议会的密切合作关系促使议员依据监察专员的提议主动要求欧盟委员会或者理事会完善立法和要求特定机构改变行政行为方式。从 2003 年到 2012 年的十年间,监察专员启动申诉调查程序的数量呈现出螺旋形上升的趋势。[46] 虽然 2012 年到 2016 年间,欧盟监察专员启动申诉调查的数量持续下降,但是从 2017 年以后监察专员恢复了高增长的立案数量。[47] 欧盟监察专员在 2019 年度报告中指出有 19619 人次获得了欧盟监察专员的帮助。[48] 同领域的高峰值出现在 2013 年度,共有

---

〔44〕 Good Administration from European Ombudsman Perspective, European Ombudsman, available at https://www.ombudsman.europa.eu/en/speech/en/5436.

〔45〕 Atilla Oğuşgil, The Operational Effectiveness of the European Ombudsman, https://kutuphane.dogus.edu.tr/mvt/pdf.php, p.4.

〔46〕 Annual Report 2013, European Ombudsman, available at https://www.ombudsman.europa.eu/en/multimedia/infographics/en/9.

〔47〕 Annual Report 2019, European Ombudsman, available at https://www.ombudsman.europa.eu/en/multimedia/infographics/en/93.

〔48〕 Annual Report 2019, European Ombudsman, available at https://www.ombudsman.europa.eu/en/multimedia/infographics/en/85.

23245 人次获得了欧盟监察专员的帮助。[49] 甚至,在 2002 年的民意测验中,有超过 87％的受访民众知道欧盟监察机构和欧盟公民有权向该组织提出申诉。[50]

相对于严格的司法程序,监察专员的法外救济措施具有更加的便捷性和灵活性。这种优势不仅体现在监察专员启动调查程序的免费性,也体现于监察专员不断完善救济渠道的设计。在 1995 年度报告中,80％申诉被欧盟监察专员裁定为不予受理。其中最重要的原因之一是申诉人未能正确区别成员国监察专员和欧盟监察专员的职权划分。[51] 自 2010 年起,欧盟和成员国建立了欧盟监察专员关系网。当欧盟监察专员发现特定的申诉事项属于国内法管辖时,直接交由成员国的监察专员处理,不必退回给申诉人。[52]

另一方面,欧盟监察专员在受理案件或者启动调查程序后扮演着建议和沟通者的角色。最近 3 个年度的工作报告中反射出很高比例的案件是由监察专员与欧盟机构通过协商的途径解决问题:2017 年度的 45.7％、2018 年度的 40.6％和 2019 年度的 33.3％。在 2014 和 2015 两个年度,在欧盟监察专员确认存在不良行政行为后,相关的欧盟机构仅在少部分案件中(分别为30.8％和36.7％)完全或者部分采纳了监察专员提出的意见。但是,在 2016 年度,采纳或者部分采纳率提高到了 55％。对于欧盟机构不接受建议的案件,欧盟监察专员会向上述机构提交公开性的批评报告。然而,在隔年进行的针对欧盟机构采纳监察专员提议的调查中,我们发现最近三年(2017—2019)的采纳率皆在 80％上下波动,这与 1995 年度工作报告呈现的采纳率持平。

从历年的年度报告中可以发现欧盟委员会是最大的被控机构。重要原因之一是欧盟委员会掌握审查成员国是否有效履行欧盟法的职权。依据《欧盟机构运行条约》第 258 条规定欧盟委员会可以对成员国是否有效履行

---

[49] Annual Report 2013, European Ombudsman, available at https://www. ombudsman. europa. eu/en/multimedia/infographics/en/1.

[50] Citizens Know about Their Right to Complain to European Ombudsman, Says Eurobarometer, PEuropean Ombudsman, Press Release no. 36/2002.

[51] Annual Report 1995, European Ombudsman, available at https://www. ombudsman. europa. eu/en/publication/en/3468, p. 14 & pp. 15-16.

[52] Annual Report 2010, European Ombudsman, p. 62

欧盟法义务作出决定,甚至向欧盟法院提起诉讼。尽管欧盟委员会的决定可能会影响个人或者法人的经济利益,但是欧盟法未能赋予受到影响的主体向欧盟法院提出诉讼的权利。欧盟监察专员的介入并向欧盟委员会提出反馈就成为重要的沟通环节。经过双方的沟通,欧盟委员会于 2002 年向欧盟议会和欧盟监察专员作出的答复(communication)中表示同意设立保障申诉人利益的程序性机制。[53] 即便新设立的机制没有增加申诉人的实质权利,也无削弱欧盟委员会职权的迹象,但是却最大程度地在程序设计上保障了受影响的欧盟公民参与权和反馈意见的权利。另一方面,欧盟监察专员也是监督欧盟委员会是否有效落实依据《欧盟条约》第 11 条第 2 款和《机构运行条约》第 17 条第 3 款规定的咨询义务的有力机构。

倘若我们将目光投射在维护公共利益或者完善政策与建构欧盟良好的治理模式等领域,监察专员制度对维护欧盟民主制度和发展公共服务精神等社会治理的关键领域有着不可替代的作用。[54] 非政府组织通过监察专员机制反馈它们对欧盟行政政策与标准的批评性观点和改革建议。即便监察专员在部分申诉案件中认定其无权受理抑或认定欧盟机构的做法不违反不良行政,但是欧盟监察专员公开履行监督职责的行为激励了更多的欧盟民众讨论和参与公共活动,有助于民众监督欧盟政客行为,拉近民众参与欧盟政策和监督欧盟决定的距离。[55]

---

〔53〕 European Commission, Commission communication to the European Parliament and the European Ombudsman on relations with the complainant in respect of infringements of Community law,〔2002〕OJ C 244/5. Available at https://eur-lex. europa. eu/LexUriServ/LexUriServ. do? uri =COM:2002:0141:FIN:EN:PDF.

〔54〕 详细的影响内容请参见 Kadir Caner Dogan & Ömer Ugur, The Effectiveness of Ombudsman in Improving Good Administration in the European Union (EU), in Marin Rusev et al (eds.), *Social Science Researcher in Globalizing World* , *St.* Kliment Ohridski University Press, 2018, pp. 163-164.

〔55〕 很多欧盟监察专员受理的申诉案件涉及公共利益和廉洁政府的事项。例如,要求审查欧盟官员用车是否符合标准、提出改革专家遴选标准的建议、发现欧盟财政监督机构的利益团体不平衡等日常性管理事项。

三、欧盟监察专员促进良好行政行为的发展与改革趋势

欧盟监察专员机构的改革必须符合两个要件。其一是机构或者职权的改革必须遵守《欧盟条约》和《欧盟机构运行条约》确立的分权原则。其二是有效的欧盟监察专员制度的改革方向必须使民众认同监察专员是可以强有力影响欧盟政策的机构。[56] 实现第二个目的关键是监察专员应该致力于有效地保障个人基本权利、维护公共利益和透明、公开的行政行为。

从 1995 年到 2020 年间,欧盟议会已经选举出三位欧盟监察专员。第二任监察专员尼基辅罗斯·迪亚曼度罗斯(Nikiforos Diamandouros)建议欧盟监察专员的责任不应该仅局限在监督和判断行政行为合法性和是否侵犯了基本权利。相反,应该拓宽视野成为连接一切欧盟宪法机构的纽带。这意味着即便欧盟机构行为具有合法性,但是监察专员依旧应该帮助其纠正行政管理过程中的瑕疵或者不适当之处。[57] 因此,迪亚曼度罗斯时代的监察专员既是外部的监督者,也是情报收集者和优化行政行为改革的推动者。第三任欧盟监察专员艾米丽·奥莱丽(Emily O'Reilly)曾经就任爱尔兰共和国的监察专员。2015 年,她在纪念欧盟监察专员 20 周年的讲话中展现出强化和完善欧盟监察专员更大的"政治"野心。她认为狭义地将监察专员的目标视为"受理申诉的欧盟机构未能反映出其作为欧盟民主基石的更深层次的作用。目前,欧盟行政机制的可控性与透明性还尚待完善,欧盟监察专员应该倡导优化理念,成为欧盟行政文化的改变者"。[58] 2016 年,奥莱丽在全欧盟监察专员联席会议(Conference of European Ombudsman Network)的讲稿中号召所有的层级的监察专员团结协作,成为影响欧盟决

---

〔56〕　Oğuşgil, *supra* note〔45〕, p. 5.

〔57〕　Herwig H. C. Hoffman, The Developing Role of the European Ombudsman, in H. Hoffman & J. Ziller (eds.), *Accountability in the EU: The Role of European Ombudsman*, Edward Elgar, 2017, p. 4.

〔58〕　Emily O'Reilly, Speech at the Conference at the Occasions of the 20 years of the European Ombudsman, 22 June 2015, Brussel.

策的核心力量。[59] 2020 年,奥莱丽在欧盟法院首席法官前的宣誓演讲批评欧盟委员会拒绝监察专员的建议原因是欧盟委员会缺乏端正的态度。[60] 奥莱丽的强硬作风和强化欧盟监察专员的决心引来了很多欧盟政客的疑问。依据职权启动调查程序或者过多的参与政治性公共利益的议题并提出结构化的改革建议成为未来监察专员继续发挥自身影响力的关键。由于奥莱丽经常以维护民主和透明性原则为基础批评欧盟委员会和代表成员国政府利益的理事会维持现有制度,所以前两个欧盟机构建议修改《欧盟监察专员条例》,以达到约束其职权的目的。

事实上,奥莱丽领导的欧盟监察专员机构的策略是强化机构的影响力。在团结各层级同行的基础上,争取欧盟议会和民众的支持。至少,依托民意基础的欧盟议会可以阻止任何不利于监察专员履行职权法案的通过。民众与非政府组织亦是支持监察专员的社会性力量。跨国性非政府公益组织可以对欧盟与成员国政治产生双重的影响。它们对监察专员的支持是现实奥莱丽强化监察专员目标的重要途径。

目前,监察专员核心领域已经从审查行政行为合法性扩展到全面参与和塑造公平的立法程序。早期欧盟监察专员索德曼(Söderman)所预想地将该机构办成"欧盟法院的代孕物"[61]转变为奥莱丽选择"以对抗带动对话路线"促进欧盟全面的政治透明性和服务欧盟公民在多个领域的保障权利的需要。2020 年,奥莱丽在纪念欧盟监察专员成立 25 周年的讲话中特别提及其从 2013 年就任来的主要任务是增强欧盟机构决策的可控性。这也成为欧盟监察专员未来定位的主要导向,即要求欧盟议会、欧盟委员会和理事会在立法程序中的透明性和向欧盟民众明确公开三者与其他欧盟机构人员和游说公司的利益关系和人员联系。最大限度地帮助申请人获得利益和权利的保障以及强力监督欧盟机构的行政行为,采取多管齐下的途径解决

---

〔59〕 Emily O'Reilly, Speech by the European Ombudsman, the Conference of the European Network of Ombudsmen, 13 June 2016, Paris.

〔60〕 Emily O'Reilly, *Swearing-in Ceremony of the European Ombudsman*, 13 February 2020, Luxembourg.

〔61〕 Damian Chalmers et al., *European Union Law: Text and Materials*, Cambridge University Press, 2008, p. 344

具体问题,同时也逐渐触及欧盟治理中的结构性弊端。[62] 总而言之,即在保障个人与法人合法权利的基础上,创造更为公平、正义和有尊严的社会生活和政府行政秩序,维护欧盟公民的参与权,增强不同国家欧盟公民的凝聚力。

例如,欧盟监察专员曾赞成欧洲查阅信息(Access Info Europe)组织要求欧盟委员会公布所有曾经利用听证程序影响欧盟立法和政策实施的说客团体的资料和名单。尽管欧盟委员会认为现有欧盟法院的判决赋予其在个案中运用权衡途径进行自由裁量的权利,但是欧盟监察专员依据通过意见书公开批评委员会拒绝公开所有资料的决定构成不良行政行为。显然,这已经超出了早期监察行政行为合法性的范围,逐渐迈向更深地策略性影响欧盟政策的角色。在监督过程中,奥莱丽特别重视对相关欧盟立法专家团体的构成、欧盟游说制度设计和相关人员的构成等可以潜在影响立法结果的因素。立法专家和说客的"旋转门"会帮助私人企业获得不正当的公权力支持和产生腐败。大财团和说客将利用不透明的游说制度演变为立法的主导者。[63]

四、结论

毋庸置疑,欧盟监察专员已经成为保卫欧盟公正透明的民主制度的重要机制。最大程度保障民众诉求、强有力地执行监督以促进更高标准的良好行政行为模式、与欧盟议会和欧盟法院保持良好的关系和策略性地触及欧盟治理的结构性问题成为当下欧盟监察专员的工作目标。显然,从第一位监察专员索德曼致力于将该机构建立成审查欧盟机构行政行为合法性的制度演变为当下奥莱丽将其塑造为全方位推进公共利益和良好治理权的机制,将其从单纯"法律监察机制转变为公共利益的看门狗"[64]。尽管在《欧

---

〔62〕 Telo Erkkilä, *Ombudsman as a Global Institution: Transnational Governance and Accountability*, Palgrave MacMillan, 2020, p. 177.

〔63〕 Emily O'Reilly, *5 Years of the European Ombudsman. Strengthening the role of the European Ombudsman in challenging times for citizens*, 29 October 2020, Brussel.

〔64〕 Erkkilä, *supra* note 〔62〕, p. 180.

盟机构运行条约》和《欧盟监察专员条例》中没有给予监察意见约束力,亦没有效仿部分成员国国内法之规定允许其在司法程序中担任法庭之友的角色,但是民众的支持和欧盟监察专员公开积极的履行监督职责和开诚布公地发表批评意见成为推进监察专员在影响欧盟政策和改革欧盟治理的重要基石。

尽管欧盟机构监察意见被采纳率维持在80%左右,但是促进和发展良好的行政行为并非简单的任务。这一方面是欧盟监察专员不断地利用个案的意见和《欧盟良好行政行为汇编》中的原则性规定动态性发展良好行政行为的评判标准。另一方面,欧盟监察专员在资源有限的情况下依据欧盟法变化和民众诉求逐渐扩展监察的领域,关注欧盟范围内一切重要的公共利益事项。气候变化、难民问题和不平衡的贸易和不公平的社会权利保障都成为监察专员管辖事项。进而,监督的对象不仅局限于合法性领域,而是进一步判断处理问题的程序、方法和结果是否符合更为重要的道德价值。这也潜在地模糊了欧盟监察专员的宪法定位和其参与的政治活动的界限。例如,监察专员奥莱丽不仅参与了欧盟议会议员反对提名马丁·塞马尔(Martin Selmayr)担任欧盟委员会秘书长的职位,而且还通过相关的调查指出塞马尔在担任公职期间涉及各种不良行政行为[65],并要求欧盟委员会重新提名秘书长。[66] 另一方面,欧盟监察专员特别重视立法过程的公平性与透明性就是典型关注现有欧盟治理结构性弊端的例证。这主要体现欧盟监察专员要求欧盟委员会公开聘请立法专家咨询名单以及关注欧盟说客集团成员和背后财团等领域。现今,欧盟右翼的民粹主义思潮影响着欧盟作为超国家政治实体的运作。英国脱欧、意大利五星运动上台以及匈牙利的变化威胁了欧盟的权威性和团结性。相比于成员国国内民主制度,欧盟机制更接近于隐藏的成员国政府俱乐部。因此,有力的欧盟监察专员的运作可以缓解民众对于文明行政和政治透明化的需要,增强民众信心,缓解欧盟右翼势力对欧盟政治体制的攻击。

(特约编辑:刘雪鹏)

---

〔65〕 Commission should develop new procedure for appointing its Secretary - General, European Ombudsman, https://www.ombudsman.europa.eu/en/press-release/en/102716.

〔66〕 Recommendation of the European Ombudsman in joint cases 488/2018/KR and 514/2018/KR on the European Commission's appointment of a new Secretary - General, European Ombudsman, https://www.ombudsman.europa.eu/en/recommendation/en/102651.

平衡视角下的删除权实现:以日本判例为参考

黄文婷*

内容提要:删除权行使的核心问题在于隐私与自由的平衡,其中理论难点的是犯罪记录、前科能否从搜索引擎的搜索结果中删除的问题。在日本,前科问题被纳入传统隐私权领域,基于时间经过理论,前科信息恢复私密性,进而受到法律保护。而搜索引擎运营商则被认为具有表达行为的性质,搜索结果是在运营商方针的指导下通过算法而得出,同样受到法律的保护。法院在比较衡量的基础上要求不公开该信息的利益明显优于公开的利益,才能删除搜索结果。这一做法既不否定删除前科的可能性,也不轻易删除搜索结果,从而实现个人隐私信息保护与表达自由的平衡。此衡量方法值得借鉴。

关键词:个人信息;隐私权;删除权;表达自由;比较衡量

一、问题的提出

近年来,个人要求个人信息处理者删除个人信息的问题越来越突出,尤其反映在个人请求搜索引擎运营商(以下简称"运营商")[1]删去搜索结果中留存的个人信息这一议题上。在此问题上,欧盟法院最先发展出被遗忘权,为网络时代个人信息保护提供新进路。我国亦及时回应这一需求,在《民法典》中规定个人的删除权,并制订《个人信息保护法》进一步予以明确,同时要求个人信息处理者建立个人行使权利的申请受理和处理机制。然而

---

* 黄文婷,中山大学粤港澳发展研究院立法学专业博士研究生。

[1] 对于百度、谷歌等提供搜索引擎服务的企业一般被称为搜索引擎服务商或者搜索引擎运营商,本文统一称为搜索引擎运营商。

删除权的行使不可避免地会对信息自由、公共利益等产生影响，因而需要考虑其权利边界。《个人信息保护法》明确要求维护网络时代下的人格尊严，同时促进数字经济的健康发展[2]，表明一种平衡的法律制度。未来的法律治理架构应是平衡保护和使用的治理架构。[3] 可见如何实现个人信息保护和信息自由的平衡，是法律适用所要面临的关键问题。从根本上看，《个人信息保护法》立法目的背后涉及的是宪法框架下的个人隐私与自由，寻求的是个人尊严与言论自由的平衡。删除权的实质亦在于隐私与自由之间的调和，信息主体要求信息控制者删除信息正是个人信息保护与言论自由的冲突，触及宪法上的人权保障问题。因此，确定删除权的合理行使界限，需要回到隐私权与言论自由关系的宪法讨论上，从而找出具体的判断准则。

进一步看，世界各国在隐私与自由的处理上，做法并不相同。被遗忘权反映出欧盟更注重隐私和个人信息保护的取向，欧盟之后的实践也沿着这一方向前行。而在美国却截然不同，美国一直遵循传统的言论自由路径，比起隐私优先保护自由。[4] 欧盟和美国各有侧重，然而过于注重隐私难免阻碍信息流通，过于注重自由容易伤害人的尊严，因此欧盟、美国也在探索平衡之道。[5] 与此同时，当把目光从欧美转向其他国家时，会发现日本也有一定数量的请求删除搜索结果的案例。而日本在隐私权涵盖范围、运营商行为性质、隐私与表达自由平衡基准等问题处理上有其特色。

---

〔2〕　参见《关于〈中华人民共和国个人信息保护法（草案）〉的说明》，载全国人民代表大会官网，http://www.npc.gov.cn/npc/c30834/202108/fbc9ba044c2449c9bc6b6317b94694be.shtml，2021年9月27日访问。

〔3〕　参见程金华：《利益平衡："三位一体"的个人信息法律治理架构》，《探索与争鸣》2020年第11期。

〔4〕　关于欧盟与美国的个人信息保护差异，我国相关研究可参见丁晓东：《被遗忘权的基本原理与场景化界定》，《清华法学》2018年第6期；叶名怡：《论个人信息权的基本范畴》，《清华法学》2018年第5期；郑志峰：《网络社会的被遗忘权研究》，《法商研究》2015年第6期；漆彤、施小燕：《大数据时代的个人信息"被遗忘权"——评冈萨雷斯诉谷歌案》，《财经法学》2015年第3期。日本相关研究可参见佐藤一明「検索エンジンサービスと忘れられる権利」日本経大論集第1号（2017年）；宮下紘「忘られる権利と検索エンジンの法の責任」比較法雑誌第1号（2016年）。

〔5〕　关于欧盟与美国在隐私与自由平衡方面的差异，我国相关研究可参见王利明、丁晓东：《论〈个人信息保护法〉的亮点、特色与适用》，《法学家》2021年第6期；江溯：《从记忆到遗忘：欧盟被遗忘权制度的运行及其启示》，《南京师大学报（社会科学版）》2021年第4期；余筱兰：《民法典编纂视角下信息删除权建构》，《政治与法律》2018年第4期；郑志峰：《网络社会的被遗忘权研究》，《法商研究》2015年第6期。日本相关研究可参见石井夏生明「忘れられる権利を巡る近時の議論——検索結果削除請求権を中心に」国際情報学研究創刊号（2020年）。

日本目前尚未承认被遗忘权,其在这一问题上参照的是隐私权和表达[6]自由的宪法进路。在日本,个人请求删除搜索结果引发以下思考:第一,何谓个人信息? 何种个人信息可纳入隐私权的保护范围? 这是法院不断探索的关键内容。第二,运营商提供的搜索引擎服务是自动生成,还是属于一定的表达行为? 运营商究竟是信息媒介者还是信息发布者? 如何界定运营商的行为及角色关系到其应否承担个人信息保护的责任以及责任之大小,这是相关实践中存在的重要问题。换言之,日本个人隐私信息保护不是优先处理如何约束信息主体以及采用何种判断标准的问题,而是要先回到"运营商的行为是否属于表达行为"这一问题。第三,搜索引擎出现的搜索结果含有个人信息是否构成侵权? 如果个人要求运营商删除某一链接,是否系限制表达自由,反之是否不利于个人信息的保护? 如何平衡个人隐私信息保护与表达自由? 在日本看来,上述问题需要从隐私权与表达自由这一根本的问题出发。个人信息保护与表达自由之间存在界限,以何种标准寻求两者间的利益平衡,是日本法院判案的价值取向。这绝不是日本独有的问题,而是网络时代下各国都会面临的课题。正是基于这一问题意识,本文将以日本判例为基础[7],系统阐释、分析网络时代下个人信息保护与表达自由的最新变化及其背后的理论基础,以期为我国提供可借鉴的经验。

二、日本个人隐私信息与表达自由内涵的变化

在个人请求删除搜索结果的问题上,日本最高法院[8]于 2017 年出现了平衡个人隐私信息与表达自由的重要判决——搜索结果前科删除案(以下简称"前科删除案")。该案例是日本网络时代首个个人信息保护得到司法实践最终确认的典型案例,其核心问题是个人信息保护与表达行为之间模糊地带的厘清及其平衡标准。基本案情如下:X 于 2011 年因涉嫌与未成年人发生性交易被捕,同年 12 月因违反相关法律而被处以罚金。X 遭逮捕的事实在当天被媒体报道,后在网络上被多次转载。Y 是为用户提供网站

---

[6] 我国的"言论"一词在日本称为"表达",下文涉及日本的将统一采用"表达"一词。

[7] 本文引用的判例,一是通过日本最高法院官网,二是通过 Westlaw Japan 数据库查找得出。一般而言,地方法院的判例,最高法院的官网并未全部收集,此时可通过 Westlaw Japan 数据库查找。

[8] 为节省篇幅,下文如无特殊说明,日本最高法院简称为"最高院"。

地址等信息的运营商（谷歌）。Y 用户若在该搜索引擎中输入 X 姓名及所在地区等，就可看到与这些关键词相关的网址等内容，而这些内容包含有与被逮捕事实相关的原始网站的信息。X 因此请求删除搜索结果。该案虽然属于民事纠纷，但由于个人前科信息能否删除成为案件争议的焦点，因而法院参照宪法上处理隐私权与表达自由关系的判例来进行判决。一方面，法院在前科删除案中明确前科属于个人隐私相关的信息，受到法律的保护。另一方面，法院从表达自由角度认定运营商的行为，进而肯定搜索结果。法院对个人隐私信息与表达自由内涵的认定构成该案的前提，下文将详细分析网络时代下隐私与自由的变化。

（一）网络时代下个人隐私信息保护范围的变化

在日本，个人信息是作为隐私权内容的一部分来获得保护，[9] 而隐私权则是基于宪法第 13 条[10] 并通过判例得以确认的权利。综观隐私权在日本的发展，其最先在 1964 年宴会之后的判决中得到承认，东京地方法院将隐私权认定为私生活不被无故公开的权利，并将此权利置于个人尊严和幸福追求权的宪法高度上，判定其属于不可或缺的私法上的人格权。[11] 为了对隐私权的侵犯给予法律救济，被公开的内容须具备四个要件，一是私生活上的事实或者如私生活事实般的事情（私事性）；二是以一般人的感受为基准判定，当处于当事人立场时不愿公开的事情（隐秘性）；三是一般人尚不知晓的事情（非公知性）；四是一旦公开，该当事人将在现实中感到不愉快和不安（伤害可能性）。[12] 隐私侵害源于公开、披露。[13] 自此，日本的隐私权保护多沿袭这一判例，也就是说，根据宴会之后案件侵害隐私权的标准，已被公开或者公众已知晓的信息，就不属于隐私权的保护范围。[14]

进入 20 世纪 70 年代，鉴于信息技术的发展，日本在学说上逐渐引入美

---

〔9〕 堀部政男『プライバシーと高度情報化社会』（岩波新書，1988 年）61 頁。

〔10〕 日本宪法第 13 条规定，一切国民都作为个人受到尊重。对于国民谋求生存、自由以及幸福的权利，只要不违反公共福祉，在立法及其他国政上都必须予以最大尊重。

〔11〕 東京地方裁判所 1964 年 9 月 28 日判決，昭和 36 年（ワ）第 1882 号。

〔12〕 同前注。

〔13〕 上机美穂「私的事柄の収集行為とプライバシー——不法行為法の観点から—」情報法制研究第 6 号（2019 年）。

〔14〕 村田健介「『忘れられる権利』の位置付けに関する一考察」岡山大学法学会雑誌第 65 巻第 3・4 号（2016 年）。

国"自我决定权"的概念,意指隐私或私生活上自由的东西由个人自律决定的权利[15]。对该权利,芦部信喜认为:"与其说自我决定权是与隐私权完全不同的独立的权利,不如说它与信息隐私权共同构成了广义上的隐私权更为合适。"[16]自我决定权涵盖传统信息隐私权所不及的范围,即公开或公众知晓的个人信息,应当同样受隐私权的保护。但这一学说在实务上尚未得到明确的承认,因此,个人信息若要受到隐私权的保护,仍需遵循宴会之后的判决思路,判断是否属于信息隐私权,即个人信息是否与隐私相关。

个人信息大概可分为:①可认为任何人都会看成是隐私的信息;②一般来说可认为是隐私的信息;③是否属于隐私则不易明确判定的信息。[17] 是以,个人信息的保护,首先要解决何种个人信息与隐私相关,而这要由法院依案件、依实际情况、视对抗利益进行具体分析。例如,1986 年在日韩国人拒按手印案件的判决中,最高院认为指纹尽管不属于个人私生活、人格、思想、信仰、良心等个人内心的信息,但由于每个人的指纹都有独特性且具有终生不变的性质,因此使用采集的指纹存在干扰个人私生活或者侵害隐私的风险……根据宪法第 13 条,人民的私生活自由应受到保护,不受国家权力行使的影响。作为个人私生活上的自由之一,任何人都享有不被无故强制按指纹的自由。[18] 再如 2003 年的早稻田大学演讲事件,最高院表示即使学号、姓名、住所、电话号码等识别个人身份的单纯的信息,保密程度并不是很高,但考虑到这些信息自然是本人不想无故向第三人公开的信息,而且这样的期待应该受到保护,所以上诉人的相关隐私信息是法律保护的对象。[19] 随着判例的不断积累,传统的信息隐私权要件也在持续更新。

其中,某既有私密性,又与公共利益相关的个人信息,是否受隐私权保护不易明确判定,最为明显的是逮捕事实、前科的个人信息。这类信息由于具有公益性,大多已经由新闻媒体报道而公开或为人所知晓,故不符合宴会之后判决中的非公知性要件。如何认定以上信息,日本法院经历了漫长的讨论。最先出现前科问题的是 1977 年前科照会事件(以下简称"前科事件"),最

---

〔15〕 [日]芦部信喜著、高桥和之补订:《宪法》(第六版),林来梵、凌维慈、龙绚丽译,清华大学出版社 2018 年版,第 97 页。

〔16〕 同前注。

〔17〕 同前注,第 96 页。

〔18〕 最高裁判所 1995 年 12 月 15 日判决,最高裁判所刑事判例集第 49 卷 10 号 842 页。

〔19〕 最高裁判所 2003 年 9 月 12 日判决,最高裁判所民事判例集第 57 卷 8 号 973 页。

高院在判决主文里将前科跟名誉相联,但没有明确其与隐私的关系。[20]　在 1994 年写实小说逆转事件(以下简称"逆转事件")中,最高院将前科视为改过自新不受妨碍的权利[21],同样未将之与隐私直接相联系[22]。在 2003 年长良川报道事件(以下简称"长良川事件")中,判决书载明,犯人的信息及其履历信息,都是诽谤的信息,同时也是不愿无故被他人知悉的属于隐私的信息。[23]　最高院开始承认前科是诽谤和隐私之保护对象。最后在 2017 年前科删除案中,最高院引用前科事件、逆转事件、石泳鱼事件、长良川事件、早稻田大学演讲事件等与隐私权相关的案例,首先肯定前科属于个人隐私相关的事实,具有不被无故公开的利益,是法律保护的对象。[24]　决定书将不得无故公开属于个人隐私的事实的利益视为要求删除搜索结果的法律利益。[25]进一步看,既然前科的事实都被视为个人隐私相关的事实,那么可以推断前科等犯罪报道以外的如行政处分、行政处罚等负面个人信息,甚至出生地、所属团体[26]也可被纳入隐私权保护的范围,当然这还是需要判例的承认。

　　值得注意的是,为何最高院对前科的隐私认定经历了如此漫长的过程?在日本,这是因为逮捕经历、前科是刑事诉讼公开的事实,依照传统的隐私定义很难说其属于个人私生活上的隐私。正如地方法院所指,逮捕经历和前科的搜索结果,满足社会的知情权,不得不说具有公益性。[27]　但是随着网络的发展,公开的事实将会永远保留,并且简单搜索就能浏览,如此一来,犯人回归社会改过自新的困难便会加重。基于上述考虑,日本法院逐步将逮捕经历、前科纳入隐私的范围之内。进一步看,最高院修正宴会之后判决中隐私权侵害的非公知性要件的基础何在?时间经过理论或许能解决这一

〔20〕　最高裁判所 1981 年 4 月 14 日判决,最高裁判所民事判例集第 35 卷 3 号 620 页。在该判决中,伊藤正已大法官在补充意见阐述:"前科等等,即使在个人隐私当中也是属于最不愿意被他人知晓的信息的一种",与多数意见避免使用隐私保护形成鲜明对比。

〔21〕　最高裁判所 1994 年 2 月 8 日判决,最高裁判所民事判例集第 48 卷 2 号 149 页。

〔22〕　日本学界认为改过自新不受妨碍的权利不是独立的权利,而是应放在名誉权和隐私权的框架内理解。

〔23〕　最高裁判所 2003 年 3 月 14 日判决,最高裁判所民事判例集第 57 卷 3 号 229 页。

〔24〕　最高裁判所 2017 年 1 月 31 日决定,最高裁判所民事判例集第 71 卷 1 号 63 页。

〔25〕　中山茂樹「プライバシーにかかる情報の検索結果からの削除を求めることができる場合」新・判例解説 Watch,憲法 No.124(2017 年 3 月 31 日)。

〔26〕　参见前注〔14〕,村田健介文。

〔27〕　埼 玉 地 方 裁 判 所 2015 年 6 月 25 日 决 定,平 27(ヨ)17 号(文献番号 2015WLJPCA06256001)。

问题。[28] 换言之,曾被公开的事实经过一段时间可以恢复成私事。在逆转事件中,尽管最高院没有将前科与隐私联系在一起,但同样承认前科是受法律保护的,而这背后的考量正是时间经过理论。判决书中载明,被上诉人的犯罪事实到现在已经过去了 12 年多,在此期间,其试图重新融合社会,形成新的生活环境。有鉴于此,不得不说被告不披露其犯罪事实具有法律保护的价值,而这正是改过自新的权利。[29] 随着时间的经过被告享有的改过自新不受妨碍的权利,高于公益性,因而其前科不应再被公开。在前科删除案中,尽管最高院没有直接以特定的时间长短来判断是否应公开,但其使用"前科如今仍属于与公共利益有关的事项"隐含着"公益性会随时间而消失"的意味。实际上这是延续逆转事件的判决思路,通过加入时间经过理论进行修正,使前科、逮捕经历失去公益性,恢复为私生活的内容。总体而言,隐私权的内涵随着网络时代不断丰富和发展,被纳入隐私权保护范围的个人信息与日俱增。

(二)网络时代下表达自由内涵的变化

日本关于表达自由的法律规定体现在宪法之中。《宪法》第 21 条第 1 款规定为"保障集会、结社、言论、出版及其他一切表达的自由。"表达自由的传统内涵是传达思想与信息的自由,但在信息化社会的背景下,其经历了两次重大的变革。第一次使表达自由的观念加入了知情权的观点进行重构。[30] 20 世纪 60 年代,大众媒体的发展进一步使得发言者和听众分离开来,大众媒体将大量信息传递给公民,在这一过程之中公民较以往处于更加被动接收意见的位置上。然而传统的表达自由直接保护的是发言者,而非听众。此后,日本对表达自由的理解出现了"反客为主"的探讨,基于保护听众的出发点,表达自由实现了从发言者的自由到听众的自由的转变。为保障听众的自由,譬如听、看、读的自由,以及保障公民获取必要信息的权利,知情权应运而生。知情权是伴随着新闻自由、出版自由而出现,并经博多站事件、外务省机密泄露事件等判决后确立为一项宪法性权利。法院在以上

---

[28] 参见長瀬貴志「プライバシー権における非公知性について」情報法制研究第 8 号(2020 年)。

[29] 同前注[21],最高裁判所 1994 年 2 月 8 日判决。

[30] 同前注[15],[日]芦部信喜著、高桥和之补订,第 138 页。

案件中强调新闻自由应为公民知情权这项权利服务[31]，这就意味着新闻自由被置于宪法保障的知情权之下。

在表达自由经历大众媒体时代知情权的重塑之后，随之而来的是网络时代的技术发展。与大众媒体相比，网络上的表达更加错综复杂。譬如，社交平台的兴起让发言者和听众不再泾渭分明，并且有时某一主体既是发言者又是听众。再如，搜索引擎日渐取代大众媒体成为公民获取信息的重要途径，使得表达自由涉及的主体更加多样：运营商、信息发布者、公众。甚至开始产生发言者并不局限于人，算法也成为一种言论的看法，这在美国体现得淋漓尽致。[32] 日本自然也需应对以上新的挑战，表达自由在日本的第二次重大变革在于表达行为的主体扩大为运营商。

在前科删除案中，法院开始直面运营商的角色定位、行为性质等新问题。在地方法院，谷歌曾以运营商删除搜索结果有自我审查之危险[33]，搜索引擎流通的公共信息具有公益性、删除搜索结果会损害表达自由和知情权[34]，运营商是信息媒介者，所提供的是自动、机械式的中立性搜索服务[35]等作为反驳对方要求删除搜索结果的理由。这与之前运营商最多作为媒介者而发挥作用，并非承担法律责任的主体，即便要承担责任也是补充性责任[36]的地方判例一脉相承。然而在该案中，日本三审法院均否定以上的理由。首先埼玉地方法院认为，谷歌网页上所显示的搜索结果，其排列顺序以及通过何种方式显示片段，都是基于运营商自身的经营方针所决定的。即便是机械式的运作，因谷歌也承认其作为搜索引擎的运营者，当其判断搜索结果明显违法时，也会采取删除等措施，这正说明，搜索结果是运营商作为主体的表达，这是不能否认的。[37] 东京高等法院持同样态度，认为即便搜索

---

〔31〕　参见最高裁判所 1969 年 11 月 26 日决定，最高裁判所刑事判例集第 23 卷 11 号 1490 页；最高裁判所 1978 年 5 月 31 日决定，最高裁判所刑事判例集第 32 卷 3 号 457 页。

〔32〕　参见左亦鲁：《算法与言论——美国的理论与实践》，《环球法律评论》2018 年第 5 期。

〔33〕　同前注〔27〕，埼玉地方裁判所 2015 年 6 月 25 日决定。

〔34〕　埼玉地方裁判所 2015 年 12 月 22 日决定，平 27（モ）25259 号（文献番号 2015WLJPCA12226003）。

〔35〕　东京高等裁判所 2016 年 7 月 12 日决定，平 28（ラ）192 号（文献番号 2016WLJPCA07126002）。

〔36〕　参见宍户常寿「検索結果の削除をめぐる裁判例と今後の課題」情報法制研究第 1 号（2017 年）。

〔37〕　同前注〔34〕，埼玉地方裁判所 2015 年 12 月 22 日决定。

结果是自动且机械式生成,其仍是基于运营商设计的算法得出的。再者,谷歌为了提高其搜索服务的吸引力(增强一览性、信赖性、与搜索关键字的关联性等),会依托程序精准提供与搜索关键字相关的内容,形成标题和片段……而搜索引擎所提供的标题和片段,对于用户判断是否需要打开链接网页有所帮助。从实际情况来看,标题和片段具有独立表达之功能。[38] 日本最高院判定,运营商对登载在网页中的信息进行收集、复制以及保存,并将这些信息整理作成索引,再提供给用户输入指定条件相符的相同索引信息,最终形成搜索结果。虽然这些信息是经由算法自动收集、整理和提供的,但该算法是根据提供搜索结果的运营商的既定方针而形成的,因此提供的搜索结果具有运营商自身表达行为的一面。如果运营商提供的特定搜索结果被视为违法进而必须被删除,必然制约了运营商遵循其方针的一贯性表达行为。[39]

　　从最高院使用表达行为一词来看,可知其偏向将运营商认定为表达行为的主体,即信息发布者的角色。谷歌这一数字平台并非能够免除法律责任的单纯的信息流通的媒介者,而是作为一个表达主体,进而赋予其在宪法上的地位(当然,其表达行为也伴随着法律责任)。[40] 如前所述,作为表达主体的信息发布者,以往包括个人、大众媒体以及网络媒体,而运营商又是如何能够成为其中之一的呢?原因在于,最高院将运营商通过算法形成搜索结果的过程,类比于新闻机构的编辑行为。[41] 通过报纸、电视、广播、杂志等大众媒体所进行的报道行为,其内在均含有采访和编辑。相较而言,搜索结果的形成并没有采访、编辑的介入,因此最高院用运营商的方针一词取而代之,并要求搜索引擎在性质上的一贯性。[42] 换言之,最高院的推理前提正是"运营商的方针≈大众媒体的采访、编辑,运营商表达≈大众媒体表达"的类比。

　　最高院用运营商的方针来取代编辑一词,既说明运营商与传统媒体的行为类似,也说明运营商有区别于传统媒体的地方。[43] 一方面,由于搜索

<hr>

〔38〕　同前注〔35〕,东京高等裁判所 2016 年 7 月 12 日决定。

〔39〕　同前注〔24〕,最高裁判所 2017 年 1 月 31 日决定。

〔40〕　水谷瑛嗣郎「『国民の知る権利』の複線——ビッグデータ・AI 時代に表面化する二つの知る権利」情報法制研究第 6 号(2019 年)。

〔41〕　同前注〔36〕,宍戸常寿。

〔42〕　同前注〔36〕,宍戸常寿。

〔43〕　参见曽我部真裕「日本における『忘れられる権利』に関する裁判例および議論の状況」江原法學 49 巻(2016 年)。

结果是基于运营商方针下的算法而形成的，一是该算法使得运营商在内容和网页的选择及排列上行使一定的"编辑"行为，二是不论用户输入何种关键词，始终无法脱离该运营商的算法的框架，这也是最高院认为搜索引擎具有一贯性的原因，从而将方针类比于编辑。但另一方面，由于搜索结果的算法，会受到用户输入关键词以及原始网站内容等不确定性因素的影响，相较于大众媒体自主意识下的编辑行为，还是具有不完全相同性。换言之，搜索结果本身并不是完全基于搜索服务运营商的意思。[44] 正是基于运营商的特质，最高院并未使用编辑行为一词，而采用方针的一贯性。可见，运营商并非典型的信息发布者，其表达行为具有特性，因此在决定书的措辞是"具有表达行为的一面"。

而在法院将运营商视为信息发布者的同时，也没有否定其在信息流通中的媒介角色一面。埼玉地方法院以及东京高等法院均指出，搜索引擎对表达自由以及知情权有益，具有公益性，其扮演着提供公共服务的角色。最高院决定书中载明，借由运营商提供的搜索引擎，公众可以在网络上发送信息，以及从庞大的信息库中甄别出自己需要的信息，因此运营商在现代社会网络信息的流通中发挥着巨大的基础性作用。如果运营商提供的特定搜索结果被视为违法进而必须被删除，会制约运营商前述作用的发挥。[45] 但法院肯定运营商的媒介作用，并不等同认为运营商不需负补充责任甚至无需负责，运营商是否负责任要经利益平衡后才能确定。与此同时，尽管最高院并未像地方法院一样明确提及公众的知情权，但其仍是从公众的视角出发，关注的是公众通过搜索引擎能否收集或者发送更多的信息。就该案而言，三级法院都将搜索引擎对现代网络社会的重要意义纳入考量，这也进一步支撑了运营商提供搜索结果是其自身的表达行为。究其原因，在于为了保障公众接收更多信息和言论，运营商所提供的搜索结果也应该受到表达自由的保护。一旦搜索结果被轻易删除，就损害了公众的表达自由以及知情权。这样的进路，与新闻机构为保障公众的知情权而享有新闻自由如出一辙。[46]

随着最高院将运营商的搜索结果视为其表达的行为，表达自由的主体及

---

〔44〕 同前注。

〔45〕 同前注〔24〕，最高裁判所 2017 年 1 月 31 日决定。

〔46〕 佐藤信行「最高裁は「忘れられる権利」を否定したのか？ ～最高裁平成 29 年 1 月 31 日决定～」WLJ 判例コラム臨時号第 108 号（2017 年），文献番号 2017WLJCC016。

内涵进一步丰富,若将公众、传统媒体、原始网站发布消息的行为视为初始的表达行为,那么运营商的行为则是第二次的表达行为。运营商在网络信息传播过程中具有两重性,一是具有一定表达自主性的信息发布者,二是具有公共性的信息媒介者。在宪法上,这两方面都可以理解为受到表达自由(宪法第 21 条)的保护。[47] 在是否删除搜索结果的问题上,需要先考虑运营商的行为性质及其角色,在与个人隐私信息保护进行利益衡量后,才能作出判断。

三、个人隐私信息保护与表达自由的平衡

在明确前科删除案的两类基本权利后,接下来涉及权利的冲突与协调问题。毋庸置疑,根据输入的某人个人信息而出现的搜索结果很有可能侵害他(她)的名誉权、隐私权等人格权,但要求运营商删除则可能损害表达自由,因此如何在两者之间取得平衡是法院思考的方向。最高院列出了标准,认为要从以下几方面进行考虑:该事实的性质和内容、该网址等提供的内容涉及当事人的隐私范围及侵害程度、当事人的社会地位及影响力、该报道的目的或意义、刊登该报道时的社会状况及事件的后续变化、该报道中该事实的必要性。如果确定不公开该事实的利益明显优于公开的利益时,那么就可以要求运营商删除搜索结果。[48]

结合案情进行具体分析:X 因涉嫌与未成年人性交易而被逮捕的事实,虽然属于不想被他人无故知道的隐私的事实,但由于与未成年人性交易是对未成年人的性剥夺和性虐待,受到社会的强烈谴责,并且法律设有惩罚措施,因而该前科至今还是与公共利益相关的事项。另外,该案件的搜索结果是以输入 X 居住的县名及其姓名为条件的,故本案件的前科能够传播的范围在某种程度是有限的。基于以上各方面的考量,再结合 X 与妻子共同生活,交了罚金后至今都没有再犯罪,以及在企业上班的情况来看,仍不能认为不公开该前科的法律利益是明显优于公开的。换言之,最高院并不支持 X 要求运营商删除搜索结果的诉求。[49]

---

〔47〕 中山茂樹「プライバシーにかかる情報の検索結果からの削除を求めることができる場合」新・判例解説 Watch,憲法 No. 124(2017 年 3 月 31 日)。

〔48〕 同前注〔24〕,最高裁判所 2017 年 1 月 31 日決定。

〔49〕 同前注〔24〕,最高裁判所 2017 年 1 月 31 日決定。

　　毫无疑问，前科删除案是在以往个人隐私信息保护与表达自由的宪法案例基础上所作出的。与决定书中法院引用的侵害隐私权案件进行比对，如逆转事件、石泳鱼事件、长良川事件等，可知前科删除案有创新之处，即在原来比较衡量的内容、基准上根据运营商及其搜索引擎的特性有所改变（见表1），这是法院适应网络时代的体现。

表 1　以往判决的比较衡量内容

案件	逆转事件	石泳鱼事件	长良川事件	北方杂志事件
请求类型	基于隐私侵害请求损害赔偿	基于隐私侵害请求损害赔偿、事前禁止	基于隐私侵害请求损害赔偿	基于名誉侵害请求事前禁止
基本案情	某人前科被写成小说出版	某人个人经历被写成小说出版	报道未成年人的犯罪经历	报道某一知事候选人
行为主体	出版社	出版社	杂志社	杂志社
判断内容	对于与前科有关的事实，一方面不公开的利益需要法律保护，另一方面也有被允许公开的情况。在著作中使用实名并公布与前科有关的事实是否构成侵权，要进行以下判断：当事人之后的生活状况、案件本身的历史或社会意义、当事人的重要性、当事人的社会活动及其影响、根据作品的目的和特点判断使用实名的意义和必要性。若判断得出不公开前科事实的法律利益是优越的，那么就可以请求因公开而遭受的精神赔偿。	在何种情况下允许侵权行为前的禁止取决于受侵害者的社会地位、侵权行为的性质，并比较衡量因侵权行为导致受害者的不利和禁止侵权行为导致侵权者的不利。当侵权行为可明显预测，该行为可能给受害人造成严重损害，且该损失事后被认为不可能或非常难以恢复的情况下，法院允许事前禁止。	隐私权侵害的违法阻却事由要根据当事人的年龄及社会地位、犯罪行为的内容、报道中涉及当事人的隐私范围及侵害程度、上述报道的目的或意义、刊登该报道时的社会状况、该报道的必要性来判断。将不公开该事实的法律利益与公开的理由进行对比后得出结论。	只有当言论内容明显不实或不具公益目的，且被害人有遭受不可弥补的严重损害的危险，此时表达行为的价值明显劣于被害人的名誉，才允许事先禁止。

(一)比较衡量的内容

1.时间经过与该事实的性质和内容

日本法院认为请求删除搜索结果需要考虑时间因素以及犯罪的实质。决定理由中显示,刊登该报道时的社会状况及事件的后续变化、该前科至今还是与公共利益相关的事项[50]、X交了罚金后在一段时间内都没有再犯罪等均是重要考量因素,表明最高院充分考虑时间的经过。这种考虑一是查证X在犯罪后到审理案件之间的时间内是否再犯罪,二是考虑该前科在当下是否与公共利益有关。时间的经过以公益性丧失为核心要素。当前科的个人信息不再与公共利益相关,才有被删除的可能。而公益性的丧失需根据犯罪的性质来判断。关于前科,以往都是以追诉时效或者判刑的效力为标准判断确定是否采取删除措施,但最高院的决定表明,还需要考虑犯罪类型的反社会性这一实质性因素。[51] 如前所述,与未成年人进行性交易,属于社会强烈谴责的事项,犯罪的恶劣程度大,因而其并未丧失公益性。据此,犯罪性质恶劣的,与公共利益紧密相关,需要经过更长的时间才能丧失公益性。然而,最高院并未给出明确时间,说明这需要具体分析考虑犯罪性质,才能得出结论。

2.该网址等提供的内容涉及当事人的隐私范围及侵害程度

如何看待运营商角色,关系到如何判断提供的搜索结果的违法性。如果认为运营商是媒介者,那么判断对象是链接网站(原始网站),而不是运营商提供的搜索结果。如果将提供搜索结果视为运营商的表达行为,那么判断对象应为基于表达行为所呈现的搜索结果。在本案中,由于最高院视运营商为表达的主体,因此基本上是从显示的搜索结果本身来判断是否可以删除。[52] 正因如此,最高院将该网址(搜索结果页)等提供的内容涉及当事人的隐私范围及侵害程度纳入判断标准。详言之,搜索结果页直接呈现的标题和片段自不必说,网址也作为搜索结果的一部分纳入考量。这是因为

---

〔50〕 在日本,根据刑法第34条之2第1项,与未成年人性交易的刑罚判决效力消失时间是5年。前科删除案上诉到最高院时离罚金缴纳完毕已经过了5年。

〔51〕 同前注〔36〕,宍户常寿。

〔52〕 参见成原慧「検索エンジンをめぐる表現の自由と人格権——平成29年最高裁決定及び同決定以降の検索結果削除に関する裁判例の検討」情報法制研究第7号(2020年)。

搜索结果的核心就在于网址(URL),标题和片段最终都是为了让用户决定是否打开该链接、阅览原始网站的内容。当用户确定点击网站标题时,便跳转到原始网站。在此进一步探讨损害发生的情况,包含两种方式:一是由于运营商所提供的搜索结果,用户可以跳转到原始网站,因此造成个人信息泄露的后果;二是搜索结果本身就含有侵犯个人信息的内容,这种情况往往是标题或是显示原始网站部分内容的片段。法院在以上内容的基础上判断当事人的隐私范围及侵害程度。

关于搜索结果涉及隐私范围和侵害程度应如何理解,最高院在该案中是这么理解的:由于本案中以 X 居住的县名及其姓名为搜索条件,因而前科能够传播的范围在某种程度是受限的。据此可知,最高院认为搜索条件包含姓名＋个人属性信息,属性信息越多,传播的范围就越窄。因此当只有"姓名"作为搜索关键词时,才会广泛传播,才更容易被删除。如此一来,因为传播范围有限,侵害程度也是较低的。

3. 原始网站的内容

由于最高院并未否定运营商的信息媒介作用,因而在强调搜索结果是比较衡量内容之一时,也没有否定需要判断原始网站的内容。加之仅仅基于搜索结果来判断违法性,恐怕不足以充分保护个人的隐私权。究其原因在于,用户会根据搜索结果去打开原始网站,而原始网站亦会存在侵犯个人隐私权的情况。因此,决定书将上述的报道的目的或意义、该报道中该事实的必要性也作为判断搜索结果提供内容的违法性标准,而这些都涉及原始网站内容的检讨。据此可知,最高院对于搜索引擎所造成的隐私侵犯,既沿用了对传统媒体侵犯隐私的判断进路,亦基于互联网的特性将搜索结果纳入考量范围。这与法院在决定书中认定运营商具有两面性是相一致的。

4. 个人信息主体的社会地位

将个人的社会地位纳入衡量的内容,意味着删除搜索结果的审核会根据社会地位的不同而有所区别。以往的判例表明,如果某表达行为针对的是公职人员、公职候选人等,会被认为与公共利益有关,从而在宪法上优先保护表达自由及知情权。[53] 但需要结合案情和其他衡量内容进行综合考

---

〔53〕 参见東京地方裁判所 1964 年 9 月 28 日判决,昭和 36 年(ワ)第 1882 号;最高裁判所 1986 年 6 月 11 日判决,最高裁判所民事判例集第 40 卷 4 号 872 页。

虑。例如本案的 X 既不是公职人员,也不是有影响力的企业的高管,更不是从事医生和律师等社会伦理要求极高的职业,完全是普通职业的人,[54]然而综合判断之后,最高院得出的结论是不删除搜索结果。由此推测,犯罪性质恶劣的,即使是普通人,法院要求都更为严格。此外,不同于名誉权中公共利益可以是违法阻却事由,在该案中公共利益成为具体化的考量因素(如是否公众人物、犯罪是否与公共利益有关),进而与其他因素一并衡量。

(二)比较衡量的基准

当综合以上事项进行判断,法院如果认定不公开该事实的利益明显优于公开的利益,那么就会要求运营商删除搜索结果。在个人隐私信息保护与表达行为之间,法院采用比较衡量的审查方式,其中"明显"这一基准成为关键之要素。为何引入明显性基准,最高院并没有给出明确的答案,对此需要结合以往相关判例进行分析。前科删除案比较衡量的判断内容承袭逆转事件、长良川报道事件的内容,但以上判决都没有明显性基准的要求,有明显性基准的是名誉权的北方杂志事件。

1. 引入明显性基准之依据探讨

首先探讨最高院采用明显性基准之依据。从请求类型来看,逆转事件、长良川报道事件的侵犯隐私案件中,原告主张的都是损害赔偿,要求对出版行为带来的损害进行赔偿,对表达行为的影响程度较小;而石泳鱼事件和北方杂志事件则是请求事前禁止,直接针对表达行为的结果要求删除,对表达自由的影响程度较高,但以上判决只有北方杂志事件有明显性基准。最高院在北方杂志事件中指出,对出版物发行等的事前禁止,特别是关系到公职人员或公职选举候选人的评价或批评等表达行为的,从其本身来看,一般可以说是与公共利益有关的事项。考虑到宪法第 21 条第 1 款的宗旨,该表达具有优先于私人名誉权的社会价值,应受到宪法的特别保护。原则上对该表达行为的事前禁止是不允许的。只有当言论内容明显不实或不具公益目的,且被害人有遭受严重、不可弥补的损害的危险,此时表达行为的价值明显劣于被害人的名誉,才例外允许事先禁止。[55] 在此,公共利益成为法院

---

〔54〕 奥田喜道「グーグル検索結果の削除を命じる仮処分決定を取り消した決定」新・判例解説 Watch,憲法 No. 116(2016 年 10 月 21 日)。

〔55〕 最高裁判所 1986 年 6 月 11 日判決,最高裁判所民事判例集第 40 卷 4 号 872 頁。

采用明显性基准的重要因素。而在石泳鱼事件中,最高院表示受害者并没有公职,小说中的表达内容也不涉及公共利益。当侵权行为可明显预测、且该行为可能给受害人造成严重损害,且该损失事后被认为不可能或非常难以恢复的情况下,法院允许事前禁止。[56] 该案与公共利益关系不大,因而不采用明显性基准。回到前科删除案中,原告的请求是删除运营商的搜索结果,虽然是事后禁止,但同样是直接针对表达行为,原告虽然是普通人,但其犯罪行为与公共利益相关,根据以上对比分析可推测公共利益是法院在该案采用的明显性基准中的考虑因素。

从表达行为主体来看,运营商并非典型的表达主体。与传统媒体相比,运营商的表达行为并不具有完全的自主决定权,其搜索结果受到原始网站的内容影响;再者搜索引擎并无参与原始网站的内容,无法详细了解决定书中的衡量要素的要求,[57]因此若该搜索结果侵害他人隐私,运营商也不应承担过度的责任。同时运营商在信息流通中发挥的重要传播作用比起传统媒体显然要更大,一旦过于限制其表达行为,对公众的表达自由和知情权的影响之大不言而喻。鉴于运营商的特性,最高院选择更为严格的删除标准,故增加明显要件。简言之,该决定考虑到了运营商作为表达行为相关的架构设计者和信息流通的媒介者的双重性,因而在删除搜索结果的问题上表现出谨慎的一面。[58]

2.明显性基准的意义

如前所述,最高院虽然指出运营商的重要角色,但并没有将其包含在比较衡量的要素中。而搜索服务的重要性曾出现在地方法院的比较衡量内容之中。[59] 对此,有学者论述,最高院如果在决定中增加搜索服务的重要性,极大可能导致隐私权的保护力度变小,但另一方面法院为了在难以判断是否删除的情况下不轻易删除搜索结果,因而附加了明显性基准,从而实现隐

〔56〕 最高裁判所 2002 年 9 月 24 日判决,最高裁判所民事判例集第 207 号 243 页。

〔57〕 曾我部真裕「「検索結果削除」で最高裁が初判断 表現の自由を尊重、検索事業者の義務は限定的に」,新聞研究 789（2017 年）。

〔58〕 成原慧「プラットフォームはなぜ情法法の問題になるのか」法学セミナー 783 号（2020年）。

〔59〕 同前注〔35〕,东京高等裁判所 2016 年 7 月 12 日决定。

私权保护与表达自由的平衡。[60] 明显性基准赋予法官以裁量权,需要法官进行个案分析,既不偏向个人隐私信息保护,也不能轻易删除搜索结果。

(三)平衡的基本逻辑

对两个相互冲突的权利进行比较衡量并作出选择是法院必须完成的任务,比较衡量过程本身也是一个平衡的过程,但平衡并非结果上的对等均分,而是在比较过程中对相关因素进行权衡分析,进而作出选择,因而平衡实质上是充分考虑双方价值的程序和过程。首先法院应当选择需要考虑的相关因素,排除掉不相关因素。例如在本案中,个人信息主体的社会地位是一个要考虑的相关要素,因为不同身份可能带来不同的社会影响和危害性,进而影响法律责任,但运营商角色的重要性则不在法院考虑范围之内,因为这种事实的重要性并非获得法律上优势地位的理由。其次,对影响因素进行重要性排序,进而对参与比较的权利进行价值计算。假设隐私权与表达自由初始上是等值的,相关因素则可能影响天平两边的价值对比,本案中影响最大的因素是犯罪记录本身的特点,其次是犯罪行为的严重程度。犯罪记录并非单纯的个人信息,该信息本身与公共利益密切关联,该属性可以削减隐私权的价值,同时提升表达的公共价值。再加上有关罪行比较严重,会进一步削减信息的隐私性价值。最后,针对不同类型的权利冲突,形成类型化平衡标准。例如,在前科问题上,由于信息本身的特殊属性,要求删除信息价值明显大于不删除时才可以删除,但是普通个人的名誉与表达自由的冲突则不应适用该标准。

四、个人隐私信息与表达平衡标准的发展

涉及要求运营商删除搜索结果的案件,在 2017 年最高院作出决定后,

---

[60] 参见高原知明「検索事業者に対し、自己のプライバシーに属する事実を含む記事等が掲載されたウェブサイトの表題および抜粋を検索結果から削除することを求めることができる場合」法曹時報第 11 号(2017 年);中島美香「検索結果の削除と忘れられる権利——最決平 29・1・31 を契機とした学説の議論状況について」東海法学第 56 号(2019 年);角本和理「ロボット型検索エンジンと私法上のプライバシー——違法性判断における「被侵害利益優越の明白性」に着目して(最三小決平成 29 年 1 月 31 日民集 71 巻 1 号 63 頁)」末川民事法研究第 6 号(2020 年)。

案件数量与日俱增〔61〕。从判决来看，各级法院均严格贯彻明显性基准，通过明显性基准测试的案例极少。此外，法院面临社交媒体定位的新问题。

（一）明显性基准的严格贯彻

3 年前因在电车偷拍女高中生裙底被逮捕的公务员〔62〕、12 年前诈骗案中被判有罪的取款人〔63〕、因酒驾而被处罚金的大学副教授〔64〕、11 年前因违反《牙科医生法》而被逮捕的牙医〔65〕、因性犯罪而被判入刑的前教师〔66〕、6 年前曾担任完成破产程序公司的董事长的人〔67〕、参与敲诈的前暴力团体成员〔68〕等提出的删除搜索结果的诉讼请求，都被法院受理并运用明显性基准进行利益衡量。不过，以上案件法院均不认可删除搜索结果的请求，即使上诉到最高院，也不予受理。

以在 12 年前犯罪的案件〔69〕为例，法院承认前科等相关事实，属于不想让他人无故知道的隐私，但是上诉人的犯罪事实在社会强烈谴责的诈骗案中发挥着作用。即使逮捕已经过去了 12 年，其被逮捕的报道现在仍然被认为是与公共利益相关，受到社会普遍关注，因而无法否定报道本案逮捕事实的必要性。即使考虑缓刑期满已过去约 6 年，上诉人被判有罪后大约 11 年

---

〔61〕　在 Westlaw Japan 数据库中输入日文"検索結果削除"（删除搜索结果）后搜索得出的结果，2017 年最高院作出决定后至今向法院请求删除搜索结果的共有 29 起案件，其中涉及个人隐私信息的有 18 起，涉及名誉权的 11 起案件。

〔62〕　名古屋高等裁判所 2017 年 3 月 31 日决定，平 28（ラ）284 号（文献番号 2017WLJPCA03316002）；原审：名古屋地方裁判所 2016 年 7 月 20 日决定，平28（ヨ）33 号。

〔63〕　東京高等裁判所 2017 年 6 月 29 日判决，平 28（ネ）5434 号（文献番号 2017WLJPCA06296003）；原审：東京地方裁判所 2016 年 10 月 28 日判决，平 27（ワ）35544 号。

〔64〕　東京高等裁判所 2017 年 10 月 6 日决定，平 29（ラ）1392 号（文献番号 2017WLJPCA10066002）；原审：東京地方裁判所 2017 年 6 月 28 日决定，平 29（ヨ）1340 号。

〔65〕　最高裁判所 2018 年 9 月 27 日平 30（受）821 号；東京高等裁判所 2018 年 1 月 25 日判决，平 29（ネ）4417 号（文献番号 2018WLJPCA01256003）；原审：横浜地方裁判所 2017 年 9 月 1 日判决，平 27（ワ）2348 号。

〔66〕　福岡地方裁判所 2018 年 3 月 13 日判决，平 28（ワ）2651 号（文献番号 2018WLJPCA03136008）。

〔67〕　東京高等裁判所 2018 年 7 月 2 日判决，平 29（ネ）5296 号（文献番号 2018WLJPCA07026004）；原审：東京地方裁判所 2017 年 11 月 13 日判决，平29（ワ）16665 号。

〔68〕　大阪高等裁判所 2019 年 5 月 24 日判决，平 30（ネ）1864 号（文献番号 2019WLJPCA05246005）；原审：大阪地方裁判所 2018 年 7 月 26 日判决，平 27（ワ）10561 号。

〔69〕　同前注〔63〕，東京高等裁判所 2017 年 6 月 29 日判决；原审：東京地方裁判所 2016 年 10 月 28 日判决。

半没有再犯,而是作为一名市民过着日常生活,现在与妻儿住在一起,并作为公司的执行董事有其事业的因素,也不能断定不公开其逮捕事实的利益要明显优于公开的利益。

(二)通过明显性基准测试的例外

从上述判决可以看出要通过明显性测试并不容易,截至目前的案件中只有极少的诉求被法院认可,而这类案件都有其特殊性。自 2017 年后,被法院承认删除搜索结果的,是在 7 年前因涉嫌强奸而被逮捕但最后不被起诉的案件(以下简称"2017 删除案"),原因是案件中存在因指控不足而不被起诉的事实。[70]

在 2017 删除案中,札幌地方法院沿袭最高院的判断思路,不同之处在于对不起诉事实的理解。法院认为就本案而言,由于证据不充分而作出不起诉处分。原告自被释放以来,已经过了 7 年,在这期间一次也没有再接受调查。鉴于该嫌疑案件的调查,很难有足够的证据认定原告确实从事了与嫌疑事实有关的行为。虽然起诉时效尚未届满(刑事诉讼法第 250 条第 2 款第 3 项),但可以肯定今后对嫌疑事实进行起诉的现实可能性实际上已经消失。如此一来,对于这一嫌疑事实,与正在进行刑事诉讼和被判有罪的情况相比,即使将本案事实公之于众,公共利益微乎其微,将其作为社会普遍关注的事项而公布的社会意义也就变得无足轻重。[71]

法院进一步阐述,尽管原告因嫌疑不充分而不被起诉,但是从现实来看,如果某人被逮捕往往会被认为其犯了与该逮捕有关的罪行,因此看了该搜索结果的人或者根据该搜索结果而打开记载该报道的原始网站的人,很大可能都会认为原告实行了本案中的嫌疑行为,这就违反了无罪推定原则。此外,原告离开了被逮捕时所在的 A 市,即使其因证据不充分被释放至今已 7 年以上,日常生活中仍避不开身边人对自己犯罪的嫌疑,如在工作调动中被问到逮捕的原委等。对于因嫌疑不充分而被不起诉、没有接受审判的原告来说,搜索结果的存在对原告的私生活是有很大的不利。[72]

---

〔70〕 札幌地方裁判所 2019 年 12 月 12 日判决,平 30(ワ)2390 号(文献番号 2019WLJPCA12126001)。

〔71〕 同前注。

〔72〕 同前注。

论证至此,法院总结,一方面需要保留本案搜索结果的社会必要性低,另一方面,本案搜索结果的存在对原告的具体伤害严重。即使承认本案事实被传播的范围在某种程度上是有限的,即使考虑到有关性犯罪的惩罚越来越严,不公开本案事实的原告的法律利益仍要比保留搜索结果的社会必要性明显优越。因此,原告可以要求被告删除本案检索结果。〔73〕

(三)社交媒体的定位

最高院在前科删除案中将运营商视为表达行为的主体,但网络时代除了运营商,还有社交网络这一在人们的生活中占据越来越重要地位的媒体。因此其后日本出现请求删除推特上有关其被捕经历的多个帖子的审判(以下简称"推特删除案"),而这目前仍未有定论。

关于社交媒体的定位,一审东京地方法院认为,推特收集用户的帖子并以发帖日期先后顺序显示,当用户输入某一信息并开始搜索时,推特将会据此提供与该信息匹配的帖子作为检索结果,因而不认为其具有如谷歌等运营商提供搜索结果的表达行为。同时,一审法院虽然同意推特有大量用户,许多公众可以通过在推特上发布帖子或浏览推特以发送或获取信息,但推特本身只是一个网站,并不是像提供搜索结果的谷歌等运营商那样,对互联网用户来说是必不可少的信息流通平台。〔74〕尽管法院沿用前科删除案的比较衡量内容进行综合判断,但在比较衡量基准上却删除明显性要件。毋庸置疑,明显性要件的存在对平台方来说是有利的,这一加权基准失去后,平台方的优势就消失了。〔75〕换言之,正是由于一审法院认为推特并非表达行为主体,亦非信息流通重要平台,同时法院认定原告的犯罪性质较轻,因而删除了明显性之要件,最终判决结果是认可原告的请求。

但在二审法院中,东京高等法院持不同的意见,认为推特是全球第六大访问量最高的网站,全世界月访问量约为 39 亿次(截至 2017 年 6 月)。除了普通人以外,以美国的现任总统为首,政府机关、民企等各界知名人士也利用推特发布信息,接收信息的人数不计其数。推特具有的搜索功能,使得

〔73〕　同前注。

〔74〕　参见東京地方裁判所 2019 年 10 月 11 日判决,平 30(ワ)40232(文献番号 2019WLJPCA 10116001)。

〔75〕　水谷瑛嗣郎「前科に関わる情報をSNSから削除することを求めた事例」新・判例解説 Watch,憲法 No.172(2020 年 5 月 29 日)。

用户输入关键词后,推文中与之相关的内容就会作为搜索结果而显示出来。这个搜索功能可以帮助用户从推特浩如烟海的推文中获取所需内容,进而提高用户的信息发布能力。这样一来,推特在搜索功能的带动下,在现代网络社会的信息流通中发挥着重要的作用。删除推特上的推文,制约了推特这一作用的发挥。[76] 二审法院因而在比较衡量中增加明显性基准,从而推翻一审法院的判决。但法院并没有论及社交软件是否具有自由表达的行为。不过由一、二审法院的判决来看,采用明显性基准与是否承认搜索引擎或者社交媒体在社会信息流通中有关。

此外,对于东京高院的判决,日本学界出现了担忧的声音。有学者认为,社交媒体与搜索引擎并不一样,只要在社交媒体上注册账号,任何人都很容易发布某种信息。而且未确认发布信息真假,就在社交媒体上扩散的情况屡见不鲜,如此一来,个人遭受不可挽回的损失的可能性要高得多。从这点来看,即使高度评价作为信息流通基础的社交软件,本判决要求明显性的严格要件不能说是妥当的。[77] 社交媒体行为的性质或许有待最高院最终定夺。

综观以上案件的发展,可知实施性质较为严重的犯罪或者从事特定行业的人员的前科、逮捕经历等搜索结果并非容易删除,这些都与公共利益息息相关。无论是否普通人,只要犯罪性质严重的,法院几乎倾向于否定删除。特定行业的人员在日本也被严格对待。如职业道德要求更高的医生、教师;再如公司高管等公共人物和公职人员等,其犯下性质恶劣的罪行自不必说,在其受到其他的较轻刑罚、行政处分经历方面,法院也会谨慎删除。与此相对,对不被起诉的经历、普通人犯罪性质较轻的前科则相对宽容。

五、平衡视角下我国删除权的实现

日本寻求隐私与自由的平衡与我国设置删除权的目的不谋而合,其平

---

[76] 参见東京高等裁判所 2020 年 6 月 29 日判决,令元(ネ)4733 号(文献番号 2020WLJPC A06299001)。

[77] 木村和成「ツイッターに投稿された前科などに関する記事の削除請求の可否」新・判例解説 Watch,民法(財産法)No.197(2020 年 11 月 6 日)。

衡经验可为我国删除权的实现提供精细化的标准和方法。之所以前科、逮捕经历等个人隐私信息成为争议焦点，在于其既涉及公益也涉及私益，从而触及宪法上的权利平衡，成为理论和实践中的难点。找出科学的标准和方法，将有助于删除权在合理边界内的行使，最终达致个人信息保护与信息自由流动之间的平衡。在前科、犯罪记录的问题上，我国与日本一样，均认为受隐私保护。而关于运营商的行为认定，虽然目前我国法院的实践[78]与日本的路径有所区别，但日本法院肯定运营商对信息自由、公众知情权具有重要意义的理念与我国如出一辙。理念一致的前提下，技术层面便有借鉴意义。日本的判例对我国最大的启发在于比较衡量的方法及其内容。具体而言，有以下几个方面：

首先，行使删除权需要全面了解新闻报道、网页信息的内容，这是判断是否删除的前提和基础。只有充分了解信息的内容，才能衡量信息对个人和社会的影响大小，才能进行比较衡量。其次，需要对以下几个问题进行综合考察。一是判断犯罪的性质。前科、犯罪记录的隐私信息保护可结合时间经过理论以及犯罪实质进行判断。一般而言，严重程度越高的犯罪，与公共利益越紧密相关，需要经过更长的时间才能丧失公益性，此时个人隐私保护应当让位于公众知情权。而犯罪性质较轻、不被起诉案件的个人信息，相对而言对公共利益影响较小，可根据时间因素等具体情况予以删除，以保护个人的隐私。二是划分不同的信息主体。这就需要考虑个人隐私信息主体的社会地位与涉及的公共利益。公职人员、公众人物自不待言，特定行业工作人员受相应刑罚或行政处罚的经历，由于与公共利益息息相关，删除权的行使应该更为谨慎。个人身份越与公共利益相关，其前科等隐私信息的删除越受到限制。三是考量搜索结果对个人的影响。搜索结果包括标题、片段以及网址，其显示越多，涉及的隐私范围越大、传播范围越广，对个人隐私信息造成的损害就越大。最后，在前述考察的基础上，对个人隐私信息保护与信息自由进行比较衡量。运用比较衡量方法的实质在于平衡，因而不能只从信息主体方出发，也要考虑信息流通的重要性。日本在比较衡量方法中适用明显性基准，其理念是公共利益优先，同时也达到了保护新型表达的效果，值得我国借鉴。

---

〔78〕　参见任某某诉北京百度网讯科技有限公司名誉权纠纷、姓名权纠纷、一般人格权纠纷案，北京市第一中级人民法院〔2015〕一中民终字第 09558 号民事判决书。

Abstract: The core of the right to erasure lies in the balance of privacy and freedom, which mainly concerns whether criminal record can be deleted from the results of search engines. In Japan, on the one hand, criminal record is incorporated into the privacy. Under the theory of the passage of time, the privacy of criminal record is rehabilitated so it is protected by law. On the other hand, search service provider is considered as a subject of freedom of speech. Search results are obtained through algorithms in line with the search service provider's policy and should also be protected by law. If it is apparent that the legal interest of not being published is greater than publishing them, it is reasonable to delete the search results. It neither denies the possibility of deleting criminal record nor deletes the search results easily, so as to achieve a balance between personal information privacy protection and freedom of expression. This method is worthy of reference.

Key words: Personal Information; Privacy Right; Right to Erasure; Freedom of Expression; Compare and Measure

（特约编辑：张怡静）

权力下放语境中的合法性审查:英国的实践

程庆栋[*]

内容提要:自 1998 年始,英国制定和完善了《苏格兰法》《北爱尔兰法》《威尔士政府法》,向苏格兰议会、北爱尔兰议会和威尔士议会下放立法权。根据这三部法律的规定,英国法院可以对地方立法是否超越立法权限进行合法性审查。英国合法性审查制度的重要特点是:事前审查与事后审查并存;依据制定法进行审查而不能依据普通法进行审查;进行实质审查而否定形式审查;属于强型审查而非弱型审查。实践中,英国最高法院通过一系列判例,发展了本土化的裁判方法,完善了合法性审查的效力制度,回应了权力下放过程中的争议。法院在监督地方越权立法方面发挥着日益重要的作用。英国合法性审查的制度设计和实践经验值得予以关注。

关键词:权力下放;地方立法;立法权限;司法审查;英国

引　言

通常认为,议会主权制的英国不存在真正意义上的宪法审查制度。这一状况在晚近二十年发生了较大改变。《1998 年人权法》规定特定层级的法院可以对中央议会的主要立法进行审查,事实上而非形式上建立起了一种宪法审查制度;1997 年,工党上台执政后,积极进行权力下放,《1998 年苏格兰法》《1998 年北爱尔兰法》《2006 年威尔士政府法》(以下将这三部法律

＊　程庆栋,法学博士,厦门大学法学院助理教授。本文系国家社科基金青年项目"全国人大常委会审查地方性法规的案例研究"(项目批准号:20CFX011)的阶段性研究成果。

统称为"权力下放法"）规定法院有权对地方立法是否超越立法权限进行审查，建立起了一种合法性审查制度。可以说，英国在二十年间已经逐渐建立了颇具本国特色的宪法审查制度。

我国学界较早注意到了英国的宪法审查问题。何海波认为，如果把违宪审查看成抵消议会"恶法"的实施效果，那么英国实际上已经形成独特的违宪审查。[1] 李蕊佚系统地研究了《1998 年人权法》所建立的违宪审查制度，并认为这为"其他奉行议会至上原则的国家建立违宪审查机制提供了一个参考模板"。[2] 朱学磊对弱型司法审查进行了多维度的研究，并探讨了将其引入中国的可行性问题。[3] 但学界的关注和研究多集中在英国法院根据《1998 年人权法》的规定审查中央立法的维度上，而在某种程度上忽视了英国法院根据"权力下放法"的规定审查地方立法的维度，而这同样是广义上英国宪法审查制度的重要内容。事实上，二者在发起主体、审查程序、判决形式和判决效力等方面存在着重大差异。本文对英国权力下放语境中法院，尤其是最高法院，审查地方立法的制度设计和实践经验进行考察，以期对我国合法性审查制度的完善有所裨益。

一、权力下放、议会主权与合法性审查

英国在上个世纪末开始的权力下放是多种因素综合作用的结果。在外因方面，欧盟中地区主义的发展对英国的权力下放产生了深刻影响，英国的权力下放也是顺应时代潮流的产物。"在欧洲，越来越多的国家也已经走上了权力下放的道路——不仅在德国如此，在像法国和意大利这样的传统中央集权国家也是如此。……似乎只有在英国，政府还在争辩说变革是不可

---

〔1〕 参见何海波：《没有宪法的违宪审查——英国故事》，《中国社会科学》2005 年第 2 期，第 109-122 页。

〔2〕 参见李蕊佚：《议会主权下的英国弱型违宪审查》，《法学家》2013 年第 2 期，第 164-180 页。

〔3〕 参见朱学磊：《议会主权体制下的司法审查权及其限度》，《比较法研究》2019 年第 5 期；朱学磊：《弱司法审查是中国实施宪法的蹊径吗——"合宪性审查工作体系化"的提出》，《政治与法律》2019 年第 4 期。

能的。"[4]在内因方面,权力下放被看作是维护英国国家统一,消除分离主义的最佳方案。通过允许更大程度的权力下放,苏格兰、北爱尔兰和威尔士境内的分裂压力可以得到缓解。[5]在工党政府的积极推动下,英国的权力下放驶入了"快车道"。1998 年 7 月,《1998 年威尔士政府法》获得御批,11月,《1998 年苏格兰法》和《1998 年北爱尔兰法》获得御批,这些法律成为英国权力下放的重要法律依据。1999 年 7 月,英国中央议会正式把一些权力移交给苏格兰议会和威尔士议会,同年 12 月,部分权力被移交给北爱尔兰议会。

英国权力下放的过程具有明显的"不对称"特征,不同的地区被授予了不同层次和不同程度的权力。[6]苏格兰议会一开始就获得了主要立法权(Primary Legislative Power),并且,《1998 年苏格兰法》采用了"保留权力"模式,该法明确规定了中央的保留事项,除保留事项外,苏格兰议会可以就任何其他事项进行立法。《1998 年北爱尔兰法》也采用了"保留权力"模式,但与苏格兰不同,该法将中央与北爱尔兰之间的事项划分为除外事项、保留事项和剩余事项。除外事项为永久保留事项,中央无意下放这些权力;保留事项为暂时保留事项,在合适的时机中央可以下放这些权力;剩余事项为除外事项和保留事项以外的其他任何事项。北爱尔兰议会对剩余事项享有主要立法权,但对保留事项的立法须征得有关部门的同意。

威尔士的情况则大不相同。在权力下放之初,威尔士议会没有主要立法权,只有次要立法权(Secondary Legislative Power)。在英国,主要立法权与次要立法权存在重要区别,次要立法权多为政府根据议会立法的授权而享有的立法权,"英国的立法实践是主要立法通过次要立法来付诸实践。正是次要立法为议会主要立法的实施作了详细规定。"[7]这种状况一直持续到《2006 年威尔士政府法》。该法采用"授予权力"模式,授权威尔士议会

---

〔4〕［英］托尼·布莱尔:《新英国:我对一个年轻国家的展望》,曹振寰等译,世界知识出版社1998 版,第 316 页。

〔5〕Russell Deacon, *Devolution in the United Kingdom*, Second Edition, Edinburgh University Press,2012, p. 3.

〔6〕Brice Dickson, *Devolution*, in Jeffrey Jowell, Dawn Oliver, and Colm O'Cinneide eds., The Changing Constitution, Eight Edition, Oxford University Press, 2015, pp. 250-251.

〔7〕Winston Roddick, *Devolution-the United Kingdom and the New Wales*, 23 Suffolk Transnat'l L. Rev. 477,480(1999).

可以就特定下放事项进行主要立法,但直到 2012 年,威尔士议会才开始行使这一权力。《2017 年威尔士法》对威尔士的权力下放安排作了重大改变,该法将授予权力模式改变为保留权力模式,除保留事项外,威尔士也可以就任何其他事项进行主要立法。

议会主权是英国宪法的基石,也是英国政治法律制度最显著的特点。议会主权原则意味着议会确有在英国宪法下制定或者不制定法律的权利;并且,英国法律不认可任何人或任何机构有权推翻或搁置议会的立法。[8] 权力下放的制度设计和实践活动也没有动摇议会主权制,地方议会并没有与中央议会分享主权,主权仍由中央议会所独享。为了维护议会主权,权力下放法对地方议会的立法权限作了特别规定。第一,英国中央议会仍然保留了对权力下放事务进行立法的权力。只是中央议会在行使这一权力时应当遵循“西维尔惯例”(Sewel Convention),需要征得地方议会的同意。第二,明确规定了地方越权立法的后果,地方立法超出立法权限的条款将不再是法律(Not Law)。第三,明确限制了地方议会的立法权限。例如,《1998 年苏格兰法》第 29(2)条规定苏格兰议会的立法权限受到以下限制:(a)领域限制,苏格兰议会的立法不得成为国家或苏格兰以外其他地区法律的一部分;(b)保留事项的限制,苏格兰议会的立法不得与该法附表 5 所列举的保留事项相关;(c)附表 4 的限制,苏格兰议会的立法不得修改、废止受到附表 4 特别保护的法律,如《1998 年人权法》等,也不得修改、废止关于保留事项的中央法律;(d)苏格兰议会的立法不得与公约权利或欧盟法不一致;(e)苏格兰议会的立法不得使作为苏格兰刑事起诉和死亡调查系统首长的检察长失去公职。[9] 实践中,要求审查地方立法越权的理由主要有三类:第一类是“与保留事项相关”,对应着《1998 年苏格兰法》第 29(2)(b)款和第 29(2)(c)款;第二类是“与公约权利不一致”;第三类是“与欧盟法不一致”,这两类均对应着《1998 年苏格兰法》第 29(2)(d)款。实践中暂时没有出现关于(a)(e)条款的案例。

权力下放法虽然对地方议会的立法权限作了规定,但实践中出现立法权限争议的情形在所难免。权力下放法规定立法权限争议应当提交给法院

[8] A. V. Dicey, *An Introduction to the Study of the Law of the Constitution*, Tenth Edition, Macmillan, 1959, pp. 39-40.

[9] Scotland Act 1998 s29(2).

解决，并选择了枢密院司法委员会作为终审机关。之所以选择枢密院司法委员会作为终审机关，一方面是因为枢密院司法委员会曾经参与过上个世纪二十年代中央与北爱尔兰的分权实践，对此类案件的审判有着较为丰富的经验；另一方面也是基于自然正义的考虑，立法权限争议案件本质上是发生在中央议会与地方议会之间的诉讼，中央议会作为一方当事人，上议院不宜在与自己有关案件中担任法官。由此，英国法院系统的顶端便形成了"双顶点"式的结构：普通案件的终审机关为上议院上诉委员会，而立法权限争议案件的终审机关却为枢密院司法委员会。直到2009年最高法院成立，这一结构才得以改变。随着枢密院司法委员会的这一职能并入最高法院，英国最高法院成为立法权限争议的终审机关。

二、合法性审查的发起主体与程序

事前审查和事后审查并存是英国合法性审查的突出特点。事前审查是一种抽象审查，是最高法院对法律草案进行的审查。地方议会通过法律草案后的四周内，中央政府和地方政府的特定法律官员认为草案或者草案的任何条款超越立法权限的，可以将之提请最高法院决定。具体言之，可以将苏格兰议会制定的法律草案提请决定的法律官员是中央政府中负责苏格兰法律事务的总检察长、司法部长和苏格兰政府的检察长；可以将威尔士议会制定的法律草案提请决定的法律官员是中央政府中负责英格兰、威尔士法律事务的司法部长和威尔士政府的总法律顾问；可以将北爱尔兰议会制定的法律草案提请决定的法律官员是中央政府中负责北爱尔兰法律事务的总检察长和北爱尔兰政府的司法部长。[10]

尽管中央政府和苏格兰、威尔士、北爱尔兰政府的特定法律官员均拥有向最高法院进行咨询的权力，但实践中，各方主体向最高法院进行事前咨询的次数屈指可数。截至2018年9月，北爱尔兰只向最高法院进行过一次事前咨询，但随后予以撤回；苏格兰也仅向最高法院进行过一次事前咨询；威尔士向最高法院进行过三次事前咨询。（具体情况见表1）

---

[10] Scotland Act 1998 s33. Government of Wales Act 2006 s112. Northern Ireland Act 1998 s11.

表 1　各方主体向最高法院进行的事前咨询

咨询问题	提请主体	判决	结果
《北爱尔兰石棉相关条件伤害法草案》是否越权	北爱尔兰政府的司法部长	N/A	撤回；最高法院对苏格兰的同类立法进行事后审查
《英国脱欧苏格兰法律连续性草案》是否越权	中央政府负责苏格兰法律事务的总检察长、司法部长	(2018) UKSC 64	17 条等条款超越立法权限
《威尔士地方政府细则法草案》第 6、9 条是否越权	中央政府负责英格兰、威尔士法律事务的司法部长	(2012) UKSC 53	符合立法权限
《威尔士农业部门法草案》是否越权	中央政府负责英格兰、威尔士法律事务的司法部长	(2014) UKSC 43	符合立法权限
《威尔士石棉疾病恢复医疗费用法草案》是否越权	威尔士政府的总法律顾问	(2015) UKSC 3	第 2、14 条超越立法权限

　　事前咨询比较少见的原因在于：首先，地方议会议长对立法权限的评估和审查在很大程度上过滤掉了潜在的越权问题。为了防止地方越权立法，权力下放法一方面规定提案人在草案提交到议会时必须声明草案的条文属于议会立法权限；另一方面权力下放法也规定，议长须在草案提交到议会时，决定草案的条文是否属于议会的立法权限，并陈述其决定。[11] 苏格兰议会在立法过程中形成的惯例是，提案人（主要是政府）在将草案介绍到议会前三周便将草案和自己的声明发送给议长（具体是苏格兰议会法律顾问办公室），苏格兰议会法律顾问办公室在收到草案后，会对草案进行独立评估，发现有疑义的条款便同政府进行反复磋商。议长的否定性意见虽然不能否决草案，但会使得草案的立法过程十分艰难。为了换取议长的肯定性意见以保证立法进程，政府一般会顺从议长的意见，对草案相关条款进行澄清或修改。[12] 其次，英国中央政府与地方政府之间已经建立了较为顺畅的沟通渠道，大多数立法权限问题通过双方的沟通和协商可以得以解决。[13]

――――――――――

　　〔11〕 Scotland Act 1998 s31. Government of Wales Act 2006 s110. Northern Ireland Act 1998 ss9，10.

　　〔12〕 Christopher McCorkindale，Janet L. Hiebert，*Vetting Bills in the Scottish Parliament for Legislative Competence*，21 Edinburgh L. Rev. 319，333-341(2017).

　　〔13〕 Graham Gee，*Devolution and the Courts*，in Richard Rawlings，Robert Hazell eds.，Devolution，Lawmaking and the Constitution，Imprint Academic，2005，pp.261-262.

仍以苏格兰为例。苏格兰政府在将草案和自己的声明发送给议长的同时,也会发送给代表中央政府的总检察长。从此时开始,总检察长办公室就会非正式地介入地方立法过程,在这一过程中,双方会交换意见并进行磋商,将问题解决在早期阶段,从而没有必要提请最高法院决定。再次,政党的作用也不容忽视。1999 年至 2007 年间,中央政府和权力下放政府均由工党执政,政治氛围比较融洽,政治家不愿意在公开场合或者正式诉讼中解决此类分歧和争议,以免产生不利的政治影响,他们更倾向于私下解决这些问题,这反过来也促进了政府之间的合作和协调。[14] 2007 年后,中央与地方之间政党的胶合程度虽然有所下降,但已经建立起来的争议解决机制仍在持续发挥作用。

除了事前审查外,权力下放法还规定了事后审查的方式,这也是实践中更为常见的方式。事后审查可以单独发起,也可以附带于具体案件发起,因此,事后审查是抽象审查和具体审查的混合体。可以对苏格兰议会的立法发起事后审查的主体为:(1)法律官员,即代表中央政府的总检察长和代表苏格兰政府的苏格兰检察长,认为地方立法存在越权问题的便可以发起诉讼。法律官员发起的诉讼无需依赖于具体案件。(2)当事人在具体案件诉讼过程中认为地方立法存在越权问题时,可以向法院提出。法院对于诉讼过程中出现的地方立法越权问题,可以自己作出决定,也可以向更高层级的法院进行咨询。除了由苏格兰最高民事法院三名或三名以上法官组成的法庭外,法庭可将诉讼程序中出现的立法越权问题提交苏格兰最高民事法院内庭。[15] 除了由苏格兰高等刑事法院两名或两名以上法官组成的法庭外,法庭可将刑事诉讼程序中出现的立法越权问题提交到苏格兰高等刑事法院。[16] 但实践中,法院对待立法越权问题的态度比较消极,通常会拒绝就事实上已经出现的立法越权问题作出正式决定或裁决,以免当事人获得继续上诉的机会。[17] 需要指出的是,法院自身不能提出地方立法越权问题。苏格兰最高民事法院、苏格兰高等刑事法院在收到下级法院的咨询后,必须

---

[14] Alan Trench, *The Courts and Devolution in the UK*, 14(2) The British Journal of Politics and International Relations 303,313-314(2012).

[15] Scotland Act 1998 schedule 6 para 7.

[16] Scotland Act 1998 schedule 6 para 9.

[17] Aidan O'Neill, *Constitutional Judicial Review in Scotland:Some Recent Developments*, 14 Jud. Rev. 267,274-290(2009).

作出决定,而不能再向最高法院进行咨询。这一制度设计的目的在于提供一种"过滤机制",防止过多案件直接涌入最高法院。（3）与法律适用具有"足够利益"的任何当事人也可以基于普通法直接发起诉讼。[18]

　　案件可以通过多种方式到达最高法院。（1）当事人对苏格兰最高民事法院或者苏格兰高等刑事法院的前述决定不服的,可以向最高法院提起上诉。[19]（2）法院对于诉讼过程中出现的地方立法越权问题,应当通知总检察长和苏格兰检察长。总检察长或者苏格兰检察长有权要求法院将权力下放问题直接向最高法院进行咨询,也有权要求法院将任何不属于诉讼主题的权力下放问题直接向最高法院进行咨询。[20]（3）苏格兰最高民事法院三名或三名以上法官组成的法庭、苏格兰高等刑事法院两名或两名以上法官组成的法庭对于诉讼过程中出现的地方立法越权问题,可以自己作出决定,也可以向最高法院进行咨询。[21]《2006 年威尔士政府法》附表 9 和《1998 年北爱尔兰法》附表 10 也规定了类似的程序。截至 2017 年,在苏格兰议会制定的 264 部法律中,有 18 部被提请过审查(有的不止被提请过一次),多数是以"与公约权利不一致"为由发起的,有 3 部是以"与保留事项相关"为由发起的,有 3 部是以"与欧盟法不一致"为由发起的,但最终仅有 5 部法律的具体条款被法院认定为超越立法权限,有意思的是,这 5 部法律的相关条款均属于"与公约权利不一致"。[22]

三、合法性审查的裁判依据

　　法院可以依据权力下放法的规定审查地方立法,这是否意味着制定法是法院审查地方立法的唯一依据? 法院能否依据普通法来审查地方立法? 回答这一问题前,有必要先提及英国传统意义上的司法审查。在英国,传统意义上的司法审查专指法院对行政机关行政行为和次要立法进行的审查。

---

〔18〕　Court of Session Act 1988 s27B(2)(a).

〔19〕　Scotland Act 1998 schedule 6 paras 12,13.

〔20〕　Scotland Act 1998 schedule 6 paras 33,34.

〔21〕　Scotland Act 1998 schedule 6 paras 10,11.

〔22〕　Christopher McCorkindale, Aileen McHarg, Paul F. Scott, *The Courts*, *Devolution*, *and Constitutional Review*, 36 U. Queensland L. J. 289,295-296(2017).

在这一审查类型中,法院既可以依据制定法进行审查,也可以依据普通法进行审查。根据迪普洛克法官的分类,传统的司法审查理由可以分为三类:不合法、非理性和程序不当。[23] 不合法包括越权和法律错误、事实错误等;程序不当包括违反了重要的制定法程序,缺乏公正的听证等;非理性是普通法中的审查理由,内涵较为模糊,它的最初形式是"韦德内斯伯里不合理"(Wednesbury Unreasonableness)。在"韦德内斯伯里公司案"中,格林法官阐述了韦德内斯伯里不合理的内容,它是指"决定是如此的不合理以至于任何合理的机构都不会作出这一决定",[24]只有在这一情形下,法院才应当干预。在"公务员理事会案"中,迪普洛克法官解释道,非理性"适用于一项决定,这一决定是如此离谱地蔑视逻辑或公认的道德标准,以至于任何明智的人都不可能做到。"[25]在"布拉甘萨案"中,最高法院认为韦德内斯伯里不合理有两个重要的部分:第一部分侧重于决策过程,即在作出决定时是否考虑了正确的事项;第二个部分侧重于决策结果,即使正确的事项被考虑在内,结果是如此离谱,以至于没有合理的决策者会做出这一决定。[26]

　　韦德内斯伯里不合理是英国司法实践发展出来的一项本土化的合理性判断标准。比例原则进入英国后,在一定程度上冲击了韦德内斯伯里不合理在传统司法审查领域中的适用,但并没有影响其支配性地位。只有在涉及欧盟法或欧洲人权公约的案件中,法院才会适用比例原则,在其他案件中,英国法院仍然不愿意适用比例原则,而是继续适用韦德内斯伯里不合理。学界多数观点也支持司法实践的这一做法。[27] 其原因在于,韦德内斯伯里不合理对不合理程度的容忍性比较高,法院将韦德内斯伯里不合理作为司法审查的根据,意味着法院介入司法审查的门槛较高,相应的,法院在司法审查中表现得较为克制,这符合英国司法克制主义的传统。[28] 而比例

---

　　[23]　*Council of Civil Service Unions v Minister for the Civil Service*,374 A. C. 410(1985).

　　[24]　*Associated Provincial Picture Houses Ltd v Wednesbury Corp*,223 1 K. B. 223,234 (1948).

　　[25]　*Council of Civil Service Unions v Minister for the Civil Service*,374 A. C. 410(1985).

　　[26]　*Braganza v BP Shipping Limited and another*,17 UKSC 24(2015).

　　[27]　Philip Sales,*Rationality,Proportionality and the Development of the Law*,129 LQR 223,223-241(2013). Michael Taggart,*Proportionality,Deference,Wednesbury*,2008 N. Z. L. Rev. 423,423-481(2008).

　　[28]　对英国行政法中司法克制主义传统的分析,可参见:Paul Daly,*A Theory of Deference in Administrative Law:Basis,Application and Scope*,Cambridge University Press,2012.

原则对不合理程度的容忍性相对较低,如果法院将比例原则作为司法审查的理由,意味着法院介入司法审查的门槛较低。法院在司法审查中的积极表现,可能使得法院过分卷入行政决策过程,具有代替行政机关作出决定的风险,损害行政与司法之间的权力分立。

　　既然法院可以基于韦德内斯伯里不合理来审查行政行为,法院能否基于韦德内斯伯里不合理来审查地方立法? 权力下放法对这一问题没有作出明确规定。换言之,权力下放法对于法院能否依据普通法进行合法性审查的问题不置可否。最高法院通过"AXA 保险公司案"对这一问题作出了回答。这一案件的案情是:胸膜斑是因为人长期从事石棉相关工作而染上的一种职业病,但它并无症状,不会引起任何疼痛或不适。2007 年,上议院对"罗斯威尔案"作出判决,认为胸膜斑的存在不属于可以导致索赔的伤害。[29] 为了推翻这一判例在苏格兰地区的适用,苏格兰议会制定了《2009 年苏格兰损害赔偿(石棉相关条件)法》,规定与石棉有关的胸膜斑属于人身伤害,当事人可以依据苏格兰议会制定的法律进行起诉。由于英国对石棉从业者实行强制保险制度,苏格兰议会的立法所施加的赔偿义务便转嫁到了保险公司。AXA 等保险公司将案件上诉至最高法院,要求最高法院判定苏格兰议会制定的《2009 年苏格兰损害赔偿(石棉相关条件)法》与公约权利不一致,侵犯了他们的财产权;同时,苏格兰议会不合理、非理性、任意地行使自己的立法权,应当根据普通法对其进行司法审查。

　　英国最高法院在判决中认为,在正常的情况下,法院不能基于普通法的审查理由来审查地方立法。这是因为,一方面,权力下放法已经明确规定地方立法不得"与公约权利不一致",在"与公约权利不一致"类型的案件中,法院会基于比例原则进行审查。而在适用比例原则的情形下,法院介入的门槛远比韦德内斯伯里不合理要低。因此,没有必要再基于韦德内斯伯里不合理对地方立法进行审查。另一方面,苏格兰议会、威尔士议会和北爱尔兰议会作为民主选举产生的地方立法机关,对社会正义问题拥有广泛的自由裁量权,法院应当充分尊重地方立法机关的这一权力。"除非得到授权,否则法官们用自己的观点替换民主选举产生的议会的审慎判断也是错

---

　　[29]　*Rothwell v Chemical & Insulating Co Ltd UKHL* 29(2007).

误的。"[30]

　　但最高法院同时也认为,在地方立法推翻司法审查制度、废除基本权利等特别极端的情况下,法院也可以根据普通法对地方立法进行审查。霍普法官和里德法官给出的理由不同。霍普法官是基于对"选举独裁"的担心。在政府和议会均由多数党控制的情形下,政府利用自己的权力来废除司法审查或者削弱法院在保护个人权利方面的作用,并非完全不可想象。法治要求法官必须保留宣称这种极端法律不是法院所承认的法律的权力。[31]里德法官的理由则基于合法性原则(Principle of Legality)和授权理论。合法性原则不仅意味着议会自身不能通过一般的或模糊的词语来推翻基本权利或法治,而且意味着它不具有通过一般的或模糊的词语授予另一个主体这样做的权力。因此,不能认为中央议会有意建立一个可以自由废除基本权利或违反法治的地方立法机构。[32] 当地方立法出现这种极端情形时,法院便可以基于普通法进行审查。

四、合法性审查的裁判方法

　　与保留事项相关、与公约权利不一致、与欧盟法不一致是法院审查地方立法的主要理由。发起诉讼的理由不同,法院所采用的裁判方法也不相同。

(一)"与保留事项相关"案件中的裁判方法

　　论及"与保留事项相关"案件的裁判方法,不得不着墨于精髓与实质学说(Pith and Substance Doctrine)。精髓与实质学说是加拿大宪法解释中一种学说,主要用来解决联邦与州之间的立法权限争议。在联邦制国家,联邦与州各自拥有排他性的立法空间,在各自的立法权限内,联邦立法机关和州立法机关是相互独立的,联邦不得侵入州的立法空间,州也不得侵入联邦

---

〔30〕 *AXA General Insurance Limited and others v The Lord Advocate and others*,46 UKSC 52(2011).

〔31〕 *AXA General Insurance Limited and others v The Lord Advocate and others*,46 UKSC 51(2011).

〔32〕 *AXA General Insurance Limited and others v The Lord Advocate and others*,46 UKSC 152(2011).

的立法空间。但联邦或州立法机关对自己权限范围内事项的立法,通常会不可避免地影响到对方立法权限范围内的事项,引发争议。例如,宪法某一条款规定农业问题属于州的立法事项,雇佣关系和就业属于联邦的立法事项,州立法机关对农业领域从业人员工资问题的规定便极有可能引发争议。在此情形下,需要根据立法的精髓与实质来解决争议。"立法的精髓与实质是指立法的主要特征、主要目的或者主要推动力。"[33]根据立法的真实本质,如果立法条款实质上与制定机关立法权限范围内的事项相关,而只是偶然地侵犯了另一个立法机关的立法事项,那么,它不会因此而无效。换言之,这一原则承认和允许一个立法机关对另一个立法机关立法权限的偶然性侵犯。

精髓与实质学说在加拿大、澳大利亚和印度等联邦制国家有着广泛应用,对英国的司法与立法实践也有着重要影响。英国司法实践中运用精髓与实质学说的典型案例是"加拉格尔案",这是 20 世纪 20 年代北爱尔兰权力下放过程中的一个案例。《1920 年爱尔兰政府法》(已废止)第 4 条曾规定北爱尔兰议会有权为北爱尔兰的和平、秩序和善治制定法律,但北爱尔兰议会不能制定有关贸易的法律。为了保护公共健康,《1934 年北爱尔兰牛奶和奶制品法》规定销售牛奶需要取得许可证,并且该法规定公职人员有权在任何合理时间检查牛群,检查生产者就生产或销售牛奶所使用的处所及设备。这意味着,生产场地位于北爱尔兰之外生产者将无法取得许可证,因为公职人员无法对北爱尔兰之外的牛奶生产者进行监督和检查。《1934 年北爱尔兰牛奶和奶制品法》事实上阻止了北爱尔兰以外的牛奶生产商将牛奶销往北爱尔兰,对跨境贸易产生了影响。加拉格尔是北爱尔兰境外的一名奶农,多年来一直往北爱尔兰境内销售牛奶,他在申请许可证被拒绝后继续在北爱尔兰境内销售牛奶,随后被起诉。案件上诉到上议院,阿特金法官在判决中写道:"如果从法律作为一个整体的角度来看,立法的实质内容属于明确的权力范围,它只是偶然影响到授权领域之外的事项,那么,它就不是无效的。"[34]法庭据此认为,《1934 年北爱尔兰牛奶和奶制品法》的精髓与实质是一项保护北爱尔兰居民健康的法律,立法的主要目的属于北爱尔

---

[33] Jeremy Webber, *The Constitution of Canada*: *A Contextual Analysis*, Bloomsbury Publishing, 2015, p. 142.

[34] *Gallagher v Lynn*, 863 A. C. 870(1937).

兰议会的立法权限,它可能偶然地影响了贸易,但不能据此认为该法是有关贸易的法律。在《1998 年苏格兰法》的立法过程中,西维尔勋爵也认为应当参考立法的精髓与实质来确定苏格兰议会立法中的条款是否与保留事项相关。如果它的立法目的是关于下放事项的,这一立法不应该仅仅因为偶然地影响了保留事项而被判定为超越立法权限。地方立法一定程度地侵入保留事项是不可避免的,"因为保留事项和下放事项无法被分别装进不透水的密室之中"。[35]

或许是由于介意精髓与实质学说所携带的联邦制基因,《1998 年苏格兰法》等权力下放法并没有明确规定精髓与实质学说。权力下放法仅规定了"目的和影响"测试:权力下放议会所制定的法律是否与保留事项相关,应当参照条款的目的来确定,并考虑在所有情况下的影响。[36] 但严格说来,将"目的和影响"测试称呼为"目的"测试更为准确,因为是条款的"目的"而不是"影响"决定着受质疑的立法是否与保留事项相关,条款的目的是最主要的。[37] 由于制定法没有明文规定,最高法院在判决中也回避了精髓与实质测试,而是发展、完善了目的测试的内容。目的测试可以分为四个步骤:(1)分析受到质疑的地方立法,确定其立法目的;(2)解释权力下放法或中央法律的有关条款,确定其立法目的;(3)判断二者在立法目的上的相关性,包括是否相关以及在多大程度上相关两个方面;(4)得出结论。可见,这一方法的核心在于确定立法目的、解释法律和判断相关性三个问题。"帝国烟草公司案"和"基督教学会案"均是这一方面的重要案例,最高法院在这两个判例中确立或强调了前述三个问题的判例法。

目的测试中的"目的"是指主观目的,因此,目的需要根据立法当时的立法者意志加以确定。确定条款的目的可能不是一件容易的事。为了准确地探究立法目的,最高法院需要求助于各种立法背景资料,提交草案前的报告、草案的解释性说明、随附的政策备忘录以及地方议会会议期间议员的发言等均是探究立法目的的重要材料。地方立法的条款可能同时存在多个目的,在"帝国烟草公司案"中,最高法院认为,只要其中一个目的被认定为与

---

〔35〕　Hansard HL Debates (21 July 1998),vol 592,column 819.

〔36〕　Scotland Act 1998 s29(3).

〔37〕　Thomas Glyn Watkin, Daniel Greenberg, *Legislating for Wales*, University of Wales Press,2018,p. 84.

保留事项相关,地方立法的条款便应当被认定为超越权限,除非该目的可以被视为间接的,并且对该条款总体上想要实现的目的没有真正意义。[38] 也正是在这一案例中,最高法院强调了目的测试与"精髓与实质"测试的区别,目的测试可以兼容多个目的,而精髓与实质测试则必须将整部法律抽象成只存在一个目的,以便根据这一个目的来确定存在争议的事项究竟属于联邦的立法权限还是州的立法权限。在"基督教学会案"中,苏格兰最高民事法院适用"精髓与实质"测试作出判决,案件上诉到最高法院后,最高法院坚定、明确地再次拒绝了这一方法。

如何解释权力下放法的问题,牵扯到了权力下放法的地位问题。英国是一个"不成文宪法"国家,宪法渊源可能是制定法、判例法,也可能是宪法惯例。权力下放法是否属于宪法性法律,从而法院在解释权力下放法时应当采取不同于一般制定法的解释方法? 在"罗宾逊案"中,宾汉法官和霍夫曼法官认为《1998 年北爱尔兰法》实际上是一部宪法,应当对其条款进行宽松解释和目的解释,普通的制定法则按照一般标准进行解释。[39] 但这一判决并没有被法院后来的判决所遵循。在"帝国烟草公司案"中,里德法官明确指出《1998 年苏格兰法》不是宪法,而是议会法律,并且与典型的宪法相比,它们之间存在"重大差异"。[40] 案件上诉到最高法院后,最高法院支持了这一判决。最高法院认为,尽管权力下放法具有非常重要的宪法意义,但"将权力下放法描述成宪法性法律本身不能作为法律解释的指导。权力下放法必须像其他制定法一样被解释。"[41]据此,权力下放法并不具有宪法性法律的地位,它与中央议会制定的其他法律具有相同的位阶。根据权力下放法对地方立法进行的审查难以称之为狭义上的违宪审查,而是合法律性审查。

在相关性的判断上,最高法院在"马丁案"中就认为,与保留事项"相关"的标准应当是实质相关,而不能仅仅是"松散的或者附随性的"相关。[42] 这一标准在"帝国烟草公司案"和"基督教学会案"中再次得到强调。为了减少烟草产品在公众视野中的出现频率和降低公众获得烟草产品的便利程度,

---

[38]　*Imperial Tobacco Limited v The Lord Advocate*,61 UKSC 43(2012).

[39]　Robinson v Secretary of State for Northern Ireland,UKHL 32(2002).

[40]　*Imperial Tobacco Ltd v Lord Advocate*,9 CSIH 71(2012).

[41]　*Imperial Tobacco Limited v The Lord Advocate*,61 UKSC 15(2012).

[42]　*Martin v Her Majesty's Advocate*,10 UKSC 49(2010).

进而促进公共健康，《2010年苏格兰烟草和主要医疗服务法》第1条禁止在销售烟草产品的地方展示烟草产品，第9条禁止销售烟草产品的自动售货机。帝国烟草有限公司认为，苏格兰议会的这些规定与《1998年苏格兰法》附表5第2部分C7(a)款所列举的保留事项相关，该条款规定的"向消费者销售、供应商品和服务的规制"属于中央议会的保留事项，苏格兰议会的规定超越了立法权限。案件由苏格兰最高民事法院作出判决后，被当事人上诉到最高法院。最高法院在综合考虑C7条的标题（消费者保护）、与标题相关的材料、条款用词的含义等因素后认为，"向消费者销售、供应商品和服务的规制"应当与"消费者保护"的标题联系起来。由于议价能力的显著不平等，销售商和供应商在向消费者销售、供应商品和服务的过程中容易过度伸张自己的利益而使消费者处于不利地位，对这一情形的法律干预和规制才属于中央议会的保留事项。而《2010年苏格兰烟草和主要医疗服务法》第1条和第9条的目的是阻止烟草产品的销售，而不是规范如何进行销售以保护消费者免受不公平交易的影响。二者在立法目的上毫无关联，因此，苏格兰议会的立法与保留事项无关，没有超越立法权限。[43]

为了保护儿童和青少年，《2014年苏格兰儿童和青少年法》建立了"指定人"制度（Named Person），并努力为每一位苏格兰境内的儿童和青少年分配一名"指定人"。指定人不但可以对儿童和青少年的福利风险进行早期干预，还可以将个别公共机构所掌握的儿童和青少年福利信息整合起来，在不同的公共机构之间分享，以便"所有相关公共服务都可以支持儿童和青少年的整体福祉"。只要指定人"认为"向第三方分享信息对于发挥指定人的功能是必要的或者有利的，他就可以这么做。基督教学会等公共团体认为，《1998年苏格兰法》附表5第2部分B2款规定的"数据保护"属于中央议会保留事项，《2014年苏格兰儿童和青少年法》的上述规定与这一保留事项相关，超越了立法权限，同时，上述规定与公约权利不一致、与欧盟法不一致，将案件上诉至最高法院。最高法院否定了第一项诉求，支持了第二项和第三项诉求。最高法院认为，《2014年苏格兰儿童和青少年法》规定的信息分享条件的确低于《1998年数据保护法》所设定的条件，但该法的主要目的是"促进儿童和青少年的福利"，信息分享是实现主要目的的必要手段，不能与

---

〔43〕 *Imperial Tobacco Limited v The Lord Advocate*，UKSC 61(2012).

主要目的区分开来,信息分享对于整部法律而言仅仅是附随性的。[44] 因此,不能认定《2014 年苏格兰儿童和青少年法》与保留事项相关。

(二)"与公约权利不一致"案件中的裁判方法

在英国合法性审查的实践中,以"与保留事项相关""与欧盟法不一致"为由提起诉讼的案件比较少,大多数案件是以"与公约权利不一致"为由提起诉讼的。但目的测试的方法并不适用于这一类型的案件,因为,立法条款的目的、效果与其是否与公约权利不一致并无关联。在与公约权利不一致类型的案件中,法院通常会求助于比例原则。与欧盟法不一致的案件亦如是。

比例原则是起源于德国公法的一项原则,在《1998 年人权法》制定以前,比例原则并没有在英国法中占据一席之地。[45] 比例原则是被《1998 年人权法》正式引入到英国的。二战后,为了防止专制独裁政府的出现,欧洲各国在 20 世纪 50 年代初制定了《欧洲人权公约》。英国是这一公约的积极推动者,也是这一公约的缔约国。为了在国内法层面上进一步保障《欧洲人权公约》所保护的权利,英国在 1998 年制定了人权法。该法第 2 条要求法院在确定与公约权利有关的问题时,必须考虑欧洲人权法院的判决、决定、声明或咨询意见,而欧洲人权法院早已接纳了比例原则,并将其作为判断公权力机构行为合法性的重要依据。于是,在涉及公约权利的案件中,英国的司法机关只能接受比例原则。

比例原则的经典运用分为四个阶段:(1)目的正当性测试,措施所追求的目的是否足够重要;(2)合理相关测试,措施是否能够实现合法目标;(3)最小损害测试,措施是否是实现目标损害最小的手段;(4)整体平衡测试,受损害的个人权利与实现目的所获得的利益是否是平衡的。[46] 法院在多个立法权限争议案件中适用了比例原则。例如,在威尔士的第三个事前审查案件中,《威尔士石棉疾病恢复医疗费用法草案》第 2 条和第 14 条规定雇主和保险公司需要向部长支付威尔士在过去为受害人提供国家健康服务所需

---

〔44〕 *The Christian Institute and others v The Lord Advocate*,51 UKSC 64(2016).

〔45〕 Robert Thomas,*Legitimate Expectations and Proportionality in Administrative Law*,Hart Publishing,2000,p.85.

〔46〕 Alan D. P. Brady,*Proportionality and Deference Under the UK Human Rights Act:An Institutionally Sensitive Approach*,Cambridge University Press,2012,p.7.

的费用,涉及立法溯及既往的问题。威尔士总法律顾问就草案上述规定是否"与公约权利不一致"向最高法院进行事前咨询。最高法院认为,立法溯及既往需要特别的理由,但草案规定却并没有给出这些理由,草案的规定不能通过比例原则的测试,超越了立法权限。[47]

　　虽然英国最高法院很"年轻",但在吸纳了枢密院司法委员会的基础上,英国最高法院似乎已经娴熟掌握了审理立法权限争议案件的方法。最高法院在发展、运用合法性审查方法的过程中表现出了两面性,在限制与自治之间摇摆。[48]一方面,最高法院的判决十分克制,表现出了对权力下放法的足够尊重。在英国的法律传统中,法院无权搁置议会的法律,"法院可能对如何正确地解释制定法存在争论,但对于法院是否应当适用法典,绝无争论。"[49]这一传统也严格约束着英国最高法院,最高法院的法官们在合法性判决过程中不断强调自己对议会立法的忠诚。他们坚称是法律,而不是法官或者判例,决定某一立法事项究竟属于中央立法权限还是地方立法权限。[50]另一方面,最高法院在审查过程中也表现得十分自主,在权力下放法没有明确规定的问题上确立了一系列判例法,有效地指导了法院的审判活动,回应了权力下放过程中的争议。

　　最高法院也在努力实现审查方法的本土化。联邦制国家中的"精髓与实质"测试与目的测试颇为相似,甚至可以说,目的测试仅仅是精髓与实质测试的一部分。[51]但最高法院却努力将二者区分开来。除了制定法没有规定的原因外,更深层次的原因可能在于精髓与实质测试的应用场域是联邦、州均具有排他性立法权限的联邦制国家,在英国这种中央具有无限立法权,而地方仅有有限立法权的国家中,精髓与实质测试发挥的实际作用有限。最高法院的本土化努力在一定程度上是成功的。虽然在立法条款存在多个目的,且多个目的之间存在着明显主次关系的情形下,目的测试与"精髓与实质"测试的最终效果几乎是等同的;但在多个目的之间是平等关系的

〔47〕　Recovery of Medical Costs for Asbestos Diseases(Wales)Bill: Reference by the Counsel General for Wales,UKSC 3(2015).

〔48〕　Jo Eric Khushal Murkens,*Judicious Review: the Constitutional Practice of the UK Supreme Court*,77(2)The Cambridge Law Journal 349,350(2018).

〔49〕　*British Railways Board v Pickin*,765 A. C. 789(1974).

〔50〕　See UKSC 53(2012). 61 UKSC(2012). UKSC 43(2014).

〔51〕　Alan Page,*Constitutional Law of Scotland*,W. Green,2015,p. 126.

情形下,目的测试可以与"精髓与实质"测试真正区别开来。[52]

五、合法性审查的判决形式和法律效力

无论是事前审查,还是事后审查,最高法院均需要对地方立法越权与否作出判决。受到质疑的地方立法条款要么被认定为超越立法权限,要么被认定为不超越立法权限,判决结论总是非此即彼的。在同一案件中,当事人可能会基于多种理由要求法院审查地方立法,此时,法院需要对这些诉求一一作出回答。为了减少议会和法院之间的冲突,权力下放法要求法院在解释地方立法时,应当尽可能地采取狭义解释,只要能将地方立法的条款解释为符合立法权限,法院便应当如此行事。[53]

在事前审查中,由于地方议会制定的法律草案尚未生效,合法性判决的法律效力问题较为简单。如果最高法院认定草案的有关条款符合立法权限,草案随后可以提请御批;如果最高法院认定草案的有关条款超越了立法权限,草案应当重新返回立法程序,进行"再考虑"并加以修改。对于修改后的法律草案,如果法律官员仍认为其存在立法权限问题,法律官员可以在四周内再次向最高法院进行咨询。

在事后审查中,由于地方议会制定的法律往往已经发生效力,甚至可能施行了较长时间,合法性判决的法律效力问题较为复杂。概而言之,英国承认法院的判决具有溯及既往的效力,被法院认定为越权的地方立法条款原则上自始无效。但在法律已经施行较长时间的情况下,自始无效判决的冲击力巨大,可能会破坏安定的社会秩序并导致新的不确定性,为此,权力下放法也授予了法院改变溯及力的自由裁量权。例如,《1998 年苏格兰法》第102(2)(a)条规定法院或者行政裁判所可以作出命令移除或者限制判决的溯及力。法院或者行政裁判所作出移除判决溯及力的命令后,判决不具有溯及力,被认定为越权的地方立法条款仅仅是嗣后无效。同时,苏格兰法第

---

〔52〕 Frankie McCarthy, Chris McCorkindale, *Named Persons in the Supreme Court: The Christian Institute and Others v The Lord Advocate*, 21 Edinburgh L. Rev. 240,246(2017).

〔53〕 Scotland Act 1998 s101. Government of Wales Act 2006 s154. Northern Ireland Act 1998 s83.

102(2)(b)条规定,法院或者行政裁判所也可以作出命令暂停立法在未来一段时间内的效力,以便立法机关纠正地方立法所存在的缺陷。法院或者行政裁判所可以同时作出上述两种命令,也可以只作出一种,但无论如何,法院或者行政裁判所在作出前述命令时,必须考虑非诉讼程序当事人在何种程度上会受到命令的不利影响。在苏格兰议会的立法被认定为越权的五起案件中,法院行使补救裁量权较为典型的案件是"卡梅隆案"和"萨尔维森案"。

在"卡梅隆案"中,苏格兰最高刑事法院认定《2010 年苏格兰刑事正义和许可法》第 58 条所增加的保释条件与公约权利不一致。在征求总检察长、当事人的意见后,苏格兰最高刑事法院限制了判决的溯及力。判决的溯及力仅限于两种情形:(1)保释已被批准但尚未进行审判或审判仍在进行的案件;(2)尚未结束的上诉案件。[54] 在"萨尔维森案"中,最高法院判定《2003 年苏格兰农业控股法》第 72 条第 10 款区别对待特定时间点前后的公民,构成歧视,侵犯了当事人的财产权。最高法院认为,如果为了法律的确定性而移除或者限制判决的溯及力,将使得当事人受损的权利无法得到救济,因此,最高法院拒绝移除或限制判决的溯及力,《2003 年苏格兰农业控股法》的有关规定自始无效。[55] 同时,最高法院作出命令暂停立法在未来 12 个月的效力,以便苏格兰议会纠正立法缺陷。最高法院没有指令苏格兰议会如何补救立法在过去所造成的损害,也没有指令苏格兰议会如何在未来消除立法与公约权利的"不一致",这些问题均由苏格兰议会自行决定。

较为棘手的问题是,应当如何看待和处理合法性判决对已经审理完结案件的影响? 依据事后才被认定为越权的地方立法作出判决的案件是否应当重新审理? 权力下放法并没有对这一问题作出规定。英国法院看待和处理这一问题的方式明显受到欧洲人权法院判例的影响。在"马克斯案"中,欧洲人权法院认为法律的确定性原则是公约所固有的品质,并基于此认为比利时国家无需重新处理先于判决送达之前的法律行为或情形。[56] 在"凯德案"中,英国最高法院参考了欧洲人权法院的前述判决,并认为《1998 年苏格兰法》第 102 条也实现了法律的确定性原则,"司法判决溯及既往的效

---

[54] *Cameron v Cottam*(No 2),J.C.12(2013).

[55] *Salvesen v Riddell and another*,22 UKSC 56,57(2013).

[56] *Marckx v Belgium*,2 EHRR 330,58(1979).

力不适用于已经最终确定的案件。"[57]因此,就司法案件而言,法院的合法性判决原则上仅具有面向未来的法律效力,已经审理完结的案件无需重新审理。尚未开始审理的案件、审理程序尚未完结的案件或者正在进行上诉的案件,均应当适用新的法律依据。

由于同时存在事前审查制度和事后审查制度,需要对事前审查的效力和事后审查的效力进行协调,以避免事前审查认为不越权而事后审查却认为越权的情形出现。一旦英国最高法院在事前审查中认定某一地方立法条款没有超出立法权限,事后审查便不能再对这一地方立法条款进行审查。

六、英国合法性审查的特点

英国合法性审查制度的特点在于以下几个方面。首先,事前审查与事后审查并存。在英国的合法性审查制度中,既有事前审查,又有事后审查;事后审查制度中既存在着抽象审查,又存在着具体审查。英国合法性审查实践中的事前审查和事后审查各有优劣。事前审查的优点在于,由于法律草案尚未生效,即便地方立法存在越权情形,造成的损害也比较小,易于纠正;其缺点在于,事前审查要求法院要尽可能地考虑到所有可能出现的情形,然后做出决定,对审查的要求比较高。例如,在关于《英国脱欧苏格兰法律连续性草案》的事前审查中,最高法院几乎对整部法律的条款进行了审查,审查任务繁重。[58]事后审查则恰恰相反,事后审查的优点在于,审查工作通常由具体案件引发,审查对象比较明确;其缺点在于,如果法律规定在施行较长时间后才被认定为越权,相应的补救比较困难。

其次,依据制定法进行审查而不能依据普通法进行审查。在"AXA 保险公司案"中,英国最高法院认为,除极端情况外,法院不能依据普通法对地方立法进行审查。在英国较为成熟的法治环境中,这种极端情况几乎不会出现。英国的合法性审查在某种程度上是一种纯粹的"合法律性"审查。

---

[57]　Cadder v Her Majesty's Advocate, 43 UKSC 60(2010).

[58]　The UK Withdrawal from the European Union (Legal Continuity) (Scotland) Bill: A Reference by the Attorney General and the Advocate General for Scotland (Scotland) 64 UKSC [2018].

再次,进行实质审查而否定形式审查。英国的合法性审查是一种非常实质化的审查。《1998 年苏格兰法》规定目的测试的目的是确保"苏格兰议会不会因为对它立法权限的字面解释而陷于瘫痪"[59]。"应当求助于实质,而不是形式,来寻求问题的答案。尽管,在精心起草的草案中,实质会反映在形式之中。"[60]权力下放的广度和深度似乎与地方越权立法判定标准的实质化程度具有正相关关系。权力下放的力度越大,地方越权立法判定标准就越实质化,反之,权力下放的力度越小,地方越权立法判定标准就越形式化。英国权力下放的力度颇大,事实上,权力下放法的安排蕴含了一些联邦制的因素,"准联邦制"可能是对英国权力下放体制更为准确的概括,"它意味着一种稳定关系,在这种关系下,两套政治机构事实上在相同的领域中互相行使了排他性权力。"[61]

最后,属于强型审查而非弱型审查。英国的违宪审查制度具有一定的层次性,它区别对待了中央议会的法律和地方议会的法律。(如表 2 所示)依据《1998 年人权法》的规定,特定层级的法院可以对中央法律进行审查。法院认为中央法律与《1998 年人权法》不一致的,有权作出"不一致宣告",但这一宣告并不影响相关法律的效力,对提起诉讼的当事人也没有约束力。[62] 由此,法院对中央法律的审查是一种弱型审查。[63] 但法院对地方立法进行的审查却是一种强型审查,法院对地方立法越权与否享有最终决定权。法院如果认定地方立法超越立法权限,相关的地方立法条款原则上自始无效,除非法院作出命令限制或移除判决的溯及力。并且,法院的判决对诉讼当事人具有约束力,尚未完结的案件应当适用新的法律依据。

〔59〕　Hansard HL Debates (21 July 1998),vol 592,column 822.

〔60〕　Local Government Byelaws (Wales)Bill 2012:Reference by the Attorney General for England and Wales,53 UKSC 49(2012).

〔61〕　Arden,*What is the Safeguard for Welsh Devolution?*,2 Public law 189,194(2014).

〔62〕　Human Rights Act 1998,ss3(2)(b),4(6)(b).

〔63〕　Mark Tushnet,*Weak-Form Judicial Review and "Core" Civil Liberties*,41 Harv. C. R.-C.L. L. Rev.1,1-23(2006). 国内对英国弱型违宪审查的研究,参见李蕊佚:《议会主权下的英国弱型违宪审查》,《法学家》2013 年第 2 期,第 164-180 页。

表 2   英国宪法审查制度的层次

审查对象	传统的审查理由			新的审查理由		后果
	不合法	非理性	程序不当	欧盟法	人权法 (1998)	
中央议会主要立法	不适用	不适用;极端情形除外	不适用	适用	适用	法院作出"不一致宣告";不影响立法有效性;不拘束当事人
地方议会主要立法	表现为越权立法	不适用;极端情形除外	不适用	适用	适用	法院宣布"不是法律";越权立法自始无效;已结束案件不溯及既往
行政行为次要立法	适用	适用	适用	适用	适用	法院决定作出何种禁令;属于人权、欧盟案件的,无效

英国合法性审查制度的特色是议会主权、权力下放和司法传统等多种因素综合作用的结果。国家主权为中央议会所独享,地方议会并没有分享国家主权,所以强型审查模式并不存在理论和现实障碍;权力下放要想取得实际效果,对地方议会的法律监督便不能过于严苛,实质化的审查是实现这一目的的最佳方式;将监督权赋予法院,司法克制主义的传统也掺杂进来,确立了只能依据制定法进行审查而不能依据普通法进行审查的判例。

在权力下放的前十年,法院在解决立法权限争议问题中的作用十分有限。[64] 最高法院成立前,仅有两起案件上诉到了枢密院司法委员会。但随着第三方发起诉讼数量的增加和最高法院的成立,法院在解决立法权限争议问题中发挥着越来越重要的作用。诚如英国最高法院院长黑尔女士所

---

〔64〕 Robert Hazell, *Out of Court: Why Have the Courts Played no role in Resolving Devolution Disputes in the United Kingdom*, 37(4) Publius: The Journal of Federalism 578, 578-598(2007).

言："权力下放的实践已经使得英国最高法院变成了十足的宪法法院。"[65]合法性审查制度的功效不仅仅在于解决立法权限争议，也在于威慑地方议会的立法过程。法院的审查权，犹如高悬的"达摩克勒斯之剑"，时刻提醒和敦促地方议会慎重对待立法权限问题，毕竟地方立法一旦被法院认定为越权，不仅会损害地方政府和地方议会的名声，而且可能会给地方政府的选举带来严重影响。[66] 为了应对可能出现的合法性审查，地方立法机关需要对立法草案的条款进行仔细论证，并尽可能地完善立法背景资料以备不时之需，这无疑有助于提高地方立法质量。[67]

Abstract：Since 1998, the United Kingdom has drawn up and improved Scotland Act 1998, Northern Ireland Act 1998 and Government of Wales Act 2006, and devolved legislative powers to the Scottish Parliament, the Northern Ireland Assembly and the National Assembly for Wales. According to the provisions of three laws, the courts can conduct a review of whether devolved legislation goes beyond its legislative competence. The main features of the review systems are as follows： pre - enactment review and post - enactment review coexist; devolved legislation can only be reviewed in accordance with statutes and cannot be reviewed at common law; substantive review is carried out and formal review is denied; it is the strong-form review rather than the weak -form review. In practice, the Supreme Court of UK has developed the domestic method, improved the legal effect system of the judgment, and responded to disputes in the process of devolution through a series of cases. Courts are playing an increasingly significant role in supervising devolved legislation. The institutional design and practical experience of the UK review system deserve special attention.

---

〔65〕 Baroness Hale, *Devolution and The Supreme Court—20 Years On*, (August 31, 2021), https://www. supremecourt. uk/docs/speech-180614. pdf.

〔66〕 Christopher McCorkindale, Janet L. Hiebert, *Vetting Bills in the Scottish Parliament for Legislative Competence*, 21 Edinburgh L. Rev. 319, 320(2017).

〔67〕 Thomas Glyn Watkin, Daniel Greenberg, *Legislating for Wales*, University of Wales Press, 2018, pp. 170-172.

Key words：Devolution；Devolved Legislation；Legislative Competence；Judicial Review；the UK

（特约编辑：刘雪鹏）

通过计算机代码执行宪法赋予的权利

[美]史蒂文·杨 著[*]　　杨锦帆 译[**]

内容提要：区块链是分布式、基于共识且安全的系统。通过这项技术，人们可以彼此签订智能合约。借助区块链组合技术的优越性，还可以创建了一个治理系统，并用来执行法律。当智能合约被用于公民与政府之间时，可以建立起超越数字普通法的智能社会契约或者智能宪法，它是用于国家治理的一种特定的区块链。如果政府可以拿出政治意愿，让自己的权力以符合智能宪法的方式进行编码。当连接到区块链时，"代码就成为法律"。于是，任何与之相联系的实体都无权在代码之外采取行动，这将确保政府行为被限定在其承诺的权力范围之内。

关键词：区块链；代码；数字普通法；智能宪法；权利

引　言

自从人类首次聚集在社会中以来，立法和执法的方法已经取得了长足

---

* 史蒂文·杨，香港大学法律系高级研究员，研究方向为国际投资法。美国马萨诸塞州剑桥市区块链法律服务公司合伙人，Planet Alpha 公司法律事务副总裁。原文于 2017 年发表在《天主教大学法律与技术杂志》第 26 卷。

** 杨锦帆，西北政法大学法治学院副教授，西北政法大学研究生院博士研究生。本文系法治文明与社会治理研究中心研究成果。基金项目：西北政法大学校级专项项目（2020YQ03）"后疫情时期'区块链＋法律'的疫苗管理机制研究"。

的进步。[3] 在过去,法律是口头通过的,并为其运作的小社区所理解。[4] 后来,法律被写下来,并最终编入宪法。[5] 这使得个人向政府提出合法的权利主张成为可能。[6] 法律是"国家最高权力规定的一种民事行为规则,它规定什么是对的,什么是错的",[7]"法律的本质是由最高权力制定的。"[8]今天,许多人承认一个国家的"至高无上的权力"应该是人民的,但在许多国家,人民并不是至高无上的。[9]

区块链技术展现出人类社会的下一个飞跃。[10] 本文将探讨如何利用区块链技术自动执行法律,以防止政府越过权力的界限。当一个政府的权力被编码在区块链上时,对它的限制将不仅仅是通过司法,也将借助于代码。[11] 区块链技术的内在能力可以预先阻止政府越权;它可以防止政府在

---

[3] See John W. Griggs, *The Annual Address: Lawmaking*, 20 ANN. REP. A. B. A. 257, 258-259 (1897)(描述立法的历史基础); see also Robert S. Alexander, *The History of the Law as an Independent Profession and the Present English System*, 19 FORUM 185, 187-196 (1983)(检视法律行业的历史)。

[4] See generally Griggs, 参见前注[1], at 267(追溯英国法律的历史,从村庄和部落到 19 世纪的英国普通法)。

[5] Lloyd Duhaime, *The Timetable of World Legal History*, DUHATME. ORG (last updated May 3, 2014), http://www. duhaime. org/LawMuseum/LawArticle - 44/Duhaimes - Timetable-of-World-Legal-History. aspx

[6] David J. Shestokas, *U. S. Constitution's First Amendment: Right to Petition for Redress of Grievances*, DAVID J. SHESTOKAS (July 1, 2013), http://www. shestokas. com/constitution-educational-series/us-constitutions-first-amendment-right-to-petition-for-redress-of-grievances/.

[7] 2 William Blackstone, Commentaries 44.

[8] Id. at 46.

[9] See Letter from Thomas Jefferson to John Taylor (Nov. 26, 1798), in JEFFERSON: POLITICAL WRITINGS, 369 (Joyce Appleby & Terence Ball eds. 1999)(反对《外国法》和《煽动叛乱法》,因为"我们的政府在 9 年或 10 年的快速发展中变得更加武断,甚至比英国吞噬了更多的公共自由")。

[10] See Niall Firth, *Want to make your vote really count? Stick a blockchain on it*, NEW SCIENTIST (Sept. 6, 2017) https://www. newscientist. com/article/mg23531424-500-bitcoin-tech-to-put-political-power-in-the-hands-of-voters/(解释区块链技术如何用于投票系统)。*See generally* J. B. Ruhl, *Block What?*, 21 TYL 4, 5 (2017)(强调区块链的未来应用)。

[11] See Carla L. Reyes, *Blockchain-Based Agencies*, 42 ADMIN. & REG. L. NEWS 9, 10 (2017)(分布式账本技术代码作为一种国外法律体系的概念)。 But see Ian Bogost, *Cryptocurrency Might be a Path to Authoritarianism*, ATLANTIC (May 30, 2017), https://www. theatlantic. com/technology/archive/2017/05/blockchain-of-com-mand/528543/(预测区块链可能有利于威权主义)。

行政法案出现之前的过度干预。[12]

关于比特币和区块链技术将如何改善普惠金融、让世界上更多的人获得所需的金融资源的文章已经有很多了。[13] 其他人写了关于政府对区块链技术的监管,但很少有关于如何利用区块链技术改善宪法保护的文章。[14] 本文旨在探讨在国家治理的公共领域中使用区块链的可能性,并详细说明如何以及为什么可以这样做。

区块链技术是比特币诞生的基础。这项技术现在可以用来制作"智能合约",即可以自动执行数字合同。[15] 这些智能合约可以通过物联网(IoT)连接到数字财产和现实世界财产,并有可能对现实世界产生影响。[16] 正如下文所解释的那样,区块链技术是不可变的、不可信任的,在公共系统上使用时,可以改变政府和它们所治理的国家之间关系的性质。[17] 它将确保公民的权利得到保护,因为它对政府设置了成文的限制,并将赋予

---

[12]　See George Walker, *Financial Technology Law — A New Beginning and a New Future*, 50 INT'L L. 137, 144 (2017)(描述分布式账本技术如何允许终端用户控制对其数据的访问,并监控谁访问他们的数据,此外,区块链技术还可以执行历史上的政府职责,如收税)。

[13]　DON TAPSCOTT & ALEX TAPSCOTT, BLOCKCHAIN REVOLUTION: HOW THE TECHNOLOGY BEHIND BITCOIN IS CHANGING MONEY, BUSINESS, AND THE WOKLD 49-50 (2016); Alastair C. Clegg, *Could Bitcoin Be a Financial Solution For Developing Economies?*, U. OF BIRMINGHAM 6 (2014), http://www. cs. bham. ac. uk/~ rjh/courses/ResearchTop-icsInHCI/2013-14/Papers/Alastair. pdf. But see Joshua Chambers, *Backlash begins against Blockchain Project*, GOVINSIDER (July 11, 2016), https://govinsider. asia/smart-gov/back-lash-begins-against-government-blockchain-project/(描述英国政府试图在其福利系统中使用区块链时,英国网上的反应)。

[14]　Marcella Atzori, *Blockchain Technology and Decentralized Governance: Is the State Still Necessary?*, SSRN at 1 (Dec. 1, 2015), https://papers. ssrn. com/sol3/papers. cfm? abstract_id=2709713.

[15]　Aaron Wright & Prhnavera De Filippi, *Decentralized Blockchain Technology and the Rise of Lex Cryptographia*, SSRN 8 (2015), https://papers. ssrn. com/sol3/papers. cfm? abstract_id=2580664.

[16]　Konstantinos Christidis & Michael Devetsikiotis, *Blockchains and Smart Contracts for the Internet of Things*, IEEE ACCESS J. 2292, 2292 (June 3, 2016), http://ieexplore. ieee. org/document/7467408/.

[17]　同前注[14], Christidis & Devetsikiotis, *Blockchains and Smart Contracts for the Internet of Things. Blockchains and Smart Contracts for the Internet of Things.* ("区块链启用了无需信任的网络,因为即使各方互不信任,他们也可以进行交易")。

个人对政府更大的权力。[18] 这些限制是通过智能合约自我强化的两个效果来实现的。[19] 首先,用户(即政府)无法在编码的设置之外进行操作,从而阻止了越权行为的发生。[20] 其次,它不再需要一个可信的中介机构来监督政府行动的法律。[21] 当一些东西在区块链上被编码时,代码就变成了法律,因为法律现在是一组不可侵犯的规则,而不仅仅是带到法庭上的文件。[22] 本文将讨论这一理念可以走多远。

一、什么是区块链技术?

为了了解区块链技术如何改变法律的适用,有必要掌握区块链技术是如何工作的。[23] 区块链技术使用点对点通信在计算机网络中分发交易分类账,并使用密码学创建一个安全的、没有单一所有者或中央权威的计算环境。[24] 这项技术有几个特点,使得它具有改变公共法律保护的独特能

---

〔18〕　See Vasilis Kostakis, Primavera de Filippi & Wolfgang Drechsler, *Can Blockchain, A Swiftly Evolving Technology, Be Controlled?* HUFFINGTON POST (May 3, 2017, 7:55 AM), http://www. huffingtonpost. com/entry/can-blockchain-a-swiftly-evolving-technology-be-controlled _us_5909c330e4b03b105b44bda6 ("区块链能够通过将小段代码直接部署到区块链上来'编码'事务。这段代码通常被称为'智能合约',在满足某些条件时自动执行。").

〔19〕　See Victor Li, *Bitcoin's Useful Backbone*, 102 A. B. A J. 31, 31 (2016) ("由于它的记录功能,区块链可以用来创建自我执行的智能合同。").

〔20〕　*See* Kenneth A. Grady, *Mine the Data Buried in Your Computers*, BUS. L. TODAY 1, 3 (2016) (解释智能合同是如何不可改变的,并可以管理个人之间的交易)。

〔21〕　同前注〔9〕, Reyes, *Blockchain-Based Agencies*, at 10-11 (描述分布式账本技术如何取代法律规则)。

〔22〕　*Code is Law and the Quest for Justice*, ETBEREUM CLASSIC (Sept. 8, 2016), https://ethereumclassic. github. io/blog/2016-09-09-code-is-law/.

〔23〕　同前注〔14〕, Christidis & Devetsikiotis, *Blockchains and Smart Contracts for the Internet of Things*, at 2293 (比较区块链与一组节点的工作方式,这些节点将用户连接在一起,创建单独的网络)。

〔24〕　Chris Dannen, Introducing Ethereum and Solidity: Foundations of Crypto-Currency and Blockchain Programming for Beginners 1(2017).

力。〔25〕区块链的相关固有特征是分散化、基于共识的决策、不信任。〔26〕这些特性允许各方创建自动执行义务的"智能合约"。〔27〕

（一）固有特性

区块链技术基于银行已使用了数百年的记账理念,但它是通过网络分布式账本,依靠对等共识来确保区块链不会被破坏。〔28〕区块链的优势在于连接的计算机同意网络上的交易是合法的,就像有几个账本来验证同一笔钱没有花两次一样。〔29〕这个系统是安全的,因为它避免了单点故障(例如一个中央服务器)或多点故障(例如一个包含多个贡献者的云驱动器),而是需要整个计算机网络的大部分计算能力"应付"单个交易。〔30〕即使对在区块链上创建假交易感兴趣的一方损坏了一台计算机,其他计算机也会检查彼此之间的交易记录,并忽略任何不一致的交易。〔31〕区块链上的每台计算机都持有一份分类账副本,网络上的计算机越多,网络就越安全。〔32〕区块链上的每一组交易都称为"区块"。〔33〕每个块都是通过定期验证的交易来

---

〔25〕　同前注〔14〕, Christidis & Devetsikiotis, *Blockchains and Smart Contracts for the Internet of Things*.（解释如何消除对可信中介的需要是区块链的基石）.

〔26〕　同前注〔14〕, Christidis & Devetsikiotis, *Blockchains and Smart Contracts for the Internet of Things*.（确定区块链的功能）.

〔27〕　同前注〔14〕, Christidis & Devetsikiotis, *Blockchains and Smart Contracts for the Internet of Things*, at 2296.

〔28〕　同前注〔14〕, Christidis & Devetsikiotis, *Blockchains and Smart Contracts for the Internet of Things*, at 2293(用一个共同的交易分类账解释数据验证的点对点过程).

〔29〕　同前注〔13〕, Wright & De Filippi, *Decentralized Blockchain Technology and the Rise of Lex Cryptographia*, at 38（描述使用廉洁的公共账簿进行"基于区块链的治理"）.

〔30〕　同前注〔13〕, Wright & De Filippi, *Decentralized Blockchain Technology and the Rise of Lex Cryptographia*, at 6.（描述区块链验证过程只能被"整个网络的大部分计算能力"破坏）.

〔31〕　同前注〔8〕Ruhl, *Block What?*, at 4（没有中央银行家或其他中间人在操纵。这种允许个人对个人(peer-to-peer, p2p)用户的分布式系统使得欺诈和盗窃变得非常困难——基本上是不可能的）.

〔32〕　同前注〔14〕, Christidis & Devetsikiotis, *Blockchains and Smart Contracts for the Internet of Things*, at 2294（解释在验证信息时所涉及的复杂计算是如何使接管网络在物理上成为不可能的）.

〔33〕　同前注〔13〕, Wright & De Filippi, *Decentralized Blockchain Technology and the Rise of Lex Cryptographia*, at 6.

创建的。[34] 当网络上的每台计算机都一致认为事务是正确的时,区块才会被验证。[35] 每个区块前面和后面都有其他区块,这意味着任何违法的一方都必须破坏一个区块和前面的所有区块,然后才能验证下一个交易区块并将其添加到区块链上。[36] 这几乎是不可能的。[37] 这也意味着所有的计算机,无论它们在世界上的位置如何,都有相同的能力来确认和见证区块链上发生的事情。[38] 区块创建的有规律的间隔是区块链技术所具有的最大的平等化优势;它确保了在区块链中添加区块的共识对区块链上的所有参与者都是平等可用的。[39]

区块链的这个验证过程本质上是一个"分布式共识的工具",[40]也是一个理想的"扩展民主"系统,[41]因为它允许每个用户在这个过程中有平等的发言权和访问权。[42] 这种平等性被设计到计算过程中,并且可以用于区块链上的政治进程。[43] 区块链不仅是扩展民主的理想工具,也是确保政党不会在其授权之外行事的理想工具,因为政党不能在赋予它们编码权力之外行事。[44] 事实上,"区块链突出的优势——社会的包容性——是信任的最

---

〔34〕 同前注〔14〕,Konstantinos Christidis & Michael Devetsikiotis,*Blockchains and Smart Contracts for the Internet of Things*,at 2293.

〔35〕 Wright & De Filippi,参见前注〔13〕,at 7.

〔36〕 See Christidis & Devetsikiotis,参见前注〔14〕,at 2293(声明如果块无法追溯到实际事务,则丢弃它们区块链).

〔37〕 Wright & De Filippi,参见前注〔13〕,at 7.(描述区块链的其他用户之间区块链网络的周期性同步可以确保交易块得到验证).

〔38〕 DANNEN,参见前注〔22〕,at 4.

〔39〕 Vinay Gupta,*Building the Hyperconnected Future on Blockchains* 6 (2017),http://govtechioneersrace.com/wp-content/uploads/2017/02/WGS_Blockchain_EN_Web-1.pdf

〔40〕 *A Next - Generation Smart Contract and Decentralized Application Platform*,GITHUB,https://github.com/ethereum/wiki (last updated Jan. 9, 2018).

〔41〕 Nick Szabo,*Money, blockchains, and social scalability*,UNENUMERATED (Feb. 9, 2017),http://unenumerated. blogspot. com/2017/02/money - blockchains - and - social - scalability. html

〔42〕 Gupta,参见前注〔37〕.

〔43〕 See Garry Gabison,*Policy Considerations for the Blockchain Technology Public and Private Applications*,19 SMU SCI. & TECH. L. REV. 327, 346-347 (2016)(讨论区块链如何通过显示政党投票的合法性和电子投票来提高政府透明度).

〔44〕 See Patrick Murck,*Who Controls the Blockchain?*,HARV. BUS. REV. (Apr. 19, 2017),https://hbr.org/2017/04/who-controls-the-blockchain (说明区块链的分散性赋予其成员相同的输入量和控制权,以防止任何一方利用该系统).

小化。"[45]比特币的匿名创造者中本聪(Satoshi Nakamoto)明确表示,区块链"完全是去中心化的,没有中央服务器,也没有可信的一方,因为一切都是基于加密证明,而不是信任。"[46]当这一点适用于政府时,它可以是一个给予所有人平等政治权力的体系。

"信任最小化"指的是一方不需要信任另一方,因为另一方没有能力违反协议。[47] 区块链本质上并不要求用户相互信任,因为区块链基于一个数字账簿,该账簿通过整个网络的加密技术存储和验证。[48] 区块链被描述为"一组部分可信的中介……(这将取代)一个单一的、完全可信的中介机构。"[49]当应用区块链上的规则系统时,这种不信任感确保底层事务符合系统规范,自动执行协议而不依赖第三方中介,并消除了用户超越权限(ultra vires)的能力。[50]

(二)智能合约

区块链技术正被用于创建"智能合约"。[51] 传统合同是通过司法强制

---

〔45〕 Nick Szabo,参见前注〔39〕.

〔46〕 Satoshi Nakamoto, *Bitcoin open source implementation of P2P currency*, P2P FOUND. (Feb. 11, 2009, 10:27 PM), http://p2pfoundation. ning. com/forum/topics/bitcoin-open-source(讨论如何满足数字签名方面的传统货币和转让,但双支出仍然是一个问题,比特币将解决这个问题).

〔47〕 See DANNBN,参见前注〔22〕.

〔48〕 Nolan Bauerle, What is a Distributed Ledger?, COINDESK, https://www. coindesk. com/information/what-is-a-distributed-ledger/ (last visited Dec. 19, 2017).

〔49〕 Nick Szabo,参见前注〔39〕. But see Joseph Poon & Thaddeus Dryja, *The Bitcoin Lightning Network*: *Scalable Off - Chain Instant Payments*, DIG. CURRENCY & BLOCKCHAIN TECH. NAT'L INST. 2-3 (2016)(讨论集中系统可能会创建一个只对一个人有利的系统,而在只涉及两方的情况下,可能不值得阻塞整个区块链系统).

〔50〕 Josh Stark, *Making Sense of Blockchain Governance Applications*, COINDESK (Nov. 20, 2016, 2:53 PM), https://www. coindesk. com/making - sense - blockchain - governance - applications/ (讨论区块链技术所需的技术治理,以及如何记录规则,并拥有一组记录的投票指导原则).

〔51〕 See Vitalik Buterin, A next Generation Smart Contract & Decentralized Application Platform, 13 (2014), http://www. the-block-cham. com/docs/Ethereum_white_paper-a_next_generation_smart_contract_and_decentral-ized_application_platform-vitalik-buterin. pdf〔hereinafter ETHEREUM WHITE PAPER〕(解释以太坊智能合同的基础知识,包括 cryptographics 如何只允许在满足特定条件后发布合同的最后阶段,以及如何将该技术用于金融交易、投票和其他合同问题).

执行的协议。[52] 智能合约是一种自我执行的协议,因为它是用计算机代码编写的,包含了来自各方的足够信息,以消除各方违约的能力。[53] (智能)合同的条件是用计算机代码编写的,当这些条件满足时,代码中指定的操作将自动触发。[54] 这种自动性允许用户创建一种关系,在这种关系中存在"零容忍政策,各方别无选择,只能执行契约"。[55] 智能合约定义并自动强制执行不履行合约的后果。[56] 股票和债券交易员已经使用智能合约来执行金融交易。[57] 另一些公司则在测试智能合约,将其应用于现实生活中的应用,比如拼车或租房。[58]

不过,智能合约仍然是一个新概念,尚有许多问题需要回答。例如,虽然代码消除了当事人违约的能力,但是潜在的条件仍然可能受到外部因素

[52] Contract, Black's Law Dictionary (10th ed. 2014) (将"合同"定义为两个或两个以上的当事人之间的协议,并由法律强制执行).

[53] Smart Contracts Explained, BLOCKCHAIN TECHNOLOGIES, http://www.block-chaintechnologies.com/blockchain-smart-contracts, (last visited Dec. 19, 2017) (讨论智能合同,并表明它们是预先编程的计算机术语,然后在双方之间执行,并将自动执行).

[54] Poon & Dryja, 参见前注[47], at 7 (讨论区块链如何通过多个分散的通道进行操作,并允许根据预编码协议的条款创建输出).

[55] Wright & De Filippi, 参见前注[13], at 25-26. But see Reggie O'Shields, Smart Contracts: Legal Agreements for the Blockchain, 21 N.C. BANKING INST. 177, 183 (2017) (详细说明智能合同和区块链如何允许自动执行协议,如汽车付款和租金,并说明无法更改合同及其执行相关的费用的缺点).

[56] See A Beginner's Guide to Smart Contracts, BLOCKGEEKS, http://block-geeks.com/guides/smart-contracts/ (解释了智能合同是如何创建一个协议的,该协议将自动触发特定事件,并有规则和惩罚随着合同的顺序进行).

[57] The Blockchain Revolution, Smart Contracts and Financial Transactions, DLA PIPER (Apr. 26, 2016), https://www.dlapiper.com/en/us/insights/publications/2016/04/the-block-chain-revolution/ (讨论金融领域的智能合约如何可能允许对合同编制任何相关条款,并在合同有效或履行前保存记录).

[58] Joe Carmichael, Arcade City Is a Blockchain-Based Ride-Sharing Uber Killer, INVERSE (Mar. 30, 2016), https://www.inverse.com/article/13500-arcade-city-is-ablockchain-based-ride-sharing-uber-killer (讨论未来的共乘应用,该应用将允许区块链去中心化技术,并可能允许用户对以太坊智能合约的更改进行投票); Smart Tenancy Contracts, MIDASIUM, http://midasium.herokuapp.com/smart-tenancy (last visited Dec. 19, 2017) (解释在通过区块链技术自动监控合同的情况下,房地产领域的智能合同如何可能允许更大的透明度和更少的成本).

的影响,这些因素很难编入代码。[59] 然而,一份智能合约包含自动解决争议的代码,甚至联系该领域的专家来讨论这个问题,并在合同无法履行的情况下,就损害赔偿或错误做出决定。[60]

例如,如果智能合约用于国际运输,而船只沉没,智能合约检测到该合同无法履行,便可以通过将该争端提交仲裁以确定谁的保险应该支付,从而自动执行其争端解决条款。[61] 另一种选择是,它将自动签订保险智能合约,加快索赔过程。[62] 虽然,现实生活中的决策者仍然需要决策,但是,决策过程将会加快,索赔过程也将会简化。[63]

个人可以与国家创建一个智能合约,并通过区块链智能合约控制政府权力。[64] 这将是一个"智能的社会契约",明确公民赋予政府的权力,以防

---

[59] Jeremy Nation, *Microsoft's Azure Stack Releases Enterprise Smart Contracts*, ETH-NEWS (July 20, 2017), https://www. ethnews. com/microsofts-azure-stack-releases-enter-prise-smart-contracts (解释了微软的智能合约是如何由六个元素组成的:模式、对手方、逻辑、外部来源、账本和合约绑定(执行协议),还讨论了"云"概念将如何改变这一点); Angela Walch, *The Bitcoin Blockchain as Financial Market Infrastructure: A Consideration of Operational Risk*, 18 N. Y. U. J. LEGIS. & PUB. POL'Y 837, 855 (2015) (识别区块链技术的最大安全风险包括状态、分散结构、开发和专业知识,以及尽管软件总是容易出现 bug,但区块链几乎可以抵御病毒,而且区块链越老,它可能就越强大(与大多数软件不同))。

[60] *See Smart Contracts: Coding the Fine Print*, NORTON ROSE FULBRIGHT 18, https://www. accmeetings. com/AM16/faculty/files/Article _ 471 _ 734F _ NRF24493 _ Smart _ Contracts_V6_LR. PDF (last visited Dec. 19, 2017) (讨论智能合同是否具有法律效力,以及如何识别违约方,从而帮助确定损害赔偿)。

[61] Ryan Surujnath, *Off the Chain: A Guide to Blockchain Derivatives Markets and the Implications on Systemic Risk*, 22 FORDHAM J. CORP. & FIN. L. 257, 271 (2017)(解释聪明的合同是如何"自我执行"的,并能自动通过撤销协议和实施任何处罚的行动)。

[62] Scott Farrell, Claire Warren, Roslyn Hinchliffe & Johanan Ottensooser, *How to use humans to make "smart contracts" truly smart*, KING & WOOD MALLESONS (July 7, 2016), http://www. kwm. com/en/knowledge/insights/smart-contracte-open-source-model-dna-digital-analogue-human-20160630。

[63] *Not-so-clever contracts*, ECONOMIST (July 28, 2016), https://www. economist. com/news/business/21702758-time-being-least-human-judgment-still-better-bet-cold-hearted (探索区块链和智能合约的想法是有益的,但它们仍然为黑客攻击和编码错误留下了空间,一旦代码被设置,就没有任何修改的空间,所有这些人类都可以帮助,并在特殊情况下做出决策); Farrell et al. ,参见前注[60](讨论智能合约如何能够提高结果的速度,因为它们是自动的,并且处理数据的速度比人工更快,前提是所有编码都是正确的,并且考虑到应该考虑的所有字段)。

[64] Don Tapscott & Alex Tapscott, *Here's Why the Blockchain Powers Prosperity*, FORTUNE (May 22, 2016), http://fortune. com/2016/05/22/why - blockchain - powers - prosperity/。

止政府在这些权力之外行事。[65] 当政府处于区块链状态时,公民不需要相信政府官员只在其授权范围内行事。[66]

二、区块链技术改变治理(的形式)

政府的形成源于社会集体决策的需要,并允许人们有不同的观点来达成共识,对今天的需求作出回应,并对未来进行规划。[67] 当社会组织在一起时,他们创造了一个"社会契约",这构成了他们治理模式的基础。[68] 社会契约的创造往往并不明确;许多哲学家假定,人类从自然状态向社会契约的转变,是基于一种默认,即把某些权利或自由交给更高的机构。[69] 有了区块链技术,公民可以超越默认的社会契约,基于区块链制定明确的契约,称为"智能社会契约"。[70]

区块链技术的固有特性可以在几个特定领域改变治理。首先,它将允许个人对识别信息和数据有更大的权能,并从政府获得更多的隐私(保护)。[71] 其次,"数字普通法"将随着个人使用彼此之间的智能合约而发展,

〔65〕 同前注〔62〕,Don Tapscott & Alex Tapscott, *Here's Why the Blockchain Powers Prosperity*.

〔66〕 同前注〔62〕,Don Tapscott & Alex Tapscott, *Here's Why the Blockchain Powers Prosperity*(考虑区块链如何促进政府变得更透明、性能更高、让代表负责、减少游说者的影响).

〔67〕 C. Edwin Baker, *Michelman on Constitutional Democracy*, 39 TULSA L. REV. 511, 531 (2004)(讨论民主如何要求不顾个人信仰而集体作出决定,以及在不同的时间点将会有赢家和输家).

〔68〕 Celeste Friend, *Social Contract Theory*, INT'L ENCYCLOPEDIA OF PHIL., http://www.iep.utm.edu/soc-cont/ (last visited Dec. 19, 2017).

〔69〕 Richard A. Posner, *Law and Economics Is Moral*, 24 VAL. U.L. REV. 163, 170 (1990)(引用约翰·洛克的信仰,为了一个社会契约,个人必须牺牲自己的权利来保护他人的自由).

〔70〕 See Democracy Earth Found., The Social Smart Contract 10 (2017), http://democracy.earth/#paper (探索区块链技术如何通过向个人分发"投票令牌"、设置投票标准和施加其他限制来帮助投票过程).

〔71〕 Jonathan Chester, *How the Blockchain Will Secure Your Online Identity*, FORBES (Mar. 3, 2017, 8:10 AM), http://www.forbes.com/sites/jonathanchester/2017/03/03/how-the-blockchain-will-secure-your-online-identity/.

从而消除必要的政府监管。[72] 第三,任何可以数字化连接的政府权力都有严格的限制,除非公民同意,否则这些限制是不可侵犯的。[73]

(一)个人数据和隐私权

区块链技术的固有特性将允许个人对自己的身份和数据拥有更大的权力。[74] 它还将限制政府在秘密状态下执行的操作。[75]

1.负责身份和沟通的人

在目前的制度下,我们依靠中央机构向我们提供身份证明文件。[76] 通过创建允许用户维护和控制其身份证明的应用程序,区块链计算正在改变前述情况。[77] 通过数字"黑匣子",个人身份的每一个元素都可以被控制,并按照个人意愿予以安排。[78]

有些公司已经在开发应用程序,让个人完全掌握自己的身份和身份数据。[79] 其中一款名为思域(Civic)的应用程序允许用户注册他们的应用程序,并收集有关他们的身份信息;然后通过政府机构进行核实。[80] 重要的是,一旦验证了身份信息,就会给它一个加密哈希,并将其存储在区块链上,思域会从服务器上删除所有信息。[81] 一旦完成,一个人只需要分享其被要求提供的特定信息,以及他们想要分享的信息。[82] 这允许个人掌握他们的

---

〔72〕 同前注〔69〕,Jonathan Chester,*How the Blockchain Will Secure Your Online Identity*.

〔73〕 Wright & De Filippi,同前注〔13〕, at 13.

〔74〕 Chester,参见前注〔69〕.

〔75〕 See *generally* Jemma Green, *Blockchains, Diamonds and the New Technology*, FORBES (Aug. 20, 2017, 6:45 PM), https://www.forbes.com/sites/jemma-green/2017/08/20/blockchains-diamonds-and-the-new-transparency/#19ab1db56a6c (解释区块链提供的透明性).

〔76〕 See generally Chester,参见前注〔69〕.

〔77〕 参见前注〔74〕.

〔78〕 See *generally* Michael Mainelli, *Blockchain Could Help Us Reclaim Control of Our Personal Data*, HARV. BUS. REV. (Oct. 5, 2017), https://hbr.org/2017/10/smart-ledgers-can-help-us-reclaim-control-of-our-personal-data.

〔79〕 See *generally* Chester,参见前注〔69〕.

〔80〕 Chester, *supra* note 69. Toby Shapshak, *Identity Service Civic Launches, Offers $1m ID Theft Insurance*, FORBES (July 19, 2017, 7:29 AM), https://www.forbes.com/sites/toby-shapshak/2016/07/19/identity-service-civic-launches-offers-1m-id-theft-msurance/#641077152ac6.

〔81〕 Chester,参见前注〔69〕.

〔82〕 Chester,参见前注〔69〕.

数据、元数据和其他识别信息。[83] 在区块链上,公民知道谁知道他们的情况。[84]

关于如何使用用户控制的身份信息,一个常见例子是驾照。它包含的信息不仅仅是允许某个人开车,[85]还有生日、体重、家庭住址等信息。[86] 在表明他们有驾驶执照时,这些额外的信息并非必须予以展示。[87] 目前正在开发一种新的区块链应用程序来取代身份证。[88] 这些应用程序将包含用户/公民的信息,并能够将用户/公民希望共享的特定标识信息广播给需要这些信息的另一方。[89] 以驾照为例,这意味着如果警察把某人拦到路边,要求出示驾照,这个人只需要证明他持有驾照就可以开车,不需要分享任何额外的信息。[90] 这将有助于保护个人免受警察滥用职权(至少是通过名字)。[91] 他们可以在进入酒吧时使用同样的应用程序,显示他们已经超过 21 岁,但不能确切显示他们的年龄。[92] 这似乎有些牵强附会,但爱沙尼亚已经向其公民提供了区块链安全的身份。[93] 这种可能性是深远的,但赋

---

[83] Chester,参见前注[69]。

[84] Shapshak,参见前注[78]。

[85] See Benjamin Din, Reuben Fischer-Baum & Kevin Uhrmacher, New Driver's License Requirements Are Coming to U. S. Airports. Is Your State Ready?, WASH. POST (Sept. 13, 2017), https://www. washingtonpost. com/graphics/2017/national/realids/? utm _ term =. 2a06785bd357(强调持有有效的驾驶执照以进行身份识别对国内飞行的重要性,并讨论了各州必须采取的措施,以使其各自的驾驶执照符合联邦制度)。

[86] Chester, 参见前注[69]。

[87] 85Chester, 参见前注[69]。

[88] Suzanne Woolley, *Want to Ditch Social Security Numbers? Try Blockchain*, BLOOMBERG (Oct. 9, 2017, 11:54 AM), https://www. bloomberg. com/news/articles/2017-10 -09/want-to-ditch-social-security-numbers-try-blockchain(描述爱沙尼亚政府实施的系统,该系统使用身份证和电子芯片,可以用来访问爱沙尼亚政府的职能)。

[89] Laura Shin, *You Can Now Hold Ether in Blockchain, One of the World's Most Popular Cryptocurrency Wallets*, FORBES (Aug. 17, 2017, 12:00 PM), https://www. forbes. com/sites/laurashin/2017/08/17/you-can-now-hold-ether-in-blockchain-one-of-the-worlds-most-popular-cryptocurrency-wallets/ # 5abbc7b76200.

[90] Chester, 参见前注[69]; See also MELANIE SWANN, BLOCKCHAIN 10 (2015), http://w2. blockchain-tec. net/blockchain/blockchain-by-melanie-swan. pdf ("数字身份可以通过安全编码的驾照、身份证、护照和选民登记通过区块链进行确认")。

[91] Chester,参见前注[69]。

[92] Chester,参见前注[69]。

[93] *Security and Safety*, E-ESTONIA, https://e-estonia. com/solutions/security-and-safety/ksi-blockchain/(last visited Dec. 19, 2017).

予个人数据权有无数好处。

　　除了掌握他们的身份(信息),区块链还将为个人在与政府交流时提供更大的隐私(保护)。[94] 区块链的分散性消除了对集中式电子邮件、文件共享或社交媒体网络和服务器的需求。[95] 同时,分散化使隐私更容易保护,而且更能抵御外部攻击,没有薄弱环节。[96] 区块链上的事务通过几乎不可能复制的加密函数进行验证。[97] 加上这些加密功能,通信就会加密,公民就能更好地免受政府干预。[98] 已经有分散和加密的云存储和具有计算能力的共享程序。[99] 这意味着,"从设计上讲,这些平台的分散性和加密性使它们看起来不受审查——从技术上讲,没有哪个集中的组织能够查看网络上任何文件的内容,或者阻止其传输。"[100] 即便区块链运算不再做其他任何事情,增加私密性也将是一个强大的工具,以保护个人免受政府非法的监视活动。[101]

　2.区块链的密码化和分散化

　　最近披露的中央情报局(CIA)规划使用各种家庭联网设备的信息,突显出个人需要得到强大的政府行为者的隐私保护。[102] 当我们的智能设备连接到区块链时,将不存在受到黑客攻击的集中控制点。[103] 而当前许多电

---

　〔94〕　Wright & De Filippi,参见前注〔13〕,at 13.

　〔95〕　参见前注〔13〕,at 13.

　〔96〕　参见前注〔13〕,at 14.

　〔97〕　Malaka *Ghaxib*, *Blockchain Could Be A Force for Good, But First You Have to Understand It*, NPR (Jan. 11, 2017, 10:31 AM), https://www.npr.org/sections/goatsand-soda/2017/01/11/503159694/blockchain-could-be-a-force-for-good-but-first-you-have-to-understand-it.

　〔98〕　参见前注〔13〕,at 13.

　〔99〕　Frisco d'Anconia, *Is Blockchain Technology Really the Answer to Decentralized Storage?*, COINTELEGRAPH (Sept. 24, 2017), https://cointelegraph.com/news/is-blockchain-technology-really-the-answer-to-decentralized-storage.

　〔100〕　参见前注〔13〕,at 13.

　〔101〕　参见前注〔13〕,at 22.

　〔102〕　Andy Greenberg, *Wikileaks Reveals How The CIA Could Hack Your Router*, WIRED (June 15, 2017, 5:57 PM), https://www.wired.com/story/wikileaks-cia-router-hack/; Bruce Golding, Jamie Schram & Mark Moore, *How CIA allegedly turns everyday device into high-tech spy weapons*, N.Y. POST (Mar. 7, 2017, 10:02 PM), http://nypost.com/2017/03/07/how-the-cia-tums-everyday-devices-into-high-tech-spy-weapons/.

　〔103〕　参见前注〔13〕,at 13-14 (利用区块链帮助投票系统的例子,因为个人用户可以确保他们的投票被计数,而不是依赖于计数的集中系统).

气设备系统都频繁地被黑客攻击,因为它们是由一个中央服务器来控制和协调的。[104] 相反,(在区块链技术支持下)信息将被加密并存储在许多不同的位置。[105] 当个人信息出现在区块链时,它将被分配给数千台计算机,在没有密钥或权限情况下,任何试图访问他们信息尝试都将是徒劳的。[106]

在区块链上注册,并使用智能契约与外部连接进行交易以获得所需的信息和连接,支持互联网的设备能够转换为"智能财产"[107]。[108] 这将允许设备连接到用户想要的东西、用户想要的时间,等等。[109] 物联网仍然可以连接到互联网上的任何东西,但在区块链上,它将具有正常连接无法提供的保护。[110]

如果采用区块链技术,"(它)可以有效地抵消政府或企业实体的大规模监控。"[111]事实上,正确使用区块链的个人甚至可能"消除用于起诉和执法的合法监视形式的可能性"。[112] 如果一个国家的大多数人口都在一个分散的、加密的平台上,那么对这些人口进行监视几乎是不可能的,但在一个基于区块链的政府中,有一些方法可以促进这一点。[113]

目前,政府已经建立了一些系统,可以通过这些系统合法地监控美国境

---

[104] Mike Gault, *The CIA Secret to Cybersecurity that No One Seems to Get*, WIRED (Dec. 20, 2015, 7:00 AM), https://www.wired.com/2015/12/the-cia-secret-to-cybersecurity-that-no-one-seems-to-get/; see also Alison DeNisco Rayome, *33% of businesses hit by DDoS attack in 2017, double that of 2016*, TECHREPUBLIC (October 11, 2017, 5:46 AM), https://www.techrepublic.com/article/33-of-businesses-hit-by-ddos-attack-in-2017-double-that-of-2016/.

[105] Ari Juels & Ittay Eyal, *Blockchains-- focusing on bitcoin misses the real revolution in digital trust*, PHYS. ORG (July 18, 2016), https://phys.org/news/2016-07-blockchainsfocusing-bitcoin-real-revolution-digital.html.

[106] 参见前注[103].

[107] Andrew Wagner, *Smart Property in Action*, BITCOIN MAG. (Aug. 14, 2014, 4:48 PM), https://bitcoinmagazine.com/articles/smart-property-action-1408049337/.

[108] 参见前注[105].

[109] 参见前注[105].

[110] IBM INST. BUS. VALUE, *Empowering the Edge*, 8, https://www-935.ibm.com/services/multimedia/GBE03662USEN.pdf (last visited Dec. 19, 2017).

[111] 参见前注[13],at 22.

[112] 参见前注[13],at 22.

[113] 参见前注[13],at 22.(展示了区块链技术将如何通过消除中间人和拥有直接通信线路来应对对人口进行监测的挑战).

内的某个人。[114] 不过,我们知道政府的确有权力随时监控任何人,而任何政府违反相关法律的行为也都必然会在事后被起诉。[115] 如果政府窃听的权力是在区块链上,而不仅仅是在美国法典中,那么政府将没有权力在不经过立法者创建的法定程序允许的情况下监视一个人。[116] 这是一个简单的例子,因为正如 CIA 最近披露的那样,大多数监控工具都是计算机程序。[117] 程序很容易被放到区块链上,它们的使用也很容易受到限制,因为需要特定的许可(tokens)来授予使用它们的权限。[118] 外,还将有一份正在使用的监视程序的记录,该记录将是公开的,并可由相关方进行审计。[119] 最终,区块链将允许公民拥有自己的数据,并"通过拥有自己的个人身份来保护自己的隐私,而不是由政府来管理他们的身份"。[120]

(二)数字普通法

区块链已经被用来创建和表达各种关系。[121] 企业、个人和政府已经在

---

[114] Jason M. Breslow, *With or Without the Patriot Act*, *Here's How the NSA Can Still Spy on Americans*, PBS (June 1, 2015), http://www. pbs. org/wgbh/frontline/article/with-or-without-the-patriot-act-heres-how-the-nsa-can-still-spy-on-americans/.

[115] 参见前注[112](说明美国国家安全局的监视能力)。

[116] See Greg Miller, Ed O'Keefe & Adam Goldman, *Feinstein*: *CIA Searched Intelligence Committee Computers*, WASH. POST (Mar. 11, 2014), https://www. washing-tonpost. com/world/national-security/feinstein-cia-searched-intelligence-committee-computers/2014/03/11/982cbc2c-a923-11e3-8599-ce7295b6851c_story. html? utm_term=. e04cccf4a94e (承认当前政府在处理潜在的监视违规时所面临的困难)。

[117] 参见前注[114]。

[118] Philip Evans with Lionel Aré, Patrick Forth, Nicolas Harlé & Massimo Portincaso, *Thinking Outside the Blocks*: *A Strategic Perspective on Blockchain and Digital Tokens*, BOS. CONSULTING GROUP (Dec. 1, 2016), https://www. bcg. com/blockchain/thinking-out-side-the-blocks. html.

[119] 参见前注[116]。

[120] Alex Tapscott & Don Tapscott, You might not realise it yet, but blockchain could change your life, WORLD ECON. FORUM (June 6, 2016), https://www. wefo-rum. org/agenda/2016/06/this-is-how-blockchain-will-change-your-life/.

[121] See Mary Jo Foley, Microsoft, Intel, banks form Enterprise Ethereum blockchain alliance, ZDNET (Apr. 24, 2017), http://www. zdnet. com/article/microsoft-intel-bauks-form-en-terprise-ethereum-blockchain-alliance/(数据显示,微软、英特尔、埃森哲以及 20 多家银行和其他公司与区块链结成了联盟)。

使用区块链技术,从文件控制、身份识别,甚至销售音乐。[122] 随着越来越多的人在日常生活中使用区块链驱动的应用程序,规则的使用将自然而然地发展成为我们法律体系的一部分,就像网络法律和其他监管新发明的体系一样。[123] 有规律地使用将改进智能合约和区块链运算,将制定实务的标准,并创建智能合约的普通法。[124] "数字普通法""将使可信治理、商业交易和社会关系的新形式成为可能。"[125] 这些关系同传统普通法在个案基础上发展起来的关系一样,将自行发展,取代任何集中化的监督。[126]

通过将智能契约和分散的组织结合起来,人们可以在无限的扩展范围内共同工作,以创建新的治理形式。[127] 这是因为"基于区块链的应用程序为治理和制度设计方面新型可扩展的创新带来了切实的希望,在这些创新中,实现无腐败和有效社会民主的理想可能成为现实。"[128]

未来可以用区块链技术构建被称为"密码法(Lex Cryptographia)"的监管结构。[129] 这是一个来自"商人法(lex mercatoria)"传统的命名方式,所谓"商人法"是指整个中世纪欧洲的商人曾使用的贸易原则系统。[130] "密

---

[122]　参见前注(这表明,各种不同的公司和银行已经采用了区块链技术,并以自己独特的方式使用它).

[123]　See Joe Dewey & Shawn Annual, *Blockchain Technology Will Transform the Practice of Law*, LEGAL TECH LABS (June 25, 2015), https://biglawbusiness.com/blockchain-technology-will-transform-the-practice-of-law/(显示出政策制定者可能面临的一个潜在问题,即我们的法院系统的可重选性(redresability)).

[124]　See Max Raskin, The Law and Legality of Smart Contract, 1 GEO. L. TECH. REV. 305, 328 (2017)(举例说明如何侵权可能出现的疏忽编码和现有的普通法将如何适应).

[125]　John Henry Clippinger & David Bollier, The Rise of Digital Common Law: An Argument for Trust Frameworks, Digital Common Law and Digital Forms of Governance, ID3 (2012), https://idcubed.org/digital-law/the-rise-of-digital-common-law/.

[126]　参见前注[123].(比较比特币是如何在同样怀疑中央集权、支持资本主义和自由市场的情况下诞生的).

[127]　See Wright & De Filippi,参见前注[13], at 16 (解释说,通过促进协调和信任,区块链使新形式的集体行动有可能绕过现有的治理失败,从而解决政府面临的许多共同问题).

[128]　参见前注[13], at 16.

[129]　参见前注[13], at 4.(将"密码法"定义为"通过管理的规则".自执行智能合同和分散(自治)组织).

[130]　参见前注[13], at 44-45 (解释说商人们认为"商人法"是"一套通用的规则,适用于所有人,无论其地理位置").

码法"的概念与"商人法"不仅在名称上相似。[131] 区块链用户和编码人员正在积极且默默地发展规则、规章和新兴的文化规范,这些规范还将发展自己的法律体系。[132] 机构是在区块链代码内创建并运行的;这就像"商人法"一样,是在政府的控制之外,"独立于国家"来执行的。[133]

尽管许多倡导者将区块链运算和相关的密码法技术视为大多数治理和执法类型的最终替代品。[134] 然而,现有的治理模型似乎更有可能保留下来,并且可以通过使用区块链代码进行改进。[135] 这可能形成比密码法更多的东西,并可能积极改变社会契约的订立和执行方式。[136] 事实上,通过使用区块链智能合约来控制政府行为,个人可以形成并参与一个智能社会契约——一个基于区块链的成文宪法。[137] 数字普通法将建立在相同的技术之上,公民可以有一个"更加透明、负责治理系统整体的范围,只有最低限度依赖于遗留机构的法律和决策",是由公民投票表决通过并建立起来的,而这些投票者也将会受到新法律的影响。[138] 社会智能契约不仅仅是一组改变整个系统的智能合约,它将是一个积极的体系结构,在技术上和宪法上都"使可信治理、商业交易和社会关系的新形式成为可能"。[139]

数字普通法与社会智能合约之间的区别,类似于普通法体系与民法体

---

[131] 参见前注[13],at 44-45.(承认墨卡托利亚法或"商业法"不是"由任何主权权威机构规定、认可或执行的",因为王室法庭"拒绝承认外国合同交易的有效性"。).

[132] See Nathaniel Popper, Understanding Ethereum, Bitcoin's Virtual Cousin, N. Y. TIMES (Oct. 1, 2017), https://www.nytimes.com/2017/10/01/technology/what-is-ethereum.html(详细介绍了以太坊软件中建立的规则如何允许其"分散的计算机网络"的可编程性。).

[133] 参见前注[13],at 45.

[134] Fiammetta S. Piazza, Bitcoin and the Blockcliain as Possible Corporate Governance Tools: Strengths and Weaknesses, 5 PENN. ST. J.L. & INT'L AFF. 262, 301 (2017).

[135] See Steve Cheng, Mattias Daub, axel Domeyer & Martin Lundqvist, Using blockchain to improve data management in the public sector, MCKINSEY & CO. (Feb. 2017), https://www.mckinsey.com/business-functions/digital-mckinsey/our-insights/using-blockchain-to-improve-data-management-in-the-public-sector (explaining the possibilities of how governments can adopt the blockchain technology and use it to build on common law).

[136] 参见前注[133].(举例说明特拉华州如何开始在其部分业务中使用智能合同,以及它所做的改进).

[137] 参见前注,at 16(解释人们如何通过编纂智能合同进行协调,而不需要并入传统的业务实体).

[138] Clippinger & Bollier,参见前注.

[139] 参见前注[136].

系之间的区别。[140] 两者都在适应,但方式不同。[141] 智能社会契约是可行的,因为区块链的分散性和对等性克服了限制直接投票有效性的大多数问题。[142] 此外,法律体系本身并不需要像普通法那样具有适应性。[143] 如果像直接投票那样,民众密切参与更多的决策,他们就可以随意地更改法律。[144]

由于区块链固有的可扩展性,智能社会契约将能够适应不断变化的环境,就像数字普通法系统一样。[145] 一旦协议条款达成一致,而不是零敲碎打地一次签订一份明智的合同,整体的系统化将会出现。[146] 一个全系统性的智能社会契约将允许个人在相互交易时拥有平等的起点,并将允许一个内置有限政府的智能宪法。[147]

---

〔140〕 See generally S. B. , *The Economist explains what is the difference between common and civil law?*, ECONOMIST (July 17, 2013), https://www. economist. com/blogs/economist-explains/2013/07/economist-explains-10(将法官扮演重要角色的普通法制度与法官扮演有限角色的民法制度进行比较)。

〔141〕 参见前注〔138〕。(概述普通法法院遵循由审查相同问题的高级法院制定的先例,而民法系统使用过去的判决只不过是松散的指南)。

〔142〕 See Wright & De Filippi, 参见前注〔13〕, at 39(展示了明智的契约如何通过能够在投票结果对预算有利时立即释放已分配的资金来改进提议预算的投票过程)。

〔143〕 See OLIVER WENDELL HOLMES, JR. , The Path of the Law 31-32 (2009)(分析普通法是如何对待合同的,它与合同所依据的文件是不可分割的,但其推理是普遍的,因此在未来很容易应用)。

〔144〕 See Wright & De Filippi, 参见前注〔13〕, at 11(解释区块链技术如何实现自动执行的事务,这将更新新法律的系统更容易)。

〔145〕 See Clippinger & Bollier, 参见前注〔123〕(证明系统可以高度关注环境和偏好的变化)。

〔146〕 参见前注〔123〕。(声明采用将直接与它在服务社区需要和确保其信任和接受方面的效用成正比)。

〔147〕 See generally Nick Szabo, Formalizing and Securing Relationships on Public Networks, FIRST MONDAY J. (Sept. 1997), http://firstmonday. org/ojs/index. php/fm/article/view/548/469(分析智能合同的可观察性、可验证性、隐私性和可执行性);Don Tapscott, How the blockchain is changing money and business, TED (June 2016), https://www. ted. com/talks/don_tapscott_how_the_blockchain_is_changing_money_and_business(讨论区块链如何不仅用于金融行业,而且如何有效地颠覆其他行业,如音乐和政府)。

(三)智能宪法,编码有限政府

政府是依法建立的。[148] 迪奥·卡修斯说,卡利古拉把他的法律挂在高高的柱子上,使个人申诉几乎不可能。[149] 解释政府如何运作,以及政府与公民之间关系的法律,其中大部分采用了宪法的形式(书面或其他形式)。[150] 法和法律规定了个人和团体的权利。[151] 法律论据以这些法律为基础,用来确保对被侵犯权利的赔偿。[152] 通过书面和印刷文字,民主得以蓬勃发展,因为个人获得了法律是什么的证据,以及在法庭上挑战法律和政府的能力。[153]

区块链法典将允许从由法院强制执行的书面法律体系演变为自我强制执行的法律编码。有人说"代码就是法律",但这就像说"重力就是法律"。[154] 它不是合法性的声明,而是遵循不变的规则。当某些东西在区块链上编码时,网络无法处理不符合该代码的东西。[155] 这个编码过程可以用

―――――――――

〔148〕　See Ganesh Sitaraman, Our Constitution Wasn't Built for This, N. Y. TIMES, Sept. 17, 2017, at SR1 (在费城展示美国政府的形成).

〔149〕　See CASSIUS DIO, ROMAN HISTORY, BK. LIX 357 (Loeb Classical Libr. ed., Harv. Univ. Press 1924) (c. 233 CE) (描述卡利古拉如何通过把它印得很小,挂得很高来隐藏法律).

〔150〕　See Sitaraman, supra note 146, at SR7 (使我们的宪法设计不以阶级制度为基础合理化,因为美国人民不会同意那种政府).

〔151〕　See U.S. CONST. amend. V(列出了美国宪法第五修正案的权利); See also U.S. CONST. amend. X (列出了美国宪法第十修正案的权利); See also U.S. CONST. amend. XIV (列出了美国宪法第十四条修正案的权利).

〔152〕　See generally STEPHEN HOLMES & CASS R. SUNSTEIN, The Cost of Rights: Why Liberty Depends on Taxes CH. 1 (1999) (承认个人在一定程度上享有权利,即对他们所犯的错误是由他们的政府公正和可预见地予以纠正的).

〔153〕　See THE FEDERALIST NO. 53, at 253 (James Madison) ("无论立法的最高权力在哪里,都应该拥有改变政府形式的全部权力。").

〔154〕　Code is Law and the Quest for Justice,参见前注〔20〕.(声明编码是区块链下的证据,因为行为不能被改变,这应该被视为支持法律的有力证据); See also Tom. W. Bell, Copyrights, Privacy, and the Blockchain, 42 OHIO N. U. L. REV. 439, 462-465 (2016) (通过时间戳和区块链等区块链技术,证明作者使用假名仍有可能赢得版权案件,有助于证明作者是原作者).

〔155〕　See Jason Compton, How Blockchain Could Revolutionize the Internet of Things, FORBES (June 27, 2017, 10:41 AM), https://www.forbes.com/sites/delltechnolo-gies/2017/06/27/how-blockchain-could-revolutionize-the-internet-of-things/#47a28a986eab (解释区块链技术如何确保数据是合法的,以及如何定义引入新数据的过程).

来确保政府的制衡会得到遵守,而且不会被规避。[156]

智能社会契约将智能合约的概念应用到宪法之中。[157] 已经有一些公司是由智能合约管理的,如果一个公司可以做到这一点,那么智能合约就可以用来管理政府,这是合乎逻辑的。[158] 通过将宪法应用于智能合约,区块链驱动的智能社会契约将成为一种(新的)治理形式。[159] 运行智能合约的区块链"可以用来规范个人之间的社会互动……通过一系列(智能合约),其条款可以由基础代码自动执行。"[160] 赖特和德菲利皮表示,区块链广泛应用的可能性时,他们说:

> 通过促进协调和信任,区块链使新的集体行动形式成为可能,从而绕过现有的治理失败。因此,它可能解决很多共同问题,这些共同问题与众多的组织决策中固有的不透明和腐败密切相关。大型的科层组织既不完善又效率低下。它们的不完善,在很大程度上是由于过度集中、委托决策、监管停获,有时甚至是腐败。有了区块链,这些缺陷中的大部分都可以消失。交互和组织可以由智能合约预先定义,而人或机器无需信任另一方就可以进行互动。信任并不取决于组织,而是取决于底层代码的安全性和可审核性,底层代码的操作可以被数百万只眼睛仔细检查。从这个意义上说,去中心化的组织可以被看作是开源组织

---

[156] See Checks, Balances, and Bitcoin: The Genius of the Blockchain, MX (May 11, 2016, 9:14 AM), https://www. mx. com/moneysummit/checks-balances-and-bitcoin-the-genius-of-the-blockchain (讨论区块链如何允许检查和平衡,以确认没有一方变得太有影响力,这也通过技术的透明度方面得到了支持).

[157] See generally Clippinger & Bollier,参见前注[123](解释什么是数字普通法,以及信任网络如何对其发展至关重要).

[158] See Rob Marvin, Blockchain in 2017: The Year of Smart Contracts, PCMAG (Dec. 12, 2016, 2:48 PM), https://www. pcmag. com/article/350088/blockchain-in-2017-the-year-of-smart-contracts (认识到美国政府和监管机构对区块链越来越感兴趣).

[159] See generally Wessel Reijers, Fiachra O'Brolcháin & Paul Haynes, Governance in Blockchain Technologies & Social Contract Theories, 1 LEDGER. J. 134, 136 (2016), http://www. ledgerjournal. org/ojs/index. php/ledger/article/view/62 (讨论治理如何通过社会契约在区块链上工作).

[160] See Primavera De Filippi & Raffaele Mauro, Ethereum: The decentralised platform that might displace today's institutions, INTERNET POL'Y REV. (Aug 24, 2014), https://policyreview. info/articles/news/ethereum-decentralised-platform-might-displace-todays-institutions/318 (指的是以太坊网络已经可以做到这一点,只要附加正确的东西).

(opensourced organizations)。[161]

目前,公民要求政府接受审查。[162] 当然,许多宪法和法律已经阐明了个人权利和对政府权力的限制,然而,政府仍然有能力违反这些限制,因为大多数法律的实施都是事后(ex post facto)进行的。[163] 然而,当事人不能违反智能合约或智能社会契约。[164] 一旦公民们同意一个受区块链上特定规则约束的政府,创建他们的智能宪法,[165]政府就不能在这些规则之外运作。[166]

区块链可以消除公民对政府信任的必要性。[167] 它还消除了依赖中央机构协调公民和系统的各附属机构之间关系的必要性。[168] 这就形成了一种"人们可以以一种去信任(因为信任已经转移到技术上)和去中心化的方式来协调他们自己(的各种关系),而无需依赖任何第三方机构的服务——无论是企业机构还是公共机构。"[169]

〔161〕　Wright & De Filippi,参见前注〔13〕,at 16.

〔162〕　See Niall McCarthy, Which Countries Have The Most And Least Confidence In Their Governments?, FORBES (July 13, 2017, 8:25 AM), https://www. forbes. com/sites/niallmccarthy/2017/07/13/which- countries - have - the - most - and - least - confidence - in - their - governments-infographic/#645b0298652d (说明政府的信任程度通常取决于其公民如何看待其政府的稳定和可靠,以及如何保护其公民免受风险).

〔163〕　Ex Post Facto, Black's Law Dictionary (10th ed. 2014)(事后做的或事后做的;具有追溯力或效果的).

〔164〕　See generally Szabo,参见前注〔145〕.

〔165〕　See Alex Tapscott, Blockchain Democracy: Government of the People, by the People, for the People, FORBES (Aug. 16, 2016, 2:38 PM), https://www. forbes. com/sites/alextap-scott/2016/08/16/blockchain-democracy-government-of-the-people-by-the-people-for-the-people/#2f41a37d4434 (解释区块链宪法如何恢复公众对政治机构的信任).

〔166〕　See generally Tamer Sameeh, Utilitzing the Blockchain & Smart Contract Technologies to Create a Decentralized Government, DEEPDOTWEB (Jan. 4, 2018), https://www. deepdotweb. com/2017/01/04/utilizing-the-blockchain-smart-contract-technolo-gies-to-create-a-decentralized-government/ (讨论区块链的出现是否真的需要一个传统的"状态").

〔167〕　De Filippi & Mauro,参见前注〔158〕.

〔168〕　参见前注〔165〕(说明在这种新的治理形式下,人们可以以分散的方式进行协调,而不必依赖任何第三方机构的服务).

〔169〕　De Filippi & Mauro,参见前注〔158〕.

结　论

　　将用于创建区块链的技术结合在一起，创建了一个治理系统，它在本质上优于需要另一方执行本系统的系统；这种优越的系统可以用来执行法律。[170] 它是分布式的、基于共识且安全的。[171] 通过这项技术，个人可以彼此签订智能合约。[172] 这些合约可以控制任何可以用数字表示的东西，无论是.mp3 格式的文件还是艺术家在区块链上注册的画作。[173] 这些智能合约已经存在，数字普通法正在形成，这将影响区块链在未来的适用方式。[174]

　　超越数字普通法的很自然的步骤是拥有一份智能社会契约。[175] 智能社会契约将是区块链版的公民与政府达成的协议。因为政府拥有的任何东西或政府进行的任何交易都可以在区块链上表示，所以系统对公民是透明的。智能社会契约可以是一部智能宪法，它是用于治理的一种特定的区块链。

　　使用区块链技术可以做很多事情；最重要的可能性是，可以使一个政府以（人民）看得见的方式运作，而不能超越其职权范围之外。这是非常理论化的，但技术是存在的；剩下的就是，政府必须拿出政治意愿，让自己的权力

---

[170]　参见前注[13]，at 1.

[171]　参见前注[13]，at 2.

[172]　参见前注[13]，at 1.

[173]　参见前注[13]，at 15.

[174]　参见前注[13]，at 40-41.

[175]　See Clippinger & Bollier，参见前注[123]（证明随着数字技术变得更加智能化和互联化，需要一种新的政府模式）。

以确保符合的宪法的方式进行编码。[176] 当这些东西被编码,并连接到区块链时,"代码就成为法律"。[177] 当代码成为法律时,任何与之相联系的实体都无权在代码之外采取行动。[178] 这将确保政府行为保持在其承诺的权力范围之内。

（特约编辑:刘雪鹂）

---

〔176〕　See Clippinger & Bollier,参见前注〔123〕（证明随着数字技术变得更加智能化和互联化,需要一种新的政府模式）. 参见前注〔123〕（这表明,任何法律制度都不可能奏效,除非它能使一个社区的成员建立起对该制度的社会信任）. See Larry Myler, Transparent Transactions: How Blockchain Payments Can Make Life Easier for B2B Companies, FORBES (Nov. 9, 2017, 4:08 PM) https://www. forbes. com/sites/larrymyler/2017/11/09/transparent-transactions-how-block-chain-payments-can-make-life-easier-for-b2b-companies/#3837474270b5（说明区块链技术对公民是多么透明）. See Atzori,参见前注〔12〕,at 33. 参见前注〔12〕,at 9-10（展示了区块链技术如何引领一个更加透明、自主和创新的全球社会）. 参见前注〔12〕,at 5（解释为何有基于政治技术的企业家正在创建完全基于区块链的 DIY 治理服务）. 参见前注〔12〕,at 5（解释为何有基于政治技术的企业家正在创建完全基于区块链的 DIY 治理服务）.

〔177〕　De Filippi & Mauro,参见前注〔158〕.

〔178〕　Code is Law and the Quest for Justice,参见前注〔20〕（解释区块链中的代码如何作为统一的法律）.

洛克纳案之前的"实体性正当程序"

杨洪斌[*]

内容提要："实体性正当程序"学说并非始于洛克纳诉纽约州案。第十四修正案的正当法律程序条款自始就包含着实体性的内容,并没有经历什么从"程序性正当程序"向"实体性正当程序"的演化过程。所谓"实体性正当程序"学说,植根于美国宪法和"普通法宪政主义"的深厚传统当中,其内涵和有限政府、古典法治等理念一脉相承。

关键词:州治安权力;实体性正当程序;明尼苏达州定价案;韦特法院;富勒法院

> 无论何州,未经正当法律程序,不得剥夺任何人之生命、自由或财产;亦不得拒绝给予在其管辖下之任何人以法律上之平等保护。
>
> ——美国宪法第十四修正案

一、问题的提出

就现代美国司法审查来说,没有哪个宪法条款的重要性能和第十四修正案中的"正当法律程序"条款相提并论。[1] 当代有关正当程序条款的研

---

* 郑州大学法学院讲师,法学博士,主要研究方向为美国宪法史、宪法理论。

〔1〕 美国宪法第五和第十四修正案——一个针对联邦,一个针对各州——有着同样的"正当法律程序"条款,即"未经正当法律程序,不得剥夺任何人的生命、自由或财产"。第十四修正案的"正当法律程序"条款是本文的主题,下文简称为"正当法律程序"或"正当程序"条款。至于第五修正案中的"正当法律程序"条款,若有提及,将会标明"第五修正案"。关于第十四修正案正当程序条款的重要性,可参见余军:《正当程序:作为概括性人权保障条款——基于美国联邦最高法院司法史的考察》,《浙江学刊》2014 年第 6 期。

究,建立在一个基本分类之上,即所谓实体性正当程序(substantive due process)和程序性正当程序(procedural due process)之分。一般来说,前者指的是该条款在如下意义上的适用,即"禁止政府对根本的宪法性自由(fundamental constitutional liberties)的侵犯";而后者则是"对法律的实施和适用方式的程序性限制"。就前者来说,该条款的关键集中在"自由"二字之上,也就是说,当法院在决定是否支持当事人的某项权利主张之时,必须首先决定"宪法所保护的自由之性质和范围";而当涉及程序性正当程序时,关键词则是"程序"二字,此时法院需要决定的是,"为了满足宪法所要求的公平(fairness),什么样的程序才是正当的。"[2]

"实体性正当程序"学说是正当程序条款司法适用中的焦点和难点。具体来说,它包括两方面的内容。一个是对未列举权利的保护。简言之,诸多宪法未明确列举的"根本性权利"(如隐私权、堕胎权等)可经由正当程序条款中的"生命、自由或财产"而得到保护,从而使美国宪法能够与时俱进、历久弥新;[3]另一个则涉及对《权利法案》中所列举之权利的保护。即借助正当程序作为中介,将原本是针对联邦的《权利法案》同样用于限制各州政府,也就是通常所谓的"并入(incorporation)理论"。[4] 可以说,正是由于"实体性正当程序"学说,正当程序条款才在当代成为"联邦宪法的心脏"。[5]

"实体性正当程序"是一种理论上的概括,它的出现最早是为了对正当程序条款的一种特定的司法应用——即当代学者所谓的"洛克纳案时代

〔2〕 See *West's Encyclopedia of American Law*, vol. 9, Thomson Gale, 2005 (2nd Edition), p. 388.

〔3〕 1960年代以来,涉及个人隐私权等未列举宪法权利的大量案件几乎无不依赖于"实体性正当程序"学说。参见张千帆:《西方宪政体系》(上册·美国宪法),中国政法大学出版社2004年第2版,第285-319页。

〔4〕 incorporation,或译"吸纳"。目前来说,除了第三修正案、第五修正案中的大陪审团条款、第七修正案之外,前八条修正案均已经被第十四修正案的正当程序条款所"吸纳"。

〔5〕 V. Earle, ed., *Federalism*, Peacock Publishers, 1968, p. 10. 转引自前注[1],余军文。

(Lochner Era，1897—1937)"的诸多案件[6]——作出法理上的解释。[7]
按照主流的说法,在洛克纳案时代之前,正当程序条款在司法实践中都只是
一种程序性的宪法限制,并不具有实体性的内容,但到了洛克纳案时代,联
邦最高法院却把一种"自由放任主义（或社会达尔文主义）"意识形态注入了
对宪法（尤其是正当程序条款）的解释之中,将"契约自由"这一"实体性"权
利纳入了正当程序条款的保护之下,由此促成了"实体性正当程序"的诞生
和发达。就此而言,"实体性正当程序"最早出现时,是和上述两方面内涵中
的第一个（亦即未列举权利的保护）相联系的,而这也将是本文的主题,我们
将不会涉及《权利法案》的"并入"问题。

　　本文认为,把"实体性正当程序"学说视为洛克纳案及洛克纳案时代的
发明实在是极大的误解。正当程序条款并不是到了洛克纳案（时代）才突然
被赋予了实体性的内涵,所谓"实体性正当程序"学说有着深厚的理论渊源,
早在洛克纳之前很久就已牢固确立。质言之,由于直接和"国土上的法律"、
有限政府等理念相连,正当程序条款的内涵自始即非"程序性正当程序"所
能涵盖,实体性正当程序乃是有限政府和法律之治的必然要求。

二、正当程序条款与州治安权力:19 世纪晚期
司法审查的主题

　　从第十四修正案第一案屠宰场案（1872）到洛克纳案（1905）,[8]期间共
计 33 年,主要涵盖了韦特法院（Waite Court，1874—1888）和富勒法院
(Fuller Court，1888—1910)。这段时期司法审查的一个核心主题就是州

---

　　[6]　洛克纳案是指 *Lochner v. New York*，198 U. S. 45（1905）.
　　[7]　按照 G·爱德华·怀特的考证,在 1930 年代的一本教材中,诺埃尔·道林首次按照对
当事人权利产生的影响而把立法明确区分为"程序性"和"实体性"两类,并据此来区分人们依据正
当程序条款而对立法提出的挑战。随后,在 1950 年的新版中,他进一步将这一区分概括为"程序性
正当程序"和"实体性正当程序",从此逐渐成为通用语。Noel T. Dowling，*Cases on Constitutional
Law*，xviii-xix（4th ed.，1950）．in G. Edward White，The Constitution and the New Deal，
Cambridge，Harvard University Press，2000，p. 259. 虽然后来有许多学者认为这个术语本身就是
自相矛盾的——"就好比说是'绿色的粉红'"一样（约翰·哈特·伊利语）——并且不断地对之加以
批判,但作为一个有着固定内涵的学说和理论,它至今仍然被几乎所有学术作品所接受和援用。
　　[8]　屠宰场案是指 Slaughterhouse Cases，83 U. S.（16 Wall.）36（1872）.

治安权力和第十四修正案（主要是其中的"正当程序条款"）的交锋与碰撞，而韦特法院和富勒法院的司法学说也有着高度的连续性。

所谓州治安权力，一般是指州政府为了共同善益——比如公共安全、公共福利、公共道德、公共健康等——而以立法的形式对私人权利、利益、自由或财产作出规制甚至彻底摧毁的权力。[9] 围绕着这一概念，内战前的司法实践已经形成了一套成熟的州治安权力法理学，其内涵可以用首席大法官坦尼（Roger B. Taney）在 1847 年的许可证系列案中的几句判词来概括："什么是州的治安权力？它不多不少，正是任何政府在它的境内都依其主权而享有的固有权力。"治安权力是各州的"主权权力"，"是在其领土界限内统治人和事的权力。正是依据这一权力，各州才在管理贸易方面享有着和在制定健康法律方面同样绝对的权威——联邦宪法作出限制的除外。"[10] 用学者的话说，它是和洛克的社会契约和国家理论相互搭配的："个人之所以离开自然状态，就是为了获得和平与安全，免于邻人可能的侵犯，治安权这一术语本身就是这个意思。"[11] 可以说，州治安权力乃是二元联邦主义下各州主权中最重要的一部分，被认为直接来自政治共同体的"本性"，是各州政府不可剥夺的固有权力。

在内战后的美国，急剧的工业化和城市化导致各州不得不大幅度地加强监管，而监管的法理依据则仍然是州治安权力。与此同时，内战后的第十四修正案则是限制州权的重大宪法举措，因此其司法适用就势必要和内战前的州治安权力学说发生激烈的交锋——此番交锋构成了内战后至新政前（阿克曼称之为"中期共和国"）美国宪法演进的核心线索。[12] 不过在一开始时，由于内战前的联邦主义仍然是大法官们理解美国宪制的核心框架，因此最高法院宣称第十四修正案并没有创造太多的新东西，完全可以和一直以来的州治安权力并行不悖。[13] 结果，在相当长的时间里，最高法院仍然

---

〔9〕　对于内战前的州治安权力传统的进一步介绍，可参见拙文：《屠宰场案新论——重建政治下的美国联邦最高法院》，载周尚君主编：《法律和政治科学》（2021 年第 1 辑），社会科学文献出版社 2021 年版，第 119-151 页。

〔10〕　*License Cases*, 46 U. S. （5 How.）504, 583 (1847).

〔11〕　［美］理查德·A. 艾珀斯坦：《征收——私人财产和征用权》，李昊等译，中国人民大学出版社 2011 年版，第 116 页。

〔12〕　参见［美］布鲁斯·阿克曼：《我们人民：奠基》，汪庆华译，中国政法大学出版社 2013 年版，第 93-94 页。

〔13〕　See *supra* note［8］; *Munn v. Illinois*, 94 U. S. 113 (1876). 另可参加前注［9］。

按照内战前的州治安权力法理学的范式,继续给予各州的新型规制立法以充分的支持,以至于被人们寄予厚望的第十四修正案看起来似乎已消融在了这一范式之中。

不过,虽然从处理结果来看,在 1870 和 1880 年代几乎所有涉及州治安类立法的案件中,州法都得到了支持,但州治安权力实际上却并不像看上去那么牢固。第十四修正案白纸黑字地放在那里,是回避不掉的。面对治安权力和第十四修正案之间的冲突,最高法院在对各州的新型治安规制表示支持的同时,也不可避免地尝试对它作出了某种限制。就是在这个过程中,正当法律程序条款逐渐成了第十四修正案第一款的重心,其内涵也逐渐获得了界定和澄清——主要表现为对立法的两种要求和限制,一个是"一般性"要求,另一个是"合理性"要求。由此,一种和"州治安权力法理学"相对的新范式即"正当程序法理学"诞生了,这就是后世所谓"实体性正当程序"学说,它最终动摇了州治安权力和二元联邦主义的根基。

三、正当程序条款对立法的一般性要求

(一)对立法的"一般性"要求

正当程序条款早在 1872 年的屠宰场案中已经出现过,但由于该案的焦点集中在特权或豁免权条款,因此只是被非常简略地提及,并没有对其作出什么实质性的分析。[14] 真正对正当程序条款作出正面解释和适用的早期典型案件,乃是戴维森案和赫塔多案。1878 年的戴维森案不仅没有把该条款限定在"程序性正当程序"的范围之内,而且还直接确认了它对实体性权利提供保护的可能性。[15] 该案多数意见由韦特法院最具才华的大法官米勒(Samuel Freeman Miller)主笔,他首先指出,第十四修正案的正当程序条款和美国宪法第五修正案以及各州宪法中的相同或相似条款的含义完全一

---

[14] *supra* note [8], p.80-81.
[15] *Davidson v. New Orleans*, 96 U.S. 97 (1878).

致,都来自《大宪章》中的"国土上的法律"条款(the law of the land)。[16] 之后,他进一步追溯了《大宪章》的历史并指出,第五和第十四修正案中的正当程序条款和"国土上的法律"条款不同的地方在于,它们都是对立法机关而不是对国王的限制。米勒质问道,"难道只要是以立法的形式作出宣告,那么州立法机关就可以使不管什么东西都能符合正当法律程序的要求吗? 如果答案是肯定的,那就等于是承认[该条款]对各州的限制没有任何意义,或者说,如果对私人权利的侵犯是以州立法的形式进行的,那[该条款]就不能适用。"紧接着,米勒还以禁止没收性立法为例,来进一步说明正当法律程序条款所设置的限制,他指出:"设若一项制定法明确宣布说,某块土地上现属于 A 的全部排他性权利,应该从此被授予 B;[这样的规定]如果生效了的话,那它就构成了未经正当法律程序而剥夺 A 的财产。"[17]

不过,由于戴维森案本身涉及的只是程序方面的问题,因此米勒大法官只是点到为止,没有再多做发挥。但是,正当程序条款可以用来对实体性权利(比如财产权)提供保护已经是确定无疑的了。这一点在六年后的赫塔多案中得到了更清晰、全面的表达:"并不是说每一个采取立法形式的法案都是法律。法律可不只是作为权力行为而行使的纯粹意志。它绝不能是针对一个特定的人或者特定情况的特殊规则,用韦伯斯特先生在他那个人们熟知的定义中的话来说,它必须是'一般性法律',……从而确保'每个公民都能够在一般性规则的保护之下拥有他的生命、自由、财产和豁免权,'因此下列这些情况就不符合正当法律程序,被排除在了'法律'的范围之外——剥夺公民权利的法案,设定酷刑的法案(bills of pains and penalties),没收性法案,推翻法院判决的法案,直接将某人的财产转交给另一个人的法案,立法机关作出的司法判决和法令,以及其他类似的以立法形式对权力的特殊、偏颇而且专断的运用。通过实施其法令(edicts)而伤害其臣民的人身和财产的专断权力——无论它[在形式上]呈现为个人性的君王的法令还是非个

---

[16] 《大宪章》第 39 条规定:"任何自由民,如未经同侪的合法裁判,或经国土上的法律之判决,皆不得被逮捕、监禁、没收财产、剥夺法律保护权、流放或加以任何其他损害。"[英]詹姆斯·C.霍尔特:《大宪章》(第二版),毕竞悦等译,北京大学出版社 2010 年版,第 507 页。翻译略有改动。

[17] *supra* note [15], pp. 101-102.

人性的大众多数的法令——并不是法律。"[18]

戴维森案和赫塔多案这两个早期案件清楚地表明,正当程序条款的内容自始就不仅限于程序方面,它对立法的内容是有实体方面的要求的:无论是行政机关还是立法机关,其权力都是有限的,专断权力有悖于法治和有限政府的精神;法律必须具有一般性,不能是专断或偏颇的;因此,立法机关按照法定程序而通过的法案,并不一定就是"法律",同样可能违反正当程序条款。

(二)对立法的"一般性"要求的历史渊源

对立法的一般性要求,在英美的法律和政治传统中有着极其深厚的渊源。正如学者所指出的,以下理念自 17 世纪早期以来就已经在普通法传统中扎下了根——"政府权力的运用只应是为了促进整个共同体的一般福利,而不是受到偏爱的少数人的特殊利益。"而美国的建国一代人就正是深处于这一传统之中。因此,"当詹姆斯·麦迪逊说出以下这番话时,他所表达的是建国那一代人的普遍感受——国家'在社会的不同组成部分之间[应该是]中立的','平等……应该是所有法律的基础',并且法律不应该让某些人承受'特殊的负担'或者赋予其他一些人'特殊的豁免'。"[19]

这些在建国时期就已经是常识的重要理念,随后很快就在 19 世纪上半叶的司法过程中得到了反映,无论是在联邦最高法院还是各州法院的层面都有大量的例证,并且绵延不绝。[20] 比如,就上文提到的"禁止没收性立法"这一点来说,早在 1798 年的考尔德诉布尔案中,蔡斯大法官(Samuel Chase)就曾指出,"一部征用 A 的财产交付给 B 的法律直接违反了社会契

---

[18] *Hurtado v. California*,110 U. S. 516,535-536 (1884). 不过,该案和戴维森案一样,主要也是涉及程序方面的问题,最高法院在该案中以 7∶1 的判决判定,正当法律程序条款并不包括大陪审团起诉的权利。

[19] Melissa L. Saunders,*Equal Protection*,*Class Legislation*,*and Colorblindness*,96 Michigan Law Review 245,255-256 (1997).

[20] See Rodney L. Mott,*Due Process of Law*:*A Historical and Analytical Treatise of the Principles and Methods Followed by the Courts in the Application of the Concept of "The Law of the Land"*,The Bobbs-Merrill Company,1926,pp. 256-274.

约的第一原理,[因此]不能认为是立法权威的正当行使。"[21]至于赫塔多案
中所强调的法律的一般性以及无专断和无偏颇,同样也早在建国早期就已
有大量类似的司法学说。[22]质言之,早在19世纪上半叶,联邦和各州的司
法审查实践已经"普遍地对那种挑出特定的一些人或者一些阶层的人,给予
他们特殊的利益或负担的法律,表现出了明显的敌对态度。"[23]

　　不过,上述这种对立法的一般性要求又是怎么和"正当法律程序"关联
起来的呢? 对此,各州和联邦法院的处理方法并不统一。上文引用的一些
判词基本都是依靠权力分立或自然正义学说来进行论证的,但同时期也有
不少州选择以正当程序(或"国土上的法律")条款作为依据来进行论证。[24]
举例来说,田纳西州最高法院在1829年的一个案件中就明确宣布,特殊立
法违反了正当程序条款,[25]并在随后的多个案件中延续了同样的解释路
径。[26]韦伯斯特(Daniel Webster)在著名的达特茅斯学院案的口头辩论
中所采取的也是这种思路,他说:"以立法形式通过的东西并不必然会被视
为国土上的法律。……[若非如此,]那具有至高重要性的宪法条文就变成
无效的了,所有的权力都将集中在立法机关手里。法院将要执行的(以及人
们将要生活于其之下的),将不会再有什么一般性的、永恒的法律。……法
官们将只是坐下来执行立法机关的判断和法令而已,而不是去宣告法律或

---

　　[21]　*Calder v. Bull*,3 U.S. (Dall.) 386,388 (1798). 除了联邦最高法院之外,各州法院
也有大量类似的学说,参见比如 *Lewis v. Webb*,3 Me. 326,333,335-336 (1825); *Cochran v. Van
Surlay*,20 Wend. 365,373 (N.Y. 1838).

　　[22]　各州的先例可参见比如 *Holden v. James*,11 Mass. 396,404 (1814); *Ellis v.
Marshall*,2 Mass. 269,276-277 (1807); *Dash v. Van Kleeck*,7 Johns. 477 (N.Y. Sup. Ct.
1811); *Merrill v. Sherburne*,1 N.H. 199,206-217 (1818); *Ward v. Barnard*,1 Aik. 121,128
(Vt. 1825). 联邦最高法院在这方面的先例,除了上文提到的考尔德诉布尔案之外,还可参见比如
Cooper v. Telfair,4 U.S. (Dall.) 14 (1800); *Fletcher v. Peck*,10 U.S. 6 Cranch) 87,(1810);
Wilkinson v. Leland,27 U.S. (2 Pet.) 627,658 (1829). 当然,从法理的层面上说,禁止没收性立
法和对立法的一般性要求(无专断/偏颇)并不是并列的关系,前者实际上可以包含在后者之内,可
以说,再没有什么能比没收性立法更明显地违反法律的一般性要求了。

　　[23]　Saunders,*supra* note [19],p.252.

　　[24]　Ibid. p.258.

　　[25]　*Vanzant v. Waddel*,10 Tenn. 259,269-271 (1829).

　　[26]　See *Bank of the State v. Cooper*,10 Tenn. 599,605-608 (1831); *Wally's Heirs v.
Kennedy*,10 Tenn. 554,555-558 (1831); *Fisher's Negroes* v. Dabbs,14 Tenn. 119,152-156
(1834).

者实施国家的正义。"〔27〕

把正当程序条款作为对立法的一般性要求的宪法依据,在 19 世纪初期的司法实践中并不罕见。其中的逻辑其实也不复杂,其核心在于:正当法律程序所要求的乃是法律的正当程序(due process of law);而缺乏一般性的立法则显然不能被视为法律——那样的立法在本质上已经超出了立法权的性质本身,是一种越权——因此也就必然违反了正当法律程序条款。正如学者所说,一旦"没收财产权利〔的立法〕超出了立法这个概念本身"这种观念被确立下来,那么对立法的一般性要求就是不言而喻的了,而某种类似于后来所谓的"实体性正当程序"的东西实际上也就"已经近在咫尺了"。〔28〕此后,各州法院都有大量案例把对立法一般性的要求作为正当程序条款的固有内涵。〔29〕 而在联邦最高法院,这种解释进路则体现在臭名昭著的斯科特诉桑福德案中——该案涉及第五修正案中的正当程序条款。首席大法官坦尼主笔撰写的多数意见指出:"一个国会法令,未经正当法律程序剥夺合众国一个公民的自由或财产,仅仅因为公民自身或携带他的财产进入合众国某一准州,而公民本身并没有任何违法行为,这个法令是很难加上正当法律程序这个美称的。"〔30〕

这样一来,当联邦最高法院于 1870 年代和 1880 年代开始着手处理第十四修正案正当程序条款的解释和适用问题时,内战前的司法实践已经准备好了现成的正当程序学说,而且已经深入渗透到了当时的法律文化当中。

---

〔27〕 Webster, oral argument for the plaintiffs in error, pp. 581-582. *quoted in* Philip B. Kurland, Gerhard Casper, ed. *Landmark Briefs and Arguments of the Supreme Court of the United States*; *Constitutional Law*, vol. 1, University Publications of America, Inc., 1978, pp. 219-220.

〔28〕 Stephen A. Siegel, Lochner *Era Jurisprudence and the American Constitutional Tradition*, 70 North Carolina Law Review 1, 58 (1991).

〔29〕 See, e.g., *Hoke v. Henderson*, 15 N.C. (4 Dev.) 1, 11-28 (1833) (per curiam); *Taylor v. Porter*, 4 Hill 140, 143-147 (N.Y. Sup. Ct. 1840); *Westervelt v. Gregg*, 12 N.Y. 202, 209 (1854); *Ervine's Appeal*, 16 Pa. 256, 256-264 (1851); *Norman v. Heist*, 5 Watts & Serg. 171, 173 (Pa. 1843); Thomas M. Cooley, *A Treatise on the Constitutional Limitations Which Rest Upon the Legislative Power of the States of the American Union*, Little, Brown, and Company, 1868, Chapter XI; Theodore Sedgwick, *A Treatise on the Rules Which Govern the Interpretation and Construction of Statutory and Constitutional Law*, Baker, Voorhis & Co., Publishers, 1874, 2nd ed., pp. 474-482.

〔30〕 *Dred Scott v. Sandford*, 60 U.S. (19 How.) 393, 450 (1856).

虽然由于内战前的州治安权力司法学说的影响,最高法院在这段时期还是对州治安类立法表现出了几乎无限的支持,[31]但也正是在这个时期,最高法院也开始顺着上述"立法的一般性""无专断/偏颇"的思路,对正当程序条款的内涵加以澄清。上文提到的戴维森案和赫塔多案就是较早的例证,而赫塔多案对正当程序条款的"实体性"解读和韦伯斯特在达特茅斯学院案中的论辩显然也是一脉相承的。[32] 此外再如在1889年的登特诉西弗吉尼亚州案中,菲尔德大法官亦指出,正当法律程序条款的意图是为了"保护公民们的权利——无论是他的生命、自由还是财产——免遭任何专断的剥夺。……这一宪法要求的目的在于排除事关公民权利之立法中的任何专断和任性的因素。'纯粹个人性的专断权力[在我们的政府体制中]没有容身之地。'"[33]这样的判词和内战前正当程序学说都是高度相似的,具有无可置疑的连续性。可以说,对立法内容的"一般性"要求一直都是正当程序条款的固有内涵。

四、正当程序条款对立法的合理性要求

(一)合理性要求和司法与立法的界限问题

在正当法律程序法理学的发展过程中的另一个重大问题,涉及法院能否依据该条款而对立法的合理性进行审查。许多学者把1890年的明尼苏达州定价案——最高法院在该案中判定明尼苏达州的一部铁路定价法违反了正当程序条款——视为一个分界点,认为联邦最高法院在该案之后才开始运用"实体性正当程序"学说来审查立法的合理性并频繁地推翻州法,因为该案首次明确指出,法院可以审查立法内容的合理性与恰当性:"铁路运

---

〔31〕 See e. g. supra note〔8〕; *Munn v. Illinois*, 94 U. S. 113 (1876); *Beer Company v. Massachusetts*, 97 U. S. 25 (1878); *Barbier v. Connolly*, 113 U. S. 27 (1885); *Soon Hing v. Crowley*, 113 U. S. 703 (1885); *Stone v. Farmers' Loan & Trust Co.*, 116 U. S. 307 (1886); *Dent v. West Virginia*, 129 U. S. 114 (1889).

〔32〕 如上所述,赫塔多案的判决中直接引用了韦伯斯特的论辩意见。

〔33〕 *Dent v. West Virginia*, 129 U. S. 114, 124 (1889). 类似的表述还可参见 *Barbier v. Connolly*, 113 U. S. 27, 31 (1885); *Soon Hing v. Crowley*, 113 U. S. 703, 709 (1885); *Stone v. Farmers' Loan & Trust Co.*, 116 U. S. 307, 331 (1886).

输中的定价合理性的问题，……显然是一个应当由司法调查的问题，要通过正当法律程序来作出决定。"[34] 由此，明尼苏达州定价案就被视为了"实体性正当程序"学说发展过程中的一个里程碑。

明尼苏达州定价案之所以重要，是因为对它的理解，关涉到对立法的合理性要求何时、如何成了正当程序条款内涵的一部分。为了判断以上的说法能否成立，我们需要追问的是，在该案之前，最高法院有没有对立法的合理性进行过审查？进一步来说，法院审查立法的合理性是不正当的吗？法院不可以(或者说不应该)审查立法的合理性和恰当性吗？

实际上，1886 年的益和诉霍普金斯案已经对上述问题作出了相当明确的答复。[35] 本案涉及的是旧金山市有关洗衣店的两项市政条例的合宪性问题，最高法院最终判定其违反了第十四修正案的平等保护条款。在引用了马萨诸塞州一个涉及选举权规制的先例之后，马修斯大法官撰写的全体一致的判决意见指出："[立法对选举权利的行使条件和方式所作出的]规制是否合理并且因此是否有效，这一直都是一个可以进行探究的司法问题。……同样的原则，一直也都更加自由地扩展适用于更低一级的市政机构制定的准立法性法案——对于它们的合理性以及随之而来的有效性问题，司法法庭享有着非常古老的管辖权。"[36] 由此可见，在益和案中，最高法院即已明确宣告，按照第十四修正案的平等保护条款，立法的合理性是可由司法权加以审查的司法问题。[37]

然而问题在于，按照传统的说法，在 1876 年的芒恩案中，首席大法官韦特却已经明确地拒绝了这种可能性："在普通法国家，自无法追忆的时间以来的习惯一直都是由立法机关宣告在这种情况下什么是合理补偿，或者，可能更恰当的说法是，由立法机关固定一个最高额，超过这一限额的定价就是

---

〔34〕 *Chicago, Milwaukee and St. Paul Railway Company v.* Minnesota, 134 U. S. 418, 458 (1890).

〔35〕 *Yick Wo v. Hopkins*, 118 U. S. 356 (1886). 对该案的详细介绍，可参见伍淑明：《从受害者到胜利者：华人官司对美国法律的贡献——益和诉霍普金斯案(1886)》，任东来译，载任东来等著：《美国宪政历程：影响美国的 25 个司法大案》，中国法制出版社 2005 年，第 127-132 页。

〔36〕 Ibid., p. 371.

〔37〕 不过，我们认为，本案不仅涉及平等保护条款，还涉及正当程序条款，它实际上是把正当程序条款和平等保护条款混同处理了，这在当时的司法实践中是十分常见的做法，详细分析参见下文。

不合理的。"〔38〕那么,如何理解芒恩案和益和案(以及明尼苏达州定价案)之间似乎截然相反的论断?

这里很难简单地说孰对孰错,并不存在一目了然的答案。在对立法的合理性审查方面,最高法院可谓是百倍小心,异常纠结。这在1887年的马格勒诉堪萨斯州案中表现得淋漓尽致。〔39〕最高法院在本案中以8∶1的表决结果支持了该州的一项酒类规制立法,维持了堪萨斯州最高法院对马格勒的定罪,哈兰大法官主笔撰写了多数意见。哈兰一方面试图继续沿用芒恩案以及州治安权法理学中一直以来的尊重州权的逻辑,把是否禁止酒类生产的决定权留给[州]政府的立法分支,由它"通过行使一般所谓的州治安权力来决定哪些措施对于保护公共道德、公共健康或公共安全是恰当的或必要的"〔40〕。但与此同时,正当程序条款却已经是绕不过去的一道坎儿,哈兰又不得不作出回应,所以他又指出:"这绝不是说所有表面上是为了促进这些目标的制定法都将被视为州治安权力的正当行使而获得认可。必然会有一些立法不可越过的界线。……法院不会受制于形式,也不会被仅仅表面的伪装所误导。当法院开始探究立法机关是否超越了其权力界限时,它们可以自由地考虑事物的本质。……因此,如果一项宣称是为了保护公共健康、公共道德或公共安全而制定的立法,[实际上]却和这些目标没有真实的或实质性的关联,或者明显侵犯了受到根本法保障的一些权利,那么法院的职责就要求它们[必须判定其违宪],从而实现宪法的效力。"〔41〕这里的意思是说,正当法律程序条款要求法院透过现象看本质,严防挂羊头卖狗肉的不合理规制。

在依据正当程序条款来审查各州立法的合理性方面,最高法院之所以犹疑不决,迟迟无法迈出这一步,主要是基于两个考虑:一是联邦和各州之间的权力划分,当时最高法院的逻辑似乎是这样的——凡是属于州治安权力范围之内的规制,即不受第十四修正案的干涉;另一个或许更为重要、也更为敏感的考虑则是立法权和司法权之间的分权和界限问题,法院似乎认为合理性问题属于立法权的权限范围,司法权不能介入。当然,这两个方面

〔38〕　*Munn v. Illinois*, 94 U. S. 113, 133 (1876).
〔39〕　*Mugler v. Kansas*, 123 U. S. 623 (1887).
〔40〕　Ibid. p. 661.
〔41〕　Ibid.

的考虑彼此间是有联系的,因为那个被给予高度尊重的州权传统——也就是各州自我统治的权利和权力——主要就是依靠各州的立法机关而非司法机关来实现的,推翻州立法就同时侵犯了州权和立法权。不过这两者的侧重点还是有区别——一个主要是联邦主义的纵向结构问题,另一个可以说是民主与法治的关系问题。最高法院似乎已经感觉到,如果开始运用正当程序条款对各州立法的合理性进行审查,那就势必会在这两个方面带来根本性的变化。

因此,即便第十四修正案的正当程序条款中隐含着审查州法的合理性这种可能性,但最高法院却表现得小心翼翼,一再表明自己无权介入这一领域之中。在芒恩案和马格勒案均是如此。[42] 美国有着深厚的民主和自治传统,如果司法机关介入立法权的领域之中,那肯定是一件敏感且容易遭到批评的事,即便涉及的是联邦的最高法院对各州的立法机关的干预。司法和立法之间被认为存在着明确的界限,它们应该各司其职,司法权不得干涉立法机关的裁量权。这种思路,在传统的理论中,通常被称之为"政治问题"学说。[43] 也就是说,最高法院之所以拒绝审查立法的合理性、恰当性、明智与否,是因为"这个问题被视为了一个政治问题,因此被扔回了政府的政治部门[来解决]。"[44] 然而事后看来,正当程序条款对立法所提出这个新的合理性要求是回避不了的。

---

〔42〕 在芒恩案中,首席大法官韦特曾指出:"面对立法机关的滥用权力,要想获得保护,人民只能诉诸票箱,而不是法院。"*supra note* [38], p. 134. 在马格勒案中,哈兰再次重申:"政府的某个独立分支不应篡夺宪法赋予另一个分支的权力,……法院不得依据它自己关于什么对于共同体最好、最安全的看法来推翻在这个问题上的立法决定。"*supra note* [39], pp. 661-662.

〔43〕 "政治问题"学说最早可以追溯到1803年的马伯里诉麦迪逊案。首席大法官马歇尔在该案中提出了这一学说,强调司法权应恪守其边界。正如巴尔科教授所指出的:"在马伯里诉麦迪逊案中,马歇尔倡导司法谦抑,他明确指出,并不是所有的法律问题都可以诉诸最高法院的纠正权力。'那些政治性质的,或者宪法和法律交给行政机关来处理的问题,永远都不能由本院来解决。'特别是由于宪法将某些问题留给了国会或总统绝对的裁量权[来处理],因此法院的监督权[在这些问题上]是没有位置的。"Rachel E. Barkow, *More Supreme than Court? The Fall of the Political Question Doctrine and the Rise of Judicial Supremacy*, 102 Columbia Law Review 237, 248 (2002).

〔44〕 Charles Grove Haines, *The American Doctrine of Judicial Supremacy*, New York, NY: The Macmillan Company, 1914, p. 297.

(二)再论明尼苏达州定价案

现在让我们再回到明尼苏达州定价案。在本案中,明尼苏达州的立法将设定铁路运输价格的权力委托给了一个委员会,并禁止对该委员会设定的价格进行司法上的审查。在最高法院看来,这就意味着,"如果[该委员会]选择设定一种不平等、不合理的价格[标准]的话,司法机关无权插手叫停。"这样的规定"剥夺了该公司依据正当法律程序条款而享有的[申请]司法调查的权利",是不可接受的。[45] 布拉奇福德大法官撰写的多数意见解释说:"铁路运输中的定价合理性的问题,……显然是一个适合/应当由司法调查的问题,要通过正当法律程序来作出决定。公司向使用其财产的人收取合理价格的权力如果被剥夺了,而这样一种剥夺又没有经过司法机构调查的话,那么这就构成了在未经正当法律程序并且违反联邦宪法的情况下,剥夺了该公司对其财产的合法使用(因此实际也就是剥夺了其财产本身)。"他指出,如果承认州法的这一授权的合宪性,那么法院"除了选择驳回[铁路公司的诉讼请求]之外,就不可能采取其他任何进一步的审理程序了。"更有甚者,如果这样的话,即便立法并没有授予委员会以终局性的决定权,没有剥夺某一当事人寻求司法救济的权利,那司法程序也还是要沦为摆设,因为既然法院无权审查价格的合理性,那它除了尊重委员会设定的价格之外,就别无选择。[46] 简言之,既然按照正当程序条款的要求,州治安权力对私人财产的规制或剥夺须受到司法程序的审查,那么法院在司法调查的过程中就必然要审查其合理性,否则的话,法院除了驳回之外就别无选择了,司法调查也变得毫无意义。

那么,如果价格不是由某个获得立法机关授权的委员会设定,而是直接由立法机关设定的话,法院是否可以审查? 这是在该案中持异议的三位大法官的疑虑(异议由布拉德利大法官撰写,格雷和拉马尔大法官附议)。按照上文的逻辑,既然法院根据正当程序条款,可以以不合理为由推翻某一委员会所设定的价格,那么,如果立法机关直接设定的价格构成专断、不合理

---

〔45〕 *supra* note〔34〕,pp. 456-457.

〔46〕 Ibid. pp. 458-459.

的话,法院也同样可以推翻之。[47] 少数派担心的正是这个。鉴于1876年的芒恩案已明确指出,立法机关有权设定价格,法院不得干涉,因此布拉德利的异议认为,本案"事实上推翻了芒恩案"的判决。布拉德利指出,"什么是合理的收费"并不是个司法性问题,"恰恰相反,这显然是一个立法性问题,涉及对恰当性、酬劳[的计算]等因素的考量,通常是由立法机关决定的。"[48]

显然,布拉德利异议的根本出发点还是立法权和司法权之间的界限问题。在这个问题上,我们还记得,芒恩案和马格勒案等许多案件都曾强调,司法机关不得侵犯立法机关的固有权利(权力),不得介入立法内容是否合理的问题。有趣的是,在芒恩案和马格勒案中属于多数派的米勒和哈兰大法官,在明尼苏达州定价案中却也都站到了多数一边。这又该作何解?关键在于如何理解芒恩案和马格勒案中所表达的"尊重立法机关、严守司法与立法的界限"的立场。我们认为,在最高法院一再声明对州权和州立法权的高度尊重的背后,实际上潜藏着一个"但书"(或者说前提),即只要不违反第十四修正案,那么各州就仍然还像内战前一样自由,可以运用其治安权力做出各色各样的规制和限制。这么说似乎有同义反复之嫌——"除了违法的,都是合法的"——然而当时的情况就是如此。

明尼苏达州定价案唯一的问题就在于,大法官中有六位的多数认为涉案的州法违反了正当程序条款;而在前两个案件中,州法则得到了多数大法官的支持。但这些案件(包括芒恩案、益和案等)背后的学说是高度一致的,即正当程序条款要求州法不得专断、必须合理,否则就构成违宪。这里隐含的是一种有关立法的合理性、无专断的悠久传统,它要求任何可能对公民的权利造成不利影响的政府行为都必须接受司法审查,从而将可能存在的恣

---

[47] 后来,在1894年的里根诉农场主信贷公司案中,最高法院终于明确指出,无论是州立法机关直接以立法形式设定的价格,还是由州立法机关授权的委员会所设定价格,法院都有权对其是否合理进行审查。详见下文。

[48] *supra* note [34], p.461-462 (Bradley, J., dissenting). 在布拉德利看来,"法院向政府的立法分支叫板,一直都是一种非常微妙的事情。只要能够避免,法院就不应该那么做。"即便"我们的立法机关——它们可能对个人、公司、社会的利益可能施加十分危险的影响——[因此而]掌握了太多的权力",也在所不惜。因为"共和政府形式的本性就是如此。如果立法机关在行使这种如此宽泛的权力时变得过于专断,人民总是可以通过修宪的方式来对它作出限制。"但是,"只要立法机关还保有这些权力,那就有权行使它们,其中就包括对铁路以及其他公共交通方式进行规制的权力。"Ibid. p.462,466 (Bradley, J., dissenting).

意以及专断、不合理的风险排除出去。布拉德利大法官不理解的是,"如果立法机关自己可以这么做",那为什么"它不可以将这种职责授予一个价格委员会?"[49]然而他也和多数意见共享着同样的前提,即第十四修正案构成了州法的边界,他也承认,"并不是说立法机关或者它设立的委员会或其他代理机关就不会出现未经正当法律程序剥夺当事人财产的情况",但他坚持认为,只有在"立法机关以纯粹专断的权力剥夺[个人的]财产"时,才可能构成"向司法机关寻求救济的基础"。[50]少数派和多数派的分歧只是在于明尼苏达州的这项立法是否构成了一种专断的权力,前者认为不构成,后者则给出了肯定的回答。就布拉德利等三位持异议的大法官来说,正是因为他们首先认定了该项立法所授予的并非专断权力,因此才质问说,假如州立法机关可以这么做,那它当然也可以授权一个委员会这样做,法院不应干涉;而多数意见则反是,他们首先认定本案中的这项立法所授予的是一种专断权力,因此州立法机关授权的委员会就不能运用这种授权来定价,而且这一判断还隐含着以下的逻辑,即不光该委员会不能这么做,甚至州立法机关同样也不可以。现在,后一种看法取得了六位大法官的多数,于是就产生了最终的判决。

对于法院能否审查立法的合理性这个问题,真正的关键在于立法是否被认定为专断——如果是,那么最高法院就会声称合理性审查是司法权的固有范围;如果否,那么它就又会宣称法院不应介入合理性审查,不应干涉立法机关的裁量权。因此我们才会看到,在明尼苏达州定价案之后不久的两个案件中,最高法院又再次重申了芒恩案中的原则,这正是因为此时多数的大法官们又认定其中的立法并非专断、不合理了。[51]因此明尼苏达州定价案和芒恩案是可以并存的,甚至可以说其学说是一贯的,后者并没有被前者所推翻。

(三)一案一审的司法最低限度主义

自芒恩案以来,经过最高法院十余年的探索,正当程序条款的内涵已经

---

[49] Ibid. p. 464.

[50] Ibid. pp. 465-66.

[51] See *Budd* v. *New York*, 143 U. S. 517 (1892); *Brass* v. *North Dakota ex rel Stoeser*, 153 U. S. 391 (1894).

相当清楚,它要求立法具有一般性和合理性。而这两方面要求其实是一枚硬币的两面——如果要确定某项立法规制措施是否专断、是否满足了一般性要求,那就必然就要考察它的内容是否合理,它们是一而二、二而一的关系。然而问题在于,如何判断立法是否满足了这些要求?对于具体案件来说,这些笼统含混的要求似乎并没有太大的意义,因此才导致再比如合理性审查方面出现上文提到的那种吊诡局面。这在一定程度上是正当程序条款的极简性和模糊性所天然导致的,正如查尔斯·G.海恩斯所说:"第十四修正案[第一款]中的用语非常宽泛,在一方看来,这是认可了司法机关在决定政府的政策走向方面日益增长的权力。但在另一方面,合格的法学家也可以找到足够的先例和理性的支持以下主张:当法院开始决定立法的恰当性问题,并由于某一法案违背了一些含糊、不确定的宪法条款,就判定它不明智或者不公正并因此而无效,那就是超出了它正当的职能范围。"[52]

如果从整个"中期共和国"的大背景来看的话,可以说,这是整个时代所面临的难题:一方面,正当法律程序条款中所隐含的逻辑,要求对立法的内容进行实质性的审查,各州不可能再像内战之前那样自由了,立法与司法之间那个虚妄但却绝对的界线也必须被超越;而另一方面,州治安权力法理学、二元联邦主义和政治问题学说则要求最高法院尊重二元联邦主义和州权,严守司法和立法之间的界线。这里面存在着深刻的张力和矛盾关系,也是阿克曼所谓的两个共和国、两种宪法精神之间的代际综合难题的一个体现,这毫无疑问将会是一个痛苦而且漫长的摸索过程。而就眼下来说,由于最高法院没能提炼出一种可操作的确定标准,因此面对不同的规制,人们就必然会不断地提出新的宪法挑战。

结果,虽然最高法院一再对州治安类立法表示尊重和支持,但依据正当程序条款对州法提出的挑战却仍然不绝如缕,甚至日甚一日。在这种情况下,最高法院就只能继续沿用一案一审的方法[53]——这是普通法法系下最常见,也是法官们最为熟练的一种处理方法——而具体案件的最终结果,如上文所表明的那样,就只能取决于对个案事实的比较,以及每个大法官个人内心的确信了:"[到了1890年代,]哪些事项和权力属于立法机关,哪些属

---

[52] Haines, *supra* note [44], p. 303.

[53] 关于"一案一审"的司法最低限度主义,可参见[美]凯斯·R.桑斯坦:《就事论事》,泮伟江、周武译,北京大学出版社2007年版。

于司法机关,由此带来的问题最终朝向有利于司法机关的方向发展,而起到决定性作用的[竟然]是最高法院的一两个成员的态度。毫无疑问,每一方都可以从过去找到一些先例,并从[对这些先例的]解释中获得证据支持自己一方的观点是唯一正确的结论。"[54]

五、洛克纳案之前的实体性正当程序

(一)实体性正当程序与古典法治

对于当代读者来说,在面对"正当法律程序"这个术语时,的确很容易被其中的"程序"二字所困扰,因为,既然它的语词重点在于"程序",那么它当然只能被用来审查某种法律"程序"是否正当,不能用来决定某项立法的实体性内容是否侵犯了个人的某种实体性权利。

不过,如果我们回到 19 世纪的场景,按照上文对该条款的历史追溯,用"国土上的法律"来理解其内涵的话,就没有任何理解上的困难了。此时,这个条款就变成了:"若非按照'国土上的法律',任何人的生命、自由或财产即不受剥夺。""国土上的法律"的侧重点和"正当法律程序"不同,它"更加明显地集中在了[立法的]实质而不是程序之上。[在这种措辞之下,]就很容易接受以下这种观念了,即立法机关制定的法案如果超出了其立法权,那么,就其本性来说就根本不是立法,[因此也就]绝不是'国土上的法律'。"[55]须知,在普通法系国家,立法和"法律"是有明显差别的,这是基本的常识,即便是制定法如此发达的当代也仍然如此,遑论 19 世纪。按照这样的"法律"定义,上文已经提到的几种情况,比如剥夺 A 的财产转交给 B 的没收性立法,偏颇、专断的立法,为了私人性的目的而剥夺公民财产或者对特定公民征税的立法,还有比如推翻法院判决的立法,溯及既往的立法等等,显然都违反了正当程序条款。

因此,正当程序一语虽是以"程序"二字收尾,但它的保护范围却并未被

---

[54]　Haines, *supra* note [44], p. 302.

[55]　Siegel, *supra* note [28], p. 58, n. 306.

限定在程序性问题的领域。[56] 当 19 世纪晚期的最高法院开始适用这个条款时,它采取的乃是一种"结构性的"视角,它追问的是,州运用其治安权力所作出的规制是否符合正当程序条款对立法的一般性和合理性要求? 用学者的话说,"当最高法院推翻社会性和经济性的[立法]措施时",它主要关注的是"州立法权恰当的范围",以及某项特定的立法是否超出了这个范围,它是试图将州治安权力"合宪的行使和违宪的行使区分开来。"[57] 在这样的思维模式之下,正当程序条款的语词重点就落在了"正当"和"法律",而不是像当代人那样死死地盯着"程序"二字,或者去追究到底哪些权利可以包含在"生命、自由或财产"的语义范围之内。它可以被用来禁止任何缺乏一般性或合理性的立法,从而给人们的无论实体性还是程序性权利提供保护。[58]

从这样的视角来说,"正当法律程序"所要确保的,其实无非就是戴雪式的古典法治,[59] 这从以下事实中即可得到清楚的印证,即正当程序条款和平等保护条款在当时的混同使用。在 19 世纪晚期的大量案件中,最高法院都不加区分地同时引用这两个条款作为判决依据,[60] 在益和诉霍普金斯案中表现得尤为明显。[61] 益和案是宪法史上的一个重大案件,它在推进"实质平等"方面具有非常重要的先例意义。不过,在该案的判决意见中,只是在最后一页多的内容里才出现了某种类似于后世所谓"实质平等"的东西,[62] 而此前八页多的篇幅主要都是用来阐述对法治和无专断/偏颇的要

---

[56] 我国学者刘东亮提出,正当程序条款中的 process 一词其实是过程的意思,而如果采用"正当法律过程"的理解,则该条款中存在的上述语词和逻辑矛盾亦可得到解决。参见刘东亮:《还原正当程序的本质——"正当过程"的程序观及其方法论意义》,《浙江社会科学》2017 年第 4 期。

[57] Stephen M. Griffin, *American Constitutionalism: From Theory to Politics*, Princeton University Press, 1996, p. 150.

[58] 最近的一篇从类似的角度展开论证的论文,可参见 Randy E. Barnett & Evan D. Bernick, *No Arbitrary Power: An Originalist Theory of the Due Process of Law*, 60 William & Mary Law Review 1599 (2019).

[59] 具体来说,戴雪的法治包括三个要点:一是"专断权力的不存在";二是"普通法律与普通法院居优势",也就是"法律平等";三是"宪法的一般规则来自国土上的普通法律(ordinary law of the land)"。参见[英]A. V. 戴雪:《英国宪法研究导论》,何永红译,商务印书馆 2020 年版,第 222-229 页。

[60] *Barbier* v. *Connolly*, 113 U. S. 27, 31 (1885). *Stone* v. *Farmers' Loan & Trust Co.*, 116 U. S. 307, 335 (1886).

[61] *supra* note [35].

[62] Ibid. p. 373-374.

求。[63] 孰轻孰重,一目了然。益和案在这方面的铺陈,自然会让我们联想起前面有关正当法律程序条款的阐述。可以说,在当时的司法实践中,"法治""排除专断权力""法律的一般性"等理念可以同时从正当程序条款和平等保护条款中获得依据,而正当程序条款的保护范围也往往被认为是包括了(有时甚至可能是仅限于)对不平等立法的禁止。[64] 当时有许多学者也都注意到了这一点,比如在谈到 1898 年的 *Smyth v. Ames* 案时,恩斯特·弗洛因德注意到"平等保护和正当程序[在本案中]似乎是被作为同样的东西来对待的"。[65] 这种把两者混同处理的做法甚至一直延续到了 20世纪 20 年代。[66]

在第十四修正案的早期适用中出现这种混同再次说明了,正当程序条款从一开始就包含有实体性的内涵,而不仅仅是一种"程序"上的要求。正当程序条款的内涵和普通法系下的法治和有限政府理念直接相连、高度重合,可往上追溯至柯克所总结的"普通法宪政主义"——一种普通法法院的司法理性之治,它意味着包括立法权在内的一切权力都是有限的,以及法官

---

[63] Ibid. p. 366-373.

[64] 在 1891 年的一个案件中,首席大法官富勒在一份全体一致的判决中指出,对所有人都平等适用的法律,是符合正当[法律]程序的,正当[法律]程序禁止的是那些"特殊的、偏袒的以及专断的"立法。*Caldwell v. Texas*,137 U. S. 692,697-698 (1891). 同年,在另一个全体一致的判决意见中,案中,富勒同样指出:"如果[某项]法律对所有人都平等适用,而且并没有使个人屈从于政府权力的专断行使——这种政府权力无须受到有关私人权利和分配正义的既定原则的限制——那么,它就满足了正当程序条款[的要求]。"*Leeper v. Texas*,139 U. S. 462,468 (1891). 再如上文提到的明尼苏达州定价案就也是如此。该案主要依赖正当程序条款,但最高法院也指出涉案立法同时也违反了平等保护条款:"既然其他人都可以从其投资中获取合理的利润,而该公司却偏偏被剥夺了[这样的权利],那么,从这个意义上说,它也被剥夺了平等的法律保护。"*supra* note [34],p. 458. See also *Dent v. West Virginia*,129 U. S. 114,124 (1889);. *Giozza v. Tiernan*,148 U. S. 657,662 (1893). 更多这方面的案例,可参见 Mott,supra note [20],p. 284,n. 31.

[65] Ernst Freund,*The Police Power: Public Policy and Constitutional Rights*,Callaghan & Company,1904,p. 633. 再如,卢修斯·麦吉在 1906 年写道:"[立法上的]分类同时受到了第十四修正案中的正当程序条款和平等保护条款的约束。或许,仅仅依据正当程序条款就可以实现同样的效果。涉及这两个条款的案件实在不可能做出精确的区分。"Lucius Polk McGehee,*Due Process of Law Under the Federal Constitution*,Edward Thompson Company,1906,pp. 311-312.

[66] 直到 1921 年,在 *Truax v. Corrigan* 案(257 U. S. 312,332 [1921])中,最高法院才试图澄清平等保护和正当程序之间的关系。迟至 1929 年,仍有学者指出:"想要准确地说出平等保护条款所提供的保障,具体在哪些方面还没有被正当法律程序条款的应有之义所涵盖,仍然是十分困难的。"See 3 W. W. Willoughby,*Willoughby on the Constitution of the United States*,1929 (2d. edition),p. 1929. See also Charles Burdick,*The Law of the American Constitution: Its Origin and Development*,G. P. Putnam's Sons,1922,p. 417;Mott,*supra* note[20],p. 284.

的至高权威。可以说,所谓的"实体性正当程序",其内涵是源远流长的,[67]
它所背负的这个自相矛盾的名号(就像是说"绿色的粉红"一样)乃是新政后
的批评者们强加给它的,是一种典型的污名化,中期共和国的大法官们在把
正当程序条款用于保护实体性权利时,并不知道什么实体性或程序性正当
程序。正是因为其内涵是正当合理的、符合时代需求的,因此,即便批评者
将其污名化,也无法阻挡它在经历短暂的消沉之后在 20 世纪六七十年代的
强势复兴。和实体性正当程序相比,"程序性正当程序"反倒才是现代民族
国家兴起以后出现的一种新兴学说,因为它是在造就一种不受任何限制的
立法权、议会主权——这同样也是戴雪的法治观所不能接受的。

(二)1890 年代,"实体性正当程序"初显威力

1918 年,有学者在一篇法律评论文章中说道:"在我看来,大洪水就是
从那个案件(指明尼苏达州定价案)之后开始来的。"[68]在某种程度上,这么
说未尝不可。因为从时间上和数量上来说,最高法院依据正当程序条款推
翻州法的案件的确是在 1890 年代之后开始出现并逐渐增多的;但另一方
面,从司法学说上看来却并非如此,明尼苏达州定价案中对正当程序条款的
解释和适用并没有太大的创新,因此并不存在"大洪水前 vs. 大洪水后"那
样泾渭分明的区别。最高法院的司法学说和信条很少出现断裂,很少有什
么理念是真正全新的。只要往前找,一定可以找到一些先例。

不过话说回来,虽然普通法系以学说连续性见长,但这也并不意味着司
法审判的一成不变。进入 1890 年代后,最高法院的人员构成发生了大幅度
的变化,除菲尔德大法官之外,这个最高法院已经面貌一新了,而首席大法
官亦于 1888 年由富勒接任。富勒法院的人员构成和之前的蔡斯法院、韦特
法院的区别在于,蔡斯法院和韦特法院的成员,其人生经历大多是在内战前
度过的,1787 年宪法缔造的美利坚第一共和国的诸原则在他们的观念上打
上了极深的印记。用阿克曼的话来说,他们先是从"马歇尔、斯托里以及其

---

〔67〕 正如塔玛纳哈所说:"法治的最广义理解是一条延续了 2000 年、常常被磨细但从没有彻
底磨断的线索:主权者、国家及其官员受法律限制。……支持这一理念的直接灵感不是个人自由之
维护而是政府暴行之限制。"〔美〕布雷恩·Z.塔玛纳哈:《论法治——历史、政治和理论》,李桂林译,
武汉大学出版社 2010 年版,第 147-148 页。

〔68〕 Charles M. Hough, *Due Process of Law* —— Today, 32 Harvard Law Review 218,228
(1918).

他早期共和国的伟大阐释者们那里习得了一种联邦主义式的宪法",然后才透过这层滤镜来理解重建修正案的。如果1787年宪法的诸原则对他们来说是一个大厦的话,那重建修正案只不过是往这座大厦的枝节部位添了几块新砖而已。所以,在适用正当程序条款时,虽然他们也尽力阐明它的实体性要求,但整体上来说还是把它消解在了1787年宪法的联邦主义原则之中,他们"要把联邦主义的原则隔开,使它们免受共和党人[在重建修正案中]宣布的新理念的影响"。但富勒法院已经不同了,它的成员更加年轻,对内战前的记忆更加模糊,对他们来说,"1860年代宣示的法律文本和更久远的时候所宣示的法律文本没有什么差别",两个共和国之间、1787年宪法与重建修正案之间是平起平坐的并列关系——"重建时期现在被理解成了许多法律原则的渊源,这些原则和那些源自建国时期的原则一样可以进行一般性的应用。"大法官们需要在"同样抽象和一般性的层面上"来考虑"重建时期和建国时期的原则",他们的任务是"以一种综合性的方式发展出一整套宪法原则,可以调和[这两者]深层次上的[不同]志向。"[69]

　　1890年代之后,成员结构上的变化使得富勒法院在正当程序条款的适用上更少顾虑,更少受到州治安权力法理学和二元联邦主义的牵制,新一代大法官们最终把第十四修正案正当程序条款的应用往前大大地推进一步。至迟到1894年的里根诉农场主信贷公司案时,[70]最高法院的态度已经非常明确了。该案再次涉及德州的一项有关铁路委员会的价格设定权的立法,最高法院以一份全体一致的判决判定铁路委员会设定的价格以及相关立法违宪,布鲁尔大法官撰写的判决意见郑重申明,法院的司法审查权力不容否认:"法院有权力和责任去查究某个立法机关或委员会规定的价格是否不公正、不合理,以至于实际上是摧毁了财产权利,并且如果发现确实如此,那就要制止其实施。"[71]这样,一种"正当程序法理学"已经完全展现了出来。这是一种将正当程序条款和平等保护条款杂糅在一起的法理学。通过这一条款,最高法院已经稳稳地获得了审查立法的一般性和合理性的权力,并且将要开始坚定、自信地用这样一种法理学来审查各州的治安类立法,为

---

〔69〕　本段引语均出自前注〔12〕,阿克曼书,第102-104页。译文有修订。
〔70〕　*Reagan v. Farmers' Loan and Trust Co.*, 154 U.S. 362(1894).
〔71〕　Ibid. p.397.

公民的实体性权利提供保护。[72]

六、结论

通过本文的梳理,我们认为,后世所谓的"实体性正当程序"学说是自然而然地一步步生成、巩固下来的,它植根于美国宪法和普通法传统的深厚历史根基之上,在洛克纳案之前就已经成熟。

在明尼苏达州定价案中,布拉德利大法官担心如果按照明尼苏达州定价案判决中的逻辑,那就必然会带来如下后果,即"司法机关——而不是立法机关——成为[铁路以及其他公共设施中价格规制的]最终裁决者。"[73]但是平心而论,如果正当程序条款要真正地发挥限制各州的作用,那这样的结果就是不可避免的。[74]正如当时的一位学者观察到的:"如果我们的政府是一个法治而非人治的政府,那就必然意味着,……专断或不合理的目的,是绝不允许的,即便它是以制定法的形式表达出来,或者被称之为法律。……因此,宪法所保障的正当法律程序,现在的意思就变成了'法律必须是合理的',或者说是法院认为合理的。"而"法院(包括联邦的和各州的)一旦感受到了自己的权力",那么,"在正当程序条款对法院提出的职责上的要求方面,它一定会采取一种更具进攻性的看法。"[75]一旦法院开始审查立法在内容上的合理性,立法和司法之间的界限就有可能模糊化,"政治问题"学说也就摇摇欲坠了;而一旦法院开始从法治和有限政府的角度这种一般性视角来谈论对立法权的限制,并跨越了立法和司法之间的界限,那么,绝对的二元联邦主义和州治安权力法理学的神经就放松了,"州权"相对于联邦权力的绝对自主性也就渐渐被腐蚀掉了。在联邦司法机关和各州立法机关之

---

〔72〕 See e.g. *Covington & Lexington Tpk. Road Co. v. Sandford*, 164 U. S. 578 (1896); *Smyth v. Ames*, 169 U. S. 466 (1898).

〔73〕 *supra* note〔34〕, p. 462.

〔74〕 在 1898 年的一个案件中,最高法院最终提出了自己在确定定价合理性时所采用的标准,即"公平回报"标准,See *Smyth v. Ames*, 169 U. S. 466 (1898). 这个标准直到 1940 年代才被推翻,See *FPC v. Natural Gas Pipeline Co.*, 315 U. S. 575 (1942); *FPC v. Hope Natural Gas Co.*, 320 U. S. 591 (1944).

〔75〕 Arthur N. Holcombe, *State Governments in the United States*, New York, NY: The Macmillan Company, 1919, p. 361-362.

间的这场拉锯战,前者最终是一定要胜出的。

　　当我们基于这样的背景来重新审视洛克纳诉纽约州案时,它就不再显得那么石破天惊,甚至大逆不道了,而是上述过程自然结出的果实。[76] 洛克纳案和洛克纳案时代中的正当程序条款学说不是从天而降的,正当程序条款自始就包含了后来被称为"实体性正当程序"的那些内涵,并不存在什么从程序性正当程序转为实体性正当程序的演变。

Abstract：The so-called "substantive due process" did not originate from Lochner v. New York State. The due process clause of the 14th Amendment implies substantive content from the beginning, and it has not gone through a linear evolution from "procedural due process" to "substantive due process". "Substantive due process" is rooted in the deep tradition of American constitution and common law constitutionalism, and it is completely consistent with the classical idea of limited government and rule of law.

Key words：State police power; Substantive due process; Chicago, Milwaukee and St. Paul Railway Company v. Minnesota; Waite Court; Fuller Court

（特约编辑:刘雪鹂）

---

　　〔76〕 比如像如下这样的判词,显然是我们很熟悉的:"州治安权力的正当行使是有限度的。……不然的话,第十四修正案就没有任何效力,而州立法机关将会具有无限的权力,〔这样一来,〕不管什么样的立法,只要说是为了保护人民的道德、健康或安全就足够了;无论它多么得缺乏根据,也都仍然有效。……这里不存在什么以法院的判断来代替立法机关的判断的问题。如果法案在州的权力范围之内,那么即使法院可能对制订这一法律持一种完全反对的态度,它也仍然是有效的。可问题仍然在于,它是否在州治安权力的范围之内? 这一问题必须由法院来回答。……作为〔实现〕一定目的的手段,〔干涉个人一般权利的法案〕必须〔和目的〕具有更直接的联系,而且目的本身也必须是恰当的、正当的,这样才能被认定为有效。"*supra* note〔6〕, pp. 56-57.

行政法释义学的本土理论建构
——评《行政法释义学:行政法学理的更新》

徐曦昊*　宋华琳**

内容提要:法释义学是我国行政法研究的薄弱环节。行政法释义学对行政法学学术发展的成熟、独立具有较关键作用。行政法释义学可将一般社会科学知识"法释义"化为法学的理论增量。法释义学具有概念仓储、理论抽象、学术检验的规范功能。作为辅助证明工具的比较法学方法,在行政法释义学中具有一定理论容许性。比较法的理论杂糅和释义误读或延缓了行政法释义学发展进程,应予以修正。行政法释义学不止于法律适用活动,也具有立法论控制作用,需要充分发挥其辅助立法论证、提供制度方案的积极规范效应。公私分立、行政行为、行政组织中的行政法释义学本土问题需结合释义框架进行具体阐明。

关键词:行政法;法释义学;比较法学;行政行为形式论

引　言

法释义学研究可谓我国行政法学研究的薄弱环节。[1] 行政法释义研究中的价值判断兼容问题、释义理论作用问题、比较法释义准用问题、本土

　＊　徐曦昊,南开大学法学院宪法学与行政法学专业博士研究生。
　＊＊　宋华琳,南开大学法学院教授、法学博士、宪法学与行政法学专业博士生导师。
　〔1〕　参见戴加佳:《探寻中国行政法教义学的体系化——评〈行政法释义学:行政法学理的更新〉》,《行政法论丛》2017年第2期。

法释义学建构问题等理论课题似乎都雾霭环绕，让研究者和实务工作者难以窥其全貌、察其精髓。[2]

在此背景下，中国社会科学院法学研究所李洪雷研究员于 2014 年出版了《行政法释义学：行政法学理的更新》力作，本书是以中外行政法学理和实践为分析对象，沿法释义研究脉络撰写的理论专著。作者从行政法基础范畴、基本原则、解释方法、组织形态、公务员制度、行政行为、裁量审查、行政解释、证明责任、发展趋势共十个方面筑章行文，仔细描摹、分析了我国当代行政法释义学萌芽、演进、发展的理论画卷。

本书的可贵之处尤在承前启后。本书既是一本关于过去行政法释义问题的"答案册"，提供了关于国内行政法学研究疑难的法释义回应，又是一本面向未来行政法释义学发展的"指南书"，预判了关于行政法研究的法释义迭代趋势与法理论更新方向。本文将从行政法释义学的理论作用、行政法释义学与比较法方法、改革时代行政法释义学的构造、行政法释义学的本土建构四个方面，展开对本书学术脉络的评析。

一、行政法释义学的理论作用展开

法释义学是源于德国的法学概念，德文为 Rechtsdogmatik，也有将此译为法教义学、法信条学、法解释学等，法教义学、法信条学可能被读者认为是一种不加反省、盲目信赖的教条法学，而法解释学易与法律解释方法论混淆，故李洪雷研究员在本书中均采法释义学为术语，本文亦秉承此表述。[3] 行政法释义学指以行政法律文本为依据，依照法律逻辑和体系要求解释、应用和发展法律的学说。[4] 法释义学有助于推进行政法学的学说独立性和理论体系化，增强其对实践的回应性。

---

〔2〕　参见黄辉：《中国行政法教义学的问题与对策》，《社会科学家》2019 年第 8 期。
〔3〕　参见李洪雷：《行政法释义学：行政法学理的更新》，中国人民大学出版社 2014 年版，第 2 页页下注。
〔4〕　参见许德风：《法教义学的应用》，《中外法学》2013 年第 5 期。

(一)法释义学与行政法学术品格独立之关系

拉德布鲁赫有言:"某些理论如果必须忙于探讨自己的方法论,就是带病的科学。"[5]学术品格是行政法具备规范自治能力的综合体现,是判断行政法学拥有区别于其他理论体系之独立性、正当性来源的重要判准之一。相较于民法、刑法中清晰的释义学体系化发展脉络,行政法学相当程度上面临着来自行政学、国家法学等学科系统的本体论勾连,承受着来自法经济学、法社会学等学科方法的认识论混同。作为社会科学的法学,或许只有生成了内在于法律形式本身的自洽合理性,方能证成学术独立、进行理论自治。[6]

马克斯·韦伯开创的形式理性法律理论认为,现代社会中法律的科学化,表现为通过选取理想类型(idea-type)富集逻辑要素,实现对道德、宗教、哲学等意识形态因素的祛魅。[7] 作为行政法学的开创者,德国学者奥托·迈耶通过借助形式理性的释义学方法,推动行政行为完成概念法学演化,行政法体系进而踏上了有别于行政学经验研究、国家法学政治表达和民法学法律关系等理论范式的独特学术路径,行政法学逐步成为规范意义上的法律科学。[8]

诚如本书导言所说,行政法释义学或帮助行政法学在面对其他学科的知识竞争中保持了理论面貌的独立性、恪守了论证源头的正当性,有助于奠定行政法"一般学说"的理论构造,否则行政法学在理论浪潮中不免有被逐渐吸收、蚕食之虞。[9]

---

[5] 参见[德] K. 茨威格特、H. 克茨:《比较法总论》,潘汉典等译,法律出版社 2004 年版,第 44 页。

[6] 参见[德]马克斯·韦伯:《新教伦理与资本主义精神》,康乐、简思美译,上海:三联书店 2019 年版,第 14 页。

[7] 参见李强:《马克斯·韦伯法律社会学中的方法论问题》,《法制与社会发展》2007 年第 1 期。

[8] 参见赵宏:《基本原则、抽象概念与法释义学——行政法学的体系化建构与体系化均衡》,《交大法学》2014 年第 1 期。

[9] 参见李洪雷:《行政法释义学:行政法学理的更新》,中国人民大学出版社 2014 年版,导言。

(二)"法学为体,社科为用"的行政法释义学

"法学为体、社科为用"[10]是行政法释义学秉持的理论取向。卢曼的社会系统理论指出,现代法释义学具有概念封闭性基础上的认知开放性,并不将逻辑纯粹等同理论正当。[11] 质言之,任何研究方法、理论系统、价值观点,都有可能经由"释义化处理"[12]而纳入法律解释和概念分析框架之中,共同参与法释义学的形成、变更和终结。[13]

社科法学与法释义学均为我国法学研究的重要学术传统,二者的对话是法学界历久弥新的公共学术课题,也是各部门法学学术路径反思的重要方法论镜鉴。[14] 通过参照社科法学的学术方法,我国的当代行政法因应衍生出了"行政法政策学""行政法社会学""行政法史学"等经验行政法学研究路径,这在相当程度上繁荣了行政法学研究的方法论手段,丰富了行政法学理论的认识论资源。[15] 在讨论中,有批评观点指出纯粹法释义学的概念演绎和逻辑推理导致了对法律现实难以自知的"释义微痒"[16],唯恐行政法滑向形式逻辑完美无缺,实质内容却相对空泛的深渊。

行政法释义学理论亦承认、鼓励法释义学学科交叉的现实主义理论关怀,积极论证了将多元社会科学研究成果内化入法释义学的方式,并将其视为推动行政法科学性与规范性相衡平的重要"外部正当性"来源之一。[17] 例如,本书第十章"行政法(学)新趋势"中,重点着墨于"新管理论""政府规制理论""功能主义理论"背景下行政法释义学的实践发展和相应的理论构

---

〔10〕 参见苏永钦:《法学为体,社科为用——大陆法系国家需要的社科法学》,《中国法律评论》2021年第4期。

〔11〕 参见泮伟江:《法律系统的自我反思——功能分化时代的法理学》,商务印书馆2020年版,第205页。

〔12〕 参见雷磊:《法教义学:关于十组问题的思考》,《社会科学研究》2021年第1期。

〔13〕 参见雷磊:《法教义学的基本立场》,《中外法学》2015年第1期。

〔14〕 参见陈兴良:《法学知识的演进与分化——以社科法学与法教义学为视角》,《中国法律评论》2021年第4期。

〔15〕 参见谢海定:《法学研究进路的分化与合作——基于社科法学与法教义学的考察》,《法商研究》2014年第5期。

〔16〕 参见程明修:《行政法之行为与法律关系理论》,新学林出版股份有限公司2005年版,第9页。

〔17〕 参见李洪雷:《行政法释义学:行政法学理的更新》,中国人民大学出版社2014年版,第2页。

造,提出成本收益分析的立法论经济学方法、法律实证主义的法社会学方法、环境食品等风险领域的专家治理(technocracy)等均具有行政法合法性保障的现实作用,或相当程度上为功能主义视角下行政法释义学革新描摹了基础框架,这或许也构成了法释义学与社会科学交汇之所在。[18]

(三)功能视角中的行政法释义学理论革新

法释义学并不仅仅限定于法律适用,它是一种"多向度的方法规则",至少可以发挥稳定功能、进步功能、负担减轻功能、技术功能、检验功能与启发功能。[19] 行政法释义学固然将法律的具体适用视作主要取向,但不只具有法律适用的方法论内容。[20] 法释义学是兼具个案关联和体系思维的中度抽象学术范式,过于关注解释方法的工具理性,往往导致对法释义学的理论体系化贡献缺乏深刻认识。[21] 通过基于个案解释规则的中度抽象,行政法释义学能不断反思法律制度与法学理论之间的依存关系,达成形塑学术通说、促进理论通约、检验法学成果的知识革新作用。[22]

1. 行政法释义学具有"概念仓储"功能

行政法释义学能够固化理论共识、复制释义判断、终结无效讨论。特定行政法释义的经验公式化、制度化,能有效减少行政法律适用和研究中的基础论证义务,为行政法律适用与研究活动提供普遍辅助。例如,本书第二章第六节提及,"人性尊严"原则在德国法上因过于抽象难以为司法所适用,直到杜立希依托康德哲学发展出以人为目的而非手段的"客体公式",德国联邦宪法法院对"人性尊严"原则的司法适用才真正突破了既往的理论纷争。[23]

---

〔18〕 参见李洪雷:《行政法释义学:行政法学理的更新》,中国人民大学出版社 2014 年版,第 400-414 页。

〔19〕 程明修:《行政法之行为与法律关系理论》,新学林出版股份有限公司 2005 年版,第 19 页。

〔20〕 参见汤文平:《民法教义学与法学方法的系统观》,《法学》2015 年第 7 期。

〔21〕 参见卜元石:《法教义学的显性化与作为方法的法教义学》,《南大法学》2020 年第 1 期。

〔22〕 参见宋华琳:《中国行政法学总论的体系化及其改革》,《四川大学学报(哲学社会科学版)》2019 年第 5 期。

〔23〕 参见张翔主编:《德国宪法案例选释》,法律出版社 2012 年版,第 190 页。

2.行政法释义学具有"理论抽象"功能

行政法释义学带有自我体系化的理论倾向。根据法律适用的具体情形,行政法释义学就要件、阶层、主客体等要素进行更高抽象程度的析分、变更、重塑,这同步推动了行政法学理论的丰富和发展,增加了行政法学术研究和传习所需的素材。

例如,本书第二章第五节分析了信赖保护原则在《行政许可法》撤销、撤回的制度体现。当法律未能规定信赖保护原则中的法律要件、赔偿范围、具体标准、一般程序时,通过对"益民公司诉河南省周口市政府行政行为违法案"[24]为代表的系列案件的释义分析,法学界逐渐形成了"信赖基础—信赖表现—信赖正当性"构成的三要件判断标准,并凭借指导案例制度和鉴定式案例研习,不断推动法律共同体形成关于"信赖保护"的精细化法释义共识。[25]

3.行政法释义学具有"学术检验"功能

行政法释义学成果需要接受法律适用的检验,包括接受法律体系一致性的规范审查,在裁判实质解决纠纷效果上经受现实考量,以无数的待决个案砥砺法释义结论,检验与完善原有规范的法释义判断。例如,本书第一章第四节指出,特别权力关系理论曾在相当长时期主导行政法学的特定领域,我国行政法在教育、公务员等系统的制度构造中也渗透了其理论影响。然而,通过1998年的"田永案"和1999年的"刘燕文案"为代表的教育行政诉讼案例,特别权力关系理论的身影在法释义学的理论建构中也日趋暗淡,转而以功能主义进路审视行政主体和行政诉讼被告问题。

二、比较法方法与行政法释义学革新

(一)行政法释义学中的比较法容许性

以本国现行法为分析皈依和理论原点的行政法释义学,是否能容许以

---

[24]　参见最高人民法院[2004]行终字第6号判决书。

[25]　参见章剑生、胡敏洁、查云飞主编:《行政法判例百选》,法律出版社2020年版,第25-28页。

无法律实效的域外法律制度为对象的法释义学资源？茨威格特举出的反对观点认为,比较法学本质上是反法释义学的法律方法,将动摇概念主义的法释义基础,在实在法背景下不具备制度容许性。[26] 而这一观点的局限性在于,它将法释义学等同于法律形式主义的教条判断和纯粹法学派的逻辑黑箱,这忽视了比较法就完善不确定法律概念、填补法律漏洞可能发挥的积极作用。诚如本书导言所及,当一国现行法释义体系具有较多"未完成性"时,比较法学将对"最佳"法律释义形成拥有较大的影响力,故以现行法为法释义学中心,不等于否定比较法的释义作用。[27]

比较法的释义学容许性还取决于本国现行法体系建构中的法继受因素,一般而言法律继受与比较法释义学容许性的影响呈正相关。[28] 当法律效果发生所依赖的法律规范源于比较法时,参考继受制度母国进行的法律解释和判决往往能接续"法律精神与样式、法律思想与本质",具备更佳的法律效果。[29] 我国行政法学说和制度中诸如行政立法成本收益分析、正当程序、政府信息公开、行政行为形式理论、信赖保护原则等均在一定程度上继受于外国法,比较行政法在我国行政法释义学建构中客观上发挥了重要作用。[30]

(二)作为行政法释义学辅助方法的比较法

鲁道夫·冯·耶林曾言:"法律变得偏安一隅,限制在藩篱之中,对任何法律科学都是一种不幸且不当的状态。"[31] 比较法是行政法释义学中普遍运用的辅助方法之一,更是不确定法律概念、法律漏洞填补等法释义学作业的间接证明工具,被日本著名法学家大木雅夫教授誉为"真理的学校"和"解

---

〔26〕 参见[德]伯恩哈德·格罗斯菲尔德:《比较法的力量与弱点》,孙世彦、姚建宗译,清华大学出版社 2002 年版,第 18 页。

〔27〕 参见宋华琳:《中国的比较行政法研究:回顾与展望》,《中国社会科学评价》2020 年第 3 期。

〔28〕 参见[德]克里斯蒂安·史塔克:《法律继受的原因、条件与形式》,杜志浩等译,载邵建东、方小敏主编:《中德法学论坛》(第 9 辑),法律出版社 2012 年版,第 3-15 页。

〔29〕 参见[德] K. 茨威格特、H. 克茨:《比较法总论》,潘汉典等译,法律出版社 2004 年版,第 46 页。

〔30〕 参见何海波:《中国行政法学的外国法渊源》,《比较法研究》2007 年第 6 期。

〔31〕 [德]伯恩哈德·格罗斯菲尔德:《比较法的力量与弱点》,孙世彦、姚建宗译,清华大学出版社 2002 年版,第 18 页。

决问题的仓库"。[32]

1. 比较法与行政法释义学理论建构

我国行政法释义学在体系性、类型化、结构化过程中所需要的知识内涵、理论构造，有相当部分有赖于比较行政法，诸如行政主体、比例原则、公私分立、诉讼类型等我国现行行政法的一般原理和准则，起初大多来自域外引介。[33] 例如，我国行政法中的风险行政原则最初体现于 2009 年《规划环境影响评价条例》第 21 条的"风险预防"规定，规范的释义资源来源于比较法学对 20 世纪 70 年代德国环境行政法首创的"风险预防"理论的持续引介。[34]

比较法释义学的理论作用，还在于借鉴外国法的解释方法和释义框架。例如，据学者考证，我国行政法学的依法行政原则、行政裁量、法解释学说等方面均受到日本公法学者美浓部达吉学说的深刻影响，最高人民法院法官在行政裁量相关判断中隐而不显地体现出"美浓部三原则"法释义框架的理论痕迹。[35]

2. 行政法释义实践中比较法的作用

面对法律原则、规范效果、裁判类型中的不确定法律概念或法律漏洞，可借助比较法进行论证、说理，这一定程度上弥合了涵摄过程的规范性欠缺，强化了行政判决与行政行为的说服力和可接受性。[36]

我国对于比较法的运用态度较为谨慎，但在澄清不确定法律概念，在填补法律漏洞的说理、论证中，仍可适度使用外国法案例和释义作为论点或论据，从而减轻基础概念和法律原理的法律说理负担。[37] 首先，当所涉关键法律制度、法律条文、法律概念、立法目的等要素继受于外国法或具有较浓外国法色彩时，经由目的解释或比较法解释来引用外国行政法材料进行论证、说理，一定程度上较具妥适性和说服力，此时法官引用比较法资源进行法释义分析的愿望也会相对增强。[38]

---

〔32〕 ［日］大木雅夫：《比较法》，范愉译，法律出版社 2006 年版，第 69 页
〔33〕 参见李洪雷：《中国比较行政法研究的前瞻》，《法学研究》2012 年第 4 期。
〔34〕 参见金自宁：《风险规制与行政法治》，《法制与社会发展》2012 年第 4 期。
〔35〕 参见王贵松：《美浓部达吉与中国的公法学》，《比较法研究》2010 年第 5 期。
〔36〕 参见雷磊：《法教义学的基本立场》，《中外法学》2015 年第 1 期。
〔37〕 参见姜世波：《比较法方法在司法过程中的适用》，《法律适用》2011 年第 9 期。
〔38〕 参见王名扬：《比较行政法》，北京大学出版社 2006 年版，第 23 页。

其次，可以在立法、法院判决、行政决定中借鉴外国案例、学说中有说服力的论理。例如在大连华龙企业集团天津房地产开发公司诉天津市国土资源和房屋管理局撤销不予公开告知书案中，涉及内部管理信息及过程性信息能否公开的问题，法官指出美国"内部文件"仅仅局限于决定前的审议（deliberative）阶段，法官还援引了美国法上可分割性原则，指出可以对历史内部管理信息加以公开或区别公开。[39] 法官通过援引比较法上的学说，来探寻我国妥当的论理。

3. 作为辅助性法律渊源的比较行政法

如上所述，当中国行政法本身的研究成果和实务积累不足时，有必要导入外国法上的法律规范、相关司法裁判和学术研究成果，其中符合事物本质合理性要求的规范及解释适用的法理，可构成中国行政法学的重要参考，进而凝练更为精当的行政法理。[40] 比较法已构成了"法学者和法律实践者现在都认可的一种辅助性的法律渊源"，它有助于增强相关决定的说服力。[41]

但不能因为是某国法的学说或制度，就令比较行政法自然具有了拘束力。在起草立法、撰写判决和决定时，如征引比较行政法的资料，应以必要为限，不能掉"洋书袋"，更不能因为国外是这样的原理，就认为我国也应秉承如此的原理。比较行政法某种意义上提供了备选方案或论证理由，更多时候应将比较行政法资料作为我国法律论证的补强，比较行政法资料可以构成法官法律推理中的论点或论据，其中蕴含的具有共通性的行政法理，或可融入法官的法律推理过程之中。[42]

---

〔39〕《大连华龙企业集团天津房地产开发公司诉天津市国土资源和房屋管理局撤销不予公开告知书案》，载国家法官学院、中国人民大学法学院编：《中国审判案例要览》（2013 年行政审判案例卷），中国人民大学出版社 2015 年版，第 360-361 页。

〔40〕陈清秀：《比较法之功能及其与行政法之关系》，《月旦法学杂志》2016 年第 6 期。

〔41〕〔德〕伯恩哈德·格罗斯菲尔德：《比较法的力量与弱点》，孙世彦、姚建宗译，清华大学出版社 2002 年版，第 22 页。

〔42〕参见宋华琳：《中国的比较行政法研究：回顾与展望》，《中国社会科学评价》2020 年第 3 期。

(三)比较法与行政法释义学的本土化

1.汇多国理论于一炉的中国行政法释义学

在中国行政法释义学的构建中,法律优位原则、法律保留原则、比例原则、行政主体等概念深受大陆法系行政法学影响,而正当程序、禁止单方接触、行政行为说明理由等则深受英美法系行政法学影响。我国行政法诸多学说与制度都有着浓厚的比较法意蕴。[43] 我国行政法学理论已客观上成为各国行政法学的万花筒,其间可谓百花齐放,但"各读各的书、各信各的神"的"留学国国别主义"在我国也隐然存在,其间也难免有削足适履、食洋不化之论,产生令学说缺少一贯性的隐忧。[44]

我国行政法学知识体系中,指向类似理论范畴的大陆法系和英美法系的概念、原则、规则释义同时存在,如不注意,难免出现法释义交错乃至混淆之情况。但另一方面,开展功能意义的比较行政法研究,又是颇具学术魅力之事。我们不能对那些不可能比较的事物进行比较,而是对那些可以完成相同任务、相同功能的事物进行比较。[45] 因此首先要选定比较项及比较项之间的关联,不同国家的比较项之间需在结构上具有类似性,在功能上具有等值性(functional equivalence)。

作者作为长期从事比较行政研究的学人,力图通过对比、分析和研判大陆法系和英美法系学说精义,通过对相似概念与制度的比较,参详事物的本质、概念的要义、制度的精髓所在,进而推动中国行政法学的体系化。本书的讨论即涉及诸多英美法系与大陆法系的行政法学说,例如法治(英美法)和法治国(大陆法),依法行政原则(大陆法)与越权无效(英国法),信赖保护(大陆法)与合理预期(英美法),行政裁量(英美法)和判断余地理论(大陆法)、韦德内斯伯里不合理原则(英国法)、司法审查强度(美国法)与比例原则(大陆法)等。作者试图发现、分析、对比各种"法律共振峰",以呈现行

---

[43]　参见李洪雷:《中国比较行政法研究的前瞻》,《法学研究》2012年第4期。

[44]　参见叶俊荣:《行政法案例分析与研究方法》,三民书局1999年版,第5页。

[45]　[德]K.茨威格特、H.克茨:《比较法总论》,潘汉典等译,法律出版社2004年版,第28页。

政法体系及规则的复杂性,并指出制度改革之道。[46]

　　2.警惕对比较行政法内容的误读

　　在建构本国的行政法释义学时,难免涉及比较行政法理论和知识素材的选用,但要注意,哪些是相对具有普适性的法律理论,哪些是需要本土转换的特殊知识。[47] 比较法的释义资源兼有法原理的一般性和法知识的特殊性,脱离了政经社文背景去将比较法知识移来审视本国法的问题,或将导致法体系失衡、法概念迷失和法规范错位。

　　比较法中蕴含的一般法律理论是法律科学的本质属性之一,具有超越法律国别、规制领域、历史时期的普遍适用性,不会因法律适用背景、规范客体区别而产生差异。[48] 例如,本书讨论了法的一般学说,体系解释、历史解释、文义解释、目的解释等法解释规则、涵摄-归入的法推理方法、位阶排列的法适用层次等,这具有较强的借鉴意义(本书第三章第一、二节),一般能与本国法释义体系较好兼容。[49]

　　比较法也蕴藏特殊的法释义学知识,即萨维尼所说的"民族信念的法"[50],在未进行本土转化前,较难为现行法所参考。特殊的法释义学知识往往根据国别、规制领域、历史时期而变化,具有因地制宜、因时而异的民族性、历史性,无法简单照搬。[51] 例如,战后德国基本法确立的人性尊严原则,有着深厚的文化、宗教与伦理源流,也与对纳粹时期的反思有关(本书第二章第六节第一部分),德国法通说认为人性尊严是"最高宪法价值"或"最高宪法规范",[52]我国宪法上虽然规定了人格尊严,但很难将人格尊严置于如德国法这般的地位。又如本书讨论了美国联邦最高法院确立的"谢弗林尊重"解释规则,这与美国分权制衡的框架有紧密关联(本书第八章第二、三、四节),这对我国思考司法与行政的关系颇有启发,但无法简单照搬谢弗

---

〔46〕 参见[德]马迪亚斯·赖曼、莱茵哈德·齐默尔曼编:《牛津比较法手册》,高鸿钧等译,北京大学出版社 2019 年版,第 117-118 页。

〔47〕 参见焦宝乾:《法教义学在中国:一个学术史的概览》,《法治研究》2016 年第 3 期。

〔48〕 参见刘幸义:《法律概念与体系结构》,翰芦图书出版有限公司 2015 年版,第 9 页。

〔49〕 参见雷磊:《什么是法教义学?——基于 19 世纪以后德国学说史的简要考察》,《法制与社会发展》2018 年第 4 期。

〔50〕 参见[德]弗里德里希·卡尔·冯·萨维尼:《论立法与法学的当代使命》,许章润译,中国法制出版社 2001 年版,第 17 页。

〔51〕 参见[德]卡尔·拉伦茨:《法学方法论》,黄家镇译,商务印书馆 2020 年版,第 17-19 页。

〔52〕 参见侯宇:《人的尊严之法学思辨》,法律出版社 2018 年版,第 360 页。

林两步法的法律分析进路。

3. 行政法释义学建构的比较法学要点

比较法学是兼具世界性与民族性的理论场域。[53] 大木雅夫则认为，比较法像魔女诱惑般的歌声，常常以学习外国法，将其本土化作为诱人的口号。然而对外国法的意义、价值、内容，在理解上常有很多错误。[54] 行政法释义学建构应秉持"主义可拿来，问题须土产，理论应自立"[55]的治学箴言，按照审慎甄别、辩证适用、理论自立的原则进行学术建构，这些也是本书作者的一贯学术主张。[56]

其一，在直接援引英、德语原文，澄清本意的基础上，本书注重本土释义建构和域外比较法资源的审慎对应，即针对不同的法释义对象，侧重不同法系国别、不同制度内涵、不同理论背景的比较法渊源引介、分析、判断。例如，作者在第一章行政法的概念与特点（公、私法二元性、特别权力关系等）、第二章行政法基本原则（法律优位原则、法律保留原则、比例原则）、第三章行政法的适用与解释（法律方法、解释目的、漏洞填补等）、第六章行政处理（行政行为、事实行为、意思表示等）等章节中主要使用以德国为代表的大陆法系释义资源。而在第七章行政裁量的司法审查（韦德内斯伯里不合理、正当期待、禁反言等）、第八章行政解释的司法审查（谢弗林尊重、正当程序等）等章节中，作者援用英美法系的行政法学原则、制度与判例为主。博观而约取，作者通过对域外资料的审慎甄别与慎重分析，并把握我国独特的政治、经济、社会、文化背景和制度史流脉，力图生成更具理性、建设性和解释力的中国行政法学理论。

其二，应摒弃"留学国别主义"[57]研究壁垒，小心求证原意、大胆借鉴原理，促进各法释义间的理论通约。尤其应注重不同国别、法系的概念、规范、判决、学说的平衡与贯通，使比较法发挥"源头活水""润物无声"的作用。例

---

〔53〕　参见［德］K.茨威格特、H.克茨：《比较法总论》，潘汉典等译，法律出版社 2004 年版，第 37 页。

〔54〕　［日］大木雅夫：《比较法》，范愉译，法律出版社 1999 年版，第 14 页。

〔55〕　参见秦晖：《问题与主义：秦晖文选》，长春出版社 1999 年版，第 452 页。

〔56〕　参见李洪雷：《中国比较行政法研究的前瞻》，《法学研究》2012 年第 4 期。

〔57〕　参见卜元石：《中国法科学生留学德国四十年的回顾与展望——基于博士学位论文的考察》，《法学研究》2019 年第 2 期；林来梵：《宪法学：中国主体立场及其他》，《清华法律评论》2016 年第 1 期。

如,在本书第七章中,作者通过对比英国和德国对行政裁量的司法审查学说,在"不合法"、"不理性"和"怠于行使裁量权"框架下,试图沟通大陆法系与英美法系的行政法释义观点,着力形塑行政裁量司法审查的本土学术共识。[58] 本书试图讨论"越权"原则与"合法性—合理性"两造的判断层次,以期继而探讨我国行政裁量司法审查的审查依据、审查方式、审查强度、审查标准,所阐发的诸多内容也得到了嗣后立法和司法实践的呼应。[59]

三、改革时期的行政法释义学构造

"凡是行政法的认识终止之处,法的审查即遭遇界限。"[60],我国现行宪法序言中"坚持改革开放,不断完善社会主义的各项制度"的内容表明,我国法律规范体系未臻严密,法律制度尚处革故鼎新之期。处于法治变革时期的清末法学家沈家本曾云:"法之修也不可不审,不可不明。而欲法之审,法之明,不可不务其理。"[61]改革时期的行政法释义学或将着重拓展法律认识的边界范畴,预备立法面向的行政法释义学资源,为行政法学规范的制度革新筑牢基础。

(一)制度改革中的法释义学构造

1.面向立法的法释义学理论之发端

传统观点认为,面向立法的释义学理论或在相当程度上不具备理论意义。原因其一,在法律时序意义上,秉承弗里德曼(Lawrence Friedman)的立法社会科学框架,法释义学主要应用于法律形成之后、法律影响之前的狭

---

〔58〕 参见李洪雷:《行政法释义学:行政法学理的更新》,中国人民大学出版社 2014 年版,第311-341 页。

〔59〕 参见章剑生、胡敏洁、查云飞主编:《行政法判例百选》,法律出版社 2020 年版,第373-376 页。

〔60〕 盛子龙:《行政法上不确定法律概念具体化之司法审查密度》,台湾大学法律学研究所博士论文,1998 年,第 29 页。

〔61〕 沈家本:《寄簃文存》,商务印书馆 2017 年版,第 203-204 页。

义法适用环节。[62] 原因其二,在功能上,法释义学主要"为裁判者提供可言说、可交流、可检验的规则选择与法律论证机制",立法者与之联系邈远,亦从中获益稀薄。[63]

本书认为,即便旧有立法结果是法释义学的法解释对象和法适用前提,也不否认法释义学在制度变动中的立法辅助角色。同时,法释义学是立法之前就应具备的知识,并非直到法适用时才产生联系。一个正确优良的立法决定必然具备稳固法释义学基础,否则将无法满足法治国家对法适用的可预测性要求。[64] 如卡尔·拉伦茨所言,立法论的法释义学或具有三重面向:其一为立法者提示、凸显待决法律问题与规范的关联事项;其二,可通过法释义的整合,提炼出可供立法者参考的法律疑难解释对策;其三,运用法律解释方法,更新、调整立法理论与表达。[65]

2. 行政法释义学对立法恣意的控制

全国人民代表大会及地方各级人民代表大会在制定法律时,需以宪法为依据,遵守《立法法》中关于立法权限、立法程序的规定。立法者既是规范创造者,更是规范的遵守者。[66] 实践中,法释义学对立法恣意的控制作用在逐渐凸显。法释义学要求立法者遵守符合上位法内涵的有权解释,符合基于法释义标准的合宪性、合法性审查要求。[67] 此外,基于法规范适用的可预期性要求,立法内容应接续现行法秩序的释义表达、法律逻辑、规范体系,以便准确、便捷地适用新规范,充分保护行政相对人的正当期待。[68]

(二)法释义学对行政法律规范制定的贡献

法释义学不纯粹是解释论的,也具有立法论的理论面向。法释义学在构建或完善体系时虽然要以现行法为基础,但并不止步于现行法的规定,特

---

〔62〕 参见〔美〕劳伦斯·弗里德曼:《碰撞:法律如何影响人的行为》,邱遥堃译,侯猛校,中国民主法制出版社2021年版,第2页
〔63〕 参见许德风:《法教义学的应用》,《中外法学》2013年第5期。
〔64〕 参见程明修:《行政法之行为与法律关系理论》,姜峰译,新学林出版股份有限公司2005年版,第10-13页。
〔65〕 〔德〕卡尔·拉伦茨:《法学方法论》,黄家镇译,商务印书馆2020年版,第303-304页。
〔66〕 参见张翔:《立法中的宪法教义学——兼论与社科法学的沟通》,《中国法律评论》2021年第4期。
〔67〕 参见雷磊:《法教义学能为立法贡献什么》,《现代法学》2018年第2期。
〔68〕 参见雷磊:《法教义学与法治:法教义学的治理意义》,《法学研究》2018年第5期。

别是当现行法律规范存在疏漏时,法释义学也可以对部分规范持批评立场,当发现现行法律无法应对某些应当规范的问题时,也促使法释义学的研究者对法律规范的发展与改革加以思考。[69]

1. 立法论证义务的法释义学补足

如尼尔·麦考密克所言,立法活动不可避免地包含解释性观点的"二次证明"。[70] 根据我国的"科学立法"原则,[71]立法者实则承受着不弱于法官的论证义务,需要法释义学层面的"论证性(argumentative)"补足。[72]

一般而言,法治、民主原则要求创制和改变法律时,应向立法机关提供说理、论证,供立法机关在审查、表决时参考。[73] 立法论证是立法质量的保障,其内容包括制定或修改法律的必要性、可行性和主要内容,[74]这也涉及法律规则的解释可能性、体系融贯性、规范密度等,在修法时,尤其要论证原规范在法律适用中存在哪些不合理之处,这也彰显了制定新规范的必要性。[75]

例如,本书第五章第二节指出,在基于《国家公务员暂行条例》起草《公务员法》时,对公务员范围问题(即党的干部、政协、民主党派工作人员、法官、检察官、解放军军官、教师是否属于公务员)、公务员分类问题(即领导职务分类、专业特征分类、中央地方分类如何规定)均存在较大争议。[76] 而本书也通过文义解释、目的解释、历史解释等法律解释方法,对《公务员法》起草过程中的争议问题给出条分缕析式的论证,并指出了公务员法的制度改

---

[69] 参见严仁群:《教义学民事诉讼法之展开》,北京大学出版社 2021 年版,第 232 页。

[70] 参见[英]尼尔·麦考密克:《法律推理与法律理论》,姜峰译,法律出版社 2005 年版,第 94-96 页。

[71] 参见[英]哈特《法律的概念》(第三版),许家馨、李冠宜译,法律出版社 2018 年版,第 127 页。

[72] [美]罗纳德·德沃金:《法律帝国》,许杨勇译,上海三联书店 2016 年版,第 11 页。

[73] 参见侯猛:《只讲科学性,不讲规范性?——立法的社会科学研究评述及追问》,《中国法律评论》2021 年第 4 期。

[74] 参见《中华人民共和国立法法》第 54 条。

[75] 参见周旺生、张建华主编:《立法技术手册》,中国法制出版社 1999 年版,第 34 页。

[76] 参见鄢本强:《不应将法官纳入公务员法调整范围》,《法制日报》2005 年 11 月 4 日第 3 版;王军:《"公务员"范围扩大是倒退吗?》,《江淮法治》2006 年第 2 期;萧鸣政、唐秀锋、金志峰:《我国公务员职位分类与管理:30 年的改革实践与分析》,《中国行政管理》2016 年第 9 期。

革方向。[77]

2.提供立法问题的法释义对策

立法者无法仅仅通过规则设计来理解规则,这是因为规则的意义并不来自规则本身,而必须通过规则的解释和适用,来反思规则的本质。[78] 相较于立法过程而言,行政法释义学的分析方法和理论成果在法解释可能性、法体系融贯性、规范密度、内容适当性等方面,更贴近一线法律适用的实践,这有助于捕捉立法待决问题,协调立法与法律适用的关系。[79] 此外,行政法释义学在发现法规范适用的具体问题后,进行法律续造和漏洞填补,这往往能为其后立法活动提供制度备选方案,或可使立法原理、内容和技术更精准、更细密地呼应法律真实。[80]

以本书第九章"行政诉讼的举证责任"所分析的法院依申请调取证据问题为例,我国 1989 年颁布的《行政诉讼法》并未对此加以系统应对,这给司法实务带来了一定的困难。[81] 为弥补该法律漏洞,最高人民法院在《关于行政诉讼证据若干问题的规定》第 23 条中,确立了在"国家有关部门保存""涉及国家秘密、商业秘密个人隐私""因客观原因无法自行收集"情形下,可申请法院调取证据材料的法律规则。[82] 在 2013 年修改《行政诉讼法》时,立法者吸纳了司法解释中形成的法院依申请调取证据规则,并将其视作行政证据规则的重要修法论证内容之一,向全国人大常委会进行说明。[83] 其内容也被吸收于修改后的《行政诉讼法》第 41 条之中。

---

〔77〕 参见"全国人大法律委员会关于《中华人民共和国公务员法(草案)》审议结果的报告",http://www.npc.gov.cn/wxzl/gongbao/2005-05/30/content_5341709.htm,2021 年 11 月 1 日最后访问。

〔78〕 参见[英]吉米·边沁:《立法理论》,李贵方等译,中国人民公安大学出版社 2004 年版,第 1 页。

〔79〕 参见赵一单:《依法立法原则的法理阐释——基于法教义学的立场》,《法制与社会发展》2020 年第 5 期。

〔80〕 参见刘风景:《立法释义学的旨趣与构建》,《法学》2016 年第 2 期。

〔81〕 参见江必新主编:《新行政诉讼法专题讲座》,中国法制出版社 2015 年版,第 167-169 页。

〔82〕 《最高人民法院关于行政诉讼证据若干问题的规定》(法释〔2002〕21 号),2002 年 6 月 4 日,最高人民法院审判委员会第 1224 次会议通过。

〔83〕 参见信春鹰:《关于〈中华人民共和国行政诉讼法〉修正案(草案)的说明》,第十二届全国人民代表大会常务委员会第六次会议,2013 年 12 月 23 日。http://www.npc.gov.cn/wxzl/gongbao/2014-12/23/content_1892443.htm,2021 年 11 月 7 日最后访问。

四、行政法释义学建构的本土选择

作者在本书导言中指出,中国行政法释义学建构需着重考虑公法与私法区分论、行政法基本原则论、行政行为形式论和行政组织法论四大板块的理论构造,每一板块均关涉数个层次不同的行政法释义学上的待决问题,书中十章的谋篇布局亦与此问题意识相对应。距本书的写作、发行已近十年,中国行政法释义学需要对各板块实践中所涌现的新兴问题,基于行政法释义学的本土发展进行阐明与回应。

(一)公私分立:社会治理中的行政法释义学

2021年1月1日生效的《民法典》在自然人监护、法人登记、物权、合同、人格权、婚姻家庭、侵权等领域规定了行政主体的义务性规范,这体现了行政权在维护民事法律秩序中的作用,描绘了社会治理中公私交融的制度图景。[84] 在社会治理背景下,公私法的划分不是绝对的,尤其在民事法律秩序方面,民法规范的公法化具有制度链接的"管线通道"功能,[85]但法释义学上的公私二元论仍奠定了实证法律秩序的基础结构,构成了行政法规范适用的预设前提。[86]

建构中国行政法释义学应充分考虑公、私法释义分立的相对性,将公法和私法视作两个彼此支持、相互衔接的规范体系,在行政决策、行政管理、行政审判等环节中一以贯之。[87] 本书也认为,我国需要进一步研究公私法区分的标准,对个案进行公私法归类需要考虑的因素,探讨公私法领域的交织、支持和补充,对公法人、公物法和行政契约的具体制度进行深入

---

〔84〕 参见张国敏、郝培轩:《公法与私法的融合性社会治理——以民法典中行政主体义务性规范为视角》,《河北法学》2021年第6期。

〔85〕 参见章志远:《行政法治视野中的民法典》,《行政法学研究》2021年第1期。

〔86〕 参见李洪雷:《面向新时代的行政法基本原理》,《安徽大学学报(哲学社会科学版)》2020年第3期。

〔87〕 参见程琥:《民法典时代的行政法:挑战与回应》,《中国法律评论》2020年第4期。

研究。[88]

近年来,随着行政协议写入 2014 年修订的《行政诉讼法》之中,随着相应司法解释的颁布和典型案例的增多,行政协议研究得到了相当程度的深化。[89] 但我国对公法人的理论研究和制度研究还有待深化,公法人是由行政工作人员和物质手段(场所、设施、技术设备)共同组成的,具有独立法律主体资格的机构,其具有权利能力,自负其责地履行特定公共任务。[90] 应针对每一类公法人,研究其概念、特征、类型、适用领域、内部组织(包括与其成员的关系)、所承担的行政任务及执行方式,探讨公法人与国家的关系。[91]

(二)理论支点:行政行为形式论的学理竞争[92]

传统行政法释义学将行政行为形式作为体系架构的中心,以合法/违法作为论述重点。行政行为形式理论以法律概念的操作技术为基础,就行政机关为达成特定目的或任务所实施的各种活动中,选定某一特定时间的行为,作为控制行政活动合法性界限的基本类型,以达成控制行政活动合法性的目的。[93] 其在法律基准下,将行政活动提炼归纳为行政行为、行政合同、事实行为等类型,并抽象整理出不同类型行为形式的内涵与外延、容许性、适法要件及法律效果问题,从而使行政法整体置于行为类型的观察视角和规范框架下。[94] 但行政行为形式论也受到了行政法律关系论、行政过程论

---

〔88〕 参见李洪雷:《行政法释义学:行政法学理的更新》,中国人民大学出版社 2014 年版,第 9-11 页。

〔89〕 参见杨科雄、郭雪:《行政协议法律制度的理论与实践》,中国法制出版社 2021 年版;刘飞:《行政协议诉讼的制度构建》,《法学研究》2019 年第 3 期;王敬波:《司法认定无效行政协议的标准》,《中国法学》2019 年第 3 期。

〔90〕 参见[德]哈特穆特·毛雷尔:《行政法学总论》,高家伟译,法律出版社 2000 年版,第 577-579 页。

〔91〕 参见李洪雷:《行政法释义学:行政法学理的更新》,中国人民大学出版社 2014 年版,第 207-208 页。

〔92〕 部分内容参考了笔者之前的论说,参见宋华琳:《中国行政法学总论的体系化及其改革》,《四川大学学报(哲学社会科学版)》2019 年第 5 期。

〔93〕 参见赖恒盈:《行政法律关系论之研究》,元照出版有限公司 2003 年版,第 53 页。

〔94〕 [德]施密特·阿斯曼:《秩序理念下的行政法体系建构》,林明锵等译,北京大学出版社 2012 年版,第 279 页。

等学说的理论挑战。[95]

行政法律关系论者认为,关涉国家立场、具有高权底色的行政行为理论,往往相对关注行政主体、行为效力和法律效果,相对忽视了行政相对人,尤其是行政利害关系人的地位与法益。[96] 行政过程论者认为,行政行为仅仅是对行政决策过程终点一个静态、抽象的"瞬间影像"的简单控制,对作出行政时点前后的相关法律事实缺乏应有的关注,无法反映日趋复杂的行政过程之全貌,还可能导致违法性继承问题。[97] 闫尔宝教授认为,随着《行政诉讼法》修改,行政行为作为法释义学核心的法定地位逐渐泛化,这将导致行政行为的学理内涵变得驳杂而稀薄,在行政诉讼中存在被虚置的可能。[98] 朱芒教授则指出,很难将一些新型的行政活动方式纳入"权力·非权力"与"法律行为·非法律行为"构筑的框架。[99]

面对诸种理论反思,行政行为形式论将如何承担原有的法释义学核心地位角色?包括本书作者在内,多认为行政行为形式论的确存在历史局限,但行政行为理论具有自我革新的可能性,行政行为形式论并未走向僵硬无解之局。[100] 此外,行政行为理论已与我国行政法规范体系紧密联结,彻底放弃行政行为理论并非法律解释工具的简易跃迁,而是对现行行政法规范体系的改弦更张,其代价甚巨致使彻底放弃行政行为论损益失衡。[101] 行政行为形式化需要保持法释义学的弹性空间和变动可能,可以创设新的行为模式,引入程序基本权与复杂决定的分节化和序列化,对未型式化加以规范,来面对现代行政的新变化、新发展。[102] 本书也指出,可以抽象出拥有共同特征的新形式,从而构建更具普适性的规则,也要避免因为过度抽象化导

---

〔95〕 参见黄宇骁:《行政法学总论阿基米德支点的选择》,《法制与社会发展》2019 年第 6 期。

〔96〕 参见鲁鹏宇:《论行政法学的阿基米德支点——以德国行政法律关系论为核心的考察》,《当代法学》2009 年第 5 期。

〔97〕 参见江利红:《以行政过程为中心重构行政法学理论体系》,《法学》2012 年第 3 期。

〔98〕 参见闫尔宝:《论作为行政诉讼法基础概念的"行政行为"》,《华东政法大学学报》2015 年第 2 期。

〔99〕 参见朱芒:《中国行政法学的体系化困境及其突破方向》,《清华法学》2015 年第 1 期。

〔100〕 参见李洪雷:《行政法释义学需要关注的基本问题》,《中国社会科学报》2019 年 5 月 8 日,第 5 版;赵宏:《法律关系取代行政行为的可能与困局》,《法学家》2015 年第 3 期。

〔101〕 参见赵宏:《行政法学的主观法体系》,中国法制出版社 2021 年版,第 76-80 页。

〔102〕 参见赵宏:《行政法学的主观法体系》,中国法制出版社 2021 年版,第 81-90 页。

致的概念空洞化。[103]

(三)机构改革:行政组织的法释义框架完善

自 1982 年开始,我国已历经八轮政府机构改革,对行政组织形态进行了大规模变动,形成了"中央决定、人大批准、自上而下、外在于法"行政组织法改革模式。[104]此模式一定程度上遵循"先改革,后立法"的规范路径,行政组织的变动往往基于功能主义的行政任务导向,规范内容来自党和政府的"三定方案"等规范性法律文件,并不对行政组织变革本身的权限、程序合法性进行严格审视。[105] 行政组织领域机构改革与行政法治的关系,已经成为中国行政法释义学本土建构所必须解决和面对的问题。[106]

功能导向的行政组织改革,往往忽视了法释义学的系统性、整体性、协调性,或存在行政组织架构与行政任务匹配性较低、行政组织职能稳定性较差等问题。[107] 例如,自 1998 年来食品药品监管体制历经五次分分合合的行政组织改革,调研显示频繁、反复的行政组织改革造成了机构设置不足、人员划转不畅、执法保障隐性弱化等问题。[108] 而 2018 年机构改革使党政合署办公后,行政诉讼中被告资格适法性一定程度上给法律解释和适用带来了挑战。[109]

完善行政组织的法释义框架,对协调组织法治与机构改革之关系,具有较为关键的作用。首先,改革时期我国国务院与地方政府的机构设置、人员编制、职权安排、内部关系并未完全定型,完全采用"先立法,后改革"绝对保留框架过于浪漫,有法治教条主义之嫌。当组织改革面临法律障碍时,行政机关应优先适用目的解释、历史解释等解释规则,采用漏洞填补、法律续造

〔103〕 参见李洪雷:《行政法释义学:行政法学理的更新》,中国人民大学出版社 2014 年版,第13 页。

〔104〕 参见贾圣真:《政府机构改革与法律环境的互动与协调》,《行政法学研究》2021 年第 5期。

〔105〕 参见刘小妹:《机构改革与组织法律体系的革新》,《西北大学学报(哲学社会科学版)》2019 年第 3 期。

〔106〕 参见满鑫、李淮:《新时代行政法学的新使命——中国法学会行政法学研究会 2018 年年会综述》,《行政法学研究》2019 年第 1 期。

〔107〕 参见李洪雷:《深化改革与依法行政关系之再认识》,《法商研究》2014 年第 2 期。

〔108〕 参见汤振宁、王丽芳、陈岳华、江莹:《浙江省"大部制"食药监管模式改革现状研究》,《中国药业》2016 年第 8 期。

〔109〕 参见程琥:《党政机构合并合署改革的行政法回应》,《治理研究》2021 年第 5 期。

等法释义技术,进行组织变革规范依据解释的目的论扩张或者限缩,实现组织法律效果与社会效果的统一。

其次,还应合理界定行政组织法律保留的适用范围,从效能原则出发,过于严格的法律保留要求,容易导致行政组织僵化;如果将行政组织法律主义视为无物,则有可能不利于相对人权利保障,也不利于形成对行政组织运作的稳定预期。

五、结语:法释义学的未竟之业

行政法是法释义学发展的未竟之业。目前的行政法释义学既没有沿袭民法学道路,发展出潘德克顿体系下的成型行政法典;也没有取径刑法学,讨论出针对犯罪构成要件学说的法释义改造方案。相较于民法与刑法的释义化进程,中国行政法释义学建构或尚显得较为缓慢,在理论原则、解释方法、基本概念、适用条件、法律效果等方面,所能提供解释资源与行政法治的需求或尚难相匹配。[110]

"时穷节乃现,一一垂丹青",正是敢于直面行政法理论缺乏的学术勇气,浇灌了彼时行政法相对贫瘠的法释义土壤,才凸显了本书写作之际的学理革新意义,也启迪了其后行政法释义学理论尝试。近年来,探讨行政行为形式论存废与革新、行政制度法典化构造路径、行政法律原则解释与适用可能、行政法与其他学科理论的释义化吸收、行政部门法与总论交流等法释义学命题的理论尝试已然逐渐涌现,行政法释义学进程在实务界和学术界的努力下不断加速。[111]

面临着同步降临的前现代、现代与后现代法治问题,中国行政法释义学所处时代的特殊性决定了待解决问题的复杂性。[112] 中国行政法释义学的建构,要处理好行政内部与外部、法律规则与原则、改革与法治、总论与分论、本土实践与域外经验、纯粹法律逻辑与社会科学知识等多组复杂理论关

---

〔110〕 参见黄辉:《中国行政法教义学的问题与对策》,《社会科学家》2019 年第 8 期。

〔111〕 参见宋华琳:《70 年来中国行政法学总论的体系化及其改革》,《社会科学文摘》2019 年第 12 期。

〔112〕 参见李洪雷:《深化改革与依法行政关系之再认识》,《法商研究》2014 年第 2 期。

系,学界需要进一步注重行政法释义学作为行政法学科根基的重要性,完成行政法释义学理论更新的未竟之业。[113]

（特约编辑:叶敏婷）

---

[113]　参见李洪雷:《行政法释义学需要关注的基本问题》,《中国社会科学报》2019 年 5 月 8日,第 5 版。

从行政法教义学到新行政法学[*]

——评李洪雷教授《行政法释义学：行政法学理的更新》

王　锴^{**}

内容提要：从行政法教义学的概念形成、体系构建和适用导向的三大特征来看，《行政法释义学：行政法学理的更新》一书无疑是名副其实的。该书不仅大量援引了最高人民法院的指导案例，在概念形成和体系构建上也多有建树。更难能可贵的是该书在方法论上的自觉，不仅从行政法教义学的角度对行政法的解释和适用方法进行了详细探讨，而且从行政法学未来发展趋势的角度进行了新行政法学的方法融合，这一试图打通行政法教义学与新行政法学的努力，为中国行政法教义学从"跟随"到"超越"提供了契机。

关键词：行政法教义学；新行政法学；概念形成；体系构建；调控理论

　　虽然目前很多行政法的研究成果都可以归入法教义学的范畴，但直接以法教义学（或者法释义学）命名的论著在我国行政法研究中还是偏少的，[1]因此，李洪雷教授的这本《行政法释义学：行政法学理的更新》的专著就显得弥足珍贵。该书虽然出版于2014年，但很多内容今天读来仍然富有启发，尤其是它所确立的方法论，正如该书的副标题所表明的，代表了一种"行政法学理的更新"。就这一点而言，笔者认为，该书的重要性尚未得到充

---

　　*　虽然李洪雷教授在全书伊始就解释了将 Verwaltungsrechsdogmatik 译为"行政法释义学"是为了避免译为"行政法教义学"给人产生教条主义的印象，但为了照顾目前法学界的用语习惯，本文仍然称为行政法教义学，并认为其与行政法释义学同义。

　　**　北京航空航天大学法学院教授、博士生导师。

　　[1]　王本存：《论行政法教义学——兼及行政法学教科书的编写》，《现代法学》2013年第4期，第39-46页；陈越峰：《中国行政法（释义）学的本土生成——以"行政行为"概念为中心的考察》，《清华法学》2015年第1期，第19-36页；黄辉：《中国行政法教义学的问题与对策》，《社会科学家》2019年第8期，第107-112页。

分的挖掘和足够的认识。鉴于此,本文拟沿着李洪雷教授的方法论思路,阐释从行政法教义学到新行政法学的发展逻辑,以此来说明该书在方法论上的贡献和创新意义。

一、行政法何以教义化？

众所周知,行政法的教义化源自于德国学者奥托·迈耶。迈耶所使用的方法被称为法学方法(Juristischen Methode),这与之前的冯·斯坦因所使用的行政学、行政哲学等方法有所不同,[2]这种法学方法以概念形成、体系构建和适用导向为特征,并尽可能维护法学相对于其他学科的独立性。这种法学方法是迈耶借鉴自当时德国民法学的成果,[3]同时,迈耶还受到法国行政法的影响,学会了一套公法的独特话语。[4]因为法国行政法的特点就是围绕最高行政法院的判例发展出了一套不同于普通法院诉讼的裁判规范。[5]当然,行政法教义学之所以能够在德国而非在行政法的母国——法国——产生,这又跟德国的独特背景有关。德国不仅在1863年就引入了行政法院(巴登),[6]并且与德国的成文法传统相结合,据考证,自1860年代起,巴伐利亚就开始大量制定行政法,比如社区法、工商法、社会服务法、警察组织法等等。[7]

当然,行政法院的建立与行政法的制定只是行政法教义学产生的外部

〔2〕 参见［德］史坦恩著:《行政理论与行政法》,张道义译注,五南图书出版股份有限公司2017年版。

〔3〕 Wolfgang Meyer-Hesemann, *Methodenwandel in der Verwaltungsrechtswissenschaft*, C. F. Müller Juristischer Verlag, Heidelberg, Karlsruhe, 1981, S. 29-31.

〔4〕 迈耶曾于1886年出版了《法国行政法的理论》一书,在该书导言部分"行政法学的任务"中,他就着重强调了行政法与民法的不同。Vgl. Otto Mayer, *Theorie des Französischen Verwaltungsrechts*, Verlag von Karl J. Trübner, Strassburg, 1886, S. 21ff.

〔5〕 参见王必芳:《判例在法国行政法上的地位》,《中研院法学期刊》2009年总第5期,第299-303页。

〔6〕 普鲁士于1875年建立了高等行政法院, Vgl. Erk Volkmar Heyen, *Entwicklungsbedingungen der Verwaltungsrechtswissenschaft*, Der Staat (22) 1983, S. 25.

〔7〕 ［德］米歇尔·施托莱斯著:《德国公法史:国家法学说和行政学》(1800—1914),雷勇译,法律出版社2007年版,第372页。

条件,〔8〕真正的内部原因则是迈耶从德国民法学借鉴来的法学方法,该方法的核心就是法律概念的形成和体系的构建。〔9〕首先就是法律概念的形成。迈耶曾指出,概念必须恰当地反映法的现实,并且是易于理解和清楚明了的。〔10〕比如迈耶从法学上给出了警察的概念,即警察是政府为了维护社会秩序而用来抵御干扰的手段。在此,他不仅揭示了警察的性质,属于行政权的一种,而且给出了它的目的,即达成良好秩序。迈耶的概念形成是以一种理念为指导,即市民法治国,由此,行政活动不仅要具有特定的法律形式,受到法律的约束,而且要实现特定的法律价值,即保护市民免受非法的对其自由和财产的干预。迈耶的法律概念形成还有一个特点就是,它是应然的构建,而非对实然的描述。比如当时普鲁士的警察概念是很宽泛的,包括允许私人授课都属于警察权的范畴。但在迈耶看来,这种"教育警察"并非警察,而是一种教育行政。〔11〕其次就是行政法体系的构建。体系的构建仍然需要一个指导思想,从而在各种不同的法律规范和法律制度间建立联系,将其整合为一个统一体。为此,迈耶在法治国理念的指导下,将法律形式和政府的行政行为作为他的行政法体系的核心,因为法治国的指导思想就是公共行政要受到法律的约束。迈耶的行政法体系就是一个政府行使国家权力的法律形式体系。这个体系中既有行政法独特的内容,比如权力、义务、许可等等,这是从警察活动的特殊性中抽取出来的,〔12〕也有一些内容,比如财政权、公物法、特别债务关系中的权利、法人的权利等,是从民法中类推过来的。有学者对行政法的体系化提出了两个现实方面的原因,一个是相对于民法、刑法,行政法缺少法典,因此要将领域广泛、法条众多的行政法分论统合起来,体系化是必然的选择;〔13〕另一个是迈耶所处的时代,德国刚刚实现

〔8〕 判例法而非成文法的传统以及由普通法院受理行政诉讼恰恰也导致了英美缺乏行政法教义学,Vgl. Oliver Lepsius, *Verwaltungsrecht unter dem Common Law: Americanische Entwicklungen bis zum New Deal*, Mohr Siebeck, Tübingen, 1997, S. 299-300.

〔9〕 Eberhard Schmidt-Aßmann, *Verwaltungsrechtliche Dogmatik: Eine Zwischenbilanz zu Entwicklung, Reform und künftigen Aufgaben*, Mohr Siebeck, Tübingen, 2013, S. 11.

〔10〕 前引〔3〕, Meyer-Hesemann, S. 20.

〔11〕 前引〔3〕, Meyer-Hesemann, S. 22.

〔12〕 由于早期的行政活动主要是警察活动,所以警察法成为行政法的起点。参见前引〔7〕,施托莱斯书,第 290 页。

〔13〕 〔德〕Eberhard Schmidt-Aßmann 著:《行政法总论作为秩序理念——行政法体系建构的基础与任务》,林明锵等译,元照出版公司 2009 年版,第 11-12 页。

了形式上的统一,而之前各个邦国的行政法规定迥异,因此体系化也是为了形成适用于全国的行政法的需要。[14]

就行政法教义学的三个核心特征——概念、体系、适用来说,《行政法释义学》一书无疑是名副其实的。该书中不仅大量援引了最高人民法院的指导案例,而且在概念形成和体系构建上也多有建树。

(一)概念形成

该书在概念形成上的特点表现为:(1)新的概念装置的提出。一是提出了行政署的概念。这一概念复活了我国行政组织法中的"署"这一形式。长期以来,我国将部、委、署(比如审计署)名称并列,但其到底在法学上有何区别,语焉不详。李洪雷教授将行政署界定为相对于部具有一定独立性的政府组织,并将其分为独立署和执行署。其中,独立署对应西方国家所讲的独立管制机构,执行署则是相对独立的部属机构,[15]是部内决策权与执行权分离、政务官与事务官分离的产物。李教授进一步提出独立署对于我国专业性较强的一些规制机构,比如证监会、保监会、食品药品监督管理总局等机构的改革具有借鉴意义,而执行署对于我国大量存在的依附于政府或者由政府设立的事业单位改革具有参考价值。[16] 二是提出了行政处理的概念。行政处理对应我国过去所讲的具体行政行为,由于 2015 年《行政诉讼法》修改后,在立法上取消了具体行政行为的概念。但是,《行政诉讼法》所规定的行政行为又不限于过去所讲的具体行政行为,或者说比德国法上的 Verwatungsakt 的外延要广,至少包含了行政协议。因此,如何翻译德国法上的 Verwaltungsakt 或者如何用新的概念取代过去的具体行政行为的概念,就成为当务之急。对此,笔者认为,李洪雷教授所使用的行政处理这一概念是比较妥当的。同时,行政处理中的"处理"可以反映出 Verwaltungsakt 概念中非常关键的"规制"或者"调整"的内涵,这是"行政

[14] Rainer Schröder, *Verwaltungsrechtsdogmatik im Wandel*, Mohr Siebeck, Tübingen, 2007, S. 13.
[15] 李洪雷:《行政法释义学:行政法学理的更新》,中国人民大学出版社 2014 年版,第 209 页。
[16] 李洪雷:《行政法释义学:行政法学理的更新》,中国人民大学出版社 2014 年版,第 214、220 页。

措施"这一概念所无法比拟的,[17]目前行政处理正在被越来越多的主流教科书所采纳。[18] (2)对旧的概念内涵的辩驳。该书不仅提出了新概念,而且对一些旧概念中理解不准确的地方提出了质疑,殊为可贵。比如在论述信赖保护原则时,就敏锐地指出了我国《行政许可法》所存在的缺漏。信赖保护原则不仅保护合法的授益行为,也保护违法但非无效和非当事人过错导致的授益行为。对此,我国《行政许可法》第 8 条和第 69 条分别作了规定。但是,《行政许可法》第 69 条的规定显然存在若干问题:首先,正如李教授所指出的,并未在公共利益与信赖利益之间进行衡量,[19]无论是该条第 1 款的"可以撤销"以及第 3 款的"不予撤销"都是这样。尤其第 3 款规定"依照前两款的规定撤销行政许可,可能对公共利益造成重大损害的,不予撤销",笔者认为纯属多余。因为信赖保护就是以不撤销为原则、以撤销为例外,所以专门规定"不予撤销"没有意义。同时,第 4 条第 1 句"依照本条第一款的规定撤销行政许可,被许可人的合法权益受到损害的,行政机关应当依法给予赔偿"中的"赔偿"显然属于错误规定,因为信赖保护中的财产保护都是采取补偿的方式,不可能是赔偿。正如李教授正确指出的,授益行为违法,但是并未对当事人造成损失。实际上是撤销违法的授益行为给当事人造成了信赖利益损失,而撤销违法的授益行为本身是个合法行为,合法行为给当事人造成损失自然是补偿,而不可能是赔偿。[20] 再比如该书对机关法人的批评也颇为切中要害。"机关与法人本身是一对相反的概念,法人具有法律上的人格,机关则意指法律人格的构成员(机关,英文为 organ,也有人体器官之意),本身不具有法律人格,'机关法人'的概念不符合法律逻辑。"[21]对行政事实行为能否产生法律效果时,该书一针见血地指出,行政

---

〔17〕　也有学者根据我国宪法第 89 条第 1 项,国务院行使下列职权:(一)……规定行政措施……,建议将具体行政行为改称为行政措施。参见许安标、刘松山著:《中华人民共和国宪法通释》,中国法制出版社 2004 年版,第 238 页:"行政措施是指国家行政机关依据宪法、法律、行政法规等,针对特定的具体事项,在一定时期内所采取的具体措施。"

〔18〕　参见姜明安主编《行政法与行政诉讼法》(第六版),北京大学出版社、高等教育出版社 2015 年版,第 214 页。

〔19〕　李洪雷:《行政法释义学:行政法学理的更新》,中国人民大学出版社 2014 年版,第 96 页。

〔20〕　李洪雷:《行政法释义学:行政法学理的更新》,中国人民大学出版社 2014 年版,第 96 页脚注 1。

〔21〕　李洪雷:《行政法释义学:行政法学理的更新》,中国人民大学出版社 2014 年版,第 207 页。类似观点参见王锴:《机关、机关法人与国家法人说——基于国家组织法的考察》,载《人大法律评论》2019 年第 1 辑,法律出版社 2019 年版,第 162-166 页。

事实行为并非不产生法律效果,而是不直接产生法律效果。[22] 同时,我国过去之所以将一些行政事实行为纳入了具体行政行为之中,是"因为以往行政诉讼受案范围或者裁判种类的限制导致事实行为难以得到有效救济,……但在各国(也包括我国)行政诉讼的受案范围均不限于法律行为之后,(这种做法——笔者注)已经失其意义"。[23] 诚哉斯言。该书对于特别权力关系的论述也颇有新意,与国内学者大多简单否定特别权力关系理论不同,李教授一方面认为我国将监狱管理行为、公立学校对学生的管理行为排除在行政诉讼的受案范围之外,与特别权力关系理论并无直接的联系,另一方面指出,我国在建构具体的法律制度时,也需要考虑维护行政秩序的需要以及公民与行政主体之间的高度紧密性,建立一种不同于公民与国家之间一般行政法关系的"特别行政关系"。[24] 即使在德国,目前也并未完全否定特别权力关系,这种特别性就在于要维护相关公法制度或者机构的功能发挥,因此与以往相比,今天的特别权力关系只是在承认要接受监督后以另外的名称存在,比如行政法特别关系、特别义务关系、公法特别约束关系或者特别地位关系等等。[25]

(二)体系构建

传统上行政法教义学主要由三部分构成:行政组织法、行政行为法、行政救济法。当然除此之外,还可以加上行政法基础理论和行政法学方法论,相当于一般教义学理论。在每个部分内部如何编排,并无统一的做法,其实是见仁见智,反映了不同作者的研究旨趣,为了凸显该书体系上的特色,本文将该书的内容与目前德国主流的行政法教义学体系书进行比较,以便读者更好地理解。

---

〔22〕 李洪雷:《行政法释义学:行政法学理的更新》,中国人民大学出版社 2014 年版,第 279 页。类似观点参见王锴:《论行政事实行为的界定》,《法学家》2018 年第 4 期,第 59-60 页。

〔23〕 李洪雷:《行政法释义学:行政法学理的更新》,中国人民大学出版社 2014 年版,第 302 页。

〔24〕 李洪雷:《行政法释义学:行政法学理的更新》,中国人民大学出版社 2014 年版,第 63-64 页。类似观点参见王锴、王心阳:《如何监督监督者——兼谈对监察委员会的诉讼监督问题》,《浙江社会科学》2017 年第 8 期,第 17-19 页。

〔25〕 Vgl. Franz-Joseph Peine, *Grundrechtsbeschränkungen in Sonderstatusverhältnissen*, in: Detlef Merten und Hans-Jürgen Papier (Hrsg.), Handbuch der Grundrechte in Deutschland und Europa, Band III, C. F. Müller Verlag, Heidelberg, 2009, S. 409-410.

Maurer/Waldhoff,《行政法总论》第20版[26]	Ehlers/Pünder,《行政法总论》第15版[27]	Detterbeck,《行政法总论》第15版[28]	Ipsen,《行政法总论》第8版[29]	Peine,《行政法总论》第10版[30]	Bull/Mehde,《行政法总论与行政学》第8版[31]	Battis,《行政法总论》第3版[32]	李洪雷著《行政法释义学》
第一编 行政与行政法 第二编 行政法的基础概念 第三编 行政行为：行政处理 第四编 行政行为：其他的行为形式 第五编 行政程序和行政执行 第六编 行政组织 第七编 国家责任法（赔偿）	第一讲 民主和社会法治国中的行政与行政法 第二讲 行政组织法 第三讲 行政行为的标准 第四讲 主观公权利 第五讲 行政程序 第六讲 行政行为和行政法律关系概论 第七讲 制定规范的行为 第八讲 行政处理 第九讲 行政合同和其他行政法上的特殊约定 第十讲 事实行为 第十一讲 公物法 第十二讲 国家责任法	第一章 基础理论和基本概念 第二章 行政的活动形式 第三章 行政程序 第四章 公物法 第五章 行政执行 第六章 国家责任 第七章 行政诉讼法	第一章 基础理论 第二章 行政行为 第三章 行政程序 第四章 行政法院的权利救济（第一次权利保护） 第五章 违法行为的责任（第二次权利救济） 第六章 特别牺牲补偿	导论 第一编 基础问题 第二编 行政决定的作出及其转化 第三编 对行政行为的控制及其后果 第四编 对相关行政决定的强制执行	导论：学习目标与方法 第一章 关于行政和行政法的基础知识 第二章 行政的理论与经验（行政学概论） 第三章 行政法教义学 第四章 个案中的行为形式和法律关系 第五章 法律救济和结果平衡 第六章 变迁中的行政	第一章 行政和行政法 第二章 行政-公民关系的法律基础 第三章 行政的行为形式 第四章 公物法 第五章 国家责任法	导言 第一章 行政法的基础范畴 第二章 行政法基本原则 第三章 行政法的适用与解释 第四章 公务主体的法律形态 第五章 公务员法的基本制度 第六章 作为法律行为的行政处理 第七章 对行政裁量的司法审查：英德比较 第八章 对行政解释的司法审查：以美国为例 第九章 行政诉讼的举证责任 第十章 行政法（学）的新趋势

〔26〕 Hartmut Maurer/Christian Waldhoff，*Allgemeines Verwaltungsrecht*，20. *Aufl.*，C. H. Beck，Nördlingen，2020.

〔27〕 Dirk Ehlers/Hermann Pünder（Hrsg.），*Allgemeines Verwaltungsrecht*，15. *Aufl.*，De Gruyter，Berlin/Boston，2016.

〔28〕 Steffen Detterbeck，*Allgemeines Verwaltungsrecht mit Verwaltungsprozessrecht*，15. Aufl.，C. H. Beck，München，2017.

〔29〕 Jörn Ipsen，*Allgemeines Verwaltungsrecht*，8. *Aufl.*，Verlag Franz Vahlen，München，2012.

〔30〕 Franz-Joseph Peine，*Allgemeines Verwaltungsrecht*，10. *Aufl.*，C. F. Müller，Heidelberg，2011.

〔31〕 Hans Peter Bull/Veith Mehde，*Allgemeines Verwaltungsrecht mit Verwaltungslehre*，8. *Aufl.*，C. F. Müller Verlag，Heidelberg，2009.

〔32〕 Ulrich Battis，*Allgemeines Verwaltungsrecht*，3. *Aufl.*，C. F. Müller Verlag，Heidelberg，2002.

　　由于行政法教义学是以实定法为基础，所以各国的行政法教义学势必在体系上有所不同。比如德国有专门的《行政程序法》，而我国没有，所以在我国行政法教义学中缺少行政程序法部分也不足为奇。此外还跟各国的行政法教科书体系有关，在德国，行政诉讼法一般专门成书，所以行政法总论中基本上不包括行政诉讼法，反倒是将国家赔偿法纳入其中。而在我国，行政组织法中较重视人的部分，比如公务员法，但对物的部分则不太重视，因此往往缺少公物法的内容。总的来说，该书的体系构建比较接近 Ehlers/Pünder 所编的《行政法总论》，即并非面面俱到，而是挑选行政法中的重点、难点问题进行论述，从而实现点面结合，将教科书的一般论述与学术专著的深入分析相统一。(1)从整体上看，该书的体系化程度是相当高的，照顾到了行政法基础理论和方法论(第 1-3、10 章)、行政组织法(第 4-5 章)、行政行为法(第 6-8 章)、行政救济法(第 9 章)四大方面。(2)从局部来看，每个部分又有侧重点，并且反映出该书不同于其他行政法著作的"品味"或者特色。比如在行政法基础理论部分，该书第三章"行政法的适用与解释"在一般的教科书中是比较少见的，体现了作者的方法自觉。在行政组织法部分，该书的第四章"公务主体的法律形态"不仅涵盖了行政组织法中行政机关、承担公务的私人等传统概念，还分析了公法人、行政署、私法形式的公务组织等特殊概念，从而为该书所主张的用"公务主体"来取代传统的行政主体奠定了基础。在行政行为法部分，该书重点分析了行政行为(Verwaltungshandeln)中的行政处理(Verwaltungsakt)，并且区分了行政处理与行政事实行为、准法律行为。在行政救济法部分，该书重点论述了举证责任这一行政诉讼中最困难的问题之一，显示出作者迎难而上的理论勇气。在笔者看来，该书体系上的最大特色在于其第十章"行政法(学)的新趋势"，这一安排在德国的行政法教科书中都是少见的(可能唯一相近的是Bull/Mehde 所著的《行政法总论与行政学》中的第六章"变迁中的行政法")，对行政法和行政法学的未来发展进行了展望，反映了作者"立足教义学但超越教义学"的理论雄心，这一雄心实际上在该书中的多个部分已经表现出来，比如第七章对行政裁量的司法审查，进行了英德比较，第八章对行政解释的司法审查，则侧重介绍了美国的理论，而英国和美国并非行政法教义学的典型国家，当然这也构成了本文用"从行政法教义学到新行政法学"来概括李教授的方法论脉络的缘由。

二、行政法教义学的对与错

　　行政法教义学虽然是大陆法系行政法学的主要研究路径,但对其的批评也不绝于耳。早在 20 世纪 70 年代,德国著名行政法学家 Bachof 就曾经列举了行政法教义学的七个缺点:(1)行政法教义学主要借鉴自民法教义学,因此是过时的。这既是因为它的相对年轻(无论是法律规定还是学科体系),也是因为立法的不断变化甚至前后不一,从而导致学说的无力感或者缺乏自信。(2)行政法对宪法的依赖导致它只是宪法的一个工具,从而无力承担社会秩序形成的任务,因此它的基础是不稳固的。(3)也有批评者不同意上述观点,认为任何工具都不是中立的,行政法的问题在于它保留了它诞生时立宪国家的一些基本要素,而这些要素部分是君主制的残余(比如特别权力关系),[33]部分又在传达自由法治国的思想。(4)行政法教义学使得行政法丧失了与行政现实以及与相邻学科,主要是行政学,的联系。(5)行政法教义学是形式的、概念的、目的上空洞的。(6)行政法教义学错误地以行政的法律形式和行为形式为中心,而不是以行政的目的和任务为中心。(7)行政法教义学将重心放在公共权力和行政处理上,而忽略了其他的重要领域,比如行政组织法、部门行政法,也未能抓住社会法治国的任务,比如缺乏对补助行为、再分配行为、规划行为等等的教义学分析。[34]

　　对此,Bachof 进行了回应:首先,教义学的独立性取决于立法者的任务的基本性,它越是直接处理政治和社会的价值冲突,就越不容易发展出自身的教义学。这就是为什么教义学在民法发达,而在宪法、劳动法、社会安全法等等领域有限的原因。行政法也是如此,因为行政法的分支众多、素材广泛,并且要通过政治决断和合目的性考量来作出决定,包括立法的剧烈变迁等等,都使得行政法的教义化非常有限。行政法更容易问题思维,当然这并

---

　　[33] 特别权力关系理论的提出就是为了顺应当时帝制时代君主及其任命的政府对公务员和军人的主导地位,从而使得公务员和军人成为君主的权力工具,并且不许议会予以干涉。前引[25],Peine, S. 413-414.

　　[34] Otto Bachof, *Die Dogmatik des Verwaltungsrechts vor den Gegenwartsaufgaben der Verwaltung*, 9 VVDStRL 30(1972), S. 200-202.

不是说问题思维与体系思维就是对立的,两者更多是相互补充的。[35] 其次,行政法与宪法的关系,Bachof 认为人们经常误解了迈耶所说的"宪法消逝、行政法长存"这句话,行政法的本质在于,它不会像宪法那样随着国家更替而变化,即使国家和社会的秩序基础发生变化,行政法的改变仍然是逐步的和连续的。因此,并不是说行政法就依赖宪法。真正的改变在于,德国基本法制定后,行政行为从过去要通过法律的中介到现在直接面对宪法,即基本法第 1 条第 3 款规定,基本权利直接约束立法、行政与司法,由此才导致了行政法对宪法依赖性的提高。再次,君主制下行政法的残余与自由法治国的追求并非不可调和,比如对特别权力关系理论的改造就是如此。同时,Bachof 也为迈耶辩护,他认为迈耶已经预见到了公共事业和公共设施的领域,迈耶提到的公共事业的例子,比如街道、下水道、铁路、航运、邮政、银行、储蓄银行、其他的信贷机构、土地改良站、屠宰场、乡镇供应机构、救济机构、社会保险、医院、公共浴室、大学、学校和学术机构、剧院、博物馆等等,这些都是国家的任务,这意味着迈耶并不局限于自由法治国的自由防御功能。[36] 第四,迈耶之所以采取法学方法或者行政法教义学的路径,主要是为了从不同的行政分支中抽取出共同的制度和概念,由此他才提出公共行政的法律形式的理论。行政是不同学科的研究对象,关键是确定行政法与其他与行政有关的学科的关系。法学本质是规范科学,但是追溯到其他学科的认识以及让法学家去从事这样的工作,是缺乏"安全性"的。放弃自己不熟悉的认识并不等于丧失与现实的关联性,未经批判地采纳不熟悉的认识反而"引渡"了错误。[37] 第五,行政法教义学虽然与实证主义、概念法学有相似性,但也有重要的区别。关键在于,实证法和概念从来不是目的本身,而是理性的结果。这种理性存在于所有法律制度的背后,也为其提供标准。它是超实证的,来自事物本质和法的本质。所以行政法教义学不仅不是远离目的和任务,恰恰是目的和任务决定了将经验的材料分配到特定类型以及产生具体的法律后果。比如公共设施和特别权力关系都是通过目的和任务来确定和划分的,公物也是服务于特殊的目的。迈耶对于概念法学

---

〔35〕　前引〔34〕. Bachof, S. 202.

〔36〕　前引〔34〕. Bachof, S. 210.

〔37〕　前引〔34〕. Bachof, S. 218.

是嘲笑的,体系对他来说从来不是目的,而仅仅是恰当解决问题的手段。[38]
第六,Bachof区分了对象体系和认识体系,前者是客观的、真实的体系,后者是知识的体系。知识体系必须建立在客观体系之上,但是后者并无法支配前者。现实中的法可能是缺乏体系所要求的统一和秩序的,但并不意味着法学的体系构建是没有意义的。知识体系恰恰是要用各种解释技术去弥合客观体系的断裂,而客观体系也会给知识体系以反馈,不仅从立法者角度去研究学术认知,而且也通过学说与判决不断地相互影响去进行法的续造。在知识体系或者认识体系中还要区分内部体系和外部体系,外部体系通过制度概念的形成、分类、排序等来进行,内部体系是思想之间的本质联系,是将法作为意义上的内在统一体。在 Bachof 看来,外部体系中的概念和制度都是个别的、特定领域的,但是必须通过内部体系中的一般概念来"黏合"。因此,法律形式之外的目的和任务不仅是有意义的,也是必要的。它们不仅发挥教学的功能,也具有批判的功能。比如德国最高法院曾在判决中指出,所有发挥生存照顾功能的都属于公法而非私法,这一判断显然是有问题的,[39]但它需要一种目的导向的解释来纠正。第七,Bachof 认为,过去行政法教义学之所以将行政处理作为中心,是为了便于法律救济。[40] 这种行为为导向的思维是扎根于 1946 年的《行政法院法》之中的。但行政处理只是行政法律关系中的一个瞬间。它以法律关系的存在为基础,并且随着其改变或终结。所以,从实体法的角度,行政法律关系比行政处理更重要,尤其是许多行政法律关系并不是通过行政处理来产生、改变和终止的(比如行政合同、事实行为、允诺、私人针对行政的意思表示、担保、规划等等)。但是Bachof 也不赞成将行政处理从行政法中清除,因为行政处理仍然是给付行政中的一个必要制度。同时,Bachof 认为,过去将法律关系界定为两个人格之间的关系,由此就排除了国家内部的机关之间的关系以及机关内部人员之间的关系,所以行政法律关系不能采取民法中的做法。当然,他也认为过去行政法之所以不重视行政组织法也有法律救济的原因,行政法院主要

---

[38] 前引[34], Bachof, S. 221.

[39] 前引[34], Bachof, S. 229.

[40] 传统行政法教义学的重点就是合法性与个人权利保护,Vgl. Winfried Brohm, *Die Dogmatik des Verwaltungsrechts vor den Gegenwartsaufgaben der Verwaltung*, VVDStRL 30 (1972), S. 254.

受理国家与公民之间的关系,但是要注意到,组织问题会对国家与公民之间关系产生直接影响,比如多个机关共同作出行政处理。同样,行政法教义学要正确地或者彻底地提供解决方案,也不能忽略部门行政法。[41]

　　总体上,Bachof 的立场是为行政法教义学进行辩护,虽然他也认为行政法教义学以行政处理为中心存在偏差,但他似乎认为只要将重心转向行政法律关系即可;虽然他也承认行政法教义学在关注行政组织法和部门行政法方面存在不足,但他并不认为这足以构成抛弃行政法教义学的理由,相反只需要加以重视即可。然而他忽视了社会变迁给行政法教义学带来的挑战,尤其是没有回答在合法性之外,合目的性以及形成性是否也属于行政的目标。对此,李洪雷教授提出了四个行政法教义学的不足:一是对不确定法律概念进行解释和对法律漏洞进行填补时,常常需要权衡和预测,而非法教义学的涵摄方法;二是行政法教义学过于重视司法适用而忽视了行政机关才是行政法的首要适用者;三是风险社会加大了对行政行为合法性判断的难度;四是行政法除了考虑合法性外,还应当考虑正确性。[42] 可以说,这些反思为该书第十章提出的新行政法学的方法进行了铺垫。

三、新行政法学的兴起

　　在德国,"新行政法学"最早由学者 Bumke 和 Hoffmann-Riem 于 2004 年提出,[43]它代表了一种不同于行政法教义学的研究方法。Voßkuhle 教授将新行政法学产生的原因总结为三点:(1)秩序法的危机。秩序法就是传统上采取禁止、命令、许可保留或者制裁威胁等手段来达成行政目标的行政法,但是在 1970 年代通过经验研究发现,行政领域出现了新现象:一个是环

---

〔41〕　前引〔34〕,Bachof,S. 237.

〔42〕　参见前引〔15〕,李洪雷书,第 8 页。

〔43〕　Wolfgang Hoffmann - Riem, *Methoden einer anwendungsorientierten Verwaltungsrechtswissenschaft*, in: Eberhard Schmidt - Aßmann/Wolfgang Hoffmann - Riem (Hrsg.), Methoden der Verwaltungsrechtswissenschaft, Nomos Verlagsgesellschaft, Baden - Baden, 2004, S. 13; Christian Bumke, *Die Entwicklung der verwaltungsrechtswissenschaftlichen Methodik in der Bundesrepublik Deutschland*, in: Eberhard Schmidt-Aßmann/Wolfgang Hoffmann -Riem (Hrsg.), Methoden der Verwaltungsrechtswissenschaft, Nomos Verlagsgesellschaft, Baden -Baden, 2004, S. 103.

境法在实践中无法付诸实施,产生了所谓"执行赤字"。另一个是行政机关通过多种方式与被管理的经济企业和公民合作,去共同寻找相关法律问题的可接受方案。对于这种行政与公民之间的非正式合作不仅求助于社会学和政治学的研究,在法学上也开启了一种超越合法/违法的病理学的思维方式,它着重于寻找合作完成高权任务的法律界限,例如非正式安排或者行政合同的界限。(2)社会变迁和技术变迁产生的新要求。为了处理规则制定、具体决策以及执行之间的复杂互动,立法机关和行政机关不仅要动用人力和物力,还要掌握充分的信息。首先是有关处理、组织和系统化既有信息的丰富知识,从而形成行动能力。其次,随着自由法治国向福利国家和预防国家的转变,国家任务的扩张导致对信息和知识的需求急剧增长,尤其在环境法、电信法和科技法领域,可利用的知识由于高度的复杂性和动态性、非线性的演进、不连续性和非可逆转性、全球化的影响以及无法评估的风险很快到达了极限。由此,传统的官僚-科层体制的行政无法保证充分的信息流,行政法学只能寻找替代的调整策略和组织形式,并且寻求相邻学科的帮助,比如经济学上的成本收益分析以及市场激励机制如何在法秩序中被激活,比如社会学上如何通过协商来解决冲突以及产生认同,这也使得法教义学上以法律行为为中心的观察方式被部分消解,从而产生了问题导向的视角。行政法学的焦点也从过去的行为方式、法律概念、法律原则转移到了可实施性、革新、跨学科的连接(比如效率、信息、沟通)、新的规制策略(比如经济性、程序化、民营化)以及选择状态(比如工具选择、制度选择、规制选择)。(3)行政改革作为政治的长期任务。为了应对经济的全球竞争和日益增长的国家负担,行政改革势在必行。尤其是新公共管理运动导致行政程序和行政救济的加速、公务员法改革等等,行政法学也被卷入改革进程,法律学者不断参与法政策或者立法的讨论。既然政治要将法律作为实现政治调控的手段,那么自然需要转变法律的论证模式,即从侧重解决过去的冲突转变为面向未来的论证。[44]

　　新行政法学与行政法教义学的区别在于,它将研究重点从法适用为导向的解释学转移到以法制定为导向的行为和决策科学。Voßkuhl 概括了

---

　　[44] Andreas Voßkuhle, *Neue Verwaltungsrechtswissenschaft*, in: Wolfgang Hoffmann-Riem/Eberhard Schmidt-Aßmann/Andreas Voßkuhle (Hrsg.), Grundlagen des Verwaltungsrechts, Band I, 2. Aufl., Verlag C. H. Beck, München, 2012, S. 9-16.

新行政法学的四大方法：(1)调控理论(Steuerungstheorie)。调控理论源自于社会科学，是把法作为一种产生某种结果的工具，[45]即"影响可欲的、避免不可欲的"，[46]包括调控主体(个人或者合作者)、调控客体(要影响的对象)、调控目标和调控工具，还可能包括调控活动与调控结果之间的相互作用。调控行为能否发挥所预期的作用，取决于所介入领域的调控条件，例如调控需求、调控媒介(金钱、权力、法律)以及投入的调控手段。[47]在调控理论下，行政法不仅仅要求民主法治国下被赋予公共任务的调控主体的多元化，而且要考虑法律之外的其他调控媒介，比如市场、人力、组织，还要考虑不同调控对象(公民、经济企业、团体、部门)的动机和利益。与行政法教义学的焦点在合法的法律行为(比如命令、禁止、许可保留、行政法规、行政处理)不同，调控理论要求关注那些新型的行政行为，比如信息行为(警示、产品推荐、褒奖)、货币激励(通过补助、税收、免检)或者各种冲突协调和合作机制。在调控理论看来，行政法的功能主要是通过行政行为使得某种任务变得可能，因此，在现行法的手段不够充分的情况下，行政法学还要提供相应的建议。调控理论本身反映了不同学科间对话的可能，因此行政法学要产生更多的思考，不仅要回溯到经验知识，还要运用社会科学和经济学提供的解释工具，比如成本收益分析、理性选择模型等等。[48](2)事实领域的分析。调控理论的基础和前提就是对事实领域的准确分析，如果不认识社会、政治、经济、文化、技术或者生态领域与规范有关的现实，法律就无法发挥其调控指引作用。对于事实领域，法教义学关注的是法官根据证明规则对个案事实的建构，它只是截取了事实的一小部分。尽管有时也会注意到法律行为的影响以及它的现实环境，但对经验素材的选取上是漫不经心的，要么有偏好，要么只是顺手从不同的来源抓取(比如个案事实、媒体报道、鉴定意见)。[49]因此，行政法学需要依赖其他学科的事实研究。(3)作用和结果导向。调控理论要求一种从作用来观察法律的视角，即在法律制定和法律适

---

〔45〕　Martin Eifert, *Das Verwaltungsrecht zwischen klassischem dogmatischen Verständnis und steuerungswissenschaftlichem Anspruch*，VVDStRL 67 (2007)，S. 294.

〔46〕　Ivo Appel, *Das Verwaltungsrecht zwischen klassischem dogmatischen Verständnis und steuerungswissenschaftlichem Anspruch*，VVDStRL 67 (2007)，S. 244.

〔47〕　前引〔44〕，Voßkuhle，S. 23.

〔48〕　前引〔44〕，Voßkuhle，S. 24-26.

〔49〕　前引〔44〕，Voßkuhle，S. 28.

用时要考虑一个措施的后果。它借鉴企业经济学上的控制理论,将后果分为三种:输出(Output)、影响(Impact)和成果(Outcome)。输出就是产品本身,即某个措施的具体的、立即的结果。影响是对目标群体行为的短期作用。成果是一个措施对社会、经济或者其他环境的长期作用。[50] 结果预测需要运用经验和比较知识。这种知识需要进行回溯性的法律作用研究,法律历史分析可以在有限范围内对某种相互关系进行解释。同时也可以看看特定调整在其他国家的作用情况,即传统的功能比较。[51] (4)学科内、多学科、跨学科和交叉学科研究。调控理论、事实分析和后果考量都要求在自身学科外来获取知识并且将其植入自己的思考之中,从而来跨越不同的理解障碍。首先,学科内开放,即打破法学内部的部门法屏障(民法、公法、刑法),这不仅在一些新的综合性领域的法上体现出来,比如环境法、信息法,也要求一种全面的调整策略,比如担保行政法。[52] 同时,不同部门法要相互补充,从而形成一种相互支撑的承接秩序(Auffangordnung)。[53] 其次,新行政法还要求交叉学科、跨学科或者至少是多学科的研究,比如经济学、社会学、技术研究以及行政学的研究,从而在其他学科的刺激下产生创新。但问题是,每个学者的工作能力是有限的,他无法准确地了解其他学科的研究状况,从而不仅产生了非正式理论输入的危险,而且跨学科的接受过程经常是高度选择性的,并且具有延时性和不对称性。由此需要一种综合的视角,它允许在不放弃各自学科认同的情况下使不同视角共同发挥作用。这也需要一套恰当的交流规则,即一种跨学科的元理论。这种元理论是方法透明和方法真诚的,每一个概念和理论的输出都需要理由,并且指明其运用的"瓶颈"。[54]

李洪雷教授不仅在该书最后一章中指出"中国新行政法学的提出体现了行政法制度变革对行政法研究方法的更新"、"中国行政法学理的更新应当将规制国和福利国的相关理论和制度作为行政法学研究的重要领域,而

---

[50] 前引[44],Voßkuhle,S. 30.

[51] 前引[44],Voßkuhle,S. 32.

[52] 参见杨彬权著:《后民营化时代的国家担保责任研究》,中国法制出版社 2017 年版。

[53] 比如近几年讨论越来越多的民行交叉、民刑交叉、行刑衔接问题。原因就在于,在调控理论来看,不仅行政法是调控工具,民法、刑法也是,只不过它们承担不同的调控任务。参见前引[46],Appel,S. 247.

[54] 前引[44],Voßkuhle,S. 34-35.

且要进一步深入部门行政法(行政法各论)的领域之中,不仅以司法为中心,而且要深入政府活动的核心,与经济学家、公共行政学家一起,探索提高行政效率效能、保障公共利益、进行利益协调的途径",[55]而且在该书的其他章节中还自觉运用了新行政法学的方法。比如将行政效能效率原则作为行政法的基本原则、[56]将行政体制改革纳入行政组织法的思考之中、[57]注意到了私人参与公共服务提供的新现象(包括外包、特许经营、基础设施领域的公私合作)、[58]讨论了对行政解释进行司法审查的规制国背景等等。[59]这些论述都身体力行地推动了新行政法学在中国的发展。[60]

四、新行政法学与行政法教义学的关系

新行政法学与行政法教义学到底是相互排斥还是相互补充的关系?对此,学者们之间展开了激烈的争论。批评行政法教义学者认为,迈耶的法学方法已经脱离现实了。因为国家法的任务已经变迁了,并不集中在保障公共安全。条件式的规范结构在行政法中也属于例外,大多数规定都留下了裁量空间或者使用不确定法律概念,从而需要根据现实环境来具体化。涵摄技术经常隐藏了真正的决策参数,即法律发现的动机。在这样的前提下,法学应当说明法秩序与社会关系之间的互动机制。而新行政法学恰恰是关注法律体系与它周遭的环境如何交流。[61]

但是也有学者对新行政法学提出了批评。学者 Fehling 就指出,新行政法学将法外的知识引入行政法学,很可能使得方法的界限失控并且丧失行政法学的自主性。具体来说,调控理论蕴含的结果导向以及将行政行为

---

[55] 前引[15],李洪雷书,第 413 页。
[56] 前引[15],李洪雷书,第 108 页。
[57] 前引[15],李洪雷书,第 201 页。
[58] 前引[15],李洪雷书,第 224-228 页。
[59] 前引[15],李洪雷书,第 377 页。
[60] 需要注意的是,中国新行政法学的理论资源并不局限于德国,而是"五湖四海",比如最早研究新行政法的姜明安教授是从澳大利亚得到了启发,参见姜明安:《澳大利亚"新行政法"的产生及其主要内容》,《中外法学》1995年第 2 期。
[61] Jan Philipp Schaefer, *Die Umgestaltung des Verwaltungsrechts: Kontroversen reformorientierter Verwaltungsrechtswissenschaft*, Mohr Siebeck, Tübingen, 2016, S. 17.

指向"正确性(Sachrichtigkeit)"对行政的合法性产生了危险。新行政法学的方法在具体的法律适用上仍然是模糊的,同时,将"唯一正确的决定"作为指导思想即使从调控和行为的视角来看也是不可行的。此外批评法教义学脱离现实也是不准确的,法律适用始终是一个依赖背景的现实构建的过程,因此,法教义学的论证就是以消除不确定性为前提的。新行政法学主张法与现实的相互交流,只是促进了方法论上的反思,但并没有提出具体的做法。提倡行政法与行政法学的现实关联性只是为了提高解决问题的能力,并非在于消解法的形式指导性。[62] 学者 Gärditz 批评新行政法学是"新瓶装旧酒",首先,德国行政法学在教义学出现之前就是以行政学作为主导,其旨在发展一种理想的行政体系,这不正是新行政法学想要复兴的吗?其次,行政法教义学是有宪法依据的,正是因为《基本法》规定"基本权利直接约束行政机关"以及"无论何人,其权利受到公权力侵害的,均可提起诉讼",行政法教义学才有了正当性。再次,从迈耶"宪法消逝、行政法长存"的名言来看,行政法就不可能是新的,它只能是对过去讨论的延续。[63]

　　除了上述两种相互对立的观点外,近些年还出现了一种调和的观点,即认为新行政法学并非对行政法教义学的取代,而只是一种补充,从而有可能在行政法教义学的基础上吸收新行政法学中的有益成分。比如 Appel 教授认为,如果说行政法教义学是法适用导向的、新行政法学是法制定导向的,但是在经典的法律位阶理论中,两者并不是截然分开的。下位法对上位法的具体化既是法制定,也是法适用。这种双重面向在行政法上就表现为,法律实现既有受约束的法律适用部分,也有原则上不受约束的法律制定部分。[64] 按照 Appel 的理解,行政法学应当是由新行政法学和行政法教义学共同构成的,其中,新行政法学是起点,而行政法教义学是终点。Eifert 教授则认为,行政法教义学和新行政法学之间实际上是分工的关系,它们共同参与体系构建,只不过行政法教义学侧重行为形式,而新行政法学侧重程序和组织。比如规制网络经济是一项新兴事物,因此几乎不存在行为形式的

---

〔62〕 Michael Fehling, *Die Neue Verwaltungsrechtswissenschaft - Problem oder Lösung. Innovation durch Kanonisierung?*, Die Verwaltung, Beiheft 12 (2017), S. 72-73.

〔63〕 Klaus Ferdinand Gärditz, *Die Neue Verwaltungsrechtswissenschaft - Alter Wein in neuen Schläuchen?*, Die Verwaltung, Beiheft 12 (2017), S. 111-125.

〔64〕 前引〔46〕,Appel,S. 256-257.

问题,但它仍然要符合组织和程序的安排。[65] 两者的互补性还体现在:首先,新行政法学可以增强行政法教义学的敏感性,比如行政法教义学容易固化于传统的形式类型或者一种历史上的范式,但是立法的多样性以及法官判决中的变量很快会导致行为方式被腐蚀,从而威胁到既有的教义。其次,行政法教义学可以通过法律形式化来补充新行政法学的视角,比如公务员法,通过行政法教义学将其抽象为机关与公务员之间的法律关系后,有助于新行政法学在内部关系和行政的任务履行之间建立联系,以功绩为导向的薪酬或者晋升都可以在任务履行下得到更好的判断。[66]

就像 Kahl 教授所说,新行政法学希望将法外的知识或者标准引入行政法学,但问题是,行政法学之所以是法学而非其他学科,就在于所有的东西都要于法有据。即使是法外的标准也要经过法的加工或者至少要经过法的解释。[67] 黄舒芃教授曾经举了一个形象的例子来说明,德国核能法规定,行政机关对于核能设施的许可,必须建立在该设施已经采取了依照科学与技术现状的判断标准看来所必要的各种危害预防措施的条件之上。此处的"科学与技术现状"就为法外的其他学科知识进入法学提供了通道,但无论如何,行政机关所援引的法外的学科知识必须真正是科学和技术的,如果用经济学上的"最符合经济效益的措施"来"冒充""科学与技术现状之下所必要的措施"也是违背法律的。[68] 即使对于法律上故意留白的裁量空间,也并不意味着法律在此失去了调控能力。因为任何裁量都必须是合义务的裁量或者符合行政法上的合理性原则的,此时,法律充当的是划定裁量边界的角色。所以,新行政法学中所谓的正确性标准必须是在合法的前提下才能被采用。

实际上,即使新行政法学的倡导者 Voßkuhle 教授也主张新行政法学只是对行政法教义学的补充。他指出,行政法不仅仅发挥作为调控媒介的工具性功能,同时也是实质的价值秩序,它的基础在于宪法。因此,调控视

---

〔65〕　前引〔45〕,Eifert, S. 306.

〔66〕　前引〔45〕,Eifert, S. 324.

〔67〕　Wolfgang Kahl, *Über einige Pfade und Tendenzen in Verwaltungsrecht und Verwaltungsrechtswissenschaft-Ein Zwischenbericht*, Die Verwaltung 42 (2009), S. 494.

〔68〕　参见黄舒芃:《"行政正确"取代"行政合法"? ——初探德国行政法革新路线的方法难题》,载黄舒芃:《框架秩序下的国家权力——公法学术论文集》,新学林出版股份有限公司 2013 年版,第 83 页。

角中蕴含的任务和作用导向对行政法的观察方式不能诱使实践为了实施的需要而去反对民主法治国的优先性。[69] 对此，李洪雷教授的认识是中肯的，"只要将行政合法性的确保作为行政法学的首要任务，则法律方法在行政法学的方法体系中仍居于中心和支配的位置"[70]。

五、结语

该书在内容上或有可商之处，比如在分析裁量瑕疵时，仅讲了权力滥用和怠于行使裁量权，而对于裁量错误（Ermessensfehlgebrauch）没有涉及；在权力滥用中虽区分了不合法与不理性，[71]但它们与我国实定法上的"明显不当"之间是何关系，对此没有交代。在体系上或有缺失之处，比如行政行为法部分仅分析了行政处理，而对于我国典型的行政处罚、行政许可、行政强制三种行政行为均未涉及，也未讨论当前大热的行政协议。在行政救济法部分，不仅未涉及行政复议、国家赔偿和补偿，即使行政诉讼也只分析了其中的一个难点问题——举证责任。但瑕不掩瑜，该书在方法上的自觉、视野上的开阔、观点上的持重，都是特别值得称道的，尤其是其试图打通行政法教义学与新行政法学的努力，为中国行政法教义学从"跟随"到"超越"提供了契机。

（特约编辑：叶敏婷）

---

〔69〕 前引〔44〕，Voßkuhle, S. 34-35.

〔70〕 前引〔15〕，李洪雷书，第9页。

〔71〕 前引〔15〕，李洪雷书，第319-337页。

用行政法释义学捕捉中国行政法学的进展

——读李洪雷教授《行政法释义学:行政法学理的更新》

刘雪鹏*

一、引言:行政法学的多重研究进路及其释义学进路

随着我国行政法律规范的日渐完备,行政任务的日益丰富多样,以行政法现象为研究对象的行政法学学科,形成了行政立法学、行政法释义学,行政法政策学、比较行政法学等多个研究进路。[1] 其中,行政法释义学最主要的任务,就是透过现行行政法秩序的体系性建构,为行政法规范的具体适用,提供一套客观的认知及操作框架。[2] 正是行政法释义学的这个特质,使得行政法学能够作为独立的法学学科存在,区别于行政学、社会学、经济学等学科。在这个意义上,部分学者认为,狭义的行政法学就是行政法释义学。[3]

具体来说,自20世纪90年代以来,《行政处罚法》《行政许可法》《行政诉讼法》等法律规范出台,以规范控制行政权为主线,以行政行为的合法性控制为主轴的行政法释义学渐渐起步。[4] 然而,借鉴外国经验并经由本土实践串联而成的中国制度,缺乏持续的逻辑锤炼和系统检视,现有学术成果

* 刘雪鹏,浙江大学光华法学院博士研究生。

〔1〕 参见苏力:《也许正在发生:转型中国的法学》,法律出版社2004年版,第20页。

〔2〕 参见黄舒芃:《什么是法释义学?——以二战后德国的宪法释义学为借镜》,台大出版中心2020年版,第11页。

〔3〕 参见雷磊:《法教义学:关于十组问题的思考》,《社会科学研究》2021年第02期。

〔4〕 参见朱芒:《中国行政法学的体系化困境及其突破方向》,《清华法学》2015年第1期。

更偏向学理对实践的即时反应,未能为行政法律规范的适用提供稳定的解释框架,行政法释义学研究尚不充分。[5] 李洪雷教授《行政法释义学:行政法学理的更新》这本著作以行政法释义学的本体论为出发点,在以往研究基础上,尝试经由行政法范畴、行政法基本原则、行政法基本概念,行政组织法,系统搭建我国的行政法释义学体系,推进行政法释义学的研究。本书的一大特色或许正是作者对我国行政法释义学更加精细的体系建构。行政法释义学毕竟以现行法律秩序为出发点,属于戴着镣铐跳舞,很难应对行政任务转型和社会剧变,很难对于整个行政法律体系提出改革方案;面向司法的行政法释义学,视野仅及于行政边缘,对于行政过程和制度改革的关照尚不充分,仍有局限。面对新行政法的挑战,本书作者也展望了我国行政法学研究的未来方向,为后续研究埋下种子。

二、行政法释义学本体论探析

如前所述,行政法释义学是行政法的法释义学研究进路,与行政法现象的其他研究进路并列。但究竟什么是行政法释义学的本质属性,行政法释义学与法律方法的关系如何,这一系列行政法释义学的本体论问题,行政法学界缺乏充分讨论。在众多行政法学总论的书籍中,行政法释义学似乎被看作不言自明的前提。[6] 这种本体论的缺位,某种程度影响了行政法释义学的发展。与之相对,本书作者在导言部分,就行政法释义学作了概念说明,并分析了行政法释义学的基本特征,其实回应了本体论的相关问题,为本书排篇布局奠定基调。行政法释义学的本体论,一方面指向法释义学的本质属性,这是各个部门法的通约问题;另一方面,行政法现象有别于民法、刑法等其他部门法,围绕本体论进行的探讨也离不开行政法律制度的特殊议题。

---

〔5〕 参见赵宏:《行政法学的体系化建构与均衡》,《法学家》2013 年第 5 期;宋华琳:《中国行政法学总论的体系化及其改革》,《四川大学学报(哲学社会科学版)》,2019 年第 5 期。

〔6〕 参见王连昌主编:《行政法学》,四川人民出版社 1993 年版,第 34-37 页。

（一）行政法释义学的功能主义定义模式

法释义学也称法教义学，起源于古希腊医学，而后为古希腊与古罗马的"规则法学"所继受，经中世纪的注释法学和人文主义法学的发展，于19世纪后期的德国，在概念法学思潮的影响以及制定法的助推下，Rechtsdogmatik也即法释义学，逐步发展成为独立的学科。其后，概念法学派受到利益法学派的批判，法释义学经由评价法学的"现代转型"，呈现开放和包容的特质。[7] 中文语境中的用法，早期频繁出现在译著中。比如洪汉鼎教授翻译的伽达默尔的《解释学》，就采用"罗马法的教义学""法律教义学"等用语。[8] 此后，部门法学者开始在民法学、刑法学、行政法学等领域使用"法教义学""法释义学"等表述。而有学者认为，源自德国的法教义学带有浓厚的宗教色彩，对应不受挑战的观点或者原则。将德文词语翻译为法教义学，带有宗教色彩，这与我国的日常研究语境不太相容，[9]而法释义学的表述更贴合本国语境。本书作者采纳法释义学的表述。

紧跟部门法释义学的发展脚步，近年来法理学有关法释义学本体论的研究可谓汗牛充栋，而法理学教科书中对于法释义学的定义则不计其数。虽然观点、文字表述未必一致，但不同学者通常以法释义学的任务功能对其定义。比如有学者将法释义理解为"公理"，这一主张受到自然科学研究范式的影响，将法释义与体系紧密结合，认为法释义学的任务是构建法律公理体系。有学者认为法释义学具有两面性：其中，作为知识的法释义学就是以现行法律规范为中心形成的一般性权威命题、原理，而作为方法的法释义学则指向一种独特的思维方式。[10] 有学者认为法释义学是法学家为破解疑难案件而形成的不容置疑的原理和知识，此观点把法释义学看作一种实践导向的知识体系。[11] 显然，不同定义下，法释义学的功能任务有较大差异，

---

〔7〕 参见雷磊：《法教义学观念的源流》，《法学评论》2019年第2期。

〔8〕 参见伽达默尔、洪汉鼎：《解释学》，《哲学译丛》1986年第3期。

〔9〕 参见谭婷、王冲：《向法理开放的法教义学——"法理与法教义学"学术研讨会暨"法理研究行动计划"第十二次例会述评》，《法制与社会发展》2020年第1期。

〔10〕 参见雷磊：《什么是法教义学？——基于19世纪以后德国学说史的简要考察》，《法制与社会发展》2018年第4期。

〔11〕 参见舒国滢：《求解当代中国法学发展的"戴逸之问"——舒国滢教授访谈录》，《北方法学》2018年第4期。

有观点把法释义学当作一种研究方法;有观点把法释义学看作一种知识体系;也有观点同时兼顾法释义学的两个面向,既有知识体系的一面,也有研究方法的一面。

本书作者延续了上述定义方式,以任务功能定义行政释义学。与上述观点均不相同,本书作者对于行政法释义学的功能定位,似乎是综合性的。作者对行政法释义学的定义和基本特征描述,既包含对现行法律秩序的客观陈述;也包含对该规范的概念性、体系性说明;并且上述描述与说明能够解决个案中的法律适用问题。[12] 如前所述,本书的章节编排,集中体现了行政法释义学的其中一个任务——现行有效行政法规范的概念性、体系性建构。但这并不是作者对于行政法释义学功能的全部认识。以第三章行政法的适用与解释为例,该章集中呈现了行政法的法律适用过程。

(二)行政法释义学以现行行政法律制度的适用为核心研究对象

法释义学是否以现行法律秩序为中心,法理学者之间的观点仍存在分歧。有学者认为,法释义学应以现行有效的实证法规范为出发点;也有学者主张法释义学应当区分不同的阶段:一个阶段是部门法学者从事的,承认实在法的权威性并受其约束的部门法释义学研究;另一阶段则是作为一般理论的法释义学研究,是法理学者对部门法学者研究活动的批判和建构,从而提出更妥当的解释和操作框架,它不是法释义学的研究,而是关于法释义学的研究,或者说是释义性的法理学。[13]

回到行政法释义学,本书作者显然以现行行政法规范秩序为出发点,作者秉持部门法释义学的研究立场,以现行有效的行政法规范秩序的适用为基本点,恪守应然性法律规范与实然性法律规范区分的逻辑,而质疑、批判甚至超越现行行政法秩序,不属于行政法释义学的研究范畴。由此,本书有关行政法的体系建构围绕现行行政法秩序展开。

至于法释义学的主要任务,是否局限于现行法秩序的体系建构,法理学界也存在观点交锋。有学者主张,法释义学以"概念法学"为代表,是从现行

---

〔12〕 参见[德]罗伯特·阿列克西:《法律论证理论——作为法律证立理论的理性论辩理论》,舒国滢译,中国法制出版社 2002 年版,第 311 页。

〔13〕 参见谭婷、王冲:《向法理开放的法教义学——"法理与法教义学"学术研讨会暨"法理研究行动计划"第十二次例会述评》,《法制与社会发展》2020 年第 1 期。

法律秩序出发,以概念、体系进行法律推理的研究方法;有学者认为,法释义学是一种实践性的知识,现行法有关概念、原则的体系性知识就是法释义学本身;〔14〕也有学者提出,法释义学是双面的:作为知识的法释义学以及作为方法的法释义学。〔15〕

本书作者对于行政法释义学的理解似乎更偏重行政法的实践取向。行政法释义学的法律适用导向表明,行政法学者对于概念、原则的体系化建构,并不是纯粹为知识而知识的理论活动,学界有关概念体系、基本原则的共识或者通说,旨在为法律适用活动提供操作框架。而行政的法律适用并不是规范的机械操作:行政法学者在解释行政法时,可能发现个别规范存在法律漏洞,当其运用法释义学确立的概念、原则补充现行秩序的法律漏洞,也一定程度指引了现行法律秩序的未来方向。此外,按照依法治国的要求,行政机关须依法行政,法院须依法裁判,因而行政机关与司法机关都有法律适用的特点。换言之,和民法释义学、刑法释义学相比,行政法释义学不仅研究司法的法律适用过程,也研究行政的法律适用过程。本书作者专设第三章——行政法的适用与解释,系统分析行政法的适用过程,比较了行政的法律适用与司法的法律适用的差异。

(三)行政法释义学以行政法上的法学方法为核心分析要素

至于法释义学与法律方法(法学方法论)的关系,也是一个没有共识的问题。对此,法理学界主要有以下几种观点,有学者认为,法释义学就是实践导向的体系性知识本身,法释义学研究的是现行法律规范背后的法理。这意味着法释义学与法学方法不在一个维度。〔16〕还有学者认为,作为知识的法释义学就是运用法学方法论对现行法秩序加工之后的"产品";而作为方法的法释义学则包含两个部分,其一是关于法律解释、概念建构、体系化的一般性理论,也即法学方法论;其二则带有地域和法学领域的特殊性,比

---

〔14〕　参见舒国滢:《求解当代中国法学发展的"戴逸之问"——舒国滢教授访谈录》,《北方法学》2018 年第 4 期。

〔15〕　参见雷磊:《什么是法教义学?——基于 19 世纪以后德国学说史的简要考察》,《法制与社会发展》2018 年第 4 期。

〔16〕　参见舒国滢:《求解当代中国法学发展的"戴逸之问"——舒国滢教授访谈录》,《北方法学》2018 年第 4 期。

如刑法学的犯罪构成四要件说、民法学请求权思维基础等。[17]

如前所述,本书作者更倾向于在方法或者思维方式的维度上把握行政法释义学。本书作者将其概括为行政法上的法学方法:也即包含行政法上的法律解释方法、行政法适用技术、行政法体系建构、行政法的合法性保障方法。进言之,某种程度上这和法理学者"一般性法学方法结合部门法的特殊性方法"的观点近似。但作者并没有有意区分行政法的特殊方法与一般的法学方法论。此外,作者特别强调了行政法释义学的体系性思维。行政法的法律适用方法固然重要,体系性思维则将具体的行政法律适用问题纳入概念和制度的普遍性、系统性框架内,为行政法成为独立的学科奠定基础。[18] 正是这种方法或者思维方式,使得行政法学区别于行政学和其他部门法学。因此,本书以行政法规范的体系性建构为核心,编排章节内容。

三、行政法释义学的体系化建构及进展

(一)以公、私法区分为行政法释义学的坐标

公法、私法的区分对于大陆法系德国的行政法释义学研究具有重要意义。这集中体现在规范的体系建构上:组织法上的行政机关,行为法上的行政处理、行政协议,行政救济法上独立的行政法院,均以公、私法区分为前提。[19] 可以说,公法、私法的区分是行政法释义学的坐标:行政法是公法的组成部分。但是伴随行政任务的扩张和多元化,公、私法的绝对区分逐渐松动,比如行政任务不仅由公法的组织形态和行为方式完成,也可以由私法的组织形态和行为方式实现。公法、私法之间日益相互渗透。公法、私法的研究者也逐步参与到这种交叉领域的研究中来。[20] 尽管如此,以公法、私法区分为前提的行政法体系没有根本动摇。

---

[17] 参见雷磊:《法教义学:关于十组问题的思考》,《社会科学研究》2021 年第 2 期。

[18] 参见卜元石:《法教义学的显性化与作为方法的法教义学》,《南大法学》2020 年第 1 期。

[19] 参见[德]哈特穆特·毛雷尔:《行政法学总论》,高家伟译,法律出版社 2000 年版,第 39 页。

[20] 参见[德]哈特穆特·毛雷尔:《行政法学总论》,高家伟译,法律出版社 2000 年版,第 35 页。

反观我国,自 20 世纪 80 年代以来,《行政诉讼法》确立单独的行政审判庭和专门的诉讼程序,公法、私法的区分问题进入行政法学的研究视野。受大陆法系法律体系思维的影响,行政法的公法属性慢慢成为部分学者默认的研究前提,而公法、私法的区分标准,讨论还不充分。[21] 与此同时,我国社会处在转型期,行政实践不断出现所谓公法私法化、私法公法化的新问题。对此,部分学者开始转向"公、私"合作等问题的研究。[22] 更有学者主张跳出公法、私法区分的传统框架,以行政过程论观察行政组织,行政活动。[23] 总而言之,我国现行法规范对于公法、私法区分的还不明确,学界对于以公法、私法区分为基础的行政法体系没有达成共识。

本书作者批判地继承了前述观点,强调以公法、私法区分作为我国行政法释义学体系建构的前提。作者特别考察了大陆法系公法、私法区分的社会基础。公法、私法二元区分的社会基础是市民社会与国家的分离。这一分离的社会基础对于我国逐步清理全能主义传统仍有非常重要的意义。公法、私法的区分也指导着行政协议、公法人、行政诉讼法等行政法体系的单元制度。在此基础上,有必要深入研究公法、私法区分的判断标准。作者主张对于判断标准的研究需要关注实践,围绕事件的规范归属展开。至于公法、私法区分的相对化,则需要进一步探究公私法领域的交融、支持、补充。

我国行政法律制度,既面临全能主义带来的规范和控制行政权的传统问题,也面对行政任务扩张而引发的新问题,以公法、私法区分为体系建构的前提,有力回应了上述新、老问题。

(二)行政法释义学的正当性前提:行政法基本原则体系化

法律原则是法律体系重要的元素之一,与具体的、操作性较强的法律规则相比,法律原则相对抽象、蕴含了法律规则的价值,是法律规则的灵魂。立法者按照原则铺陈法律规则,有利于法律规范以相对稳定的状态运行,确保法律规范在实质价值上的正当性,对于法律的体系化建构而言关系重大。[24] 此外,在法律适用的过程中,法律规则的模糊之处,需要借助法律原

---

[21] 参见高秦伟:《行政法中的公法与私法》,《江苏社会科学》2007 年第 2 期。
[22] 参见金自宁:《公法私法/二元区分的反思》,北京大学出版社 2007 年版,第 165-178 页。
[23] 参见江利红:《以行政过程为中心重构行政法学理论体系》,《法学》2012 年第 3 期。
[24] 参见[德]卡尔·拉伦茨:《法学方法论》,陈爱娥译,商务印书馆 2003 年版,第 348 页。

则来解释;法律规范存在漏洞的地方,法律原则往往成为法律规范续造的重要依据之一。行政法律领域同样如此。通常来说,行政法上的基本原则就是普遍适用于一般行政法领域且具有基本性地位的法律原则。由于行政任务复杂多变,行政法很难以形成一部统一的法典,行政法的基本原则主要存在于在各个单行法律规范、行政法实践、司法裁判中,并经学理抽象、加工、凝练而成。因而,行政法释义学体系建构的任务之一,就是确定行政法上基本原则的内容及其相互关系。

我国学界对行政法基本原则的研究较为分散,体系化程度还不够高。具体来说,多数学者认为,行政法的基本原则包含行政合法性原则、行政合理性原则两项。但是对于行政合法性原则来说,其所包含的法律保留原则和法律优位原则关系如何,学者之间没有达成一致意见。行政合理性原则究竟包含哪些具体类型,学界存在较大分歧。[25] 由此,行政裁量的法律规范、行政权滥用等司法审查方面,这些法律规则不易进入,需要引入原则来进行合法性控制、司法审查的地方,缺乏明确的法律原则指引。这影响了行政法有关规范和控制行政权,保护公民个人权利的制度目的实现。

本书作者在以往规范研究、比较法研究的基础上,对行政法的基本原则展开更为精细的分析。就行政合法性原则而言,作者引入了权力分工的宪法学视角,深入探讨了法律保留原则的依据或原理。在深化改革的时期,作者认为,法律保留原则的适用范围不宜过宽,干预保留说较为适合我国的当下情况。对于干预行政领域,往往这一领域会有限制公民个人权利、增设个人义务的情况,结合宪法有关尊重和保障人权以及基本权利的规定,行政机关干预公民个人权利必须要有法律依据。而在给付行政等领域,往往涉及金钱等政策导向明显的议题,不宜要求全部由法律进行规范。至于行政法上的其他原则,作者似乎将关注点放在其具体类型上。作者分别探讨了平等原则、比例原则、信赖保护原则、人性尊严原则、诚实信用原则、公益原则、行政效能效率原则、正当程序原则。作者一并探讨了信赖保护、诚实信用原则之间的关系。与原有的学理研究不同,本书作者对于通常的行政合理性

---

〔25〕 比如有学者将行政合理性原则与信赖保护原则并立,参见张树义主编:《行政法与行政诉讼法学》(第2版),高等教育出版社2007年版,第33-37页。有学者则分列了平等原则、信赖保护原则等,参见应松年主编:《行政法与行政诉讼法》(第2版),中国政法大学出版社2011年版,第47-55页。

原则,进行了相对丰富的类型化展开,而不再冠以行政合理性原则之名。面对新时代行政任务的转型,作者特别强调了行政效能效率原则的基本原则地位。

(三)行政法释义学体系的基本元素:行政行为形式论

在大陆法系德国,行政行为形式是从具体的行政活动中抽离出的行政法的基本活动单元,借助这一活动单元,使得行政法获得形式抽象性,行政法体系的各项要素被串联起来。横向上,行为的合法/违法、类型区分、法律效果等围绕行政行为展开。纵向上,行政行为的其他形式、行政的司法救济、行政诉讼类型等也以行政行为论为核心。[26] 换言之,行政行为形式论是行政法释义学体系重要的元素。自奥托·迈耶借助司法判决的要素建构行政处理概念以来,行政行为的形式已从单一的行政处理,发展至以行政活动统合行政处理、行政契约、行政指导等多个行为类型的层次结构。[27]

我国行政法学的体系构建基本承袭大陆法系的特色,在《行政诉讼法》颁行之前,行政法学界就尝试以行政行为形式作为统合行政活动的基本单元,从而为将来的立法提供稳定的统领性的体系框架。然而,学者们对于行政行为的概念各执一词,行政行为统合行政活动的内部构造也存在分歧。行政行为形式论并没有充分引领立法活动。20 世纪 80 年代末,伴随《行政诉讼法》的问世,学者关于具体行政行为的研究渐次兴起。部分学者试图围绕具体行政行为搭建行政法学体系。[28] 与之相对,诉讼法意义上的具体行政行为,多用以框定行政诉讼的受案范围,而与学理的体系建构方向南辕北辙。[29] 也就是说,学理上的具体行政行为与诉讼法上可诉范围的具体行政行为存在差异。学理与现行规范之间的龃龉,使得具体行政行为无法成为行政法释义学体系的单元概念。尽管《行政诉讼法》于 2015 年修订后,将具

〔26〕 参见赵宏:《行政法学的体系化建构与均衡》,《法学家》2013 年第 5 期。
〔27〕 参见[德]哈特穆特·毛雷尔:《行政法学总论》,高家伟译,法律出版社 2000 年版,第 181 页及以下。
〔28〕 参见罗豪才主编:《行政法论》,光明日报出版社 1998 年版,第 150 -151 页。
〔29〕 参见朱芒:《中国行政法学的体系化困境及其突破方向》,《清华法学》2015 年第 1 期;参见陈越峰:《中国行政法(释义)学的本土生成——以"行政行为"概念为中心的考察》,《清华法学》2015 年第 1 期。

体行政行为改为行政行为,也没有从根本上改变这一状况。[30] 此外,也有学者尝试以法律关系取代行政行为,作为行政法释义学体系的核心要素。[31] 持此观点的学者认为,相对于面向司法的行政行为形式论,法律关系说更能为现行行政法学提供开阔的视野和全面的分析框架。

本书作者认可行政行为形式论对于行政法释义学体系建构的重要意义。现行行政法律规范,充斥着行政立法、行政处罚、行政强制等较为分散的行政活动概念。在各个行政活动概念的基础上抽象出具有共同特质的行政行为形式,能够减轻立法负担。此外,搭建这一体系概念,确定不同的行政行为形式在行政行为体系中的地位,为行政任务选择有利于其任务完成的行为形式,发挥概念体系的仓储功能。同样法院对于该行为形式的司法审查,可以直接引用概念构造成果,实现思维减负功能。其中,作者选取了处在关键位置的行政处理概念,着重讨论了行政处理与民法上的法律行为、意思表示的关联性。作者认为,虽然法律行为是民法上的经典概念,体现私法自治原理,但是法律行为仅仅是指,法律认可私法主体能够以自己的行为创设自己想要实现的法律状态,与意思自治没有直接联系。因此,行政法上同样可以结合其相应的法原理,引入这个技术概念——行政处理。行政处理是指,法律授权行政主体能够以自己的意思表示行为设定行政法上的权利、义务关系,也即行政处理是行政法上法律行为的形态。遗憾的是,本书作者聚焦行政处理,没有阐述行政行为的其他形式,更未说明行政法释义学的重要元素——行政行为形式论的基本层次构造。对于法律关系能否取代行政行为形式成为行政法释义学的基本概念,作者认为,法律关系说缺乏说服力,不过以此为入口可以为多元利益的冲突和调和提供法律的概念分析工具。

(四)行政组织法是行政法释义学不可或缺的一环

行政组织是行政任务的承担者,在大陆法系德国,行政组织法作为行政法释义学体系的重要一环,对于以行政行为形式论为核心的传统法释义学来说,行政组织法主要围绕行政活动的直接控制展开。近几年来,这种情况

---

[30] 参见闫尔宝:《我国行政行为法体系建构的问题与症结》,《国家检察官学院学报》2014年第5期。

[31] 参见赵宏:《法律关系取代行政行为的可能与困局》,《法学家》2015年第3期。

有了较大变化,行政组织法的内部机构研究逐步受到重视。[32] 此外,受历史、经济、社会等因素影响,行政组织法具有较强的地域性特色,一些独属于德国法上的组织形态,在我国可能没有对应的形态。

　　反观我国,在《行政诉讼法》出台前,行政组织法的研究主要集中于行政学、组织学的原理,缺乏规范或者法学的视野。[33]《行政诉讼法》颁行后,研究从先前的组织学、行政学转向以行政诉讼为依托的行政主体研究。研究以行政行为司法审查的组织保障为主,偏重诉讼相关的问题,比如行政主体、行政授权等《行政诉讼法》涉及的相关概念,行政组织的内部问题远没有展开,也无法充分回应中央与地方政府机构改革等现实问题。[34] 面对这一研究的局限,也有学者提出以新公共行政的分权化、多元化更新行政主体理论,延伸行政组织法的范围。[35] 行政组织法作为行政法释义学体系建构的单元之一,学者对这一要素的重视程度远不及行政法基本原则、行政行为的形式。

　　有鉴于此,本书作者专设两章,系统讨论了行政组织法的相关问题,推进这一领域研究的精细化。进言之,与从主体层面保障行政组织对外作出的行政行为的合法性的研究方式不同,本书作者转向行政任务导向,从行政组织的形态出发,分类分析了行政机关、公法人、行政署、私法形式的公务组织等形态(本书第4章)。随着行政任务的扩张,传统的科层制行政机关的局限日益显现,而分散化、去科层化的其他组织形态,公法人、行政署、私法形式的公务组织不断成型。本书作者除了探讨原有科层制的组织形态,还系统性探讨了分散化的其他组织形态。在行政署章节,作者特别提到了事业单位。作者指出,对于不适合以独立法人形态运行的事业单位,可以改造为类似执行署的附属于政府部门的执行机关。遗憾的是,虽然本书作者尝试以行政任务转换我国行政组织法的研究范式,扩大行政组织法的研究范围,更新行政组织法的学理功能,但是上述研究仍有未尽之处。我国正处在

---

　　[32]　Vgl Eberhard Schmidt Aßmann , *Das allgemeine Verwaltungsrecht als Ordnungsidee* , Vorwort,Springer,2006,S. 239.

　　[33]　参见书云、方晓、安吉:《行政管理与改革》,中国城市经济社会出版社 1990 年版,第 45 页。

　　[34]　参见王连昌主编:《行政法学》,中国政法大学出版社 1993 年版,第 35 页。

　　[35]　参见张树义:《论行政主体》,《政法论坛》2000 年第 4 期;沈岿:《重构行政主体范式的尝试》,《法律科学》2000 年第 6 期。

机构改革的关键时期,对于公共事业单位、国有企业等具有本土特色的行政组织,行政任务取向下的行政组织法应如何回应？此外与公物法相关的组织法问题本书也未涉及。

四、行政法释义学现状反思及未来展望

(一)行政法释义学的局限及外部冲击

1.行政法释义学与行政法体系建构的新方向

从研究对象上看,行政法释义学以现行有效的行政法律规范为出发点,这既是法释义学的界限,也是法释义学的局限。行政法释义学当然可以对现有规范体系进行评价,提出改进方向,却不能完全脱离现有规范。如前所述,我国行政法释义学主要面向传统的规范和控制行政权的行政法规范制度。只不过,我国社会正处在转型时期,国家的行政职能除了传统的秩序行政领域,也在向给付行政等领域拓展。随着信息化、全球化、市场化不断加深,行政方式从命令—服从、转向协商—参与,行政调整手段由刚转柔,新的行政活动不断涌现。相较于下游的司法控制,面向行政过程的上游规范,其重要性日益凸显。对此,行政法必须作出系统性、结构性调整。但是由于立法相对于社会、经济变化具有一定的滞后性,行政观念、行政任务的结构性转变还未上升成为法律。建立在传统行政法规范,以行政权的司法控制为轴心的行政法释义学,不能有效回应行政任务变化带来的行政法问题。[36]

已有学者提出了行政法发展的新方向:如 20 世纪末的平衡论、新管理论、行政法治从形式合法性向实质合法性转变、围绕给付行政建立的协调发展型行政法、行政权力适当扩张以实现有效治理与多元行政模式中的新行政法、合法性与最佳性结构中的新行政法等(参见本书第十章第一节)。在整理上述观点的基础上,本书作者认为,行政法学发展的新方向并没有抹平以控权论为核心的行政法释义学。与之相对,规范与控制行政权、保障公民个人权利的传统行政法学,有助于清除我国全能主义残余,强化个人权利自

---

〔36〕 参见黄宇骁:《行政法学总论阿基米德支点的选择》,《法制与社会发展》2019 年第 6 期。

由的制度保障。未来行政法释义学的结构调整,仍不能忽视传统行政法的控制行政权面向。行政法的新方向,是对传统行政法议题、体系等的拓展,引领了未来行政法释义学体系建构的方向。

2.行政法释义学与行政法学的新视野

如前所述,行政法学方法是行政法释义学的核心方法,对于行政法学成为独立学科具有决定性作用。这是否意味着行政法释义学为保持其学科纯粹性,需要切断其与相邻学科的联系呢? 对此,法理学界的立场较为一致,法释义学需要向其他学科开放,以确保系统的活力,增强法释义学对于现实的解释力,充分回应实践需要。[37]

本书作者持近似观点,面对新行政法的冲击,有学者主张,以政府规制理论、社科法学方法、行政法政策学、行政过程论等方法或者视角应对挑战。本书作者引述以上研究方法,提出未来的行政法学,将形成传统行政法与规制行政等新行政法学领域并立的局面。只不过作者并未论及行政法释义学如何向其他学科视角开放,传统行政法学与新行政法学的关系。

(二)未来展望

面对新行政法和行政法学其他研究视野的冲击,本书作者认为,除了行政法释义学的结构性转型,还需要从以下三组关系把握未来的行政法学研究。(本书第十章第三节)具体来说:其一,行政法学的研究需要行政立法学与行政法释义学齐头并进。我国仍处在制度深化改革与转型的阶段,除了关注现行行政法规范的行政法释义学以外,还应加强偏重制度建构的行政立法学研究。其二,除了行政法学总论,行政法学分论的研究也要跟进。如前所述,行政法释义学的体系建构围绕行政法总论进行,具有高度的抽象性。而行政法发展的新方向,与部门行政法息息相关。而当行政法学研究的目光从总论转向分论,则更有利于开拓行政法的新议题、新方法,为行政法学总论的研究提供丰富的素材和新的理论来源。其三,我国行政法学的研究应在吸收外国法经验的基础上,增强本土问题意识。如前所述,我国行政法释义学仍处在理论和制度建构的初期,需要系统借鉴外国法律的经验。只不过目前我国处在前现代、现代、后现代问题叠加的阶段,不能只看单一

---

[37] 参见李忠夏:《功能取向的法教义学:传统与反思》,《环球法律评论》2020年第5期。

域外法经验。

作者越出行政法释义学的视野,提出行政法学研究的新图景。但是面对新行政法、其他研究方法对行政法释义学的冲击,作者没有就法释义学体系的结构性调整展开论述。比如作者提到,法释义学方法应向相邻学科开放,但究竟怎样开放,才能在保持法释义学现实解释力的同时,不丧失其独立性。

五、余论:行政法释义学的本土检视

作为舶来品,法释义学一词自洪汉鼎先生翻译引入以来,已逐渐成为当下法学界的焦点。无论是民法、刑法、宪法、行政法等传统的法学领域,还是网络法等新兴的法学领域,都有类似释义学研究、释义学反思等的学术作品。尽管如此,以现行实在法的适用为起点的部门法释义学特别是行政法释义学的研究,仍缺少持续的系统检视,还没有形成稳定的体系框架。李洪雷教授所著的《行政法释义学:行政法学理的更新》,正是在先前研究的基础上,尝试搭建行政法释义学的体系,推进行政法学理的更新。本书的遗憾正如作者在前言部分所言"……在行政行为释义学方面,对于行政处理之外的其他行政行为形式未能展开讨论……关于行政法释义学如何回应新行政法的挑战,没有提出具体的方案"。这也引发了笔者对于行政法释义学本土化的思考。

围绕现行有效法规范进行解释和体系化作业的法释义学,并不是德国独有的法学研究方法,我国乃至世界其他地方也有类似的思维方式。因其以现行实在法的适用为出发点,法律文字的模糊性就要求法律解释及解释方法,方法的科学性就要求概念和体系化作业。但这并不意味着法释义学就不存在本土化的因素。正如雷磊教授所言:"法教义学本就具有天然的'国别性'和'本土性',因为它是围绕本国的现行实在法,在本国的政治—法律体制和社会文化环境中进行法律适用的产物。"〔38〕这一特性决定了围绕行政法现象展开作业的我国行政法释义学,需要特别关注本土行政法律制

---

〔38〕 参见雷磊:《法教义学:关于十组问题的思考》,《社会科学研究》2021 年第 2 期。

度和社会环境。就此而言,行政法释义学的精细化研究须从我国行政规范、行政实践出发来搭建释义学体系。特别是当下我国正处在经济、社会发展的转型时期,新旧问题叠加,基于规范和控制行政权的传统行政法释义学,已无法有效回应新问题。这要求我们在坚持法释义学的规范研究方法的同时,保持开放性,从实践中提炼,行政法释义学无法解释现象所蕴含的本土问题意识,为行政法释义学的概念、体系更新积累经验。

(特约编辑:叶敏婷)

建构当代中国的行政法释义学

——对三篇评论的回应与思考

李洪雷*

"夫学术者,天下之公器"[1],学术的繁荣有赖于学术共同体的切磋砥砺和辩难商榷,正如雅斯贝尔斯所说:"对话便是真理的敞亮和思想本身的实现。"[2]拙著《行政法释义学:行政法学理的更新》自付梓以来,得到了学界师友多种方式的关注,受益良多。《公法研究》集中刊发3篇书评对拙著进行评论,我深感荣幸,在拜读书评过程中深化了自己对相关问题的认识,书评指出的若干不足也是我未来研究的方向和着力点。在本文中,我除简单交代写作该书的背景外,提出建构当代中国行政法释义学所面临的挑战和解决的问题,作为与书评作者和学界同仁的对话交流,以期推动我国行政法释义学的进一步建构与发展。

一、研究旨趣

我一直认为:"行政法释义学构成了行政法学的核心部分,换言之,狭义的行政法学就是行政法释义学。"[3]在多年来的行政法学学习和研究过程

---

* 中国社会科学院法学研究所研究员,中国社会科学院大学教授、博士生导师。
〔1〕 (明)黄节:《李氏〈焚书〉跋》。
〔2〕 〔德〕卡尔·雅斯贝尔斯:《什么是教育》,邹进译,生活·读书·新知三联书店1991年版,第12页。
〔3〕 李洪雷:《行政法释义学:行政法学理的更新》,中国人民大学出版社2014年版,第2页。

中,我对行政法释义学的相关问题具有浓厚的兴趣。在写作本科毕业论文时(1997 年,中国政法大学),我对行政法上的法律行为与民事法律行为的关系问题进行了讨论,在这一问题方面的思考构成了本书第六章"作为法律行为的行政处理"的核心部分。在写作硕士毕业论文(2000 年,中国政法大学)时,我对德国法上的信赖保护原则和英国法上的正当期待(legitimate expectation)进行了比较研究,后来拓展到对行政法基本原则以及对行政裁量的司法审查的研究,这方面的成果构成了本书第二章"行政法基本原则"和第七章"对行政裁量的司法审查:英德比较"的内容。在硕士论文中,我也对法教义学(释义学)进行了初步的探讨,提出法教义学"以某个特定的、在历史中逐渐形成的法秩序为基础和界限,借以探求法律问题的答案。所关切的是实证法的规范效力、规范的意义内容以及法院中包含的裁判规则。法教义学的任务在于对有效法律规范的内容进行解释并将其系统化,从而它可以分成两个方面,其一是实践的法教义学,即解释法律;其二是理论的法教义学,即对法律进行系统化。"[4]在写作博士论文时(北京大学,2003年),我对法律解释问题作了探讨,相关成果发展为本书的第三章"行政法的适用与解释"以及第八章"对行政解释的司法审查:以美国为例"。

本书题为《行政法释义学:行政法学理的更新》,试图对行政法释义学建构中的一些基本问题加以讨论,在谋篇布局上也尽量关照行政法释义学的体系,但并未以建立一个完整的行政法释义学体系为目标。这并非因为这个目标不值得追求,而是因为建构完整的行政法释义学体系要求我能够对行政法释义学中所有重要议题形成自己的分析,而这是我在成书时(包括当下)尚无能力完成的任务。书中的绝大多数章节,均曾以不同形式发表或者出版过,处理的是我较有信心回答的议题。而对一些重要的问题,例如公物法,因为我缺乏系统研究,只能付诸阙如。另外要说明的是,对于一些重要的制度,例如"行政三法"(行政处罚法、行政强制法与行政许可法),尽管作者一直也较为关注,但因为作者的另一个研究计划是出版一部《转型行政法:行政法制度的变革》,因此在本书中并未加以讨论,当然因此也影响到本书结构上的完整性。

行政法教科书是行政法释义学通说的集中展现。正是由于行政法释义

---

〔4〕 李洪雷:《论行政法上的信赖保护原则》,中国政法大学硕士论文,2000 年,第 2 页。

学与行政法教科书之间的密切关联,本书的结构最终呈现出与行政法学教科书的某种相似性。但因为我在写作时并不追求体系的完整性,而是针对一些重大和疑难议题提出一孔之见,因此在内容上仍然呈现出与教科书不同的风格。当然,我的理想是未来在本书的基础上,进一步拓展研究领域,提升学术含量,最终完成一本具有鲜明特色的行政法教科书。

目前,通用行政法典(行政基本法典)的编纂已经纳入全国人大的立法规划。通用行政法典的一个基本功能在于增强行政法规范的体系化。行政法释义学可以发挥独特的作用,"一方面,行政法释义学对于概念、类型和原则的研究可以作为行政法制度建构的基础,另一方面,行政法释义学在对现行行政法秩序进行系统化作业时,可以发现现行行政法规范在政策评价上存在的缺陷或矛盾,并从而提出符合体系的新的解决方案。"尽管我国行政法释义学的研究现状尚不能完全满足编纂通用行政法典的需要,但正如民法典编纂工作对我国民法学科发展发挥了重要的带动作用一样,通用行政法典的编纂,也必将促使行政法学界围绕我国行政法释义学中的一些重大问题进行集中深入的讨论,从而带动行政法释义学的学术繁荣。这也是我赞成尽早启动通用行政法典编纂的一个重要原因。

二、建构当代中国行政法释义学的历史方位

行政法释义学以特定时空中的行政法秩序为基本出发点。新时代的中国,面临着中华民族伟大复兴战略全局和世界百年未有之大变局的交织激荡,面临着中国式现代化的擘画推进,面临着各类风险挑战的积累叠加。建构当代中国的行政法释义学,需要立足新的历史方位,回答时代之问。

(一)党政关系与行政法的疆域

传统观点认为,党不是国家政权机关,党的领导不是一种国家权力,只能采取说服教育的方法而不能发号施令。但在新时代加强党的全面领导背景下,传统观点的解释力受到了挑战。一些党的机关直接对社会公共事务进行管理,例如宣传部门对电影的管理、统战部门对宗教事务的管理,其与行政权的行使是否存在实质的区别,是否及如何运用行政法制度对这些管

理活动加以规范、促进问责？目前，行政机关内设的党组讨论决定行政管理中的重大事项（《中国共产党党组工作条例》第十七条），这种决策活动如何与《重大行政决策程序暂行条例》关于行政决策的规定进行协调？如何结合《公务员法》将党的机关工作人员纳入公务员范围对党的法律性质和地位加以阐释？例如，可否运用公法人概念对中国共产党进行组织法上的定位，用公共权力概念统摄国家权力和党的权力，并从此出发对党与国家的关系加以展开？进一步而言，建构当代中国的行政法释义学，需要探讨协调兼顾政治性和与专业性，对行政的政治控制与保证行政的科层理性，行政的对党负责与对人民负责等，党委（党组）决策和行政决策，党的总揽全局、协调各方与行政机关的独立负责工作，等等这些关系，这中间尚有许多待解之题，期待行政法释义学加以回答。

（二）全球化与国际行政法

传统上行政法的范围仅限于国内法，对行政法的经典定义是规范行政活动的"国内公法"。但是在全球化的背景下，出现了国际行政法（internationales Verwaltungsrecht，international administrative law）的概念。在拙著中，我归纳了国际行政法可能指涉的 4 种涵义，包括公法上的冲突法，行政国际法，全球行政法，调整具有跨国效果的行政行为的法律（可称为涉外行政法），但在我国行政法释义学中这四种意义上的国际行政法都尚未破题。随着中国日益走近世界舞台的中央，特别是在甚嚣尘上反全球化浪潮中，我国鲜明而坚定的支持全球化。在此背景下，如何统筹国内法治和涉外法治、世界法治，对行政法释义学提出了很高的期待。中国行政法释义学的未来发展，不仅要面对国内行政法治，还需要对涉外和国际行政法治予以更多的关注，产生高质量的相关成果。

（三）风险社会与风险行政法

伴随着科学技术的发展，现代社会并未如人们原初所预想的那样变得更加稳定有序，相反却似乎进入了一个"失控的世界"，[5]"风险社会"[6]对

---

〔5〕〔英〕安东尼·吉登斯：《失控的世界》，周红云译，江西人民出版社 2001 年版。

〔6〕〔德〕乌尔里希·贝克：《风险社会》，何博闻译，译林出版社 2003 年版；〔英〕安东尼·吉登斯著：《现代性的后果》，田禾译，译林出版社 2011 年版。

政府规制和行政法都构成了严峻的挑战。新冠疫情充分暴露出传统行政法在应对风险方面的短板和不足,在高度不确定性状态下,行政法对于政府决策的传统规范似乎都丧失了正当性,而新的规范应当是什么成为各方争议的焦点,殊难达成共识。有学者指出,风险规制给传统行政法带来了"不确定性"、"主观性"和"全球化网络"三方面的挑战。[7] 目前我国行政法学界对风险的讨论尚不深入,例如将现代风险混同于传统危险的问题,关注的仍然是可控的风险,而忽视了难于预测和控制的风险;关注的是风险的客观性,而忽视了风险的主观建构性;关注的是风险防范的有效性,而忽视了风险与自由的内在关联性以及风险防范对自由的危害性。传统行政法释义学的方式,建立在确定性、理性化和民族国家的基础上,而从风险视角透视行政法,不仅仅要关注作为一种类型的风险行政,还要从风险的不确定性、不可预测性、全球性等特征出发,对传统行政法释义学进行系统性反思与重构。

(四)公私法的分与合

在大陆法系国家,公法与私法的二元区分奠定了实证法律秩序的基础结构,也构成了行政法释义学的预设前提。但即便是在最为强调公私法区分的德国,伴随着行政机关大量运用私法方式实现行政目标,"行政私法"逐渐成为一般行政法的重要组成部分,行政法和私法不再是两个相互截然分离的局部法律制度,而是灵活的、着眼于问题的、相互补充的法律调整方法"。[8] 我国行政法总体而言建立在公私法区分的基础上,但对于二者的界限及其相互关系尚待深入探讨,[9]伴随着公私合作、平台经济、行政协议、自然资源使用权出让等的发展,公私法区分和融合问题更加凸显。公私法二元区分对于正确处理国家与社会的关系、引导行政法的体系性建构具有重要意义。建立公私法区分的标准,同时结合 PPP 和平台经济等的发展,探讨公私法领域的交织、支持和补充,以及公法人、公物法和行政契约(公法契约)的具体制度,等等这些,都是建构当代中国行政法释义学的重要任务。

---

〔7〕 沈岿:《风险规制丛书总序》,〔英〕伊丽莎白·费雪:《风险规制与行政宪政主义》,沈岿译,法律出版社 2012 年版。

〔8〕 〔德〕汉斯·J.沃尔夫等:《行政法》第 1 卷,高家伟译,商务印书馆 2002 年版,第 198 页。

〔9〕 李洪雷:《行政法释义学:行政法学理的更新》,中国人民大学出版社 2014 年版,第 9-11 页。

三、建构当代中国行政法释义学应回应的问题

(一)行政法基本原则方面

行政法释义学的一项重要任务在于确定行政法原则的内容及其相互之间的(补充或限制)关系。近年来,我国行政法释义学对比例原则、正当法律程序原则研究日益深入,对法院司法裁判也发生了重要影响。但我国行政法释义学对行政法原则的研究仍有很大的拓展空间。例如,行政法一般原则的产生途径问题,不同行政法原则(例如依法行政原则和越权原则,信赖保护原则和正当期待原则,比例原则与合理性原则)的协调问题,比例原则和成本收益分析原则的关系问题,法律保留原则的适用范围问题,包容审慎与依法行政的冲突问题等等,都值得进一步深入研究。

(二)行政法律关系方面

尽管我国行政法学教科书一般都会有专门章节讨论行政法律关系,但行政法律关系的理论研究一直较为沉寂。近年来这种状况有所改变,行政法律关系的概念以及相关议题重新引起重视。传统行政法学以行政行为为中心构建理论体系,近年来有一些德国学者提出应以行政法律关系理论作为构建行政法学的主线,但这一主张也面临很大的争论。[10] 即使不同意行政法律关系理论取代行政行为理论的理据并不充分,但行政法律关系理论确实为从法律视角观察多元利益的冲突与协调提供了有益的概念工具,在部门行政法或行政法分论领域可能具有更加的适用空间,但如何加以运用,值得进一步探索。在德日行政法学界,保护规范理论是界定私人公权利及认定行政诉讼原告资格的通说。2017 年最高人民法院在"刘广明"案中首次明确应用这一理论来判断行政诉讼原告资格,行政法学界对此进行了热烈的讨论。保护规范理论作为部分国家采用的界定私人行政诉讼原告资格

〔10〕 张锟盛:《法律关系理论作为行政法体系革新的动力》,翁岳生教授祝寿论文编辑委员会编:《当代公法新论》(中册),元照出版社 2012 年版;赵宏:《法律关系取代行政行为的可能与困局》,《法学家》2015 年第 3 期。

的理论,是否可以引入中国行政诉讼制度当中,还有很多问题有待研究,例如诉权和实体权利之间是什么关系,行政诉讼原告资格和公权利的范围是否必须一致? 保护规范理论与利害关系理论各有何利弊,我国传统的"利害关系"或"实际影响"标准运行效果如何,是否必须被摒弃? 保护规范理论在德国尽管处于通说的地位,但为什么遭受到严厉的批判,这些批判是否值得我们警惕? 保护规范理论适当运行的制度条件为何,我国在当下或者可预见的将来能否具备这些条件? 世界上其他国家,如法国、英国、美国等国在行政诉讼(司法审查)的原告资格问题上采取的标准是否与德国相同? 中国现行行政诉讼制度是否必然被定位为主观诉讼,还是也有重要的客观诉讼成分? 等等。

(三)行政行为形式方面

行政行为形式论是行政法释义学中历史最为悠久的部分,是行政行为体系的核心要素,同时也构成了行政法释义学思考的典范。我在《行政法释义学:行政法学理的更新》中指出,德国行政法释义学在对行政行为依据内部与外部标准、抽象与具体标准、单方与双方标准、法律行为和事实行为标准进行分类的基础上,对其加以归并和整理,从而产生的一些行政行为的基本形式,如法规命令(行政立法)、行政规则、行政处理、行政合同与行政事实行为等等,继而围绕这些概念建构相关的法律制度,这一成果值得我国行政法释义学借鉴。目前我国行政法学界对行政行为以及相关的行政规范性文件、行政执法、(具体)行政行为等概念运用上的混乱,在很大程度上是因为缺乏行政行为基本形式的分析。这种概念运用上的混乱,对我国行政法教科书以及通用行政法典的体例安排都具有消极的影响。我在书中仅仅对行政处理概念的法律行为性进行了探讨,对行政处理的效力、合法要件、违法后果等问题未予处理,对行政行为的其他基本形式更是服之阙如,确实构成了很大的缺失。此外,在行政管理方式改革的背景下,对于实践中多样化的行政管理手段,约谈、公私合作协议等如何与行政行为的基本形式对接,也是亟待深入研究的问题。

(四)行政组织法和内部行政法方面

传统行政法释义学关注的焦点是外部行政,行政行为释义学最为成熟的行政处理释义学,所关注的就是外部的行政行为。近年来,中国行政法治实践越来越多地关注内部行政问题,这在重大行政决策的规范化、政府自身对依法行政的推进、行政裁量基准制度的建立等方面体现得非常充分。行政法学界对内部行政也给予了更多的关注。[11] 内部行政法已经成为我国行政法治建设的一亮点,但在行政法释义学体系中尚未得到应有的重视。未来应当对内外部规范在性质上的差异,对行为主体、程序构造和法律责任等方面的特性,做进一步的分析。除了我在《行政法释义学》中讨论或涉及的行政组织的法律形态、行政一体与行政分散的协调、本土化行政组织法现象的回应等之外,对机关运行保障法、公物法等方面的行政法释义学均值得进一步探讨。另外,重大行政决策的范围问题,权责清单制度与行政职权法定的关系问题,行政裁量基准的制度实践中如何避免过度僵化问题,等等,均有待深入研究。

行文最后,向各位书评作者表示诚挚的感谢,感谢对拙著的阅读和评论,感谢对我学术研究的关注和支持,愿我们行政法学界同仁共同努力,将中国行政法释义学的发展推上一个新台阶。

(特约编辑:叶敏婷)

---

[11] 于立深:《现代行政法的行政自制理论——以内部行政法为视角》,《当代法学》2009 年第 6 期;何海波:《内部行政程序的法律规制》,《交大法学》2012 年第 1 期、第 2 期;章剑生:《作为担保行政行为合法性的内部行政法》,《法学家》2018 年第 6 期。